天

Borderless

下

博稽古今　融汇天下

天
Borderless
下

博
观

Institutions of Law

法律制度

对法律理论的一种解说

[英]尼尔·麦考密克 著
陈锐 王琳 译

法律出版社 LAW PRESS · CHINA

Institutions of Law: An Essay in Legal Theory, First Edition

by Neil MacCormick

Institutions of Law: An Essay in Legal Theory, First Edition was originally published in English in 2007. This translation is published by arrangement with Oxford University Press.

著作权合同登记号

图字：01–2014–5850

作 者 简 介

尼尔 · 麦考密克 Neil MacCormick,1941~2009

英国爱丁堡大学公法、自然法与国家法学钦定讲席教授，是 20 世纪最重要的法学家之一。1963 年在格拉斯哥大学获哲学和文学荣誉硕士学位，1965 年在牛津大学获法学文学士学位，曾在 1967 年至 1972 年执教于牛津大学贝利奥尔学院。著有《法律推理与法律理论》（1978）、《哈特传略》（1981）、《法律权利与社会民主》（1982）、《制度法论》（与魏因伯格尔合著，1986）、《修辞与法治：一种法律推理理论》（2005）、《法律与道德中的实践理性》（2008）等。

译者简介

陈　锐

安徽安庆人，南开大学哲学博士，重庆大学法学院教授，博士生导师。主要研究方向为英美法律史、中国传统律学。先后出版译著 7 部：（1）《法律与真理》（Dannis Patterson 著），中国法制出版社 2007 年版；（2）《法律实证主义：思想与文本》（陈锐编译），清华大学出版社 2008 年版；（3）《法律实证主义：从奥斯丁到哈特》（陈锐编译），清华大学出版社 2010 年版；（4）《作为实践理性的法律》（陈锐编译），清华大学出版社 2011 年版；（5）《道德相对主义》（Steven Lukes 著），中国法制出版社 2013 年版；（6）《法律与逻辑：法律论证的批判性说明》（Joseph Horwitz 著），中国政法大学出版社 2015 年版；（7）《英国法的塑造者》（William Searle Holdsworth 著），法律出版社 2017 年版。

王　琳

重庆大学法学院讲师，中国政法大学理论法学博士，主要研究方向为法治理论与法律方法。在《法制与社会发展》《政治与法律》《交大法学》等刊物发表论文若干篇。

目录

第二部分 人、行为与关系

第四部分 法律、道德与方法论

序

本书阐述了我对制度法理论的理解。自1973年发表《作为制度性事实的法律》这一就职演说以来，我一直在构思这一理论。在过去的35年里，在其他一些论文、著作和讲座中，我曾较多地以试探性或不成熟的形式提起过这一理论中的许多观点。这一理论几经进化，已超越了我在1973年认同的法律实证主义信条。经过几十年的争论，我的立场已转向一种后实证主义。作为制度性规范秩序的法律当然离不开人类的习惯和权威性判决，从这一意义上来讲，它无疑是一种“被人为设想出来的”（posited）或“实在的”（positive）奇迹。因此，从任何主张“自主的道德主体在确定道德义务的过程中起着核心作用”的道德理论来看，法律在概念上都不同于道德。然而，这种独特性并不意味着，那些在概念上被人们合理地承认为“法律”（此处的“法律”是从“制度性规范秩序”意义上说的)的东西没有任何道德限制。(我认为)此类限制确实存在,(因为)极端的不公正与法律格格不入。

两位伟大的思想家主导着20世纪的法律理论,他们是汉斯·凯尔森(Hans Kelsen)和赫尔伯特·哈特(H. L. A. Hart)。他们的工作(而非任何其他同时代者的工作)为我树立了榜样,(使我认识到)一名法律理论家必须努力地做些什么。但是,尽管他们天赋异禀,却难竟全功。凯尔森的《纯粹法理论》和哈特的《法律的概念》都遭到了严厉批判。尽管他们的历史地位不容挑战,但就目前和未来而言,仍有新的工作需要我们去完成。

(要完成)这一工作,仍需运用一种建立在哲学分析基础上的方法,以处理一般法理学问题。然而,一个试图追随这些伟大思想家的人,必须投身到那些他们过去一直不能且不太愿意细密观察的事情之上。任何有关法律和法律制度性质的圆融的哲学观点,都必须充分地考察最近在法律社会学和其他有关法律和法律制度的社会科学研究上取得的巨大进步。此类研究不回答哲学问题——但它们确实有助于哲学问题的构建。

如果本书成功地实现了我为自己设定的这一写作目标,则它就能实质性地提升读者对法律的理解。我希望能为学生、为实务界和学术界的法律人、为关心作为人类社会生活基本要素的法律哲学家和社会科学家们实现这一目标。我一直在苏格兰写作这本书,非常留意从启蒙运动的一些伟大作家那里汲取灵感。就像他们的著作一样,对于任何有思想的公民来说——无论他是否以法律为职业,本书肯定通俗易懂且非常有趣,因为对于他们来说,关注法律在人类生活中的地位是一件非常惬意且有意义的事情。

如此说来,我的任务非常艰巨。如果这部作品“一从印刷机上下来就死掉了”,则以上大胆的自我推销自然会让我招致嘲讽。无论本书最终怎样,也无论人们能从中发现何种缺点,(可以这样说,)如果没有同事们的大力帮助,本书肯定会有更多的缺憾。(因此,)我衷心感谢加勒特·巴登(Garrett Barden)以敏锐、友善的批判视角通读了临近结稿的文本,还要感谢苏德拉·索莎(Sundram Soosay),一位杰出的助理研究员,他提出的富有洞察力的建议帮助我作出了无数改进。(当然,)如果没有弗洛拉·麦考密克(Flora MacCormick)的支持和帮助,我根本不可能完成这项工作。(此外,)埃米利奥斯·克里斯多奥利迪斯(Emilios Christodoulidis)、沃伊切赫·萨杜斯基(Wojciech Sadurski)、维克多·塔德洛斯(Victor Tadros)、吉莉安·布莱克(Gillian Black),以及芝诺·班科夫斯基(Zenon Bankowski)和约翰·凯恩斯(John Cairns)、赫克特·麦克奎恩(Hector MacQueen)阅读了本书的部分手稿,伯克哈德·谢弗(Burkhard Schäfer)协助我完善了许多参考文献。在该项目的早期,威廉·特文宁(William Twining)阅读了以较早形式发表的第1章和第2章。2005年,我曾到新南威尔士大学作斐尔访问学者(Freehills Visitor),在那里,马丁·克里杰尔(Martin Krygier)、凯文·沃尔顿(Kevin Walton)、系主任利昂·特拉克曼(Leon Trakman)以及其他一些同事曾在一次学术报告会上对第1章和第2章作出了有益的批判。还要感谢新南威尔士州悉尼市的斐尔律师事务所(Freehills law partnership)为我的访问提供了支持,使我有机会在他们的员工研讨会上提出了一些有关知识产权的理念。在由马克斯·德尔·马尔(Max del Mar)在布里斯班为澳大利亚法哲学学生联合会举办的一场讲座上,我有幸获得机会,完成了本书第 4 章的初步构想。在由吉姆·温斯坦(Jim Weinstein)、吉姆·尼克尔(Jim Nickel)和帕特里夏·怀特(Patricia White)院长主持的亚利桑那州立大学的佩德里克(Pedrick)讲座上,我以报告人的身份,从参加教师研讨会的其他同仁那里获得了大力帮助,这有利于本书第 16 章的完善。在这一书稿各部分形成的早期阶段,我曾特别请教过乔·汤姆森(Joe Thomson)、T. B. 史密斯(T. B. Smith)、尼尔斯·亚勒堡(Nils Jareborg)、芝诺·班科夫斯基(Zenon Bankowski)、约瑟夫·拉兹(Joseph Raz)、罗伯特·阿列克西(Robert Alexy)、海克·荣格(Heike Jung)、杰斯·贝加拉(Jes Bjarup)和斯图尔特·米奇利(Stuart Midgley)。对得克萨斯大学奥斯汀分校法学院的几次访问,特别是 1998 年的一次访问,使我有机会在很多关键点上获得突破,并从比尔·鲍尔斯(Bill Powers)、桑迪·莱文森(Sandy Levinson)、布莱恩·莱特(Brian Leiter)等人那里学到了很多东西。多年以来,我的同事以及学生们一直是我的灵感源泉,由于所涉人员太多,此处不一一列出他们的名字,但我并没有忘记他们,我亏欠他们太多的感激之情。我一直试图保证,凡在我能意识到的地方,都会在主要文本的脚注处对这些智识上的启迪表示谢意。

这是"法律、国家和实践理性"四重奏中的第三卷,但鉴于它比其他几卷更为根本,因此,(我觉得)应该将它视为这一主题的第一部作品。这一整个项目得到了利弗休姆信托基金(Leverhulme Trust)极为慷慨的资助。在 1997 年至 1999 年,利弗休姆信托基金为我提供了一个从事个人研究的教授职位,并且,在我作为欧洲议会议员离开一段时间后,允许我从 2004 年起继续从事这一项目的研究。我无法(用语言)充分地表达我对该基金会的感激之情,唯愿我的工作能被人们认为值得支持。本系列最后一卷的主题涉及的是道德和法律中的实践推理问题,目前,我正着手准备之中。

尼尔·麦考密克作于爱丁堡

2006 年 7 月

致　谢

本书的一些章节包含了我对此前发表过的一些作品或多或少的实质性重写，在征得以前的出版商同意的情况下，我以目前的形式重新出版了这些作品。对于他们的许可，我深表谢意。

第1章和第2章来自《规范、制度与制度性事实》[原载 *Law and Philosophy*, Kluwer Academic Publishers, 1998(17): pp. 1－45]一文。在重新发表时，我在内容上略微加以补充。此处的发表得到了施普林格科学和商业媒介公司(Springer Science and Business Media)的慷慨授权。

第4章第4.2节曾以《法律真的很重要吗？》之名发表在澳大利亚法哲学学生联合会(Australian Legal Philosophy Students Association)2005年的年度出版物第5～23页。

第5章的较早版本曾以《作为制度性事实的人》为题发表在 O. Weinberger and W. Krawietz(eds.), *Reine Rechtslehre im Spiegel Ihrer Fortsetzer*, Vienna and New York: Springer-Verlag, 1988, pp. 371-393。本次出版得到了施普林格科学和商业媒介公司的慷慨授权。

第6章的早期版本曾以《不正当行为与义务》为名发表在 M. Friedman, L. May, K. Parsons, and J. Stiff (eds.), *Rights and Reason: Essays in honor of Carl Wellman*, Dordrecht: Kluwer Academic Publishers, 2000, pp. 139-155。本次出版同样得到了施普林格科学与商业媒介公司的慷慨授权。

第9章的较早版本曾以《权力与授予权力的规范》为名发表在 Stanley Paulson(ed.), *Normativity and Norms: Critical Perspectives on Kelsenian Themes*, Oxford: Oxford University Press, 1999, chapter 26。

第5章至第9章的全部内容都曾以较早的形式发表,纳入了史密斯和布莱克合编的下述著作的"一般法律概念"条目之下,具体参见 T. B. Smith and R. Black(eds.), *The Laws of Scotland: Stair Memorial Encyclopaedia*, Edinburgh: Law Society of Scotland/Butterworths, Vol. 11, 1990, paras. 1001-1200。

第6章、第12章和第13章的部分内容源自《严肃地对待责任》一文,原载 *Edinburgh Law Review*, 2005(10): pp. 168-175。此处的发表得到了该理事会的慷慨授权。

第8章和第13章的部分内容来源于"On the Very Idea of Intellectual Property: An Essay according to the Institutionalist Theory of Law", *Intellectual Property Quarterly*, 2002, pp. 228-239。

第14章的早期版本曾以《法律的相对他律性》为名发表,参见"The Relative Heteronomy of Law", *European Journal of Philosophy*, 1995(3): pp. 69-85。感谢布莱克威尔出版公司的授权。

引　言

“法律制度”(Institutions of Law)是对制度法理论的一种描述。这一理论以“法律”的这一定义——法律是制度性的规范秩序——为理论起点,意图提出一种比当下其他法律理论更好的理解法律的方式。它并非传统语义理论的一种应用,传统语义理论试图把握那些熟练说英语者使用的“法律”这一术语的惯常含义。我们或许可以称这一定义为“解释性定义”(explanatory definition),因为阐明法律的定义要素,就等于解释了所有熟练说英语者已承认“法律”的那些重要方面(从那一术语的主要意义上承认其为“法律”,那一术语还有其他一些含义,此一定义都加以忽略,但这些被忽略的含义在适当的时候仍会被人们提及)。

在阐明(法律)这一定义的要素时,首先有必要解释“规范”的含义,其次需要解释“规范秩序”的含义,最后通过讨论规范秩序的制度化问题,人们就能掌握“制度性规范秩序”这整个发挥决定性作用的短语。起初,人们讨论规范时,选择的主要视角往往是规范使用者的视角,而非规范制定者的视角。那是我们人类特性——“我们人类是规范的使用者”——的基本方面之一,被植入了最精粹的人文素养之中。人能通过书写及其他手段彼此交谈与交流——动用一切手段进行语言交流。语言具有这样一种构造,即它依赖高度复杂的规范,如语法、语形与语义,那些规范是由语言学家们有意识地人为制定的。语言的复杂性如此地具有挑战性,以至于语法学家与语言学家们(至今)仍奋斗不止,目的是清楚而全面地表达(或合理地重构)那些暗含在世界现有的、数量众多的语言(家族)中每一种语言的规范。

我们中的大多数人每天都不假思索地运用规范,最简单的例子莫过于排队了,那是本书第 1 章即将讨论的主题。一旦人们遵守共同的行为规范,就产生了一种次序(orderliness),我们有时能从人的行为中分辨出这种次序。我们排队候车,当车子到来时,就会按照次序、不推不挤地登车(有时也会发生推挤!)。此处就存在一种秩序(或次序之类的东西),我们称为“规范秩序”。

这类次序的存在可能有赖于某些预先的安排。例如,爱丁堡的主要火车站都有一种火车票预订系统,它要求那些有意购买火车票者首先从自动售票机那里领取序号,然后,购票者需要在等候区等待——或者,如果排了很长的队,人们可以出去喝杯咖啡,随后再回到更靠近柜台的地方等待出票。序号会依次显示在电子屏幕上,当某人的序号被叫到时,他需要到当前空闲下来的柜台边,预订车票。

这涉及如何将这一特殊语境中的排队活动制度化(institutionalization，更全面的讨论可参见第 2 章）的问题。因为我们的社会不仅有规范的使用者，而且有规范的制定者，后者控制着带有序号的名册如何发放，决定工作人员在那种情况下如何对待购票者；此外，还有规范的实施者，柜员与值班经理将保证这些规则能如早先预计的那样，以一种有序的方式实施。这就解释了“规范秩序”为何能采取“制度性规范秩序”（institutional normative order）这一独特的形式。“规则”（rule）是一个非常有用的专业术语，它指称由此制定的规范，并被那些拥有某种权威的人们运用。

从更宏观的角度来看，我们可以将如此丰富多彩的现代国家的宪制结构理解为这种意义上的“制度化”的一个特别复杂的例子。第 3 章非常详尽地考察了这一主题，讨论了国家、宪制以及诸如分权之类事务的特点。但是，规则的制度化及其应用既引起了人们在解释问题上展开广泛争论，又为人们开始审视“官方规则能在多大程度上真实地反映人们在现实生活中如何用这些规则指导自己的行为”这一怀疑论思想留下了空间。在“被颁布的法律”与“被实施的法律”之间，可能存在“缝隙”，这是第 4 章的主题。

对“法律是一种制度性规范秩序”这一解释性定义进行的考察，占据了本书的第一部分。按此种意义定义的法律明显是国家（尤其是“宪制国”或“法治国”）自身最重要的特点。对于大众（尤其是大多数法律职业者与学习法律的学生）来说，国家的法律对于他们非常重要，但并非只存在唯一一种法律。国际性的体育机构，类似于欧盟（European Union）之类的联盟，诸如欧洲议会（Council of Europe）或者北约（NATO）以及其他许多基于条约而建立的国家间实体，也以自身的方式展现了制度性规范秩序的特点。众多的宗教机构及形形色色的慈善组织也具有这一特点；当然，（至少）自国际常设法院（Permanent Court of International Justice，其法规在 1920 年被国际联盟会员大会采纳）创立时起，国际社会自身也开始具有这种特点；而且，随着联合国的创立，《联合国宪章》得到了广泛承认，加之国际法院的建立，国际社会越发具有上述特点。

当然，"law"一词还经常被人们从更宽泛的意义上使用，以至于包括非制度性的秩序形式，如"道德法则"或"习惯法"，甚至运用在那些不具有规范性特点的秩序情形中，如"运动法则"或"热力学法则"。我并不试图霸道地反对这些类型的法则或"law"这一术语的此类用法，大多数人能在日常对话和交流过程中就"law"这一术语的用法愉快地达成一致。然而，我将优先从国家或类似于国家的语境中阐明与"law"有关的理论，对此，我并不觉得有何不妥。这一直是我在担任爱丁堡大学公法、自然法与国家法皇家教席教授的 30 余年里关注的重点问题。

在本书第二部分，我将注意力转向法律产生与调整的各种社会关系。按照旧的说法，法律是关于人、物以及行为的（规范），因此，法律规定了：什么构成（法律上的）人？如何在法律场域解释"（法律）人格"（personateness）的特性？法律如何借助诸如"不法行为"（wrong）[包括"违法"（offence）、"犯罪"（crime）、"侵权"（tort）、"不法侵害"（delict），等等]与"义务"等概念调整人的行为与活动？以及"义务""权利""自由""权力""免责"等概念能在人们之间产生什么样的关系？法律如何调整人与物之间的关系？换言之，法律是如何规定用益权、所有权及所有其他诸如此类的权利（简言之，"财产权"）的？

最近出现了很多关于权利及相关概念的作品，但只有少得可怜的作品试图将这一概念与其赖以产生、人们一直坚持、对法律进行的理论阐释结合起来。然而，在法律场域，我们不能认为这是理所当然的。本书第二部分的独特优点在于它恰如其分地将"权利"语境化为出现在制度性规范秩序中的关系与地位，并赞成在特定情况下依据一般规则和原则对之进行解释。

我们不仅应将法律关系置于这样的语境中——对法律特点作令人满意的理论阐释——进行研究，而且，这一阐释还必须包括对处于国家与公民社会这一语境下的"法律"进行考察。作为一种必要成分，上述两者中的每一者都非常重要。这正是第三部分需要完成的工作。我们接着转向前一部分结束时提到的"法律权力"，对之进行有点抽象的考察，第 10 章将讨论公法上的权力，及公法上的权力具有的不同于私法上的权力的独特特点，这将引领我们讨论公法与政治的关系。政治与公法的区分是我们需要坚持的一个重要区分，但那绝不意味着，我们由此会忽略或低估它们之间重要的相互作用关系，它与保持国家作为"法治国"（此处的"法治国"指称"处于法律之下的国家"，或者一种"宪制国"。在这样的国家，权力的行使要受到有效宪法的制约，并且，法治已得到了实现，它等于德语中的"rechtsstaat"〔1〕）的特点息息相关。

因现代国家的出现而产生的一个重要问题一直是一方面要防范滥用或过度使用公共权力，另一方面又要保障治理当局有足够大的权力去实现其承担的社会管理职责。信守宪法确认的权利一直是解决这一难题的基础，自 1945 年以来，通过国际社

---

〔1〕 参见 Neil MacCormick, *Questioning Sovereignty: Law, State and Nation in the European Commonwealth*, Oxford: Oxford University Press, 1999, pp. 9-11。

会对“基本权利”或“人权”的保障,以及保障方式的制度化,这一做法越来越多地得到了人们的支持,这正是第 11 章讨论的主题。

国家可能是(尽管并非总是)公民社会发展的舞台,在这一舞台上,在那些彼此存在客观信任关系的陌生人之间,一定存在彬彬有礼(civility)的关系。公民社会中的个人,即使彼此不熟识,也不会将对方视为对自己或自己财产安全的一种潜在威胁。可悲的是,这一假想可能会被颠覆,有时甚至很容易被颠覆。但法律,尤其是一个有着令人满意的刑事司法体系的优良得体的刑事法律,是保持彬彬有礼或社会安宁的一个重要支柱。第 12 章将从这一角度考察刑法的作用,第 13 章将彻底考察法律与经济的相互作用关系,并重点关注私法制度与规则。这又一次假定了公民社会是一种高度彬彬有礼的社会,私人财产制度、契约制度以及市场经济的所有辅助性要素都能在其中繁荣发展。

最后,第四部分将处理一些基础性的概念问题,涉及法律与道德、法律理论中的方法,等等。很多有关“法律与道德”的讨论要么假定了一种未经检验的道德实在论立场,要么假定了另一种同样未经检验的道德相对主义立场。再怎么强调也不为过的是有关法律与道德(如果你希望的话,也可以换成“国家法”与“道德法”)之间的概念联系或其他联系的任何问题,都类似于“道德的真正特点是什么”与“法律的真正特点是什么”的问题。存在这样一种关于道德生活与道德义务的观点,它特别强调,道德在本质上具有非制度性特点。强调道德行为人是自主、自治的个人,其道德信念源于自己对善好生活的追求,源于对如何体面地与其他自治的道德权威相处的反思,以及对非制度化的道德规则或关系的模糊理解。在这一情况下,按照目前的这一理论,由于我们是按照国家法具有的制度性特点对法律进行界定的,因此,它与道德之间存在深刻的概念上的区别。虽说(法律与道德)两者都涉及规范秩序的问题,但一者涉及的是自主的个人维持的规范秩序,另一者涉及的则是国家及其权威当局维持的制度化秩序,第14章将阐明这一观点。

然而,第15章承认,这一区别的确立并不能消除这样的问题:法律中是否不得不包含任何实质性的道德因素?我建议的答案是:对于法律来说,满足最低限度的正义要求至关重要。在制度性规范秩序的特点之中,根本没有什么东西要求我们将下面这些东西承认为法律惯例、规则或者法条,即将任何自治的行为人能接受的、可以合理陈述的道德立场描述为严重地违反了正义的基本要求。我们可以非常恰当地接受这一点,即将"应避免严重的非正义"这一最低限度的要求作为法律有效性的底线。在当今世界,从某种程度上看,此一底线实际上已被人们通过第11章讨论的人权手段制度化了。这一结论要求我们承认,以目前这种形式展现出来的制度法理论尽管最初是在众所周知的"法律实证主义"这一思想洪流中发展起来的,但它现在已非一种"实证主义者"的理论。无论是否有人选择将它归入"自然法"传统,它实际上都是"后实证主义"(post-positivistic)的。

这正是本书提出的法哲学理论之要义。本书正视这样的事实:法律问题是一个非常庞杂的话题。当今世界处于全球化浪潮之下,面临许多深刻的变化,法律问题变得越来越复杂。没有哪一个人能奢望成为一名不止精通一小部分法律的专家。但如果不掌握这一小部分法律在更大的法律体系(它也只是法律整体的一部分)中的地位,则无法全面地理解这一小部分法律。这正是人们需要一些宏观概览的原因,因为它解释了将部分与整体结合到一起的基本要领与方法，目前这一著作探讨了人们常说的“一般法理学”，目的就是提供此类宏观概览。

这类阐释包括对这一主题进行分析性研究。“分析”，就是假定一个巨大的复杂整体是由很多简单要素组成的，因此，说明这些要素以及它们之间是如何相互作用的，对于理解这一复杂的整体非常必要。然而，如果仅有分析也是远远不够的，“综合”是对分析的一种必要补充。只有作为整体的要素，部分才能完全被人们理解；因此，一个完整的整体与其构成要素的特点相关。一个试图对某物进行分析性说明的人可以从确定要素及其关系入手，但这一工作能否成功，又要看他如何看待整体，并用它来重新审视部分的特点。将一个整体看作由许多要素组成，同时，将许多要素看作从整体获得属性，是一项永远没有终点的互动过程。

在诸如法律这样的科目中，分析与综合的工作将如何开展？（众所周知，）我们正在处理的是人的意识因素与人的交往问题——因为如前所述，我们将处理的是“规范”与“规范性”的问题，且最初是从使用者的视角考察这些问题的。被研究的这一主题并非主要涉及或是由物理或生理进程组成，而是属于有意义的人类行为与交往领域。这使我们需要从其对人类的意义这一特征入手，考察这一主题。而要理解法律对于人类的意义，就需要对其进行解释，因此，此处提议的分析性方法就是一种“阐释性”或“诠释性”方法。目的是说明，是什么使法律对于人类有意义，其意义应如何构建。此处采取的是一种见多识广的观察者立场。

法律（活动）不仅包括创制法律、判决、辩护、提供法律意见、起草法律文书以及实施法律等“一线活动”，而且包括在实践中从整体上对上述活动进行观察、评价等“二线活动”。位居二线的行为人主要是法学学者与学生,关心的是如何对法律进行法理或学理上的阐释。一方面,与一线的行为人相比,这些二线的行为人显得比较超然;另一方面,与纯粹的外在观察者相比,他们与法律之间的关系更加密切。(例如,)这些纯粹的外在观察者会将整个法律实践——包括法律学者与理论家们的成果——作为研究对象,从社会学或人类学的角度对之进行考察,或者从政治学、经济学的视角对之进行研究。

本书将自身定位为人学研究(human study)的一个分支,旨在通过对作为人的行为规范体系的这一“系统”作内在一致的说明,从而对这一规范秩序的基础加以阐释。这一做法有时被人们称为“法律科学”,有时被称为“法理学”,有时又被称为“学术性的法律”,有时甚至被人们称为“关于法律的学问”。本书的目的之一是对处于此种研究背后的一些预设作令人满意的哲学说明。如果要求研究法律的学问达到科学的水平,就不得不假设什么是真的。这就需要设法确立以下条件:法律科学中的一些论断能成为一种真正的、重要的知识体系,值得人们在诸如大学之类的具有较高学术与研究水平的机构里进行研究。另外,人们还可以从学生的视角看待这一问题,学生们会提出这样的合理要求:他们想知道,在他们面对的一些杂乱无章的东西中,什么样的秩序与结构可以被认为是“法律”。

在以上两种视角中,我们处理目前这一工作的视角是“内部观察者”的视角,而非行动者的视角。这与其他法理学视角不同,例如,“Iudex”视角,即一个在国内最高法院工作、有代表性的法官视角,因为从他的视角出发,可以获得有关法律的特别丰富的观点与理解。[2] 与上述做法不同，本书义无反顾地采取了一种学者的视角。我们没有理由怀疑法律体系化（从某种程度上讲，它已经实现了）一直是法律理论的重要成就，而非法律实践的成就。这并不等于否认，那些拥有罗斯所说的Iudex视角的人们（或者处于另类法律实践中的其他人）在提出一种合理的、"科学的"法律理论方面曾做出过特别突出的贡献。我们还不应否认，在当下处于法律之下的政治体制环境中，对法律学说进行司法角度的阐释，在发展法律学说方面也将起到特别重要的作用。

然而，阐释者的角色不同于法官的角色。从最低限度的意义上讲，法官的任务是通过与法律的恰当解释保持一致的方式适用法律，依据法律，解决摆在法庭面前的争端。为完成此类任务而进行的解释工作专属于法官。在许多法律传统中，法官也像法律学者及一些重要法律作品的作者一样，（在法律解释活动中）起着非常独特的作用，事实上，由于他们的阐释性工作得到了其司法经验与出色表现的支撑，因此，他们（在法律解释活动中）的作用更加重要。

我目前从事的这种阐释性—分析性研究是否有任何价值，是一个值得商榷的问题。然而，与其在此坐而论道，明智的做法或许是：首先，按照制度法理论对法律进行阐释，然后，让那些带着各种目的阅读本研究的读者自己去评判这一研究是否具有启发性意义。在本书的结尾而非开始的章节中，我讨论了本书预设的、与司法方法和知识理论有关的一些假设，那是沿着目

〔2〕 参见H. Ross, *Law as a Social Institution*, Oxford: Hart Publishing, 2001。罗斯提醒我们，有必要提出一种比较贴近法律理论的观点，并且，他特别强调当今社会国家法具有的社会性与关系性方面的内容，尤其是社会经济权力关系与法律关系之间的联系。

前路线建构法律理论的先决条件。然而,检验任何研究方法的最好办法是看其取得了什么样的结果。有关方法论的抽象讨论,只有与那些引起了人们兴趣并带来了重大发现的方法挂起钩来,才能获得自身的价值。本书是否找到了这样的方法呢?这需要读者自己去评判。

第一部分　规范、制度与秩序

第1章　论规范性秩序

1.1　引言

法律是一种制度性规范秩序，并且，当代国家的法律只是法律形式之一种，此外还存在其他形式的法律，如国际法、欧盟这类新兴政治法律组织的法律、教会法、伊斯兰教教法、体育组织的法律及其管理的体育运动规章，以及数量众多的其他法律。所有这些法律在渴求秩序方面是共同的[此处的秩序是从“井然有序”(orderliness)这一意义上说的，而非由“命令”(command)产生的秩序]。一个被人们精心设计出来的、有关人的行为模式的集合被认为对处于这一命令之下的所有人都有“约束力”，这一命令在其指向的所有人之间流行，以至于这些人成功地使自己的行为与规定的模式保持一致。通过与如此的行为模式保持一致能否产生整齐划一的秩序呢？这明显要看这一行为模式的集合能否成为一个可理性理解的整体。因此,对于意图追求秩序的假定行为模式或“规范”来说,肯定存在一种假定的系统性特点。

1.2 论制度性事实

人的世界是这样的世界:它不仅包括纯自然的事实与现实,而且包括制度性事实。按照这一初步的界定,下面这些东西是否是事实,就要通过参考一些规范性框架,看人们如何对这些物、事件以及行为进行解释。例如,我的手里拿着一张色彩斑斓、涂有奇怪符号的塑料制品,它是一张信用卡。我的手腕上戴着一个圆盘形的东西,上面系着一条带子,圆盘的一面有光滑的表面,表面之下是一些可见的符号,均匀地分布在白色质地的圆周上,这是一块手表。我的口袋里有一些圆形的金属物,一面刻有某个人的脸部肖像,这些圆形物在大小、颜色以及标记上各不相同,它们是硬币。我用它们购买报纸以及诸如此类的其他东西。

此处,我们将处理那些彻头彻尾的“制度性”社会事实。我们既可以通过参考以上的工作定义对之进行检验,也可以反思在这些自然事实之外,还需要何种其他信息,以便将这一塑料制品看作信用卡,将戴在手腕上的物品看作手表,将金属物视为流通的硬币。上述每一种情形都预设了:存在一个强大的法律规则或其他规则体系,这些规则事关消费者的信用、时间量度标准或者在合同与债这一语境下金钱与法定货币的定义等问题。如果没有这些规则,这些自然物就不具备(或者会丧失)目前的含义。按照相关规则对这些物及其使用情况进行解释,就是使这些自然物拥有其已具有的含义。这使我们向将“制度性事实”这一基本概念确定为社会现实固有的、普遍的成分迈进了一步。这一理念自第一次出现在伊丽莎白·安斯康柏(Elizabeth Anscombe)与约翰·塞尔(John Searle)的作品中的那一刻起,就产生了巨大影响,尤其是后者多年来一直为阐明这一基本概念做出了大量贡献。[1]

对于那些与法律——此处的法律是从当代国家的法律、“地方性的制定法”这一意义上说的——有关的事实来说,“制度性事实”这一概念很容易与这样的理念联系在一起:此类法律中的一个重要要素是由诸如合同、财产、婚姻、信托、基金会(Stiftung)之类的“制度”组成的。它还与这样的理念联系在一起:法律在这样的意义上具有“制度性”特点,即它是通过诸如法院、立法机关、检察机关、警察机关之类的“机构”实施的。对这些理念进行反思,澄清了几个世纪以来一直困扰法律思想家们的很多问题。对法律的制度性特点作特别重要的法律性—理论性说明,可以在诸如奥托·魏因贝格尔[2](Ota Weinberger,我与他曾合著过一本介绍性的作品,名为《制度法理论》[3])、迪

---

〔1〕 参见G. E. M. Anscombe,“On Brute Facts”,*Analysis*,1958(18):pp. 69-72;亦可参见J. R. Searle,*Speech Acts*,Cambridge:Cambridge University Press,1969。塞尔的这一工作在以下著作中得以继续,参见Searle,*Expression and Meaning:Studies in the Theory of Speech Acts*,Cambridge:Cambridge University Press,1979;D. Vanderveken,*Foundations of Illocutionary Logic*,Cambridge:Cambridge University Press,1985;Searle,*The Construction of Social Reality*,Harmondsworth:Allen Lane,1995。

〔2〕 可特别参见O. Weinberger,*Law,Institution,and Legal Politics:Fundamental Problems of Legal and Social Philosophy*,Dordrecht:Kluwer Academic Publishers,1991。

〔3〕 参见N. MacCormick and O. Weinberger,*Grundlagen des Institutionalistischen Rechtspositivismus*,Schriften zur Rechtstheorie,Heft 113,Berlin:Duncker und Humblot,1985;*An Institutional Theory of Law*,Dordrecht:D Reidel,1986;*Il Diritto Come Istituzione*,trans. by M. La Torre,Milan:Dott A Giuffré,1990;*Pour une theorie institutionelle du droit*,trans. by O. Not and P. Coppens,Brussels:Story Scientia LGDG,1992。

克·勒伊特(Dick Ruiter)、扬克泽尔芒·本戈西亚(Joxerramon Bengoetxea)、艾力克·拉各斯佩斯(Eerik Lagerspetz)以及马西莫·拉·托尔(Massimo La Torre)之流的当代学者的著作中看到。[4]

如果仅仅是为了提请大家注意,"institution"这一术语与下述大多数内容具有相关性,此处只需提及其另一个法律上的用法即可。这一用法源自一个指称法律教科书的经典拉丁语词,即"*institutio*"。这一术语出现在历史上两本最有名的法律教科书的标题中,它们分别是盖尤斯与查士丁尼的《法学阶梯》(有时用的是"Institutes"一词)。[5] 在几个世纪里,这两本书——前者主要在内容与形式方面对后者产生了影响——对人们的法律想象(juristic imagination)产生了强有力的影响。它们通过对法律学说作系统的评注,创立了国内法体系,进而孵化出了很多模仿性的著作,这在17世纪和18世纪尤为流行,其时,现代国家开始出现,人们开始对这一或那一国家的法律进行

---

〔4〕 参见 D. W. P. Ruiter, *Institutional Legal Facts*, Dordrecht: Kluwer Academic Publishers, 1993; D. W. P. Ruiter, *Legal Institutions*, Dordrecht: Kluwer Academic Publishers, 2001; J. Bengoetxea, *The Legal Reasoning of the European Court of Justice*, Oxford: Clarendon Press, 1993; E. Lagerspetz, *The Opposite Mirrors*, Dordrecht: Kluwer Academic Publishers, 1995; M. La Torre, *Norme, Istituzioni, Valore: per una teoria istituzionalistica del diritto*, Rome: Laterza, 1999; B. Tamanaha, *A General Jurisprudence of Law and Society*, Oxford: Oxford University Press, 2001。塔玛纳哈在《法律与社会的一般法理学》这本书第136~146页中说到,在法律实证主义者中,"法律具有制度性特点"的观点是一种老生常谈。尽管如此,这一观点一直在发展,但那是另一回事。

〔5〕 J. B. Moyle (ed.), *Imperatoris Iustiniani Institutiones: Libri Quattuor*, Oxford: Clarendon Press, 5th edn., 1912. P. Birks and G. McLeod (trans., with introduction), *Justinian's Institutes*, London: Duckworth, 1987. F. de Zulueta (trans., with commentary), *The Institutes of Gaius*, Oxford: Clarendon Press, Vol. I, 1945; Vol. II, 1953.

系统说明。[6]

"教科书"意义上的"institution"一词明显不同于以上指出的另外含义(除此之外,当然,如在其他学科中那样,教育活动及其包含的规范可能正是激发法律教育与实践中教科书传统[7]的东西)。但由于命运的安排,在一些制度中,还会出现这样的情况:现代早期的一些特别著名的作家被人们推崇,(人们认为他们的论述)特别有权威性,并且,他们的作品被当作一种除制定法和司法先例之外的次级"法律渊源",尽管前者在权威性方面要略低于后两者。因此,一个"以写作阶梯类作品而得名的作家"[8](institutional writer)的思想在一种较强的意义上属于"法律制度"的一部分,这已为法学院的教育活动和课程体系中(阶梯类)教科书的广泛应用与流行(或缺乏这种教科书)所证明。

在寻求按制度理论提供的说明性定义澄清我们对法律的理解时,需要弄清楚三个概念,即"规范性"(normative)、"秩序"(order)与"制度性"(institutionality)。从种属关系来看,法律属

---

[6] K. Luig, "The Institutes of National Law", *Juridical Review* (NS), 1972, pp. 193-226; J. Cairns, "The Moveable Text of Mackenzie: Bibliographical Problems for the Scottish Concept of Institutional Writing", in J. W. Cairns and O. F. Robinson (eds.), *Critical Studies in Ancient Law, Comparative Law and Legal History*, Oxford: Hart Publishing, 2001, pp. 235-248.

[7] 有关法学教育中"教科书传统"的两种观点,可以参见 W. Twining, "Is Your Textbook Really Necessary?", *Journal of the Society of Public Teachers of Law* (NS), 1970 (11): pp. 81-89; T. B. Smith, "Authors and Authority", *Journal of the Society of Public Teachers of Law* (NS), 1972-3(12): pp. 3-21; W. Twining, "Treatises and Textbooks: A Reply to T. B. Smith", *Journal of the Society of Public Teachers of Law* (NS), 1972-3(12): pp. 267-274。

[8] "institutional writers",以写作阶梯类作品而得名的作家,特指17、18世纪通过模仿《法学阶梯》而撰写著作、论述苏格兰法基本原则的那些学者,代表性的学者有 Thomas Craig (1538—1608)、James Dalrymple (1619—1695)、John Erskine (1695—1768),等等。——译者注

于“规范性秩序”的范畴，因此属于“制度性规范秩序”之下的特殊类。[9] 为澄清这一点，我们需要考察“排队”之类的例子，即在某些服务点或等候点（如公共汽车站、咖啡摊或者轮渡码头），人们会排成一条“直线”或者“队列”，那是一种非常普通、常见的情形，我们能从这类情形中获得一些适合本讨论目的的有用信息。

1.3 规范性

无论是在超级市场的结账柜台、公交车站，还是在靠近繁忙公路的拥堵点上，抑或在数不清的其他场合和场景中，人们都会站成一列，或“形成一个队列”，在当代人的日常生活中，人们经常会遇到这样的情形。有时，人们会自发地排队，无须任何官方的介入与指示；有时，人们会以一种高度组织的方式或按指示的方式排队。“排队”或“站成一列”确实是一项常见的活动。由于人们“依次”排成一列或者一条线，因此，在通过结账柜台或登上有轨电车或公交车时，才能形成一种有序的移动，以便登上车、船等只有有限空间可供人们利用的地方，然后才能登上停靠在某一地点的下一辆有轨电车或公共汽车；或者，在通过一些交通“瓶颈”地段时，会出现一个有序行进的序列。（由于形成了

---

〔9〕 关于“制度性规范秩序”，人们在两种其他的语境中予以了阐明，参见 N. MacCormick, *Questioning Sovereignty: Law, State, and Nation in the European Commonwealth*, Oxford: Clarendon Press, 1999, ch. 1; *Rhetoric and the Rule of Law*, Oxford: Oxford University Press, 2005, ch. 1。与之形成鲜明对照的是，哈特认为，“属加种差”的定义方法在法律理论中是无益的，参见 H. L. A. Hart, *Essays in Jurisprudence and Philosophy*, Oxford: Clarendon Press, 1983, 第 21~48 页的“法理学中的定义与理论”，也可参见第 21~23 页及“引言”的第 4~6 页。

队列,因此,)一些体力较弱或不太孔武有力的人不会被挤出队列,或被人“越过”,也不会有任何人被要求让开,以便别人通过。几乎每一个人都认为,排队时需要遵守一种既公平又效率的原则,这并不需要特别完美的运作就能令人满意地做到。但总有一些人脸皮特别厚,会不顾及别人而插队;或为加快行进速度,挤进那一最接近堵点的地方,以便尽快通过“瓶颈”地段。他们这样做会激怒其他司机,(至少会)冒着其车子被别人剧烈碰撞的风险,或者会冒着其他司机(不能)容忍他们不端行为的风险。

大多数人都承认,在有些时候,可以不用等轮到自己时,就走到队伍的前面。(例如,你在家时就挂了急诊的号,或冲向超级市场购买急需之物,或不顾一切地冲向学院以便准时参加考试,或你是一个匆忙地冲向危重病人的医生,等等。)这不同于那些毫无道理地将自己摆在优先地位的人,后者总是或经常无理地(或勉强地)插队或加塞。尽管也可能存在少数人,插队根本不是偶一为之,他们以上述方式养成了专横、自私自利的偏好。如实践已证明的,尽管大家没有形成排队活动的全面共识,但事实上仍存在成功的排队或依序等待活动(即使它只是一种社会—道德意义上的习俗),并且,也确实存在某种最低限度的服从门槛,如果低于这一门槛,这一活动就无法维持。从字面上讲,根本不存在只有一个人还排队并说“轮到他(或她)了”的情形,因为“依次”(或者“轮到”)是一种要求两个或两个以上的人相互协调的活动。当追求同一机会的大多数潜在的竞争者不认可“依次序进行”这种方式时,如果某个人或少数人仍一厢情愿地认为,其他很多人都准备“依次序进行”,“依次”就变成了一种毫无意义的自我克制。

这时,排队或依次序进行就是规范性的。因为在需要通过排队方式获得你想要东西的地方,你就应当排队,并且,那些依序排队的人之所以这样做,是因为他们认为,那是人们应当做的——在特定场合应当这样做。“应当”这一行动指南提醒我们,(在此类场合,)存在某种类型的规范;并且提醒我们,在此种场景下,人们所持的观点带有规范性特点。非常有意思的是,甚至在缺乏任何一种人们能引用的、正式形成或可以清楚说明的规则(如有关排队的规则)情况下,这种规范性活动与规范性观点仍可能存在。人们知道如何排队,并能辨别插队的情形,且会向插队的人提出抗议,即使他们根本不能精确地说出约束他们的规范是什么。那并不意味着,我们不能反思,如何使适合某一情形或类型的不明确的行为规范变得明确起来。以下或许是一种合理的尝试:

在人们寻求某项不能同时满足每个人的服务或机会的情况下,每个人都应排在比他早到服务地点或者时间上比他早到者的后面,每个人都有资格排在后到者的前面,并有权利希望其他人也遵守这一规矩,且有权利对那些插队的人提出批评,甚至阻止他们插队。

这是否是一个稳妥的一般性陈述,能令人满意地以一种抽象的方式抓住排队活动的规范性特点,并能让人们以一种更具体、与特定的服务或机会相关的方式重新描述排队活动呢?这至少是一个值得商榷的问题。这一活动是否可行,明显不是看这种或任何其他种独特的、试图将调整排队行为的不明确规范明确起来的尝试是否准确。

即使你与我进行了认真讨论，参与了我的构想，并对之进行了提炼，以至于我们得出了一个规则清单，并且，这一清单对我们两人来说似乎完全正确，但没有什么东西能保证，它对第三个人或第四个人同样正确，更别提这一队列或那一队列中的每一个人，或者所有曾排队的其他任何人。这揭示了这样一个重要真理：排队活动是一种具有社会性且本质上带有人际性特点的活动，它会导向一种规范性共识。但这种共识并不能预设：在规范性观点的核心部分，一定存在唯一的、大家都接受的关于这一规范的前理解（pre-articulation）。在存在排队现象的每一个地方，身处其中的每个人都怀揣一个相似的目的，即都是想获得某种服务或者机会，并且都会承认，其他人同时在追求同样的东西。如果人们全都自觉地排队，就会有助于人们在相互谦让而非公开的冲突中实现彼此重叠的目的。并且，一定会形成有关这一问题的共识，并因此肯定存在一些共同的或者相互重叠的规范性共识。

因此，就像我们个人和集体生活中出现的众多影响深远的事情一样，排队活动不过是我们按德沃金的风格所称的“诠释性”活动之一种，因此，“排队”这一概念似乎可归入德沃金所称的“诠释性概念”这一类别之下。〔10〕这类活动的特点是：我们不能认为，参与这一活动的群体具有这样一种先验的身份，即他们不仅能理解并清晰地说明这类活动，而且能使这类活动概念化。但可能存在足够多的、从事这一活动的群体，它们能促成一定次序的形成。这种次序似乎可通过参考某一未言明的排队规范而

---

〔10〕 可参见 R. Dworkin, *Law's Empire*, Cambridge, Ma: Harvard University Press, 1986, pp. 45-86，尤其是第46~53页。关于其词源学基础，我宁愿选择“interpretative”这一语词，而非德沃金的“interpretive”，并且，在这本书中，除在描述或者运用德沃金的“诠释性”概念之外，我通篇都将使用前一语词。

清楚地阐明,对这些排队规范进行清晰的理解,将是一种诠释性的争论活动,是在那些将这一活动看作一种实质上的共享活动并在其中"公正地行事"、以充分满足彼此预期的人们之间进行的。

1.4 规范性秩序

排队或站成一列,是目前所说的实质意义上的"秩序"的一个例子。人们站在队列的某个位置是被命令的,而非随机性的。此处的"命令"不仅是一种现实的、可预测的命令,能让人们从"外部"加以研究,并用数据进行报告,[11]而且,它还是一种"规范性"命令,因为在某种程度上讲,人们可以通过参考这样的事实,即行为人可以通过参考他们自己以及其他人对于"什么是应当做的"看法,指引自己的行动,进而对"秩序"加以说明。人们还可以通过将秩序归属为具有一定的共同认知,并有共同期待值的个人行为,从而对这种情况下的外在可观察的秩序进行说明。由此,得出的结果性结论是:秩序是彼此了解的参与者之间的一种共同行为。每一个人都按照这样的理念(或假想,不一定会特别清楚地说出来)而行动:其他每个人都会就"每个人应当做什么"得出大体一致的观点。有关"人们应当做什么"的看

---

〔11〕 对行为进行"外部"观察这一思想源于哈特的《法律的概念》,参见 H. L. A. Hart, *Concept of Law*, Oxford: Clarendon Press, 2nd edn., 1994, pp. 55-60。详尽的讨论也可参见 N. MacCormick, *Legal Reasoning and Legal Theory*, Oxford: Clarendon Press, 1978, revised edn., 1994, pp. 275-292。关于这一问题的进一步讨论,可参见本书第4章。

法，建立在 Eerik Lagerspetz 描述的"共同信念"（mutual beliefs）[12]基础上，它相当于一个暗含的规范，可以通过以上建议的方法明晰化。

然而，对任何事情做如此的说明都易于遭受这样的警告：那是对"治理"（governing）理念的一种有潜在争议性的解释。在人们之间，（确实可能）存在一种"做正确事情"的共识，但这根本不依赖于是否存在一种简单的、由官方阐明的规则——人们可以通过死记硬背的方式叙述或了解这一规则。因为实际上，这一活动是一种解释性活动，在这一活动中，参与的每一方都会将这一情形"解读"为：他（或她）认为其他人也是这样解读这一情形的，并会对他（或她）认为的其他人的观点形成一种（自己的）看法，尽管对于其他人的观点（到底）怎样，他（或她）不一定经过了任何反思性的深思熟虑。

我们接着假设，尽管人们对排队的含义及调整排队活动的规范没有达成任何明确的协议，但排队活动在特定场合仍是可行的。我们似乎有理由认为：一定存在一些在根本理念或者共同接受的指导思想方面有深刻共识的共同体，正是他们才使这一活动能够为人所理解。当今世界存在一种"依序排队"（turn-taking）的活动，也许它深深地扎根于当今的平等主义思想之中。这为这样的理念提供了理论支撑：在提供那些必须采取一次一人形式的机会或服务时，应按照一定的次序进行，这是一种普遍主义的态度，而非按照特殊的个人或社会角色的不同而区别地予以对待。从这一观点来看，根据人们到达服务点或等候点的

---

〔12〕 参见 E. Lagerspetz, *The Opposite Mirrors*, Dordrecht: Kluwer Academic Publishers, 1996, pp. 30 - 50; D. W. P. Ruiter, *Legal Institutions*, Dordrecht: Kluwer Academic Publishers, 2001, pp. 22-23。后者对前者的"互信"理论作出了一种可能的矫正，理由是：它试图将"集体的意向性"赋予给个人心理状态的集合。

时序，随机地决定优先顺序，通常是令人满意的。在一个具有更多等级的社会里，或者社会语境中，按照一定的等级决定优先权也许非常流行，“先到先得”（first come，first served）的规则仅适用于那些处于同一阶层的平辈之间。甚至在我们这一相对平等的时代，也存在不少明显的情形：优先权上的等级次序仍在发挥作用，或者甚至被理所当然地认为是正当的。[13]

当然，排队是有很多变种的一类活动的总称，并非只有一成不变的形式。人们在得克萨斯的超市里所排的队，与发生在意大利、人们为购买火车票所排的队并不完全一样，与英国高速公路拥堵处所排的队也不一样，与多伦多机场人们等待出租车所排的队同样不一样，或者与人们在瑞典邮局购买邮票所排的队不一样，或者与荷兰举办的某一研讨会上人们准备吃午餐时所排的队有差异。当我们四处转悠时，总能发现一些地方性的细微差别，并且，试图使暗含的排队规范明确起来的尝试将非常复杂，因为这需要将这种排队的清晰说明与相关文化语境联系起来。

我们确实相信，所谓的“先到先得原则”在一些细微之处或细节部分存在很多差异，在不同的地方、不同的文化氛围中，针

---

〔13〕 非常感谢 W. Twining 的启发，值得注意的是，排队等候的要求经常是一种强加的要求，例如，一个处于权威地位的成年人（如校长）以命令的方式指挥孩子们排队，接受这种或那种治疗或服务，甚至等着受惩罚。作为一个个体，我们可能已将排队的规范内化了，在这种具有一定层级关系的情形中，那些排队的人之间的平等不过是一种平等服从意义上的平等。依据权威的安排去排队，属于稍后（最先是在第 2 章）所说的当下秩序的一种表现。此处所说的“秩序的表现”能起到为分析性目的服务的作用，应当被看作对任何人或每一个人形成“排队活动是一种规范活动”的认知或感觉的方式的说明。一般的事实是：他律先于自律，我们自主服从的观点与习惯通常都是通过社会化的过程形成的（参见第 14 章）。然而，无论人们是如何形成“应轮到自己”这一意识的，很多人似乎都愿意依此而行动，根本无须惯例机关的介入，只要其他人也准备这样做即可，这种情况下可以满足表面上的相互信任。

对不同的服务与机会,相对于不同的服务提供者,等等,都存在例外(如"儿童优先""儿童应排在大人后面""应特别照顾非常老的人""伤残军人优先",等等)。如果人们试图为特殊场景下潜在的优先理念提供一种更具体的说明,则肯定人言人殊,并且,这些不同的说法全都非常合理。因为此处的假定是——不一定存在任何唯一的、能得到人们普遍认可的规范性说明;根本没有任何特别的理由可以假定——在一定限度的合理解释范围内,只有一种解释是必定正确的。为什么不一定只有唯一正确的答案呢?原因在于:为了让这类活动令人满意地发挥作用,参与者之间不得不产生重叠的共识,或者大致共同的态度。从概念上讲,对经验领域含糊的问题作出精确的回答,可以是启发性的、有益的、合理的,并且,可以具有这些优点中的许多优点,而非"只有唯一正确的答案"那一优点。[14]

在以我们对排队问题的反思作为总结的基础后,我们可以非常自信地建议说,在人类事务中,在某些时间和地点,对于某些事情,只存在一种井然有序的可能性。凡在人们按自己对于做正确事情的理解、指导自己去处理与别人的关系的地方,都一定存在一种秩序,只要我们能证明,存在足够数量的大众持这种观点(不一定完全一致),并按照这一观点去行动。我之所以这样行动,是因为我认为这样做是正确的,且倾向于认为,你也认为这样做是正确的,并且,你会相应地按自己的观点去行动,如此等等。(这表明,)我们已有了一些在内容上具有规范性的共同信念,并且,有足够多的人按这些信念而行动,因为实际的情

---

〔14〕 参见T. Seung, *Intuition and Construction: The Foundation of Normative Theory*, New Haven, Conn: Yale University Press, 1993, pp. 33-37。也可参见B. Bix, *Law, Language, and Legal Determinacy*, Oxford: Oxford University Press, 1993, pp. 63-67。

况是:共同的信念经常能形成,并且,对于那些能探知的不一致情形,人们会基于同样的理由将之视为错误的。通常,对于那些人们认为错误的行为,人们的公开反应相当不友好,即使不包括任何正式的制裁,但实际上可能还包括非常严重的反应。这并不需要明确地阐明我们正在讨论的那一活动的规则或者规则的集合,因为对于彼此的规范信念进行彼此认可的解释已经足够。但这仅仅只有在下面的意义上才是可以理解的,即我们认为自己可以从这一共同信念中推导出一些潜在的指导性观念,并且,从特征上看,这些观念既是规范性的,又承载着一定的价值。

总而言之,(在世界上的某些地方)可能存在没有明确阐明规范的规范秩序,这出现在未言明的规范被大多数人实际地遵守和尊重的场合,同时,(在这些场合)又没有任何其他的监督、指导存在,或者没有由相互联系的个人间产生的共同的规范性观点(不一定是明确而全面地表达出来的)而带来的强制性要素存在。这类情形的一个例子是:那些在大致相同的时刻获得相同的机会或到达相同服务地点的人,排成一个队列,并认为,依据一定的次序接受服务是正确而恰当的。

1.5 论习俗:一种非正式的活动

对共同经历的反思,使下一点变得明显起来:排队可能(并且非常经常)以一种完全非正式、未受规范调整的方式出现,根本没有任何拥有权威——这一权威是相对于那些排队者而言的——的人或者机构对排队活动进行干预,要求或者规定排队必须按照某种方式进行。确实,排队活动多少与文化有一定的关联。人们常说,英格兰人(实际上,“英格兰人”不同于“英国人”)有一种独特的排队天赋。在苏联集团,由于物资匮乏,排队成为普通人生活中的一种地域性特点,这也是真的——在波兰,就有这样一个流行的笑话:某个人到了街上,看到无始无终的队列,(不由自主地)加入了进去。后到的人问前面的人:排队干什么?前面的人坦诚地回答说:不知道。但人们仍根据这样的假定排队:无论这样的排队是为了什么,那也一定是为了购买稀缺的必需品,或者大家都想得到的奢侈品。这个人进而评述道:得到这些东西(无论它是什么)的机会不应轻易放弃。

然而,无论关乎“文化相关性”的这些观点可能怎样,我们似乎都能合理地得出结论:在一些文化和社会背景中,规范秩序的存在基础可能只是建立在共同信奉但未言明的规范之上,同时还要加上重叠性的共识以及此处描述的解释。此处,我们将这类活动命名为“非正式的规范秩序”。我们应当从这一角度评估那些信奉制度论的法学家们对“习俗”的理解,同时,还应反思其他的、带有习俗特点但未经权威机关规定的行为类型与语境。〔15〕那些被人们认为具有规范性特点的习惯(customs),包括目前这一意义上的习俗,无论出现在国际法与国际关系中,还是出现在其他场景中,可能都只是通过习俗的方式而实际形成

---

〔15〕 参见 G. Marshall, *Constitutional Conventions: the Rules and Forms of Political Accountability*, Oxford: Clarendon Press, 1984。值得注意的是,尽管宪法上的惯例本身是未言明的规范,并且,因其缺乏任何权威的形式而被认为是非正式的规范,但它可以调整国家机关及其官员的行为,这些国家机关与官员该如何行为,在很大程度上是以高度形式化、制度化的方式确定的。K. Wheare 在其著作的第 7 页中曾提到,马歇尔称这种惯例为“有约束力的规则”,但从其著作的上下文(第 7~13 页)看,这些惯例明显是缺乏任何权威形式的规范,因此,不能算作此处所说的“规则”。更一般的说明可参见 D. Lewis, *Convention: a Philosophical Study*, Oxford: Basil Blackwell, 1986。

的。[16] 因为正是借助那些未言明的规范,它才被定位为一种本质上的非正式的规范秩序,我们才能相当自然地称之为“习俗”或“约定”。尽管在许多重要的场合,一些学者与实践工作者致力于从事阐释性工作,目的是对某一未言明的规范进行令人满意的、清晰的描述,但由于此类工作只是阐释性的,因此,此类尝试中的每一者本质上都是可辩驳的。由于此类构想(formulation)倾向于将(解释的)权威归结为一种先例,或者一种制度性的权威构想,因此,构想此类未言明规范的行为就具有了一种改变规范含义的效果。正是通过这种构想行为,以上说到的构想才变成了一种权威性的规则或者公理。除了以上提及的制度性约定与习惯法(可以是关于国际法的,也可以是有关国内法的),我们关于礼仪与良好习惯的很大一部分理解,与对于社会习俗(social usage)中很多其他重要成分的理解,以及对于自然语言中的语法和语义规范的理解,在这种意义上讲,都是一种习俗。

这是一个需要小心区分的含义,不同于用来指称国家间达成的、以郑重其事的方式表达的协议或条约[如有关战争中难民与战俘问题的《日内瓦公约》,以及其他一些重要的带有惯例性——不同于“习惯性”(customary)这一意义——的国际法渊源]意义上的“惯例”(convention)。正是由于语言革命的不成功,才使我们英语中的“convention”与“conventional”这两个语词具有两种法律上的用法。这两种用法之间是极度对立甚至相互矛盾的——宪法中非正式的、习俗性(conventional)要素的关键点在于:它们实质上是习惯性的,而“惯例性的国际法”却

---

[16] 参见 D. W. P. Ruiter, *Legal Institutions*, Dordrecht: Kluwer Academic Publishers, 2001, pp. 122-127。该书对国际法或国内法中的习惯的特点作了特别清晰的说明。

依赖于审慎接受的多边条约，由此，前者明显不同于国际法中的“惯例”。

1.6　结论

理解“规范性”这一概念非常重要——正是因为有了这一概念，才使我们有办法将正确的行为从错误行为中区分开来，才使我们对各种不同的情况下应当做什么有共同接受或者相互重叠的理解。即使在非常不正式的场合，人们对此类对错观念的反应也可以通过一种互惠的方式而彼此协调，以便为他们的行为产生一种秩序。注意到这一点，并掌握了这一点，就等于抓住了规范性秩序的基本方面。我们已发现了有关人的本性的基本假设。人是规范的使用者，他们之间的相互作用依靠的是他们彼此承认的方式。关于那一方式，我们可以按对或错的行为模式清楚地予以阐明，或者按某种场合下人们应当做什么而清楚地予以说明。理解规范的这一用法，比理解能否精心地设计出恰当的规范更加重要——那些规范将变成人们的行为模式。

然而，精心设计规范的情形仍经常发生。这类规范的用法可能具有一种更正式的特点，事实上，也可能已经“制度化”。理解了这一点，就等于理解了从规范到制度性规范秩序进而到法律的转变。

第 2 章　论制度性秩序

2.1　引言

“习俗”并非规范之全部，排队活动本身也并非总是一种纯粹的、非正式的规范秩序，这种规范秩序扎根于普通日常生活的社会习俗（social conventions）之中。排队经常是在这种或那种权威的组织之下进行的。如在机场，检票并领取登机卡要排队，经济舱、商务舱与头等舱的旅客分别排着不同的队。在登机口还要排队，有时还会根据旅客座位的排数作进一步的规定，有时却不用。超市、办理护照的办公室、邮局，以及存在于某些国家的国营酒类专卖店，会提供印在转筒纸上的带有序号的票，某个人在队伍中的位置是由这个人所持的票面数字决定的。在银行和火车站，有用绳子隔开的排队线，人们按照先后次序到达售票点，或者出票柜台。在车站和机场的外面，有一些管理出租车的人,组织和监督出租车排队,他们都是为了保障每一位乘客能依次快速而便利地乘上出租车,保证出租车能快速通过那些在交通繁忙时刻经常形成的拥堵。有时(尤其在寒冷的地方大受人们欢迎),排队乘出租车也会使用印有序号的卷纸,以便旅客能在温暖的室内安全地候车,而非在人行道边直接面对严寒的天气。在学校里,老师会要求他们的学生排队去上各自的课,或者要求他们在学校午餐时排队,并坚持要求学生按照自己的命令有序地进行。在电影虚构的管理严格的美国监狱里(现实状况无疑很糟糕),危险的犯人们在全副武装的卫兵们充满警惕的眼皮底下,排着整齐的队伍进餐。

这些常见的情形全都提醒我们,在很多情况下,排队活动都是在一些经营者或管理者的权威下进行的,总有一些人处于权威地位上。为了获得正在提供的服务,人们会被要求遵守服务提供者发布的规范,直接提供服务的人通常都会按相关组织中一些拥有更高权威者的指令行事。排队者不得不使用的、指导他们自己的规范并非只是习俗性的,或者未言明的,也不是简单地依靠(也许根本就不依靠)共同的信念与期待。他们还需要依靠那些负责提供服务者明确发布的规范。

2.2 超越非正式性

在排队这种非正式的规范活动中,下面这些问题可能相对比较含糊,即确定什么时候排队、谁将排队、排队的确切次序是什么,以及缺席的人(如某个人到洗手间去了)该安置在什么地方才合适,等等。但是,当我们将这一活动转换到一种官方或商业场景中时,就会有某个人被赋予了决定这些事情的职责,并且,会设置一个类似的、带有编号的票卷系统,从而使那些在非正式场合里不明确的东西变得明确起来。主管官员或雇员通常有权(或者被人们认为有权)决定如何解决那些具有争议性或不清楚或未预见的难题,这些难题在日常的运转中会逐渐地变得清楚起来。在下列情形下更是如此:某人(或某个群体)拥有相对于别人的确定的权威或者权力,他用这一权力来指示某个国民或团体排队用餐,或者轮流上班,或做任何其他的事情。例如,学校里的老师或其他成年人与小学生的关系,监狱的看守与犯人的关系,武装部队的军官、士官与下属的关系,工厂中的经营者与其他职员的关系,所有这些都是上述情形相当明显的例子。重要的是承认下面一点:此类情形是存在的,并且,它们揭示了,人们对待排队的态度离相互自愿的合作多么遥远,尽管也许从来没有完全拒绝这种态度的痕迹。考察这种受管理的排队情形,就等于考察从纯粹的、非正式的活动转变成更正式活动的可能性。当人们对排队的优先顺序产生异议时,就不再是对含糊习俗的不同解释进行磋商的问题,而变成了一种与决定有关的事情。在使用印有票号的票筒进行排队的例子中,可能存在这样一种明显的困难:当某个人的号被叫到时,如果这个人缺席或者没有听到,该怎么办?如果第 50 号被喊到了,在经过了较短的时间间隔后,没有人现身,接着又喊到了第 51 号,如果还没有人现身,则会喊第 52 号,如此等等。但如果在喊到第 54 号时,持有第 50 号票的人出现了,并要求为他服务,这时该怎么办?柜台的服务员能否承认,由于第 50 号是目前最靠前的序号,因此,会在为第 55 号及之后的人服务之前为第 50 号提供服务?或者说,正确的答案是否是这样:由于第 50 号现在是已过期的序号,因此,持第50号票的人需要去纸筒边取另外的、有效的序号,然后到队尾重新排队?在这种情况下,除了作出决定外,根本没有其他办法,在第一种情况下,作出决定的人是柜台服务员。但这是一个可能不断重复出现的难题,并且,不同的服务员在不同场合作出的决定可能不一致,这种不一致对他们与顾客的关系可能有害。因此,非常可能的情况是,商店的经营者或业主会制定一般性的规则,并用书面或口头形式,明确地向柜台工作人员传达这一规则。因此,在一个票筒的旁边树立一个告示牌,解释排队的规则,以免顾客产生困惑,或者感觉不公平,这种做法甚至被证明是明智的。

无论在什么地方,只要存在作出决定的权威,理论上都存在这样的可能性,即对于特定情况下,何者具有优先性,他(或她)会作出明确的决定。当问题再一次出现,以及在由于一些原因而使处理结果的一致性显得特别重要的地方,上述决定都可以通过这种方式或明或暗地作出,以便发布解决此类不断重复的难题的一般规则。与非正式的规范或者习俗不同,明确制定的规则都有一个明确颁布的文本。以明确的规则形式对规范进行解释,必然包括留心规则制定者使用的每一个语词,并且,只有在这些语词似乎不太清楚时,或者这些语词的明显含义在实践中会产生莫名其妙的结果时,才会对这些语词所代表的要点进行反思。相比之下,非正式的规范出现在那些以彼此信任与相互期待为基础的活动中,任何试图用明确的术语对暗含的规范予以阐明的企图(能否实现),都要看人们如何解释这一活动及其关键之点。在此种情形下,解释先于构想;但在规则是明确颁布的情形中,解释处于构想之后。

(在实际生活中,)有一个常见的、无可厚非的习惯,即(人们习惯)将"规则"这一术语特别应用于某个具有决策权威的人正式发布规范的场合。在个人之间发生潜在的争端或冲突的实践语境中,(如果有人)说,"存在解决那一问题的规则",就会招致人们的质疑:那一规则文本是如何产生的?因此,需要显示:谁颁布了这一规则,颁布规则的人具有什么样的权威。凡是存在这种意义上的规则的地方,都存在一个确定的文本,并且,这一文本是由一个拥有颁布规则权力者颁布的。这暗含着存在一种双层(或者超过双层)的规范活动。就我们正使用的排队这一例子而言,它既包括一种排队活动,又包括一种授权某个人管理那些排队等待服务者的活动,无论这些排队者等待的是何种服务与机会。排队仍是一种规范性活动,可以通过"什么是应当做的""什么是将要做的正确事情""下一个有权接受服务的人是谁"等规范加以描述。然而,还存在这样一种规范性活动,它授权某个监管者监督人们排队,以保证以恰当方式排队的每一个人都能以恰当的次序得到服务,保证没有人插队且破坏这一秩序,或某个人因为被跳过了而权利受损。当某个人的序号被多次喊到却没有现身等情形出现时,判定其所排的序号何时失效的程序同样需要规范。我们可以说,现在,我们不仅有了排队的规范,而且有了一旦出现排队难题该如何作出决定的规范。

在这种具有一定结构且不止一层结构的场景中,存在一个发布第一层排队规范的权威。现在,一旦出现了"谁排在队伍的最前面最恰当"等问题时,仅凭监管者发话,就能决定什么是有关优先权的有效验的规则。如果发现存在解释的难题,(例如,)会在那些本该在别处处理他们事务的消费者之间引起困扰,则管理方可通过制定更明确的规范,规定这一安排如何运作,从而在很大程度上澄清这类事情。

这种类型的规范秩序的典型特点是：它蕴含了这样的可能性，即人们可以避免绝对地依靠那些多少带有含糊性的未言明的规范。在非正式的秩序中广泛存在的这类难题可以通过诉诸颁布清楚陈述的规范这一手段而得以避免，具体方法是：通过确定在明确预见的情况下什么将被做或者被决定，从而避免这种难题。明确性的后果就是：它消除了含糊性。我们可以设想这样一个例子：

如果某个人的序号被喊到了，持有那一序号的人没有出现，管理人员应清楚而大声地再喊两遍，迅速地目视等待区域，核查是否有任何明显的耳聋者或身有残障者正在努力地走向指定位置，如果这个人仍未现身，则这一连续系列中的下一序号就将被喊到，如此等等。

如果事情已到了这一步，就容易想到，需要某人（如果只有管理者的话）制定新的规则，以解决如何处理这种情况的问题：如果某人在序号被喊过之后才现身，他就错过了他或者她初次抽到的序号。这类人能否由于拥有目前最靠前的序号而被排进队伍里，并置于队伍的前列呢？或者能否说，他们的优先权现在已被取消，他们要么放弃排在前面的企图，要么去取票机上取一个新的票号，并从队伍的最后开始排起？在后一种情况下，在特别极端的情况下，管理人员是否有自由裁量权可以放弃严格的规则呢？

对于什么可以算作没有现身（错过了三次喊号）的问题，一旦存在一个清楚的规定，这类问题一定会出现，因为现在就出现了这样的困境：如何对待喊号时“没有现身”但随后却从卫生间里走了出来(或从幻想中走了出来,或从咖啡店里走了出来,或从别的地方冒出来)的人?在这个时候,我们只能这样做:要么从管理者的角度进行纯粹的自由裁量,因为对于此种情形,并没有确定的规则;要么需要一个“排在新的队伍前面”的规则或者“重新回到队尾”的规则;同时还需要规定,在特别疑难的情况下,是否赋予管理者自由裁量权。[尼克拉斯·卢曼(Niklas Luhmann)指出,每一次尝试清楚地说明这种明确的规定,进而化繁为简的努力,都易于产生新的复杂性问题,因为在新的规定遇到两难困境时,人们又会呼唤更新的明确规定,如此循环往复。[1]]

2.3 明确陈述的规范——“规则”

我们已形成了规则——明确陈述的规范(不再是纯暗含的规范)——的理念。此处的情形是这样的:这一明确陈述的规则是由处于权威地位的人颁布的。这一权威可以是决定如何应用第一层规范(明暗皆可)的权威,也可以是颁布明确规范的权威,他阐明或改变以前处于未言明状态并因此具有含糊性的规则。对于某个被限定了范围的活动来说,特定的权威会特别重视对这一活动或作为其组成部分的规范作特别清晰的阐明。我们正在讨论的“清晰的阐明”有两个本质要素:第一个要素指明某种可能出现的情形;第二个要素规定,无论什么时候,只要前者规定的情形出现了,便会产生如下结果,即什么应当做,或者

〔1〕 N. Luhmann, *A Sociological Theory of Law*, trans. by E. King, ed. by M. Albrow, London: Routledge and Kegan Paul, 1985, pp. 193-199.

什么将发生,或者什么将被视为真的。我们称这一独特的情形为“效验性事实”(operative facts),或者“OF”,称那种情形下“什么应当做/或者什么将发生/或者是什么真的”为“规范性后果”(normative consequence),即“NC”。由此,我们正考察的这种明确陈述的规范具有这样的一般形式:

无论什么时候,只要OF出现了,那么,NC一定出现。

“规则”(rule)这一术语最常见的用法与明确阐明的规范(norm)有关,这一规范要么表现为以上形式,要么可以重新整理为上述形式。“规则”的一个更本质的特征是:一些类型的权威总是与一定的程序或机构联系在一起,人们正是借助这些程序或机构,对规则加以明确说明的。“规则”这一语词有多种用法,并且,各种用法之间存在细微的差别,但我相信,它最典型的用法是指称一种具有此处所确定的结构和渊源的规范。为了说明此处提出的制度法论,作为一种约定,我将“规则”这一术语未经限定的用法限定为此类规范。

由于我们一直将排队活动看作一个行之有效的例子,因此,我们可以考察那些专为得到了正规管理的排队活动而设计的可能的规则。如果这些规则是由一个恰当的权威发布的,则这些规则就是有效规则的一个例子。

· 无论什么时候,只要有交易活动进行,柜台职员都将核实,在等待被叫的系列中,下一序号将是多少,并会喊叫持有那一票号者。

· 无论什么时候,只要持有某一票号者在被叫三次时仍不现身，在充分地核查持有票号者是否是聋子或者身有残障之后，这一序号就将被（视为）作废，并会喊到下一序号。

· 无论什么时候，在某个序号被取消之后，原持票人都可以从票号分发机那里领取新号，只有按照预定的次序轮到新的票号时，持票人才会被（再次）叫到，并接受服务。

此处说到"未言明的规则"，这一理念有何价值？或者说，我们应将"规则"这一术语仅仅限定为那些明确阐明的东西吗？容许"未言明的规则"这一范畴存在似乎非常重要。在我们正在讨论的这一情形下，权威拥有的一方面职责不过是指导和管理排队活动，在他们解释与应用这些（未言明的）规则时，需要受相关的规则指导。这经常是通过简单的决定实现的，例如，"您的序号还没到，还需要等待"。但是，在将一个解释附加到此类决定之上时，就等于承认，在解释此类（未言明的）规则时，还存在一个部分明确的、解决异议之点的规则。例如，"对不起，由于叫您的序号时您没有现身，因此，您不得不去领一个新号，并且，现在请您排到队尾"。在此处，即使人们迄今为止尚未明确地说出此类规则，但只要给出了上述理由，就意味着，他们得出了下面这个未言明的决定：无论什么时候，只要某个人的序号被叫到，而这个人却没有现身，则这个序号就作废了。我们将使用"未言明的规则"指称从这种裁定中得出的那类规范。（如我们即将看到的，未言明的规则可以这样推导出来，以至于我们认为此类裁定可普遍化。我们可以在先例学说中看到这种未言明规则的典型例子。在这一学说中，适用于某个案子的难以捉摸的"判决理由"正是法院发布的未言明规则的一个例子，法院在某个特殊案件中作出的判决构成了一个先例，可以普遍地应用于其他案件。[2] 这一做法建立在法官与法院之间存在某种制度性联系这一基础之上，建立在人们对不同场合下法院所作的判决坚信不疑这一态度基础之上，以及人们所持的赤裸裸的普遍化理念之上。）

2.4　规则的实际效力：是“排斥”，还是“防卫”？

这一问题似乎足够直接，但仍存在一个我们需要直面的关于规则的问题。即规则的实际效力是什么？一些人持这样的观点：如果你按照“无论什么时候，只要 OF 出现了，那么，NC 一定出现”的形式清楚地阐述一个规则，则你要么赋予了这一规则具有绝对的、不变的应用效力，要么被认为不过是借口和伪善。另一些人认为，你可以采用一种更灵活的方法，并且拥有一个真正可靠的规则。按照上述任何一种观点，效验性事实与规范性后果之间实际上都是一种规范性联系，以我们已提到的那种方式，指导人们作出判断并产生行为。但是，对于这种规范性联系的实际效力如何，人们似乎存在不一致的看法。我们不应当将之解释为一种概念上的不一致，在这种不一致中，其中的一方是正确的，而另一方却是错误的。事实真相是：规范应当被赋予怎样的效力，本身是一个实践性问题。让我们提出一种评估这一效力的模式吧，这涉及以下三种可能性中的一种。

规则可能有多种多样的实际效力，因为它们可以被分为绝

〔2〕 在本书的制度性理论这一框架之下，对这些观点作进一步的讨论，可参见 N. MacCormick, *Rhetoric and the Rule of Law*, Oxford: Oxford University Press, 2005，第 5 章与第 8 章。

对应用的规则(rules of absolute application)、严格应用的规则(rules of strict application)或者酌情应用的规则(rules of discretionary application)。

· 一个规则是绝对应用的,仅当它在这样的基础上被人们理解与应用:在OF出现的每一场合,NC都必须毫不例外地出现;并且,NC不一定产生实效,除非OF出现,或者某些效验性事实经查明确实出现了,从而使其他一些专门针对NC的规则得到了满足。规则得到绝对应用的典型例子是那些本质上带有数理性特征与封闭性特征(如棋类项目之类的游戏)的规则。〔3〕

· 一个规则是严格应用的,仅当它在下面的基础上被人们理解与应用,即与某些价值有关的情形出现了(它可能是偶然出现的),以至于在某些特殊场合下,如果仅仅因为OF的出现就触发了NC,则NC将极大地贬损上述价值。按照这一精神,这一规则应当不被应用,但从字面上看,它又应当得到应用。负责应用这一规则并管理应用这一规则活动的人将被赋予一定幅度、带有导向性的自由裁量权,以便处理例外情形,或者在特殊(或非常特殊)情形下推翻这一规则。

· 一个规则是酌情应用的,仅当作出决定的人预计会依据已出现的、与相关活动或事务有关的特定价值或目标中的所有因素,考虑每一种情形,并按照对所有因素进行明确权衡的方式作出决定。但在所有的事情都同等重要,或者各要素在权重上的差别相当细微且难以决断时,作决定者有望将规则作为决定

〔3〕 参见F. Atria, *On Law and Legal Reasoning*, Oxford: Hart Publishing, 2002, pp. 15,25-26,45-47。该书用不同的术语得出了大致类似的观点。该书较早前是一篇博士学位论文,它对本书有着决定性影响。

案件的一种候选方式使用。

我们将看到,绝对应用的规则处于频谱的一端,酌情应用的规则处于对立的另一端。处于两者之间的是严格应用的规则,严格应用的规则表达了一个具有一定范围的变量,在这一范围之内,可以有不同程度的严格性存在。

那么,由什么来决定哪一种特定规则或者规则集合属于哪一部分,或者处于频谱的哪一端呢?由于人们一直陈述说,明确表达的规则全都有一样的规范形式,因此,我们不能从规则的内容本身去寻找作出上述区分的根据。那么,应当从何处寻找呢?答案是明显的——它所依赖的并不是有关实践的第一层规则的内容,而是依赖于授予决定者权力或权威规范规定的第二层规范。"*这是你不得不应用的规则;你应当将它们看作绝对应用的规则/严格应用的规则/酌情应用的规则。*"

在规则严格适用的地方,允许决定者在特殊案件中有一定的自由裁量权,并且,在此处,酌情应用规则的情况下,决定者拥有自由裁量权更是毋庸置疑的。人们应当作出一些努力,以便保证:作出决定的人应对那些适合指导自由裁量权行使的各种考量与因素有充分的了解。

在规则要么绝对应用要么严格应用的地方,规则属于拉兹所说的"排他性理由"(exclusionary reasons)的范畴,或者(更晚近一些的著作)所说的"受保护的理由"(protected reasons)。[4]甚至还有更恰当的语词,弗雷德里克·绍尔(Frederick Schauer)曾用到"受保护的普遍应用"(entrenched generalizations)这一非

---

〔4〕 参见 J. Raz, *Practical Reason and Norms*, Princeton, NJ: Princeton University Press, 1990, pp. 193-199。

常近似的概念。[5] 按照目前的理论,什么能使明确的规则一定得到普遍应用呢?是作出决定者的授权条款。什么能使规则具有排他性呢?正是授权条款所要求的、适用于规则的绝对性或严格性特点。如果一个规则是绝对应用的,对于一定要按照这一方式适用规则的人来说,他(或她)需要面对的唯一的问题就是:OF 是否出现了。就他(或她)所要作出的决定而言,在考察了所有事情之后,对于那些通常可能影响 NC 是否适用于目前场合的其他因素,决定者都不予以考虑。由于所有的事情都将不为这一决定者所考虑,因此,也将不被与这一决定工作有关的其他人所考虑。如果一个规则是严格适用的,判定 OF 是否出现仍非常重要。所有的事情仍将以一种完全开放的方式而不予考虑。但如果有些因素出现了,则必须考虑,并且,必须相当审慎地评估这些因素,判断是否有某些特殊或特别特殊的情形出现,此时就需要论证:在 OF 没有得到完全满足的情况下,实施 NC 是否正当;就需要论证:在 OF 得到了完全满足的情况下,不实施 NC(或者有限的或者不完全实施 NC)是否正当。一个酌情应用的规则自身并不具有排他性,也不是受保护的,但在这一比赛中,如果其他相关因素并不能给出明确的或决定性的指导,则它就是一场平分秋色的比赛。因此,下面的说法并不正确:酌情应用的规则根本没有任何价值,或者仅仅只是一种借口,或者只是用来充门面的。[6]

---

〔5〕 F. Schauer, *Playing by the Rules: A Philosophical Examination of Rule-based Decision-Making in Law and Life*, Oxford: Clarendon Press, 1991, pp. 38-52.

〔6〕 在英国,尽管有很多先例能用来调整衡平性救济问题,但这些救济本身仍然具有随意性,这是一个相当重要的例子。

2.5　自由裁量:价值与原则

然而,我们还是稍微谈谈自由裁量问题与“可能存在一种‘有一定导向的’裁量”这一理念吧。“自由裁量”牵涉要求某个人按照这样的方式作出裁判,即尽管效验性事实得到了满足,但仅仅应用规则仍然不够。[7] 如果在作出判决的情况下,我想知道什么是最明智、最恰当、最合理或最有效率的判决,我就要将该判决情形下的许多方面都考虑进来。如果我是一个管理出租车的人,如果我对这一工作的看法(或者我的指令)是:我不得不尽我所能地使出租车的队伍有效率地运作,为此,我将施展浑身解数,尽力保持出租车被租用的速度最大化,使它们尽快装上人,然后赶快出发,以便清空停车点,好让下一个出租车进来。那会使我得出这样的判断:在我喊出租车的序号,让它们去迎候持票人时,应不能有太多的耽搁。更进一步地,为避免混乱,防止那些等出租车的人分心,从管理的角度来看,最好的解决办法似乎是:一旦某一序号被叫到,若被叫者没有出现,则这一序号就将作废。如果此刻有10~20个人甚至更多的人在排队,这一做法也被认为对那些专心候车者更公正,比我容许某些被叫到序号者姗姗来迟更公平。更进一步说,此种做法可免于使我与那些感觉被我的决定伤害了的人进行愤愤不平的争论。因此,在此种情况下,与效率的考量相比,公正的考量处于第二位。

---

[7] 参见R. Dworkin, *Taking Rights Seriously*, London: Duckworth, 1977, pp. 31-32, 68-71。

如果决定者主要考虑的是公正而非效率,则在恰当地评估该做什么时,很多不同的因素将起主导作用。此时,人们不得不考虑那些受影响者的利益与期待,需要考虑的是,采取这种而非那种处理问题的方式会造成的长远影响。如果需要作出"合理的"决定,人们将要面对的权衡工作就会变得更复杂,因为在此处,人们不得不考虑与效率、公正有关的一些要求,也许还有其他一些重要价值,并运用常识去达成令人满意的行动结果。

由于公平、明智、效率以及合理都对人们有利,因此,我们将这些概念冠以"价值"之名。由于它们是不同的价值,因此,我们主要依据这一种价值而得出的判断肯定不同于主要依据另一种价值而得出的判断。因为不同的价值所容许的满意度存在程度上的差异,因此,具体的情况可能有较好与较差之别,我们不能按照某一价值简单地判断对错。人们有时是通过通称为"标准"的东西而获得此类概念的这一方面特点的,因为在应用这些价值中的某一价值时,决定者都会被人们设想为,他已能确定,其作出的决定至少在某一点上满足了某一价值的要求,或者达到了某一适当的标准。

与规则不同,因为其效验性事实描述了规则应用的特定情形,而价值无处不在。不只是在管理排队活动时,公平才对人们有利,几乎在社会生活的所有方面,公平都对人们有利。效率、明智、合理、理性、仁慈、人道等全都如此。尽管一些人宣称,这类普遍价值全都可归入若干大类之下,但其目录非常长。〔8〕 对

---

〔8〕 参见 J. Bentham, *An Introduction to the Principles of Morals and Legislation*, eds. by J. H. Burns and H. L. A. Hart, London: Athlone Press, 1970。在这本书第 1 章中,边沁讨论了人的经历中一个单一的基本价值的"幸福",他按照快乐超过痛苦的剩余值来理解"幸福"。菲尼斯在《自然法与自然权利》一书中建议说,存在七种基本善,即生命、知识、审美体验、友谊、游戏、宗教以及实践理性。它们都是不能相互化约的,并且是不可替代的,都并非是单一的"至善"的简单的例子。参见 J. Finnis, *Natural Law and Natural Rights*, Oxford: Clarendon Press, 1980。

于每一种价值，我们都能总结出一些规范性特点，观察这些特点有助于我们掌握正在讨论中的这些价值。“在争论中，应听取双方的意见”，“应当不推翻一个人的合理预期”，“应当考察自己的决定对每一个在此事上有合法利益者福利的影响”，这些都是与公平有关的例子。与正在讨论中的其他价值一样，由于这些价值无处不在，因此，我们不能像通常那样发现，按照“无论什么时候，只要 OF 出现，那么，NC 一定出现”这一公式，将这些价值组织起来是非常有意义的。这些东西全都是规范，几乎在任何情况下，都影响着我们的决定，因此，勾画出其特殊的应用情形毫无意义。它们是我们通常所称的“原则”，或者事实上的“一般原则”。一个负责应用绝对适用规则的人会排除原则的应用，在严格适用的规则情形下，这个人实际上在很大程度上也会限制原则的应用，但我们不会由于那一缘故而费心费力地将我们的原则限定为以下公式，如“除非这一原则被排除在外，否则人们应当……”那是不言而喻的。但当我们小心翼翼地说，“关于原则问题，此处要做的正确的事情可能如此……”我们就已经注意到了这样的可能性：可能存在一些规则，它们将排除那些从一般原则中推导出的答案。

2.6　规则中的标准

明确阐明的规则本身可能已将“标准”结合进了效验性事实之中，或者结合进了规范后果之中。在很多法律领域，尤其是在私法与商法领域，以及非刑事的公法领域，这种做法实际上很常见。《美国统一商法典》(*Uniform Commercial Code*，与英国 1994 年的《货物买卖与供应法》一样)充斥着此类说明，以下就是一个例子：

(1)在由于不符合履行标准、卖方的供货或交付被拒绝且履行时间尚未到期的情况下，卖方可以及时地通知买方，将自己即将进行改善的意图告诉买方，并在合同规定的时间里，进行符合合同要求的交付。

(2)在买方拒绝接受不符合合同要求的货品情况下，如果卖方有合理的理由相信，提供或者不提供一定数额的金钱是对方可接受的，并且，在卖方及时地通知了买方的情况下，卖方就有了进一步的合理时间，以符合合同要求的货品替代之。(斜体字从头到尾都是新增的。)

此处，一个作出决定的人——可以是一个决定将要做什么的企业主管人员，或者决定提出什么建议的律师，或者一个审理因货物买卖而对簿公堂的案件的法庭，在其他的效验性事实似乎得到了满足的情况下，不得不对下面的问题进行评估：时间是否及时？理由是否合理？在货物买卖这一种特定的语境中，正在争论中的问题是否只是一个关乎及时或合理的问题，需要借助一些文字加以说明，或者需要借助一些范例——在特定的市场上，可能存在一些广为人知的商业惯例，作出一种有限的判断。

带有此种嵌入式标准的清晰规则的便利之处在于：我们可以将正在讨论的这一规则看作一种严格适用的规则，甚至是绝对适用的规则，而不用冒险作出那种极大地偏离那些令某个有广博常识者满意的决定。当然，这要求那些行使自由裁量权者本身拥有良好的判断力。从这种意义上讲，在清晰性和可预见性的优点与常识性和灵活性的优点之间，形成了某种程度的妥协。前者是由调整某一情形的严格适用规则或者绝对适用规则产生的，而后者常出现在人们根据相关原则（未受如此规则的排他性影响）得出自主性判断的地方。

目前的尝试是为后面的讨论提供一种分析性框架，（因此，）从这一观点来看，我们并不需要深入地探讨因运用不同的建构规则和标准而产生的便与不便的问题，或者自由裁量权"度"的问题。容许某个决定者针对不同的情况、在一定范围内行使裁量权可能是明智的。重要的是注意到，一旦我们将规则说成是吸收了"标准"时，其效验性事实就包括我们所称的"效验性价值"。〔9〕

2.7　制度与秩序

无论如何，注意到作为一方面的非正式的或者习俗的规范与作为另一方面的明确的或者未言明的规则之间的区别非常重要，后者可能是由拥有权威地位的人们引入并确定的，或发展出来的，而且得到了人们的承认。关于这一点，如果要避免无限后退，就要求我们假定，从终极根源上讲，一些由权威授予的规范一定是习俗性的，而非制度性的。一种准习俗性的东西（即使是临时性的）能凭借武力与害怕（甚至是恐惧）维持多长时间，是一个可辩驳的开放性问题。在排队的例子中，我们可以提醒自己，很多依据一定的次序排成一列的情形出现在一些非常不正

〔9〕　可参见 N. MacCormick, *Rhetoric and the Rule of Law*, Oxford: Oxford University Press, 2005, pp. 73-75，以及第 9 章各处。

式的场合,(在这些场合)根本没有出租车管理员或邮局管理人员按照一些既定的系统(出租车管理员和邮局管理人员作出决定,其权威源于这一系统)监管他们。排队经常构成了一种非正式的规范秩序。这与我们从观察中得出的这类信息有一种非常有意思的关系。我不只是看到一打人以某种空间关系的形式站在那里,例如,站在一个狭窄的湖岸边,尽管我确实看到了那一队伍,但我知道,我从这一现象推出的结论是:这一队人正在等船,以便将他们摆渡到湖的另一边。我得到的事实信息与规范性理解紧密结合在一起。我认为,他们正在做他们每一个人以各自不同的方式认为的、受规范支配的事情,即使这一规范可能是完全未言明的,或者被人们视为理所当然的。至于某些形式的武力或者强制会在多大程度上出现的问题,我们的理解可能更多地集中在对参与者理解的威胁的解释上,以及为避免威胁而必须作出的行为上,集中在那些行使武力者与将这看作对自己施加了强制的人之间。

按照一种制度主义者的用法(至少是此处提议的用法),我们可以说,排队现象的存在是一种“制度性事实”,而非只是一种“原生性事实”。我们关于世界状态的判断并不是简单地依据纯物理性事实与关系作出的,而是将如此的事实与关系理解为对人类有意义的事实而作出的,因为这些事实可归属于人类共享的行为规范。(能否实现这一点,)事实上要看某些观察者是否相信按照其理解的普遍社会规范对这种情形进行的解释,即使他们的理解与解释是重叠的、不确定的,而非以明确的、大家接受的术语(例如,通过制度化方式而变得可以为人理解的术语)为人们所共享。我们知道为什么会这样。人是规范的使用者。正是由于尊重规范,才使人们形成了一定的行为模式。

当我们从事日常的实践生活而非只是从事与它有关的抽象的科学考察时，正是我们自己的人类利益才使我们准备寻找与我们人类同胞的期待与判断相联系的行为模式，而非其他行为模式。我们不只是观察这种行为模式，而是参与其中——例如，如果我们自己希望穿过这个湖。

一些重复出现的、带有秩序性特点的情形可归属到同样的或大致相似的规范之下，它们通常有这样一些名称，如“站成一列”，或者“排队”，或者“宣誓”（promising），或者“带领会众祈祷”、或者“赛跑”（不同于简单的“跑步”），或者“跳交谊舞”，或者“发表演讲”，或者……这一列表是无止境的。按照一种常见的用法（我们此处将采用这一用法），这些全都可以称为“制度”，正如有关这些情形的判断是关于制度性事实的判断一样。当然，它们事实上可以是非常不正式的制度，正如规范性活动可以是完全非正式的，建立在习俗基础之上，而非任何明确陈述的规则基础之上。

此种秩序（order）也可能变成正式的秩序。我们甚至可以说，它可以被制度化。我们已看到这是如何可能发生的，例如，在存在一个出租车管理员与出租车排成的队列中，或者在存在一个管理邮局排队活动的管理员时。这第二层活动的存在会导致（或伴随着）对第一层活动越来越明确的说明，会产生明确的规则，而非只有习俗。这一管理者或经营者拥有的职位本身几乎理所当然地是一种明确设置的职位，也许还有一种正式的工作规程，这一规程是在一个组织机构内设置的，具有一种精心设计的、相互联系的角色或者职责结构，有一些被命令的职员或雇员实施这一规程。在此种语境中，很明显地存在我们所称的“制度性的规范秩序”，而不只是非正式的规范秩序与非正式的制度。

已经正式化的制度的一个重要特点值得提及。在排队或者形成一个队列在很大程度上并非只是特定个人对合作的难题作出自发反应的地方,如在机场的出租车停靠点,或者邮局,或者车站的售票柜台,或者超市的付款处等场合,避免排队等候或插队的任务已变得非常艰巨,甚至已变得几乎不可能,因此,人们被组织了起来。负责提供这一服务的那些人最可能拒绝为那些不愿意按照既定规则、等待自己的序号被叫到的人服务。我们可以设想这样一个人,他(或她)自认为身份如此尊贵(尽管没有得到服务提供者的承认)以至于普通人都要让着他。即使这样的人拒绝承认排队的合法性或公正性,或者甚至拒绝承认与他(或她)自己有关的排队规则存在,他(或她)也会面对这样一个不愉快的事实:除非他(或她)能按那一规则行事,否则不可能获得某种服务。那等于说,他(或她)不能不排队,除非准备采取一些强力的、可达到破坏和平程度的行动,或者采取盗窃、动武甚至极端的杀人行为。很多喜欢插队的人不愿意实施此类相当严重的不法行为,他们甚至被自己原本轻视的规则限制住了。在这一点上,制度性事实就变成了一种制约我们的冷酷的现实与事实,而非只是指导我们得出自主性判断的规范。

2.8 实在法制度:初步的评述

作为一种井然有序的社会制度,排队所具有的约束性特点甚至被人们清楚地复制到了那些处于地方性的实在法、国家法框架之下的一些更正式的制度之上。在火车站售票柜台的例子中,由当地的经营者组织的排队当然是一种为购买火车票而排的队。处于这一行为背后的是某些国家的法律。购买火车票就等于达成了一项运输合同，购票者不仅要受到一般合同法的约束，而且要受到数量众多的、特别适用于火车运送个人的详细条款的调控。在有关海运与空运的例子中，人们同样可以这样说；对于一个审慎的个人在开始旅游（与那些影响日常生活的风险相比，旅游活动经常伴有各种各样的、更大的风险）前签订的旅游保险合同，人们同样可以这样说。

就国家法的规范性而言，所有这些都可归入“应当”的范畴之内。你应当得到一张票，以取得在火车或飞机上的座位权。如果你是一个合法的持票人，铁路或者航空公司就有义务并由此不得不依据你在购票时与它们在运输合同中达成的运输协议而运送你。按照这一国家的法律，这一公司还必须服从调整相关运输方式的所有其他的管理义务。如果有人能证明这一公司违反了相关规定，这一公司就会受到处罚。

同时，除非你购买了机票，并已通过了检票，且满足了全部制度上的要求——当今的旅行者都熟悉这套要求，否则对于所有怀有（其他）意图和目的的人来说，都完全不可能获得一种由商业性的航空公司提供的常规航班服务。铁路旅行与航空旅行只是在要求上略有不同而已。事实上，在很多国家，人们现在借助铁路旅行时，都需要经过入闸机，只有持有有效车票的人才能通过。如果不满足相关制度中的规则要求，就根本不可能（或者，至少是困难的）获得铁路服务的机会。除了运用暴力的劫持者，或者狡猾且不顾一切的偷渡者，（对于所有人来说，）规范形式已变成了难以逾越的实际限制。

财产权同样深深地依赖于规范，实际上依赖非常详细的、正式表达的规则，这些规则经常如迷宫般复杂。在一些物体上拥有财产权,或者在一些土地(由规范确定的土地)上拥有财产权,意味着这些权利受规则的保护,这些规则会要求其他人让你无障碍地占有、使用这些东西或者这块土地(在第 8 章将全面讨论这一问题)。这预设了,你以规范规定的方式(如通过赠与、购买或者先占或时效占有)获得了这些权利。所有这些权利经常被这样的简单事实所遮蔽,如某人在物理上控制了某物或某块土地,进而获得了它;或者产生了心理上的安全感与从容不迫的感觉,或者由于其他人无反思的接受。无论如何,此处的其他人也会称某些东西属于他们自己,或者说这是你的,并且,对于某事是否继续下去、这辆小汽车或者这台计算机怎么用以及由谁来用,你有发言权。

我们对周围空间的感觉就是:土地上建有很多房屋、商店、工厂或者农场,山上有牧场,同时点缀了公园、开阔的公路,等等。土地上有一些属于人的物,富人们还拥有股票、股份以及其他一些无形资产。这实际上预设了,存在一个由调整政府债务的法律与有关私人企业股份的规则组成的整体性的规范结构。然而,在一般情况下,我们只是将这些抽象的实体(经常是通过一些独特的印刷品表达的)看作与如此多样的、能为人拥有的其他"物"一样。来年尚未播种的燕麦可以像上一年已收获的、制作好的一袋燕麦片一样"转手"(change hands)。"未来"的权利与一袋袋燕麦一样,是真实的"制度上的物",是物质世界里的东西——与拥有未来农作物的权利、优先认股权或者任何其他可想象的、能称得上可得可失的财富的奇怪实体的权利相比,从法律本质上讲,"拥有燕麦片"这一财产权并非是一种更具有有形性特点、较少带有制度性特点的权利。那些可得可失的财富包括金钱;并且,金钱不过是交换的中介,可以由于人的信任而存在于规范之中。实际上,这些规范大多是国家颁布的明确的法律规则,是用来调节交换过程、法律上的偿付过程、铸币与印制或者发行银行票据过程的。最近,随着欧洲范围内通行货币(欧元)的出现,我们看到了一种具有超国家特性的法律机关的出现。

2.9　制度性的机构

在这一章的最后,我们需要对已制度化的秩序中的制度性机构(institutional agencies)及其作用作一些说明。我们已看到,可能存在一种具有双层或多层结构的活动,例如,与排队情形有关的一些例子。从某种程度上讲,存在这类活动一点也不令法律人惊讶,我们发现,在这些活动中,有两个可以辨识的要素,即形成规则(rule-formulation)的要素与实施规则(rule-administration)的要素。前者相当明显、直接,而后者本身又可进一步区分为两个或者三个要素。一是在发生争议的情况下该如何应用规则的问题,二是如何维护适当的设备,如入闸机与印有编号的出票机。它还可能包括:如何保证人们作出的决定能得到实施,以及人们一般应如何行为,以保证其行为符合好的做法的要求。当然,我们没有理由假定,不同的人总是不得不为这些不同的要素负责,或者承担责任。相反,这些职责是可以在不同的人或职员之间进行分配的,因此,一定存在规则的制定者、决定者,设备管理者以及规则实施者。

按照现代宪制国家的法律,几乎无须多言的是,人们对立法、司法、执法以及法律的监督与实施(等职能)进行了区分,并由大体上有区别的机构行使。尽管人们无法做到使它们之间无一点重叠,但避免过度重叠是分权原则所提倡的。很多人认为,这一原则对于维持一个自由的政府、防止权力专横非常重要。当然,人们一定会补充说:并非所有形式的制度性规范秩序,即法律秩序,都尊重甚至承认分权原则。古代的帝国与城邦,中世纪的封建帝制,根本没有像我们现在认为的现代宪制国家那样采取分权形式。

本书的主要焦点是讨论"法治国"(*Rechtsstaat* 或 law-state)——迄今为止,我一直称它们为"现代宪制国家"——中呈现出来的法律。[10] 此处的关键是要注意到:在这些国家,存在独特的公共机构——公共机关(institution-agencies)。我们分别称它们为负责立法的机关、有判决功能的机关、有行政管理以及执法功能的机关。拥有这些机关的国家要保持内在的统一性,关键在于:这些机构在履行职能时能否有效地合作并制衡性地相互制约。这种合作与制衡本身就具有国家的规范性秩序特点,我们用以理解制度性规范秩序中的这一高阶要素的法律部门当然是宪法。我们在下一章将考察这一法律。

同时,我们简单地提醒一下,在法律人已确定的用语中,"institutions"一词明显有多种含义。立法机关、法庭、内阁、政府各部、警察机关以及其他强制机关都是"机构"(institution)之一种——我们可以称它们为"公共机构",因为它们的特点与功能是以各种独特的方式行动。公司或企业由于被归属到了适当的制定法之下,因而具有法律上的人格,它们也是公共机构。合同、信托、财产、婚姻、家庭以及其他类似的"制度",本身并不是

〔10〕 关于"法治国"或者"宪制国家"的概念,可参见 N. MacCormick 的 *Questioning Sovereignty* 一书第 2 章,这一问题完全占据了本书第 3 章。

机构，而是由个人与(或)机构的行为产生的一种安排(arrangements)。此处尽管存在含糊性的风险，但我们仍称它们为“制度性安排”(institution-arrangements)。[11] 还有一些“制度性的物”(institution-things)，以各种“无形物”的形式表现出来，即属看不见、摸不着的物，仅仅由于法律的规定才存在，如公司的股票与证券，版权、专利以及其他形式的“知识产权”，关于这些，我们在随后的章节里将提到更多的东西。

在所有三种类型——制度性机构(institution-agencies)、制度性安排(institution-arrangements)与制度性的物(institution-things)——的例子中，我们可以区分出几类具有独特结构的调整规则。第一类规则，此处称为“创设性规则”(institutive rules)，该规则确定，通过何种行为与程序，可设立一个机构(例如，设置一个新的立法机关的规则，或者有关公司合并的规则)，或作出一种安排(例如，关于合同的订立规则)，或确定什么是“物”(例如，宣称拥有一项专利的规则)。第二类规则，确定某类事情存在的规范后果是什么——例如，议会可以颁布法律，实施法律上特别重要的其他事情，合同可以规范双方当事人在履行合同时必须做什么，专利则将独占性的请求权建立在其详细说明的程序之中。第三类规则，与机构、安排以及物的终结、清算有关。“创设性、后果性以及终结性规则”(institutive, consequential and terminative rules)[12] 这种三元的表达方式对应

[11] 参见 N. MacCormick, “Institutions, Arrangements, and Practical Information”, *Ratio Juris*, 1988(1): pp. 73-82。

[12] 这种表达制度的方式最初是在我的《作为制度性事实的法律》中提出来的，是 1973 年我在爱丁堡大学的就职演说，可参见 *Law Quarterly Review*, 1974(70): pp. 102-129。也可参见 N. MacCormick and O. Weinberger, *An Institutional Theory of Law: New Approaches to Legal Positivism*, Dordrecht: D. Reidel, 1986, ch. 2。

于法律评论者经常使用的一种说明性策略,在一定程度上体现在法律人与法庭的实际运用过程之中。在每一种情况下,我们都非常有必要对正在讨论的制度本旨(main point)有一定的掌握。如立法机关是用来制定与修改法律的;合同是达成对双方都有约束力的协议的方式;信托则致力于将财产委之于特定的用益,或者是为了某个特定人的利益或公共利益;专利是用来保障排他性地利用发明的权利,目的是鼓励人们的创造性,便于收回因研发而投入的费用,如此等等。我们可以说,对任何制度进行解释,都要求人们对依其本旨而设置的相关规则作一些说明。每一种事情都有其本旨,这一理念可以与亚里士多德的这一理念相媲美,即很多实体都可以按照其"目的因"加以说明。[13] 一粒种子长成一株植物,如果受精了,反过来又会产生更多的种子,这一点对我们理解(蔬菜)种子非常关键。在社会制度的例子中,这一点更加明显,即只有在我们知道设立某一制度的目的是什么之后,才能解释它们。合同是用来承担义务的,足球俱乐部是用来组织足球队与足球比赛的,如此等等。这并不意味着,它们不能应用于人类所有类型的、适应此种安排的目的——它们可以非常恰当地应用于很多情况下。但是,制度通常只对一个特定的、得到了全方位陈述的、特别适合它的目的——其"目的因"——发挥作用。本书第16章将非常详细地陈述这一观点。此处只需指出这一点就已足够:约翰·塞尔(John Searle)对有关制度的"创设性规则"与"规制性规则"(regulative

---

〔13〕 比较亚里士多德的这一段话:"由于每一种存在物都处于其最佳状态,那当然是那一存在物的特性。不论这一存在物是一个人、一匹马或者一座房子,其所产生的目的因以及我们想要的目的也一定是最好的。政府本身意图实现的也是那一目的因,并意图达至最佳。"可参见 Aristotle, *A Treatise on Government*, trans. by W. Ellis, London: J. M. Dent, 1912, 1252b-1253a。

rules)所作的对比,即使采取了迪克·雷特尔(Dick Ruiter)进一步精心说明的形式,都比不上本书提出的、在参考了目的因和本旨之后而补充的三元表述方式。[14]

---

〔14〕 有关这一观点的全面论证可参见 N. MacCormick,"Norms, Institutions and Institutional Facts",*Law and Philosophy*,1998(17):pp. 1-45,at pp. 36-44。塞尔在《言语行为》一书的第34~51页论证说,"创设性规则"(constitutive rules)的存在可能全都采取"在 c 情况下 x 被视为 y"的形式。这一说法太过宽泛,几乎毫无益处,因为在恰当的情况下,几乎任何东西都可以视为某个别的东西。在酒吧的冲突中,一个瓶子都可以被视为武器,而上述这些概念中没有哪一个可以被看作一种社会制度,或者一种法律制度,或者一种文化制度或其他制度。另外,一个细颈的、用来装液体的玻璃器皿可以被视为一个瓶子。这事实上可以告诉我们一些与"瓶子"这一名词有关的事情,或者英语语言中"瓶子"这一概念。如此此处存在任何我们所称的制度性因素的东西,则它与这样的意义发生了关系,即这些名词或概念可以被描述为这一语言中的制度;但是,这并不能给我们提供任何关乎制度的有用信息,这里的制度是从制度法理论以及较宽泛的实践意义上说的。一种与此处的说法相对立的详尽的陈述可参见 D. Ruiter,*Legal Institutions*,Dordrecht:Kluwer Academic Publishers,2001,ch. 4。

第3章　法律与宪制国

3.1　引言

在上一章的结尾,我们反思了专门机关依据高阶规则而获得权威并执行政府重要任务的方式。这些任务就是创制法律,并保证法律能得到审慎的实施。行政机关的主要任务在于:在一定的法律框架下,通过执法或其他方式,实施国家的公共政策。司法机关的任务在于:在解决私人之间以及私人与公权力机关之间的争端时,捍卫法律的权威。坚持"这些权力应分立"的原则是此类政体的特殊标志。民主选举方式是成为立法机关成员或行政机关首脑(或成员)的途径,而司法机关不采取这种方式(少数国家除外),这已成为此类国家的一个特征。与其说是在一种"制衡体制"中成功地确立了分权制度的原因,不如说是一种结果。[1]

---

〔1〕 参见 R. C. van Caenegem, *An Historical Introduction to Western Constitutional Law*, Cambridge: Cambridge University Press, 1995, pp. 19-20。

本章从讨论国家问题开始,接着考察为国家确定法律框架的宪法,然后反思由宪法产生或处于宪法之下的公法制度,继之对第三部分有望出现的“公民社会与国家”问题作一些初步的评论,最后就“作为制度性规范秩序的法律”作一个简短的暂时性结论。

3.2 国家

所有国家,无论是否与此处讨论的宪制国模式一致,都有四个重要特征。第一,它们都拥有一定的领土,即至少在很大程度上对特定区域宣称拥有(主权),并实施了有效控制,其控制的方法包括在必要时使用强制性力量,对抗外部或内部威胁。第二,它们都主张(自己的统治具有)合法性,即治理当局宣称,它们实施如此的有效控制是正当的,并被恰当地承认为,在如此的领土上拥有正当性权威。第三,它们都主张自己的独立性,即治理当局宣称,这一国家的人民有权组成一个免受来自其他国家外部干涉的政府。第四,也是与上述特征密切相关的特征,即这些主张都得到了其他国家的承认。因为在国际法上,国家指的是一个得到了广泛承认并实施了有效治理的地域,国家有权主张依据互不干涉原则而获得尊重。

政府需要维持良好的秩序,并且,由于秩序需要通过大量的、指向一定人口的规则保障,因此,执行机关应严肃地对待这些规则,故而在“政府”这一概念中,一定包含了法律要素。按照上述同一规则,为追求某些诉求,非官方地动用武力,并采取行动,反抗所谓的不法行为,是禁止的。重要的是:国家宣称自已垄断了合法地使用武力的权利，这一主张通常得到一些带有意识形态特性的主张（或是基于民主，或是基于民族主义，或是基于共和主义，或是基于宗教因素）的支持。因此，从这一方面来看，国家在概念上主要是依据地域性、政治性的术语界定的。[2] 然而，它们也有国际法的根据，这一根据出现在 1648 年的《威斯特伐利亚和约》（*Peace of Westphalia*）签订后的那一时期。并且，自 1758 年《万国律例》（*De Vattel*）签署以来，国际法学家们就对"国家"进行了界定。[3]（按照一种稍微有点过时的方式，依据 20 世纪已得到了大家赞同的方式，将国家描述为"威斯特伐利亚式的"国家，已变得很常见。）

在怎样的情况下，一个国家才能拥有权力分立与相互制衡的政府呢？由第 1 章和第 2 章的讨论得出的结论是：国家之所以能这样做，是由于它们有这样一种恰当的做法，即它们是按照有关行为的规范、规则以及原则行事的。如果以下得到了承认，即国家中的每一个人应按照议会颁布的法规接受分权理论，并按照这一理论行事；如果以下得到了承认，即议会的成员资格是依据某些得到了大家认可、本身就是规制选举的程序获得的，则意味着，必定存在已制度化的立法活动。如果以下得到了承认，即行政权是以国家元首的名义或由国家元首直接行使的，由行政机关的部长们向议会负责，并且，由于他们行使的权力影响了他人的权利，因此，（其行使权力时）必须符合一些法

---

〔2〕 参见 MacCormick, *Questioning Sovereignty: Law, State and Nation in the European Commonwealth*, Oxford: Clarendon Press, 1999, pp. 17-18。

〔3〕 参见 E. de Vattel, *The Law of Nations or Principles of the Law of Nature Applied to the Conduct and Affairs of Nations and Sovereigns*, ed. by J. Chitty, Philadelphia Pa: T. & J. W. Johnson & Co., 1883; 亦可参见 P. Allott, *The Health of Nations: Society and Law Beyond the State*, Cambridge: Cambridge University Press, 2002, pp. 41-45。

律规则，这说明，具有行政权的政府因此被制度化了。如果以下得到了承认，即解释立法机关所颁布的规则（包括规制行政活动的规则）的最终权力，是由法院系统安排的一些法官行使的，那说明，司法权亦已制度化。我说的是“如果以下得到了承认”，“得到了谁的承认？”这明显成为下一个问题。答案一定非常类似于那一适用于排队情形的答案，即必须有足够多的人承认那一活动，才能使那一活动成为一种可行的活动。大家必须记住，在国家中，强制性的力量被制度化了。如果某个活动的合法性未得到那些执掌国家强制力者的承认，它就不可能是有效的。对于那些拥有同样的强制力支持为合法的活动，纵使那一社会的另一部分人表示反对，也不足以使那一活动变得不可行起来。

所有这一切看起来一定很老套，其掩盖的东西似乎也一定比揭示的东西要多得多。在任何真实存在的议会中，确定选举机关该如何组成、恰当的选举方法是什么、政党该如何形成的选举类法律数量众多，并且表述得非常详细。关于议会中的事务该如何运作、议会在颁布约束性规则（国家的“制定法”或“法律”）时该如何行为的程序性规则，同样数量众多，且陈述得非常清楚。有关行政机关及其下属的公共机构——可能还包括一些区域性机关或者地方机关——该如何组织的数量众多的公法，亦是如此。同样地，还有很多法律确定与调整法院该如何行为，并将它区分为刑庭或民庭——可能还包括商事庭、行政庭或者税收法庭，此外还要加上至少一级上诉法院，通常还有二级上诉法院，经常还有处于最高层级的宪法法院，它将对维持这一整套机构运作的宪法进行解释。除此之外，所有法院都有详尽的、关于这些法院该如何规范自身程序的规则集合。

而且,在一些国家,以下一点得到了公开承认,即法院的判决,尤其是那些处于上诉层次的较高层级法院的判决,形成了先例;并且,除非存在一些例外情况,否则其他法院都应遵循这一先例。这形成了指导人们行为的一般规则,而非只是对法院起指导作用的规则。在另一些国家,尽管对于未来相似的情形下指导人们该如何解释法律,先例有一些示范性价值,但人们认为,它仅仅只是在一些特殊情形下才有权威。先例无论是否得到了人们的正式承认,由此都成了规则与原则的渊源,以及解释方法的渊源,那产生了一种与制定法国家发布的法律相并列的"判例法"。〔4〕隶属于普通法传统的不同国家从前现代时期继承而来的这样一种法律体系,最初建立在习惯基础之上,现在已开始赋予那些位于较高层级的法院创设的先例(包括时代相当久远的法律时期法院创设的先例)具有最高的权威。如此前已提到的,一个具有更高权威的法律渊源是建立在较早时代的法学家们撰写的"阶梯类"作品基础上的。无论如何,所有此类法律现在都要受当代立法机关所作决定的修正。〔5〕

这种专门调整政府不同部门行为的公法本身已高度制度化。那么,依据目前的这一说明,对于第2章所作的、从非正式排队到正式排队这一转变的过于简单的说明,我们还有什么话要说呢?在回答这一问题时,我们需要注意的关键之点是:没有什么东西是无中生有的。宪法与公法的所有专门领域确实都具有规范性特点,确实为官员及其他人应当——实际上是"必

〔4〕关于不同国家的法律体系运用判例的方法,以及正式承认先例为一种"法律渊源"问题上的差异,可参见 D. N. MacCormick and R. S. Summers (eds.), *Interpreting Precedents: A Comparative Study*, Aldershot: Dartmouth, 1997。

〔5〕参见 N. Luhmann, *Law as a Social System*, trans. by K. A. Ziegert, Oxford: Oxford University Press, 2004, pp. 363-364。在这本书中,卢曼还探讨了民主的出现与立法的发展问题。

须”——如何行为设置了标准。然而,是什么使它们具有规范性的?是什么赋予它们“应当”特性的?以至于我们在什么基础上作出将正确行为从错误行为中区分开来这一关键区分的?在本书中,我的建议事实上自始至终一直是:规范性的关键在于哈特所称行为的“内在方面”。[6] 对于这一点,一直存在这样的标准,这一实践的参与者在形成各自的行为预期与按照它来行动时,都会或明或暗地参考这一标准。

人们按照这种“以应当为基础”的方式相互合作[7]的能力——人的典型的能力——正是那种潜在于每一种更正式的制定规则和应用规则之下的东西。由于通过立法的方式制定规则的关键在于:立法机关将法律的制定与应用建立在这样的假定基础之上,即它们应当被服从,应当被实施(并且,应当得到更好的实施,得到更好的服从)。正式判决的关键之点建立在这样的假设基础之上:判决的承受者应接受并执行判决,如果当事的任何一方抗拒判决的执行,则另一些实施机关应保证判决得到执行。将一定数额的国家预算分配给武装部队,与将另一些预算分配给卫生部门,这类行政性决定的关键在于:这些预算(如果得到了金融法案的认可,则无疑)应按照授权的方式不折不扣地花掉。由这一决定程序而产生的“应当”不得不从一开始时就得到遵守。这一“应当”来自什么地方呢?答案是:它来自非正式的、非制度化的习俗(convention),这些习俗根深蒂固地

---

〔6〕 参见 H. L. A. Hart, *The Concept of Law*, eds. by P. Bulloch and J. Raz, Oxford: Clarendon Press, 2nd edn. with Postscript, 1994, pp. 56-57, 88-90, 102-104。关于这一点,存在一些问题,我们在以下第4章将设法解决这一问题。

〔7〕 关于相互合作的思想存在的问题以及可能的解决办法,可参见 D. Lewis, *Convention: a Philosophical Study*, Oxford: Basil Blackwell, 1986, pp. 5-51; 还可参见 G. Postema, “Co-ordination and Convention at the Foundations of Law”, *Journal of Legal Studies*, 1982(11): pp. 165-189。

扎根在某个国家国民(特别是那些时常被要求为公职机关服务的人)的习惯和日常使用中。在说到那一点时,人们应当记住,由于这些国家的民主化程度不同,因此,在选举中投票被恰当地认为是在行使基本的公共职能。甚至在宪制国已经高度制度化的秩序之下,其最重要机关中的每一个机关的权力都扎根于一种习俗或习惯〔8〕基础之上,因此,在它行使如宪法授予的那些职责时,应得到人们的尊重。由于此种规范未得到遵守,因此,这些机关所拥有权力的规范性正在流失,尽管这些机关在行使其拥有的纯物质性权力时,原初具有的实效仍可能存在。

在维持一种与分权有关的宪法秩序时,习俗以及大家接受的习惯还有另一个重要作用。对于某一国家中依据宪法实现自我管理的政府——尤其是为了维持一个自由的政府(不同于一些独裁与专制的政府)的诸多条件——来说,不同的政府机关之间的分权与制衡非常重要。〔9〕关键之点在于:每一个政府部门都应当被另外的部门制衡与控制,或者其内部应包括审查机制,或者两者兼而有之。〔10〕行政机关必须继续实施与一个国家的经济和社会条件相适应的充满活力的政策,必须能有效地维护内部与外部安全——内部安全是通过执法机关保障的,外部安全则是通过军事力量(包括情报工作)保障的。但是,行政部门越有力,权力滥用或扩张的风险就越大,这对国民或者由国民组成的小团体不利。因此,行政机关在一定程度上应向立法机

---

〔8〕关于习惯,可参见 J. Bjarup,"Social Action:the Foundation of Customary Law", in P. Ørebech, F. Bosselman, J. Bjarup et al., *The Role of Customary Law in Sustainable Development*, Cambridge:Cambridge University Press,2005, pp. 89-157, especially at pp. 135-151。

〔9〕参见 R. C. van Caenegem, *An Historical Introduction to Western Constitutional Law*, Cambridge:Cambridge University Press, 1995, pp. 168, 185。

〔10〕M. J. C. Vile, *Constitutionalism and the Separation of Powers*, Oxford:Clarendon Press, 1967; G. Marshall, *Constitutional Theory*, Oxford:Clarendon Press, 1971.

关负起政治责任,显得非常重要,并且,“政府机关的行为应合法”这一合法性原则——“法治”原则——还要求,行政机关实施的影响国民与其他私人的行为必须有法律上的授权。因此,立法机关控制着行政机关行为的范围。至少它还作了这样的假定:当政府的行为受到质疑时,应以恰当的诉讼形式(恰当形式的诉讼由此不得不由法规与相关法院的规则提供)起诉到法院的面前,法院有足够的权力,独立地保证政府行动的合法性。法院反过来也一定非常谨慎,以便不逾越由立法机关确定的法律内容、决定法律改革的方向这一权限。但同时,(法院与行政机关)也一定会监督立法机关行使权力的范围,方法是确保这一点,即立法机关没有逾越宪法对立法机关的限制,或者在法律进行了如此授权的情况下,立法机关没有超越法律的授权而行为。

当代各种不同的宪制传统国家——这些不同的宪制传统实质上是从同一个宪法思想家族中发展起来的——对这种类型的分权制衡进行了各不相同的解释。[11] 所有的解释都面临着僵局的风险。因为每一个依宪成立的主要机构都可以阻止或使另一机构的行为变得无效起来。这种动态的平衡可能使它们堕入停滞状态,并挑起宪制危机,这种宪制危机经常是由那些搁置宪法的实施、在军队的支持下进行个人统治的“强人”造成的。根本没有哪一种正式的创制法律的活动能解决这种制衡的危机问题,从而使这一系统保持有效的动态平衡——如果仅仅是因为,在发生了制衡危机的情况下,这一问题可能涉及或者包括这

---

〔11〕 参见 R. C. van Caenegem, *An Historical Introduction to Western Constitutional Law*, Cambridge: Cambridge University Press, 1995, pp. 150-174; P. Craig, *Public Law and Democracy in the United Kingdom and the United States of America*, Oxford: Clarendon Press, 1990, pp. 16-21, 56-58, 113-116, 159-160。

样的问题:谁有权制定那种可以可靠地打破僵局的规则。由于正式的立法从来不能完全保证实践中的制衡问题,替代"强人"介入的另一种选择方案存在于宪法性的惯例中——在第 2 章中,我们已讨论过这一问题。这些惯例对于保持制衡功能的实现至关重要,并且其本身要看由宪法确定的、国家的这三个重要制衡机构之间能否形成一种大家都接受的或具有交叉重叠共识的"内在观点"。

这引起我们注意到这样一个由大卫·休谟谈论的、有明显影响的事实。[12] 他说,如果宪法是一个由受其影响的所有人商定的社会契约,并因为大众的意志而具有效力,你就会希望,国家是在人们接受新宪法后的最短时间里可靠地建立起来的。在君主专制的政府中,引入一个新的皇家机构,如英国在 18 世纪早期所做的那样,是一个类似的例子。然而,历史显示,由宪法或皇家机构带来的新鲜感远不能保证宪法的稳定性。宪法从习惯、习俗与惯例那里获得的支持越长久,就会变得越稳定。君主政体的合法性同样如此。从一个按照理想方式组建的国家迈入一个运行良好的宪制秩序,需要一个很长的时间进程,并且是一个随着时间的推移而获得越来越多合法性的过程(当然会遇到某些例外)。

但是,在说到这一点时,人们可能认为我犯了一个轻率概括的错误,即我是从一个碰巧熟悉的情形进行概括的。联合王国的宪法(如果存在此类东西的话)从本质上讲是一种习惯与惯例,辅之以各种或多或少具有严肃性的法规与条约以及司法先

〔12〕 参见 D. Hume,"Of the Original Contract",in D. Hume,*Essays Moral,Political and Literary*,Oxford:Oxford University Press,1963,pp. 452-473。

例。而且，其对于分权理论的理解相当不确定，[13]因为“议会中的君主具有法律上至高无上的主权”这一核心的宪法学说暗含着立法机关对于每一件事都拥有最后的发言权。在一个拥有高度组织化的政党的情形下，尤其是将议会中最大党的领导人安排为首相，在理论上讲，立法机关是没有任何限制的。对于行政机关来说，立法机关非常危险地处于近乎绝对的地位上。当然，与拥有更加正规的、建立在一种“成文的”或者我所称的“正式”宪法的当代国家相比，（类似于英国这类）国家的功能更加灵活、多变，但各个机关之间的制衡也更加不稳定。[14]

3.3 宪法

或许可以这样说，到目前为止，这一章的故事一直太过曲折，这一说法并非毫无道理。与国家明显有关的事情是：除了我已经提到的四个特征以外，它们还全都有宪法。如果你们问我，政府的权力和功能是如何在不同机关之间进行分配的？以及在政府的不同部门之间或者内部该如何制衡？对此，根本没有明确的答案。你们是通过接受一部有着恰当规定的宪法，并善意地遵守你已经接受的这部宪法而做到这一点的。那么，你

---

〔13〕 我们甚至可能认为，孟德斯鸠在辨析“分权”时，完全误解并误读了英国（他称英格兰）的宪法体系，具体可参见 L. Claus, “Montesquieu's Mistakes and the True Meaning of Separation”, *Oxford Journal of Legal Studies*, 2005(25): pp. 419-452。但也有不同的观点，参见 R. C. van Caenegem, *An Historical Introduction to Western Constitutional Law*, Cambridge: Cambridge University Press, 1995, pp. 123-124。

〔14〕 关于“正式”宪法与“功能性”宪法之间的区别，麦考密克曾作出过说明，具体可参见 N. MacCormick, *Who's Afraid of a European Constitution*?, Exeter: Imprint Academic, 2005, pp. 39-46。

们是谁呢？此处，我们将面对一个很久以来就已经为大家所认识的悖论。无论谁假定了有组建国家的组建权，都不得不预设：他们已经成为他们所组建的这一国家的成员。〔15〕事实上，新的共和国不同于老的王国的独特标志是：共和国是按照其国民或者民族至高无上的意志建立起来的。（封建王国产生于战争或征服，并且，国王逐渐接受这样的观点：他们也要受到其统治的这一地域的法律与习惯的约束。）然而，在共和国，在宪法将这些人变成国民或者赋予他们国民特性之前，所谓的国民与民族是不存在的。〔16〕

摆脱这一困境的一种方法，用凯尔森的话说就是：人们不得不直白地预设宪法创制者的权威——因为没有哪一个实在的、已颁布的规则能赋予宪法创制者拥有如此做的权威。〔17〕每个人都不得不这样做，就好像他们真的拥有如此的权威一样——至少在他们创制的宪法是有效的、能作为国家活动的规范性基础时，他们不得不这样做。正是凭借宪法，他们的行为才可被评判为对或错、有效或无效。假设存在一个总体上有效的宪法秩序，并将这一宪法看作应受尊重的，就是行得通的。即凡行为建立在"国家的强制力应以与宪法创制者颁布的规定一致的方式行使，其他形式的强制应被界定为法律上不正当的"这一基础之上，就是言之有理的。因此，从一个理论家的观点来看，每一个国家的宪法都受到了一个被预设的"基本规范"支持，在所有

---

〔15〕 参见 H. Lindahl, "Sovereignty and Representation in the European Union", in N. Walker (ed.), *Sovereignty in Transition*, Oxford: Hart Publishing, 2004, pp. 87-114, at pp. 90-107。

〔16〕 参见 A. Tomkins, *Our Republican Constitution*, Oxford: Hart Publishing, 2005。

〔17〕 H. Kelsen, *The Pure Theory of Law*, trans. by M. Knight, Berkeley and Los Angeles: University of California Press, 1967, pp. 193-219.

此类国家中，都存在一个建立在宪法基础上的规范秩序。

此处，需要澄清两点。第一，这预设了我们全都知道宪法是什么。这一“知道”必须建立在对我们已讨论的、在不同的机关之间分配权力并确立制衡机制的功能的理解基础之上。即通过对一定区域中带有相互制约的立法、司法和行政机关的法律秩序的运作状况进行评估，我们就能解释，什么进入了宪法之中。第二，宪法的存在问题并非主要是民众是否接受的问题，与依据何种程序制定的问题，以及是否有一个正式的、按我们前面已讨论的方式对政府的分权予以支持的文件问题，而是一个如何发挥宪法作用的问题，这与政治人物随时随地对宪法文本所阐明的规范的反应有关。它们可能（也可能不）会非常严肃地将这些规范视为具有约束力的行为规范。这存在很大的变数。但至少在大多数相关的情况下，这些行为人必须调整他们的行为，以符合宪法规范，并且，必须参考那些与依宪法行事的行为一样的规范来理解其行为。仅仅在这些人严肃地看待这些宪法规范的意义上，才确实存在有效力的宪法。

在典型的情形下，如在诸如法国、葡萄牙、波兰、日本等现代单一制国家，或者在德国、美国、澳大利亚或者瑞士等现代联邦制国家，宪法既具有正式的形式，又发挥着自身的功能。从形式上看，（这些国家的）人们能指出某个文本最初是由一些大会或委员会起草的，接着被人们接纳，作为这一国家或联邦的宪法，然后被那些身份得到确认的国民命名为宪法。宪法被采用的日期与随后的修正日期——那使宪法的文本成为现在这个样子——都可能被明确地规定了，实际上，宪法的内容也经常以目前这种权威性的印刷体形式写在文本之中。从功能上看，至少在一个合理的范围内，它可能是（或者甚至在一个合理的范围内，它不是）一个得到了真正服从的规范的渊源，被那些由其规定的、执掌官方公共职能的人（包括这一国家中的武装部队这一角色）所服从。[18] 只有那些试图从规范的角度、按照本书前两章详尽讨论的方式理解行为的人，才能辨识这一正式的宪法在这一国家的日常生活中、对其公职人员与国民是否发挥作用。只有这种形式的宪法在合理的范围内起作用，它才被人们承认为一种真正的宪法，而不是一种不成功的宪法，或者一部徒有虚名的宪法。

并不是所有的、根据法治原则、已采用民主化宪法作为自治政府基础的国家或联邦都通过采用宪法而成功地实现了自己的目标。独裁者（无论是军人，还是得到了军人支持的平民）与寡头都能攫取一个国家中发号施令的角色，破坏宪法意图确立的制度上的制衡机制。他们甚至能继续进行议会的选举秀，假装拥有独立的司法，而实际上，政府权力的组织与实施都是集权式的、专制的、任意的，并且（非常可能是）腐败的。甚至在这种宪制政府尚未达到垮台地步的情况下，都可能存在相当广泛的愤世嫉俗与堕落。只有在一些情况下，正式的宪法才能真正地在官方层面上规范或者限制国家的大多数活动，并为市民以及事实上由于居住或者其他原因而隶属这一国家管辖的所有人提供稳定的法治。我们可以说，此处的正式宪法与功能性宪法才是一致的。

相反地，按照这一分析，即使在没有采用任何正式的文件或者成文的宪法时，仍可能存在一种功能性宪法。关于这一点，当代至少存在两个例证，一个是在联合王国——它是一个国家，另

---

〔18〕 参见 MacCormick, *Who's Afraid of a European Constitution?*, Exeter: Imprint Academic, 2005, pp. 39-46。

一个是在欧盟——它并非一个国家，而是由众多国家组成的同盟或“联合体”。[19] 从历史的角度来看，那些对与当代其他国家不同的联合王国（现在通常称为“英国”）的宪法秩序进行的研究，揭示了一个正在运行的宪制国家的结构。这些研究（尽管都不太准确[20]）没有哪一个比孟德斯鸠的研究[21]影响更大。如果加上有关“社会契约”的各种政治理论文章（它们是由诸如洛克、[22]休谟[23]以及卢梭[24]等思想家撰写的），以及潘恩[25]（Tom Paine）等对宪法本身进行的研究，它们对起草18世纪晚期新宪法的那些人产生新思想做出了重大贡献。美国宪法已经被证明特别有生命力，经历了美国内战的考验，并产生了多达24部修正案。而革命性的法国宪法经历了更多的间断，然而，目前的第五共和国宪法明显受到了其18世纪渊源的影响，同时加入了19世纪与20世纪的一些经验。当代的其他一些共和国从诞生于美国、法国以及其他一些具有同一系谱的国家的宪法模式中获益良多。在当代，还存在一些制度上属于君主专制的政体，现存的这类国家不在少数，其中的大多数国家明

[19] 参见 N. MacCormick, *Questioning Sovereignty: Law, State and Nation in the European Commonwealth*, Oxford: Oxford University Press, 1999, pp. 137-156。

[20] 关于所谓的“不准确”问题，可参见 L. Claus, “Montesquieu's Mistakes and the True Meaning of Separation”, *Oxford Journal of Legal Studies*, 2005(25): pp. 419-452。

[21] Montesquieu (Charles de Secondat, Baron de Montesquieu), *The Spirit of the Laws*, trans. and eds. by A. M. Cohler, B. C. Miller, H. S. Stone, Cambridge: Cambridge University Press, 1989.

[22] John Locke, *The Second Treatise of Civil Government*, ed. by J. Gough, Oxford: Basil Blackwell, 3rd edn., 1966.

[23] D. Hume, “Of the Original Contract”, in D. Hume, *Essays Moral, Political and Literary*, Oxford: Oxford University Press, 1963.

[24] J-J. Rousseau, *The Social Contract in Rousseau, Collected Writings*, eds. by R. D. Masters and C. Kelly, Vol. 4, trans. by J. R. Bush, R. D. Masters, and C. Kelly, Hanover, NH: University of New England Press, 1994.

[25] T. Paine, *The Rights of Man*, with introduction by E. Foner, notes by H. Collins, New York/London: Penguin, 1985.

显相当稳定。在这些国家,君主是在宪法之下进行统治的,这些宪法是通过不同的方式起草的,在联合王国或者诸如瑞典、丹麦、荷兰等老牌的君主制国家,人们通过一种更革命的程序,试图使那些已出现的问题正式明确下来。联合王国自己就按照流行的政治理念与实际需要,修订并调整了其宪法性的安排(这些东西从来没有完全正式颁布)。这一具有宪法功能的体制得以延续的例子从来没有通过一种深思熟虑、整体性的创制宪法行为而获得正式的表达。[26]

同时,在欧盟,存在一系列有关建立与扩充欧洲共同体的条约,它们自己配备有委员会、部长理事会以及欧洲法院等机构。这些构成了这一共同体存在的法律基础,且已通过 1992 年的《马斯特里赫特条约》而被结合进了欧盟之中。欧洲法院一直认为,这整个条约等同于欧洲共同体与现在的所谓欧盟"宪章"。[27] 欧洲法院在一系列决策中认为,这一条约必然授予了自身对自己的规定享有最终解释权。按照这一法院赞成的解释,并且从长远来看,这一条约已为欧盟人所接受,无论欧盟成员国采取了何种形式的保留,这一条约以及根据这一条约而通过的一些法律(包括条例、指令、框架性决议)形成了一种独特的、新的法律秩序。[28] 这一法律秩序可以直接为国民、企业以

---

〔26〕 卡尔基姆在《历史导论》一书中对以上提及的大多数国家的宪法发展情况作了清楚的介绍,参见 van Caenegem, *Historical Introduction*, 具体页码如下: pp. 196-200, UK; pp. 200-217, France; pp. 217-229, Germany; pp. 230-241, Belgium and the Netherlands。亦可参见 E. Wicks, *The Evolution of a Constitution: Eight Key Moments in British Constitutional History*, Oxford: Hart Publishing, 2006。

〔27〕 Case 294/83 *Parti Ecologiste "Les Verts" v European Parliament* [1986] ECR 1339; Opinion 1/91 (*Draft Opinion on the EEA*) [1991] ECR I 6079; 可参见 J. H. H. Weiler, *The Constitution of Europe*, Cambridge: Cambridge University Press, 1999, pp. 12-26。

〔28〕 S. Douglas-Scott, *Constitutional Law of the European Union*, Harlow: Longman, 2002, pp. 516-520; J. Shaw, "Europe's Constitutional Future", *Public Law*, 2005, pp. 132-151.

及为国家本身设定权利与义务。在这些国家通过条约的形式移交给欧共体或欧盟机构的权力范围内,欧盟的法律优于各成员国的法律(欧洲法院是这样解释的)。所有这些都有一种自我指涉的特点——欧洲法院解释说,这一条约已授权欧洲法院,将这一条约解释为一种新的,既不同于国际法又不同于其成员国法律的法律秩序。这种自我指涉具有一种不依赖宪法秩序的特点。事实上,另一个自我指涉的例子见之于公民接纳创设或确认其国民身份的宪法情形中。[29]

在2002年至2003年,欧洲委员会(European Council)依据《拉肯宣言》(*Declaration of Laeken*)达成了一个协议,这一协议进行了广泛咨询与透彻研究,然后起草了一个"为欧洲确立一部宪法的条约"。在2003年至2004年断断续续地召开的政府间协商会议中,人们对上述条约作了进一步的修订,最后,各个国家与政府的领导人敲定了这一条约的最终版本,并于2004年10月29日签署了这一条约。为了使这一条约生效,它要求所有成员国(包括2004年5月1日加入欧盟的新成员国)批准这一条约。通过参考2005年5月在法国以及同年6月在荷兰举行的绝大多数人参加的公民投票结果,批准这一条约与由此采用这一宪法的进程被暂时搁置了起来,也许永远搁置了起来。(在欧洲,)一直存在用一个正式宪法替代现存的、包含在这一条约中的功能性宪法的机会,但民众根本没有足够的热情将这种可能性转变成实际的成就,并且同时,旧的功能性宪法仍在发

〔29〕 有关自我指涉,可参见 G. Teubner, *Law as an Autopoietic System*, trans. by A. Bankowska and R. Adler, ed. by Z. Bankowski, Oxford: Blackwell, 1993, pp. 19-24。

挥作用。[30]

本部分的结论是:(能否)将一个国家或者其他组织中的法律秩序制度化,就要看确立重要政府机关并分配其权力的宪法是如何演变或被采纳的。我们不得不依据宪法意图实现的特定功能,参考人们如何获得其中的职位,与这些人必须如何管理自己的行为以实现这些机关的功能,以及这些人如何才能辞除职位,从而理解这些宪法机构。所有的宪法都必须从功能上加以理解,但通常都有一个为必要的行为所认可的正式、确定的文本。正式的宪法必须是具有宪法功能的宪法——并且,还必须是正发挥作用的宪法,如果某个国家想获得或维持法治国(在这样的国家,法治规则得到了实施,实质性地指导着政府的治理行为)的特点,一个习惯性、习俗性的基本规范是整个机构必要的规范性基础。

3.4 公法体系

现在,我们应对到目前为止进行的制度分析进行总结。通过宪法,与范围更广一些的、一般意义上的公法,我们可以发现分配给宪法机关的众多职能。“创制性规则”将这些机关设立为法律上的实体[例如,1998 年的《苏格兰法案》(*Scotland Act* 1998)开头的开场白部分说,“应当有一个苏格兰议会”,许多其

---

〔30〕 对于本人对这些事件的说明以及对其结果的评价,可参见 MacCormick, *Who's Afraid of a European Constitution*?。如果想得到更客观的结论,可与以下两本著作进行比较,即 P. Norman, *The Accidental Constitution: the Story of the European Constitutional Convention*, Brussels: EuroComment, 2003 与 A. Lamassoure, *Histoire secrète de la constitution européenne*, Paris, Editions Albin Michel SA for Fondation Robert Schuman, 2004。

他的相关规则精确地说到,它将如何组成,以及如何起作用]。此类实体由此被("作为一种结果")赋予了权力和义务,并且,它要受到或明或暗的规则限制。这些规则预设了正在讨论的这一实体在法律上是存在的,因为它们以这样的语句——这一实体的名称是这一语句语法上的主语——的形式表现出来。(例如,"苏格兰议会可以创制法律,这被称为'苏格兰议会法案'",例如——《苏格兰法案》第28条第1款。)仅当有人充当这类实体的成员或代理人时,它才可行使其职能——行使权力、承担义务。进一步的创设性规则会设置条件,确定相关个人如何变成或被任命为或(在我们正在用的、关于议会的这一例子中)被选举担任这一职位。这些成员因此就有了权力和权利,并且,这些需要以集体方式行使的权力和权利,能起到行使那些原本属于宪法实体权力之功效。关于这些成员何时以及如何辞除成员资格,或者这一实体自身(是否)可宣告解散,此类终结性规则(terminative rules)同样是存在的。

这种表达"宪法性规则"(constitutional rules)或者"亚-宪法性规则"(sub-constitutional rules)——这些规则是与履行公共职能的实体与机构有关的——结构性特点的模式化方法可以以一种非常普通的方式重复。所有的机构都有开始的时间、存续的期间以及可能的终结时间。所有机构都有自己的成员,只有满足了特定条件,才能获得其中的职位或成员资格,只有这些成员服从调整其职位的实质性规则,才能有效地行使其权力,直到其死亡或者丧失、辞除那一职位。正是通过对不同种类机构的功能与要点(或者目的因)进行反思,人们才理解一个国家在公共领域能(或者不能)实施某种行为的范围与幅度。某些典型的功能与特点非常必要,且无处不在。

立法机关就是一个例子。它是一个特殊的、事实上非常典型的宪法秩序的例子,其自身包含了使行为规范变得明确起来的可能性,手段是赋予那些由相关机构产生的特定文本具有约束性的力量与效果。在内容上,此类文本包含了语言上适合表达有关行为、授权要求的语句,这些语句或者通过免除或例外的方式,或者通过除权的方式,表达了对行为、授权的限制。在有些时候,它们还包含其他一些规范性材料(例如,有关权利的),这些材料在方式上与随后将考察的要求与授权有关。其意思是说,我们可以将它们理解为使规范变得更明确起来的东西,可以通过回溯到引言部分有关排队的讨论而予以澄清。此处,需要注意的是,在一些情况下,这些东西可归结为未言明的与不明确的实践规范,表达了大家对谁接下来将接受服务的预期;而在另外一些情况下,这些东西却可能变成了要受权威所颁布规则约束的一种活动。宪法文本(此处指的是正式宪法)正好具有这一特点,即它们可以使那些多少有些不明确的惯例变成一种简明易懂的规则。

拥有自己的立法权(创制法律权力)的最高立法机关与次级立法机关——议会及类似机构——是制度性规范秩序中的重要因素。它们的确切功能是:它们能制定一般性规则,可普遍、统一地应用于国家的所有领域,支配其中的所有人,或者为特定区域(或特定主体)立法,使这一特定区域(或特定主体)在整体上受这些法律普遍而一致的调整。此类立法机关并不必然会被剥夺制定针对特定区域(或特定主体)、因地制宜的规范的权力,尽管立宪主义的治理原理在许多国家被解释为排斥这种做法。在每一个地方,立法机关的主要事务都是一般性地制定规则,尽管它还有权实施其他更特殊的活动。

那些典型地由政府行政部门与行政机关或地方机关决定的事情具有一种更特殊、临时或短期的特点。此类决定也能形成规范,但它们可能只是单个的规范,或应用于一小部分受众的规范,例如,它们可以在被许可以及相关的范围内,采取例外的形式,或者采取针对个人的允许或许可的形式,因此,可以存在“禁止在公路上驾驶摩托车”这类一般的法律规则,只有某人持有有效的驾驶证或执照,他才能驾驶得到有效许可的车辆。除非规划许可得到了有关政府当局的有效批准,否则,在日常确定的用途之外开发土地可能是禁止的。在这种情况下,一定存在一个(或多个)有权颁发有效执照或规划许可证的机构。此种做法的后果就是使承批人在正在讨论的一般禁止的例外情形下获得许可或允许。排除某些一般性禁止的许可具有重要的规范后果,它们还有一些(也许可观的)经济价值。

“有约束力的规则”(以及实际的例外)这一完整的思想要求我们做进一步的考察。一个规则文本——例如,被涵括在《议会法案》某一节中的规则文本——成为“有约束力的规则”的意思是什么?它约束谁?并且如何约束?在讨论“基础规范”这一思想时,我们已经给出了部分答案。如果尊重宪法是义务性的,则意味着,使某个人自己的行为与规范——这些规范反过来是根据宪法而变得有效的——保持一致是义务性的。因此,尊重那些依据适当方式成立的机构以及由此被确定在这一职位上、作为这一机构官员或成员的人发布的规则、决定、命令或者许可,就是义务性的。(这经常会受到一些形式的挑战,因为这些行为是侵犯了宪法边界的行为,包括那些得到了权利宪章认可的行为,因而是可以被撤销为无效的行为。)这种义务性特点约束了谁?从这种内在于法律秩序的观点来看,答案是:从宪法的意义上看,除一些特别例外的阶层(如享有外交豁免权的人)外,处于这一领土范围内的每个人都属于国家,并且,由国家的宪法确定的每一个人都应忠诚于宪法。

这能否推导说,对于所有那些视之为义务的人,都必须承认其是义务性的,或者必须觉得应效忠于它或者受其约束,或在他们的道德推理中给予很高的优先性,以履行尊重宪法和依据宪法制定法律的义务?明显不是这样。我们根本不能推导出那样的经验性主张。普通人的经验表明,根本没有哪一个现实的国家曾自信满满地做到,全体成员都过着一种恪守法律的生活,或许其中的大多数人是被迫服从法律和宪法的。根本没有哪一种有关经验性态度的假设能够或者应当建立在一种试图抓住此处涉及的概念尝试基础之上。〔31〕

然而,对一些国家机关中拥有公职的人(或者成员)应进行另外的考察。那些拥有公职的人通常被要求宣誓忠诚于法律和宪法(如在一些君主制国家,也许表现为承诺要效忠于某个国家的领导人个人),职位越高,则宣誓越庄严。如果我们进行近距离的考察,就会发现,这些人不只是在形式上表现得很庄重,而且他们宣誓的东西合乎逻辑地暗含在预先设计好的这一职位之中。这些机构及其中的这些职位仅仅作为一种法律性—制度性的事实而存在。除非法律宣告某人可以拥有这一职位,并且这一法律还应是有效的,否则某人就不能拥有这一职位。如果某人在形式上接受某一职位,而同时又明确地宣布拒绝拥护这一法律,或者在有选择的保留基础上支持这一法律,就

〔31〕 关于无根据的经验性假设的风险问题,可参见 B. Tamanaha, *A General Jurisprudence of Law and Society*, Oxford:Oxford University Press,2001,pp. 58-65。

可能出现一种现实的自相矛盾。[32] 这就类似于一个人说“我拒绝说英语”，而同时又用英语表达这一拒绝性的决定（因为这个人用一种说英语的行为违反了不说英语的决定）。从这一意义上讲，在某个人接受或运用公共职位的行动中，就存在逻辑上对“基础规范”的恪守，即依据基本规范而制定的宪法与法律必须得到遵守。

然而，这并不意味着，每一个拥有公职职位者都实际地履行了这一职位应承担的基本义务。虚伪与贪腐总是可能的。假设（人们必须这样假设）一些假公济私与玩忽职守的行为总是可能存在的，一个宪制国能容忍多少隐蔽的玩忽职守行为呢？这是一个公开的难题。但是，作为一种玩忽职守的行为，它必然会被人们刻意隐藏，绝不会被人们公开地宣称。因此，忠诚的义务，尽管并非是宪法与法律得到尊重的保证，但必然是与公共职位相伴而生的东西。保持一个功能性宪法——它实际上与正式宪法相容——的可能性是建立在大多数拥有公职者在绝大部分时间里实质地履行忠诚的义务这一条件基础上的。如果这一点得到了保证，我们就可以认为，这一国家拥有一部“完全意义上的宪法”。[33] 如凯尔森指出的，这是一部宪法大体上有效的最重要的条件。[34] 哈特的理论是：“基本的承认规则不得不被某一法律系统中的官员从‘内在观点’予以接受”，这一理论具有

---

〔32〕 一个例外存在于议会中被选举的政客的例子中，并且，这一例外同样适用于那些试图通过选举的方式，为发起选择性的公民不服从活动提供支持的人，以及由此而当选的那些人。

〔33〕 无论在什么地方，只有功能性宪法与正式宪法在很大程度上保持一致，人们都能分辨出一种“完全意义上的宪法”。麦考密克在下一本书中提出了这一思想，参见 N. MacCormick，“On the Very Idea of a European Constitution：Jurisprudential Reflections from the European Parliament”，*Juridisk Tidskrift*，2001-2，pp. 529-541。

〔34〕 Kelsen，*The Pure Theory of Law*，pp. 211-214.

与凯尔森的理论一样的效果。[35] 但哈特的“承认规则”概念不同于此处提到的“基础规范”概念,后者是从凯尔森的思路中承继下来的。在本书的整个说明中,哈特的这一理念属于一种完全不同的安排。(参见本书第75~76页。)

宪法与法律的有效性还有另一方面内容。这涉及法律实施的问题,而非此类(遵守的)义务问题。立法体系的存在使正式规划公共机构、在法律制度内设置持有公共职位的条件成为可能,也使人们可以利用明确的规则这一形式,对那些官员与那些在官方权限范围外行为的人的行为规范予以阐明。如我们已看到的,关于“什么行为是错误的,并由此在这种意义上是禁止的”这一类规则,在各种法律要求中,占据着一种基础性地位。在现代国家里,这些东西被细分为两种经典类型的行为,一种是刑事上不正当并由此应受惩罚的行为;另一种是民事上不正当并由此应进行民事赔偿(如判处损害赔偿)的行为。

如果国家成了一个内部相对和平的舞台,如果其法律成了一个承诺要保护国民和其他居民的和平法律,则大多数人在大多数时间里必然不会去做那些被法律打上了“不正当”烙印的行为。因此,国家必须维持有效的强制实施法律的机关。针对那些应受惩罚的犯罪,就要求有警察机关与检察机关,与行使刑事审判权的法院,以及负责执行法院作出的、针对被起诉且被定罪者判决的机构(如监狱服务)。针对民事方面的不当行为,有效的民事法庭也必须存在,并且需要一定的程序,使那些宣称受到委屈者可以让自己的主张在法院里得到恰当的审理,也应当倾听那些所谓过错方的辩护。在此类情形下,必须

〔35〕 H. L. A. Hart, *The Concept of Law*, Oxford: Clarendon Press, 2nd edn., 1994, p. 148.

借助相关的公共机构,通过有效手段,强制执行法院作出的民事救济。

由于此类宪法存在并有效地发挥着作用,因此,所有人都有理由严肃地看待法律施加的要求。在出现了偏离法律要求的情形时,无论他们个人是否倾向于将法律的这些要求承认为道德上可欲的或道德上义务性的,也不管他们是否愿意继续追求个人的偏好,他们都有理由按照法律的要求行事。甚至对于那些有充足的理由从根子上不赞成国家制定的、要求人们实施某些行为规则的人来说,仍存在很多与法律保持一致的强有力的理由。这些可能已成为一种令人生畏的现实。在有关支持种族隔离、要求告发犹太人或者歧视那些种族或宗教上的少数派的规则问题上,这些都可能是真的,我们可以用那些最近出现或者目前流行的冷冰冰的现实为例,说明这一问题。邪恶的规则可以是被强制实施的规则,那些认识到这种邪恶规则的人,甚至或者尤其是那些公开抵制这些规则的人,被完全地暴露于强制执行的风险或者现实之下。宪制国及其宪制性法律所缔造的和平并非在每一种情况下都是正义之下的和平。

执法活动并非在任何地方都能完美地进行,但是,在每一个法律都可以得到很好实施的国家,必然存在一些严肃的、可持续的官方努力,以实施不利于违法者、不利于那些承受不利的民事判决但从不遵从这些判决的人的大多数法律要求。在执法过程中,此种严肃的努力越多,市民与居民不得不守法的理由就越多,且这些理由都建立在审慎与互惠的基础之上,因为所有人都有理由认为,没有哪一个自律性地尊重法律规则的人会为其他人获得不公平的便利创造空间。从本质上讲,法律并不是一个强制性的体系，许多评论者已明确地宣称过这一点。[36] 国家最典型的特点是：它们占有一定的领土，这些领土是强制性地联系在一起的，并且主张在其领土范围内独占合法地运用强制力的权力。（严格地说，只要它们能成功地维持某些基本人权，且本身没有违反这些权利，或者没有实施违反人道的犯罪，它们就能维持“合法地独占”这一主张。但很遗憾的是，那些具有最少真实合法性的国家最不太可能承认这一点，并由此承认，它们应当丧失其力图行使的、经常运用极端暴力的独占权。）因此，国家法的一个必要方面是：在必要时，它会通过运用武力，强迫人们服从，从而强制性地实施法律。国家法是规范秩序的一种强制性、制度性的形式。

这反过来对处于国家这一舞台中的“制度性规范秩序”的思想有深刻的影响。只有在一个虚无的、可用来进行心灵沉思的规范性的事实领域，国家机关与代表（或者组成）国家机关的官员才是不存在的。在当代的社会现实中，国家机关与官员无处不在，他们既要运用强制性力量，又要以一种更扩散性的方式，对人们的选择施加一些有说服力的影响。它们就是这样对人类的社会现实施加影响的，且无所不至。规范性权力本身与武力或者经济力量或者社会声望的力量并不是一回事。[37] 但

---

〔36〕 最近的论述可参见 G. Lamond，“The Coerciveness of Law”，*Oxford Journal of Legal Studies*，2000(20)：pp. 39-62；“Coercion and the Nature of Law”，*Legal Theory*，2001(7)：pp. 35-57。莱蒙曾在《强制与法律》一文中批判我的这一理论，参见 Lamond，“Coercion and Law”，in N. MacCormick，*Legal Right and Social Democracy*，Oxford：Clarendon Press，1982。莱蒙认为，法律上的强制保证了民事救济或者刑事惩罚的实施，但是存在有关民事救济与刑事惩罚的规定，本身并不是一种强制形式。但是，对于拒绝我此处所论证的狭义的强制概念，他没有提供任何有说服力的解释。我认为，他也没能注意到，国家是一种强制性的机构，因此，国家法要么在广义上要么在狭义上是强制性的。这两种意义上的强制性是国家法的特点，而非所有法的特点。

〔37〕 参见本书第 9 章。

是，依据国家法而进行的授权极大地有助于所有这些以及其他形式的权力行使。这是否意味着，法与国家本质上是"暴力"机关呢？这是非常可疑的。有人论证说，宪法源于革命，并且至少建立在暴力威胁这一基础上，因为宪法的宣布与人们的接受之间总是存在不一致，这一论断[38]影响深远。甚至那些以极端方式开始的东西，随着时间的推移，都可能以一种大体上和平的方式发挥作用，尽管对于那些违反法律者，它会运用强制力进行威胁。"所有运行中的宪法都依赖于习惯与习俗"的理论表明，随着时间的推移，会出现一种暴力减弱的倾向，但鉴于人类的境况，暴力从来不会被消除。

判决已进入了对制度性规范秩序所作的说明之中。（在国家之中，）不仅仅存在一些公共机构（也许这是一个过于苍白的术语，以致不能为满足日常的目的而抓住一个民主的议会具有的庄严肃穆特点，但可以满足目前的理论需要），它们能（并且也确实在）颁布法律规则；不仅仅存在国家或者政府领导人，还有围着领导人打转、由部长们组成的内阁，及各部部长与环绕在部长周围的专门机构，以及地方政府，它们在某些特定的区域范围内复制了中央政府的某些特点。此外，还有法院与法官，以及环绕在法院周围的职员与其他一些官员。对于有关法律理论的多种方案来说，这些机构都是典型的法律机构，尽管我们不能将所有这些机构清楚地描述为采纳哈米什·罗斯（Hamish Ross）

---

〔38〕 参见 J. Derrida，"The Force of Law"，in D. Cornell et al.（ed.），*Deconstruction and the Possibility of Justice*，New York：Routledge，1992，pp. 19，36；M. Davies，*Delimiting the Law*："*Postmodernism*" *and the Politics of Law*，London：Pluto，1992，p. 77；I. Ward，*Kantianism*，*Postmodernism and Critical Legal Thought*，Dordrecht：Kluwer，1997，p. 75；Tamanaha，*A General Jurisprudence of Law and Society*，Oxford：Oxford University Press，2001，pp. 65-71。

所称的"Iudexian"方法的理由。[39] 罗斯的论证是:处于国家最高等级法院中的法官的立场是那种能使我们最清楚地辨识法律风景最典型特点的东西。

我们已发现了一个特别重要的、设法使我们的法律理念接近法院理念的理由(在讨论国家法的语境中,尤其应当如此)。一方面是法律规则强加的"可执行性"(enforceability)的要求,另一方面是对有效行使的法律权力所造成后果的承认,两者将"法"(lawness)的特性与执行程序紧密地联系起来。法院与作为其职员的法官的重要功能(目的因)与要旨是依据法律听讼,并就所审判的问题作出判决,当一个案件被提交到法院时,就要求法院作出有约束力的判决。法院具有不同类型的审判权,例如,处于刑事审判与民事审判之间的审判权,有解决公法、家庭法或者劳动争议的专门法庭,还有宪法法院或者议会,以严格意义上的司法范围外的方式解决行政法问题的国事咨议会(*Conseils d'Etat*)。但是,下面一点也确实是真的,即所有以常规方式实施的法律都是通过一些法院或类似于法院的机构实施的。因此,国家法的一个最典型的特点是:它是一种强制实施的制度性规范秩序,因此,拥有一个已制度化了的法院体系和其他专门法庭体系是这一典型特点的一部分。

进一步说,重要的是记住,"法律"这一术语或概念以及与其同根的词在此类秩序中经常会用到。这一场景中的应用就产生了一种具有独特含义的"法律"术语,按照这一含义,那些旨在成为法律规则的规则只有在得到了法院与法庭的应用与承认

---

〔39〕 H. Ross, *Law as a Social Institution*, Oxford: Hart Publishing, 2001. 诸如哈特、德沃金,或许还包括全体美国现实主义者,以及北美形式的"批判法学运动"等,都暗含着持有这一观点,但罗斯将这一观点揭示开来。如此强烈地支持以法官为中心也许是普通法国家法律理论的一个特点。

时,才能被视为属于相关秩序的真正有效的法律规则。如果一些规则声称自己在一些创制法律的机构中有恰当的谱系,但却没有哪一个行使相关管辖权的法院被认为或者认为自己有义务应用该规则,则在那一法律体系中,这一规则真的能被称为一种法律规则吗?抑或它是别的什么东西?它是一种习俗,或是一种指导方针,还是一种外在的司法标准,抑或至少是一种"软法"?

我们终于全面进入了哈特著名的"承认规则"领域之中。哈特的法律理论将"终极承认规则"(它包括一个有一定等级的法律"有效标准")置于所有法律体系的顶部。这一规则(如果存在的话)是作为一种复杂的社会事实而存在的,涉及对某个法律体系中高级官员之间共同接受、相互作用态度的彼此承认。这些高级官员中的每一个人都必须认为,他们自己以及其他人都被迫服从并(只能)应用满足特定有效标准的所有规则。〔40〕 很明显,这一标准是规范性的。这一标准陈述了"什么应当被接受为法律",而非"什么事实上是法律"。因此,《议会法案》(例如)在要求任何法院应用之前,就已经是法律。因为所有法官都不得不承认,无论议会颁布了什么,都是有效的法律,并且应当被如此地应用。

毫不令人惊讶的是,这一理论似乎对一个高度中央集权的国家运行方式作了最好的说明。这一类型的国家有这样的传统:将所有诉讼与所有刑事案件都一股脑地托付给一个单一类型的、适用"普通法"的法院。从技术角度来看,最高层级的法院是作为立法机关的议会之一。联合王国就是如此。(在联合王国,)有一个非常特殊的精英化的法官团体,他们依据"遵循先例"原则作出的司法判决本身就能产生法律(判例法)。他们

〔40〕 H. L. A. Hart, *The Concept of Law*, Oxford: Clarendon Press, 2nd edn., 1994, pp. 100-109.

已发展出了“议会主权”(或议会中的君主主权)学说。因此,由议会以有效方式通过的所有的、被制定的规则都不得不被承认为有约束力的法律,而不论其内容如何,并且,如遇到随后颁布的与之不一致的议会法案时,诸如此类的被视为法律的东西便不得不被人们认为会废止。事实上,这种过于简单化的解释从来没有被普遍地应用于整个联合王国。并且,随着欧盟的发展,随着“欧共体法在联合王国具有最高的地位与直接效果”这一原则的确立,欧共体的法律不得不被严格地称为“法律”。[41]如其他一些人已指出的,承认的标准——与承认规则——是与法院有关的。在联邦制之下,按照这一法院是州法院还是联邦法院之不同,不同的法院有不同的标准。有很多州还区分了公法法庭与私法法庭。而在一些准联邦州,还存在一些地方性的差异。[42] 因此,哈特的“承认规则”理论具有的简练特点使它无法对所有宪制国的法律作令人满意的一般说明。如果存在一种满足每一种制度性规范秩序的终极规则,那一定是国家法,而不可能是承认规则。所有类型的法院与法庭实际上一定有自己的承认标准,以确定其成员在履行其独特的宪法职能时,必须应用什么样的规则作为法律。在某一国家内部,在不同层级的法院中,一定存在某些带有全面一致性的东西。但是,实现那种一致性是宪法的任务,以及宪法性法律的任务(甚至对于宪法政治学来说,也是如此)。对于一个此类国家的法律体系来说,如果有任何东西能被当作一种单一的、终极的规则,它一定是这样的规则,即从总体上讲,宪法必须被尊重。这就将我们引向了凯尔

---

〔41〕 按照制度法理论的精神对这些问题以及相关问题进行的全面说明,可参见 N. MacCormick, *Questioning Sovereignty*, Oxford: Clarendon Press, 1999,特别是其中的第 5 章。

〔42〕 参见 K. Greenawalt, “Hart's Rule of Recognition and the United States”, *Ratio Juris*, 1988(1): pp. 40–57; M. Bayles, *Hart's Legal Philosophy*, Dordrecht: Kluwer, 1992, pp. 77–83。

森的“基础规范”的新变种，而非某种版本的哈特的承认规则。

如以上已承认的，下面一点实际上是真的：国家法作为一种强制性的法律，其特点受到了下一事实的巨大影响，即当它应用于个案时，不得不借助法院与法庭的判决这一中介。这意味着，被强制实施的法律必然是法院解释的法律，法院的命令与判决是导向法律实施的必要步骤。法院不可避免地拥有解释权，并由此有权进一步确定法律的意义，这一法律也由此经由发布一般性法律规则的立法行为，从一般性的、授权立法的宪法规范演变成了司法决定。司法机关作出的解释性判决为这些规范和被颁布的规则赋予了适合具体案件的具体意义，无论是否有“遵循先例”学说，也不管是否有“遵循先例”实践，它反过来都赋予了这些法院的决定具有为未来造法的效果。

“什么是法律？”可能是一个一般性的法律理论问题，也可能是在一个国家的法律秩序内形成的实践问题，它牵涉在具体情形下如何将法律规范适用于一些人的问题。从后一种意义上看，如果这一问题的答案不能小心翼翼地顾及规则有效性的结论，不能顾及对有效规则和法官们已经（或可能）流传下来的相关先例的解释，则这一答案就没有什么价值。但是，例如，在一个专业的法律顾问向一个雇主提供建议时，这一问题的答案将非常重要。就这些实际目的而言，法律就是法院与法官所说的那些东西，这是一个微不足道的真理。然而，这一答案并不能以同样的方式适用于一般的理论性问题。作为一个法律理论家，法官并没有什么独特的身份，尽管作为实际的裁决者，他们拥有必要的权威。〔43〕

〔43〕 在这一点上，德沃金持一种完全不同的观点，他认为，“什么是法”的问题总是一个实践性的问题，并且事实上一直是实践性问题，而不论是谁提出这一问题，或回答这一问题。有关这一问题的讨论将推迟到本书第16章第16.8节以及以下章节。

3.5 公民社会与国家：一种简单的介绍

宪法与地位次于宪法的公法根本不足以在国家内部或者旁边形成公民社会，或有利于公民社会的形成。公民社会是这样一种社会状态：人们至少能作为一种形式上平等的存在物而产生相互影响，无论这些人在个性特点、信仰、来源以及资源上有多大的差异。公民社会是一个自愿结合的领域，自由人之间自愿地开展经济活动。人们设想的这些活动既包括导向非商业目的的活动（如宗教、慈善、政治投机与动员、环保之类的活动），也包括商业活动或经济活动。公民社会要求稳定地存在一个得到了有效保障的法律体系。这意味着，法院承担的宪法性义务必须包括支持与应用一个可靠的私法体系（包括商法）与刑法体系的义务。这些法律体系支撑起了公民社会的框架，并且，它们是在明确的宪法以及其他一些调整国家机关行为的公法子系统的支持下成立的。如此的法律体系包括一系列明确表达的规则（辅之以先例，而不是由先例与部分未言明的判例法规则所组成），这些规则涉及人、物（财产权以及与之相关的权利）、私人之间的义务，以及保障私人义务、维护私人权利的行动方式。此外，还必须包括这样的规则集合，即确定刑法上的不当行为，一般性地禁止故意实施犯罪，授权公职人员对违反刑事法律的行为进行适当的司法干预并予以审判。在商事法中，必须处理具有法人人格的独特性问题及由此产生的权利与义务，以及就业的权利与权力。包含在商事交易中的权利与义务必须被确定并与调整法院诉讼的规定联系起来，或者与仲裁有关的规定联系起来,后者部分由商法规定,部分由私人性的商业协议确定。

由于法院与其他一些公共机构实际地尊重并支持这些法律体系,并且,正是按照宪法的精神,国家法才获得了我们已说过的制度性地位。此前已提到的特定的私法与商法制度取得了这样的实际效果:通过将一些要求施加于(公民社会的主体)之上,从而有效地限制了一些行为。这种受限制的现实是与那些形式上有效并由此在整个宪法体系中具有强制性的规则所具有的规范性特点实际地、不可避免地对应的。这并没有预设:一方面,所有受其影响的人在公民社会中都有公平或者平等的参与机会;另一方面,其中的一些成员至少能从中获得某些便利。它还不意味着,所有在制度上受法律约束的人要么完全认识到了这一点,要么认为自己在良心上应受其约束,要么赞成将之作为实现人际公正的一种机制。但下面一点似乎具有一种实际的必要性,即一些人应当——有很高的可能性,因为这些人发现,法律施加的负担至少能从法律授权得到的益处那里获得补偿——会基于审慎的理由,接受这样的法律为道德上有约束力的。如此的个人与群体可以被认为是自主地拥护法律,自愿地接受相关法律规范的约束性特点。具有这一立场的人尤其会发现,他们的共同愿景,以及他们缺乏自主性的规范愿景,会得到官方行动的保障。对于这类人来说,由常规的(即使不是一成不变的)官方执法行为提供的安全保障会将更进一步的合法性赋予这种得到了大家拥护的规范,以及建立在这一规范之上的愿景与判断。

确实,如果权力持有者之间缺乏有效的政治权力与有效的政治合作,则国家就不能存在。如果没有支持宪法规范与整个法律体系规范的权力存在，则宪法与宪制国就不可能存在，这同样是真的，因为正是宪法才使如此的法律系统成为对于官员与市民一样具有约束力的法律。然而，广泛接受的合法性是政治权力强有力的渊源。人们更多地受舆论的引导，而非武力的引导。"权力应在法律下运行"，这一舆论是一个著名的诱因，诱使人们将那些在国家宣称的范围内实际地行使有效政治权力的人接受为合法权威。因此，在人们认同这样一种意识形态——颂扬法律之下理性政府的价值——的地方，法律能为权力做贡献，其贡献可能几乎与权力对法律的贡献一样多。〔44〕 于是，即使那些最愤世嫉俗且不太有上进心的公职官员，也都有强烈的动机，准确地按照公众赞成的信守法律的承诺行事，然而，在这些人中，只有很少的人才会真实地表达展现他们私人意志的内在动机。

3.6 结论：作为制度性规范秩序的法律

任何国家的宪法与地位上仅次于宪法的法律都是由大量的规范性材料组成的。然而，我们现在能理解，它们建立的这些制度是如何为型构并清楚地阐述这些规则与其他一些指导公民社会成员、市民事务以及人的行为的规则奠定基础的。这些东西整体上具有的规范性特点是建立在一种习俗性规范基础之上的，按照这一规范，所有拥有公职的人都应服从与支持宪法，以

〔44〕 M. Loughlin, "Ten Tenets of Sovereignty", in N. Walker (ed.), *Sovereignty in Transition*, Oxford: Hart Publishing, 2003, pp. 55-86, at pp. 75-76. 在这本书中，洛克林错误地认为我否认这一部分以及随后的段落表达的观点。

及依宪制定的有效法律。服从这种习惯性或者习俗性的基础规范对于盛行法治的宪制国——法治国——的存在来说,非常重要。正是基于这一点,大量的规则与原则在这一国的领土范围内有效,并且,这些规则与原则经常以人们可能有意识的(也可能是无意识的)注意到的方式,确定了处于那一国家管辖范围内的所有人的法律地位,决定了所有人之间的法律关系。如果稍微加以变通,(我们会发现)对于一国的政体问题,如处于联合王国之内的英格兰、威尔士、苏格兰以及北爱尔兰,或者德国的联邦州,西班牙内部的自治区,我们同样可以这样说。并且,对于联邦政体或者共和政体来说,同样如此。后一种政体是以共有且分开了的主权为基础而将许多国家结合到一起的,如欧盟内部就是如此。

第 4 章　一个难题：是规则，还是习惯？

4.1　引言

迄今为止，本书对规范、规则以及原则的说明表明，最重要的是从规范使用者而非规范制定者的视角看待规范。在这一点上，本书从哈特的著作中获益匪浅，尤其从哈特所称的规则的“内在方面”与受规则调整的行为（rule-governed conduct）借鉴良多。[1] 哈特论证的是，当规则起作用时，我们不能只从外部观察那些与人的行为有关的显著规律，还应从内部

---

[1] H. L. A. Hart, *The Concept of Law*, Oxford: Clarendon Press, 2nd edn., 1994; N. MacCormick, *H. L. A. Hart*, London: Edward Arnold, 1981. 对哈特提出的内在/外在区分作出的有价值的批评，包括对我在此处与拉兹所使用的这一区分的批评，都可以参见 B. Z. Tamanaha, *Realistic Socio-Legal Theory*, Oxford: Clarendon Press, 1997, pp. 180–181。本书从头到尾都试图避免塔玛纳哈指出的错误。

看，即寻找这些规律的原因。例如，我们不能仅仅只看到人们站成一排，还可以推断说，每一个人都在为获得某种服务而排队。哈特说，这要看这种行为模式的参与者所持的“批判性反思态度”，这些人将这种行为模式看作判断自己及其他人行为的标准。另一个例子是人们面对红绿灯时的行为。[2] 你站在一个十字路口，观察什么将发生。作为一个统计员，你依据 99.9% 的车辆在靠近十字路口时如果红灯亮了就会停下来，只有一两辆车子没那么做，可以得出一些观察结果。按照哈特的观点，这可以证明这样的结论：生活在这一城市的人有在红绿灯前将车停下来的习惯。但如众所周知的，那并非真相之全部。红灯不只是一个我们能推断或预见车子可能停下来的信号。如果从驾车者的视角看，红灯是通知他们停车的信号。大多数驾驶员都会按这一信号行事，即当灯光是红色或正变成红色时会停车。在看到人们按照这种方式行事后，人们认识到，对于如何开车的问题，有一系列“批判性的反思”观点，包括通过“红灯停”这种方式表达出来的、对这种行为模式的态度。

这是对哈特的观点非常清晰的说明，但它有多大的说服力呢？如果有人用下面这些话进行反驳，又将怎样？

那听起来似乎非常清楚，但实事求是地说，我确实有在交通信号灯前停车的习惯。我从来不假思索，只要看到信号灯是红灯，就会停车。根本不需要通过批判性的反思态度或者以任何此类的事情为中介。这不过是“红灯亮了，你不假思索地停车”，在我看来，似乎每一个人都是这样做的。

---

〔2〕 H. L. A. Hart, *The Concept of Law*, Oxford: Clarendon Press, 2nd edn., 1994, pp. 87–88.

在回答这一问题之初，就应指出，从你学开车时起，你就是这样被教导的，事实上，当你开始学走路时，你也是被这样教导的，即当信号灯是红灯时，就必须将车子停下来。并且，在信号灯是红灯时，你不能横穿马路，也许直到绿色的人行信号灯亮起来时，你才可以过马路。你不得不学习如何以正确的方式驾车的规则，同时也是对行人进行有意识地安全保护的规则。当然，当某人猛地闯红灯，或者在变为红灯时还慢悠悠地通过，或者乱穿马路时，就会听到来自四面八方的喇叭轰鸣声。其他的道路使用者会宣泄他们强烈的批判性反应，即使这不是一种特殊的"反思性"反应。迄今为止，似乎一切都还不错——但这并不能真的揭示，在规则与习惯之间，存在人们所宣称的差异。

4.2 习惯与规则的再考察

此处，重拾马丁·克里杰尔的这一观点非常重要，[3]即尽管规则与受规则调整的行为具有哈特所称的"内在方面"，这不仅是千真万确的，而且特别重要，但习惯亦是如此。在《法律的概念》中，哈特坚持认为，"习惯"是一个外在观察者的概念，如在前面说到的，某个人针对停车行为作统计报告的例子中即是如此。[4] 这类行为属于"习惯"的范畴，哈特将之归属于约

---

〔3〕 M. Krygier, "The Concept of Law and Social Theory", *Oxford Journal of Legal Studies*, 1982(2): pp. 155–180. 尤其是在第 170~171 页，M. Krygier 一针见血地指出："众所周知，许多人非常依赖他们的习惯——但'习惯'并不是你'服从'的那类东西。"

〔4〕 H. L. A. Hart, *The Concept of Law*, Oxford: Clarendon Press, 2nd edn., 1994, pp. 55–60.

翰·奥斯丁。[5] 按照这种"习惯"概念，我们仅仅只对探究"什么发生了"的常规模式感兴趣，我们可以设计统计报告，由此发现人们习惯做什么，但那除了对什么正在发生持一种纯"外在观点"之外，并不包括任何其他的东西。按照此种外在观点构建起来的奥斯丁的法律理论成了哈特批判的中心。尽管奥斯丁按照"臣民的服从习惯"定义"主权者"，并将"法律"定义为"主权者的命令"，但哈特仍坚持认为，在其中发挥作用的不只是服从的习惯（服从行为具有统计学意义上的规律性）。处于其后的全部东西一定是一个规则，是规则将某种权威赋予给了发布命令并被服从的人。

Krygier 得出了相反的观点，即认为"习惯"的上述特点实际上并不是真的。习惯与规则属于同样的话语领域。每一种习惯都能用来说明我们将做什么，尽管它们给出的说明当然不同——但它们是在"内在观点"的内部存在不同。人们可能变得非常依赖他们的习惯，可能会按照他们感觉舒服的习惯行事，而不会想到他们是在服从任何种类的习惯，就像他们致力于按照他们特别珍视的规则行事一样。当习惯遭到了别人的嘲笑时，人们会感到生气，就像规则遭到别人轻视时会生气一样。当你上班时常走的路由于修路或埋设天然气管道或者其他事情而被封锁时，你会感到不快。因为这扰乱了你的习惯，并且，这会（也许只是稍微）使你感到沮丧，或者使你感到愤怒。同样地，如果报刊经销商售完了你常看的日报，你也会感到愤怒。人们有各种各样的习惯，并由于有了这些习惯而感到舒服。虽然

---

[5] J. Austin, *The Province of Jurisprudence Determined*, ed. by W E Rumble, Cambridge: Cambridge University Press, 1995, 第 1 章与第 2 章。R. Moles 相对令人信服地认为，哈特误读了奥斯丁的习惯概念。也可以参见 R. N. Moles, *Definition and Rule in Legal Theory: a Reassessment of H. L. A. Hart and the Positivist Tradition*, Oxford: Basil Blackwell, 1987。

规则对我们很重要，但习惯对我们同样重要，并且，某个人的习惯可能是某人做某事的原因，正如规则也是如此。因此，关于内在观点，我们可以得出很多重要的观点，但如果把它当作规则与习惯存在差异的标志，则并不是推动这一问题向前发展的非常正确的方式。

这也可以与更加宏大的哲学主题联系起来。我们来考察亚里士多德的这一论点，即"真正的好人"的标志是他或她完全按照习惯而非反思去行动。更通俗地说，如果你想找一个真正的好人，一个你确实赞赏的人，你不会去找一个总是全力应付自己义务的人——一个全力应付自己义务的人经常不能履行自己的义务。你要找的是一个无须思考就能做正确事情的人。亚里士多德讨论了这是如何发生的，并得出结论说：随着时间的推移，人们能养成好的习惯。在一开始，你会被教导，你会受到你的同事、父母、老师之类的人的压力。（从本书抽出的一个例子可能是：人们会坚持说，你们应排成一队，依序进行，并学习如何不要总是推前面的人。）随后，也许你会彻底明白，应用于这种特定场合的道德理由，并判定在这种情况下做什么事才是正确的。如果你有意识地、甚至非常努力地这样做，你因此就能规范自己的行为。然而，过了一段时间之后，如果你继续这样努力，事情就会变得容易起来。你就养成了做正确事情的习惯，根本不用想太多或者做太多的努力。亚里士多德的观点是：真正的好人是有良好习惯的人，而非那种需要经过深思熟虑且反思的好人。真正的好人已经做过思考与反思，并且，他们这样做已经取得了好的效果，以至于好的行为现在已成了"第二本能"。

相反，康德会争辩说，唯一一种完全的善是善良意志，也就是说，由于义务的缘故，意志会规范自身，以便与义务保持一致。[6] 也许人们可以得出这样一个论断：康德会赞许某个已养成履行义务这一固定习惯的人，并认为，这种固定习惯是善良意志的一个实例。[7] 即便如此，在强调自治的决定者积极的自我调整与亚里士多德式的、习惯按全称命令行动者的形象之间，仍存在一种真正的差异。后者之所以这样做，是由于长期不变的倾向，而不是时时刻刻对各种选择情形进行批判性、反思性的考虑，也并非凡在作决定时，总会实施一些带有一定意志、有意识的行为。我们现在只剩下考察这样的问题："习惯"是否具有此种伦理学以及潜在的法理学意义上的重要性，并实际上也是有价值的。

我们再一次反思奥斯丁《法理学的范围》以及他的"主权者"与"服从的习惯"理论。这已经为大家所熟悉，并且已被詹姆斯·布莱斯（James Bryce）[8]与哈特[9]之流的思想家们令人信服地否定了，但人们不太了解奥斯丁的《恳请制定宪法》（*Plea for the Constitution*）[10]一文。在这篇文章中，奥斯丁提出了一种极端保守的观点，即在随后的一些年里，他一直持有的关于如何

---

〔6〕 J. Ladd（trans.），*Kant：The Metaphysical Elements of Justice*，Indianapolis，Ind：Bobbs-Merrill，1965，pp. 10-14.

〔7〕 但也可参见例如 O. O'Neill，*Towards Justice and Virtue*，Cambridge：Cambridge University Press，1996，ch. 7。

〔8〕 J. Bryce，*Studies in History and Jurisprudence*，Oxford：Clarendon Press，1901，Vol. Ⅱ，pp. 537-541.

〔9〕 H. L. A. Hart，*The Concept of Law*，Oxford：Clarendon Press，2nd edn.，1994，pp. 50-78.

〔10〕 J. Austin，*A Plea for the Constitution*，London，1859. W. L. Morison 在下一著作中讨论了奥斯丁的这一文章，具体可参见 W. L. Morison，*John Austin*，London：Edward Arnold，1982，pp. 122-125，以回应 Eira Ruben 提出的问题，Eira Ruben 的观点可参见 Eira Ruben，"John Austin's Political Pamphlets 1824-1859"，in E. Attwooll（ed.），*Perspectives in Jurisprudence*，Glasgow：Glasgow University Press，1977，pp. 20-21。

在英国进行宪法改革的观点。奥斯丁并没有简单地说,作为一种定义,凡是在主权者存在的地方,并且这一主权者是人们习惯服从的个人或者团体,我们就都有了法律。相反,他说道,人们养成服从法律的习惯,是一件好事。拥有法律的唯一安全的方法是:人们无反思地、习惯性地接受上级发布的命令。在奥斯丁的这一回应中,存在一个非常强的、对于休谟的回击。[11] 如果你对宪法的稳定性感兴趣,如果你对那些使法律体系运行良好的东西感兴趣,就不要去寻找批判性的反思者,而是要寻找一个习惯性地、无反思性地遵从法律的人。

这是奥斯丁所作反驳中的一个要素,奥斯丁不赞成,在当时的英国,通过 1832 年的"改革法案"实现了中上阶层解放之后,还谈论进一步的宪法改革。他认为,谈论改革易于使人们反思当下流行的政府命令的根据,并使大众误解那一根据。普通工人会被鼓动着去思考他们的生活状况之外的东西,可能会诉诸那种伤害普遍功利的行动路线,并由此伤害他们自己的幸福前景。他们会希望改变一些事情,但从他们自己的真正利益出发,那些事情却不应当改变。

因此,还有另一种观点,即认为:在规则与习惯之间划出界限,并不像哈特建议的那么重要。这一观点似乎并不正确,本书的观点是:甚至可能存在一些被人们称为习惯的东西,它比规则更有价值。你可以通过一种你更喜欢的亚里士多德式的方式,也可以用一种你不喜欢的、保守的奥斯丁式的方式来说明这

---

〔11〕 例如,可参见 Hume 在"*Essays*"第 37 页的说法:"习惯经常将那些并非完美确立的、有关人的本性的原理固化,并且,人们一旦习惯于服从,就不会考虑离开那一由他们自己及其先辈经常走过的路径……"

一点。在哈耶克（F. A. Hayek）那里，你可以找到类似的论证。[12] 总之，你可能会开始想，关于习惯以及它们在宪法、法律、政治思想中的地位问题，你有比过去半个世纪大家接受的正统法理学更多的东西要说。

苏德拉·索莎进行了这样的论证，将它与当代的认知科学和心理学著作联系了起来。[13] 他论证说，我们应当对分析法学家所写的关于"法律即规则体系"的很多（或大部分）内容持保留态度，尤其是那些声称经过了社会观察或打算作为社会观察结果的东西，或那些假定了含糊的、未经证实的心理学理论的部分。这是一种严肃的观点。例如，在《法律的概念》的一个段落中，哈特就说到，凯尔森在下面这一主张上一定是错误的，即法律的基本形式是一种规定制裁的规范。为了举例说明凯尔森的意思，我们还是以盗窃为例吧。凯尔森说，针对盗窃的法律基本形式是：如果某个人实施了盗窃，他就应当被定罪，并且在定罪时，还应被判处有一定刑期的、不超过某一最高限度的监禁。这将法律的现实特点展现为一种独特的社会技术。凯尔森说道，所谓的"不盗窃的义务"不过是派生性义务。这是从主要形式的法律进行的次级推导，并且同样地，法律授予的所有权力都可以被理解为，是对合法施加制裁的条件多少有些精确的描述。

哈特对所有这些都进行了非常尖锐的批判："……授予权力

---

[12] F. A. Hayek, *Law, Legislation and Liberty: A New Statement of the Liberal Principles of Justice and Political Economy*, London: Routledge & Kegan Paul, 1982. 在该书第一卷第5章"规则与命令"中，哈耶克论证说，通过先例方式进化出来的无反思性的习惯法通常优于制定法。

[13] 参见 S. Soosay, "Is the Law an Affair of Rules?", in Australian Legal Philosophy Students Association, 2005 *Annual Publication*, Brisbane, 2005, http://www.alpsa.net/r-annual.htm, pp. 24-40。亦可参见 Soosay, *Skills, Habits and Expertise in the Life of the Law*, Edinburgh: Edinburgh University PhD Thesis, 2005。

的规则在社会生活中被认为(被说成并被用作)是不同于施加义务的规则,并且,它们被人们以不同的理由加以评估。”〔14〕然而,当你思考这一论述时,(会发现)它转而变成了一个非常轻率的主张。按照莱西在哈特传记中说到的,哈特在《法律的概念》前言里曾提及,他对描述性社会学的兴趣有多深,或者应该有多深,这一问题一直有一些争议。〔15〕然而,从总体上看,哈特就规则的态度问题说过的很多话语,是一种并没有得到经验性证据支持的经验性论断。苏德拉·索莎主张,无论1961年的情况怎样,现在已有广泛的现代心理学尤其是认知科学资源可以利用。认知科学家的研究显示,人的心灵(人脑)能通过程式化的方式,即形成习惯的方式,自我调节,适应所有种类的、与行为有关的难题以及其他难题。

我们可以从考察那些通过一定努力即可获得的技巧开始我们的讨论。学习开车就是一个恰当的例子。关于此类活动,有研究表明,大脑发展出了消除困难的认知路径,使初学者可以按照那种已变成常规路径的方法,逐渐地处理困难的情形。这一程序抑制了人们的这一认知,即人们从一开始就是在有意识地遵从规则或者其他模式。在开车这一语境中,我们还是回到红色信号灯的例子吧。当你是一个学习开车的人时,如何应付交通信号是一个在情感上令人担忧的经历。你首先不得不有意识地思考如何分开离合器与放慢车速的问题,然后踩刹车,并将挡位杆挂在空挡上,同时观察其他车辆与行人,然后一直盯着交通信号灯,注意其颜色的变化。当你开始接近一个有交通信号灯

---

〔14〕 H. L. A. Hart, *The Concept of Law*, Oxford: Clarendon Press, 2nd edn., 1994, p. 41.

〔15〕 参见 N. Lacey, *A Life of H L A Hart: The Nightmare and the Noble Dream*, Oxford: Oxford University Press, 2004, pp. 228-233, 336-337。

控制的十字路口时，尽管你已经掌握了不同的颜色及其组合的意义，但你仍会有一段提心吊胆的经历，因为你不得不同时做许多事情，并且要正确地处理这些事情。你必须正确地行为，既要在技术层面上又要在法律层面上恰当地控制你的车子，以免不知不觉中闯了红灯，或者在尚未意识到周围正在发生什么时就轻快地驶过了停车线。尽管你一直在学习，但那仍是相当困难的事情，我们全都会充满羡慕地看着那些能更熟练地驾车的同龄人，他们不会由于突然出现的交通信号灯从琥珀色变成红色而惊慌失措。

然而，有过这种经历的大多数人都逐渐让自己变成了合格的遵守法律的驾车者。这是如何发生的？认知科学家提供了一种说明。约略而言，认知科学家告诉我们，大脑通过让开车工作变成一种常规工作，从而使自身逐渐习惯新的技巧。学车是从被教导技术要求与规则开始的，接着，你达到了掌握技术要点并将这些规则内化的地步。到了这一阶段，这些规则就不再是你的有意识思维内容的一部分，你由此从一些不太常规的事情——如规划你到目的地的路线，设想如何处理你到那儿要办的事情，或别的事情——中解放了出来。最后，你掌握了开车技巧，那标志着你达到了这样的地步：规则从你的视野里消失了。这有点类似于维特根斯坦所说的，你爬过了梯子，然后就不需要梯子了。那是你应当有的那种图景。规则可能是学习技巧的工具，但这些技巧一旦获得，就胜过了规则。

当我们思考诸如开车或者打高尔夫（学习如何挥动高尔夫球杆与所有此类的事情）之类的身体技巧时，除了技术上的根据以外，普通常识似乎也非常有说服力。这是否也可以应用于法律领域，或者在某些方面明显具有规范性特点的其他领域？

我从我的钱包里拿出了一张有颜色的塑料卡片。我们全都知道,这一物体在购物时能起到获得信贷资金的作用。它之所以能以这样的方式发挥作用,是因为合同法与每个人所签的格式合同都是这样规定的,但可能只有很少的信用卡用户曾认真阅读过这些规定。这些规定在信用卡用户与信用卡公司或者银行之间设置了很多合同条款,并通过目前的消费者信用立法设置了很多进一步的条件。

此处似乎存在很多相关的法律规范。按照这些规范,那并不只是一张有颜色的塑料卡片,而是一张信用卡,能让使用者通过借贷的方式购物,只要使用者能在预定的期间内偿还这一债务以及由此产生的利息即可。大多数信用卡用户对这些规范的内容不完全清楚或者完全不清楚。但是,这些使用者当然已经将相关的习惯固定了下来。按照我此前提到的认知心理学家的研究,苏德拉·索莎的说明要求我们了解,是什么使类似于我这样的人一直说,“是的,那是我们所了解的信用卡规则”?是什么使我如此肯定,这些是与信用卡的使用有关的必要基础或必要的基础性资料?事实是:人们是在没有思考信用卡的规则时使用信用卡的。信用卡产业就是那样运作的,人们并没有将自己拴在这些规则上。他们仅仅知道如何使用他们的信用卡,如何设置密码,对于他们的债务是什么,这些债务是如何累积起来的,以及如何偿付这些债务,只有大致的了解。一些人受到了非常糟糕的困扰,但这一系统之所以能运作,还是因为大多数人都能处理这些债务,而不是由于他们想到了这些规则。这些规则能起作用,是因为人们没有想到这些规则,但他们已经知道常规的做法,那一常规做法使他们能在无须过多地思考这些规则时就能处理这种金融附带法律的工具。

可以说，现代信用经济之所以能运行起来，正是由于缺乏对这些规则的思考，而不是由于有关规则的思考出现了。因此，如果我们对《法律的概念》感兴趣，相信作者的主张，即他是在从事描述性社会学与哲学分析，则此处就会存在一些困难。那不只是因为在日常生活的实际运作过程中，人们根本没有太多地考虑那些调整信用卡及其使用的大批规则。实际的情况是：人或者人脑发挥作用的方式要求我们将这些事情（规则）放在一边，首先学习技巧，然后忘掉这些脚手架。关于规则，最有意思的事情是：它们并没有在社会生活中被人们想到、说到或者有意识地使用，但它们却一直在顺利地发挥作用。

如果我们将从 Krygier、亚里士多德、奥斯丁与苏德拉・索莎那里获取的观点汇集到一起，就明显需要重新评估生活与法律中的“习惯”。“习惯”是我们的大脑为适应我们居住的环境而具有复现性特点的外部证据。在大多数时间里，我们都能依靠它们，且不会出现令人不快的事情，正是这样才使日常生活成为可能，并解放了我们，使我们能将深思熟虑的才智应用于需要的地方，以及应用于那些实际地或者潜在地让人感到惊讶或者有疑问的事件与场合。对于类似于法律之类的系统意图实现“信息冗余”与减少意外的需要，尼克拉斯・卢曼的法社会学得出了一个类似的观点。〔16〕

可以这样说，如果人们认为，对规则所作的任何明确说明，抓住了由习惯确定的一些活动的关键之点，那多少有点夸大其词。实际上，能找到的一个简单的例子就是我试图说明排队规范的尝试。这样说似乎非常合理，即许多人为接受服务而遵

〔16〕 N. Luhmann, *Law as a Social System*, trans. by K. A. Ziegert, Oxford: Oxford University Press, 2004, pp. 60-62.

循排队活动的要求，但他们甚至不能清楚地说明这一活动的规则，并且，一旦有人试图清楚地说明这一活动的规则，下面的情况就没有太大的可能性：这种清楚的说明似乎对所有（甚至更多的）参与者来说都是正确的。皮埃尔·布尔迪厄（Pierre Bourdieu）得出这样的观点：来自某一文化中的人类学家，在对另一文化开展田野研究时，会试图按照他（或她）自己的一些未言明的规则，对另一种文化进行描述，因而会不可避免地错误的描述它，仅仅因为这一参与者自己不能清楚地说明这些明确的规则。〔17〕 特别地，一旦某一活动发生了问题，或遭到了人们的质疑，只有在现实生活中，其规则才能得到清楚的说明。

我们还可以补充说，制度化明显是构想明确规则的一个重要语境，至于其原因，我们已经在超市的熟食柜台或者机场的安检处排队的例子中讨论过。在当代宪制国已势不可当地成为创制清楚规则的舞台这一语境中，情况更是如此。这些规则要么是被立法机关创制出来的，要么是被行政机关或者运用授权的地方政府创制出来的，要么是被铁路公司创制出来的，要么是作为消费合同的标准条款而被创制出来的，或者是以欧盟条例与指令的形式创制出来的，如此等等。任何外行的市民——事实上包括任何法律人——想详尽地了解庞大的规则文本中的哪怕一小部分，或者任何一部分，都是不可想象的。那么，“内在观点”会变成什么呢？对诸如排队之类的非正式规范活动进行的讨论，能为我们理解这些很多人都不知晓的文本的用法与要点做出怎样的贡献？对于人类社会的存在来说，它们又能做出怎样的贡献？

---

〔17〕 参见 P. Bourdieu, *Outline of a Theory of Practice*, trans. by R. Nice, Cambridge: Cambridge University Press, 1977, p. 2。

4.3　有关规则的习惯

要回答上述问题，需要回顾第 3 章提出的这一理论，即潜在于任何可行的制度性秩序之下的一定是一种习惯或习俗。我们可以用这样的规则将这一习惯与习俗清楚地表述如下：宪法与处于宪法之下的法律应得到遵守。我们发现，我们有充分的理由认为，一旦这一规则得以公布，没有哪一个处于这一秩序之下、旨在保持和运用公共职权的人能公开地否认效忠于此一规则，无论他们私下里会秘密地以多么腐败的方式行事。一个有效的宪法秩序明显依赖于大多数拥有公职者的积极效忠，依赖于他们始终如一地维护彼此之间的制衡。制度化的法律秩序依赖于与规则有关的习惯，即依赖于人们在一些语境下习惯性地遵从诸如法规汇编与法律报告中的那些特殊种类的文本。

这涉及：一旦这些规则文本被引用，被人们认为与一些语境相关时，人们就会对这种以制度化方式确立的规则文本（法规、先例或者其他什么东西）维持一种长期的实践态度。那些正在进行诉讼或者指控犯罪的律师不得不提请法庭注意那些他们认为与正在办的案子有关的法规、先例之类的东西。公职官员依据其责任范围，不得不让自己尽快熟悉那些调整其在正在讨论的这一领域所拥有的权力与义务的材料。一旦有必要，还应将相关要求告知市民。私人开业的律师不得不使自己精通那些已制定出来的、与其雇主委托事务有关的、与其诉状相关或者与可能的诉讼相关的法律，如此等等。从事法律工作者的习惯与实际倾向必须包括尊重或者寻求尊重任何相关规定的倾向，这些规定建立在有效的法规、有约束力的先例基础之上，是按照其展现的价值与原则进行解读的。（也许在一些情况下，更重要的是找到一种绕过它们的方法，承认它们可能存在并可能存在陷阱。）

此类法规与先例因宪法而有效，依其中的语词而应用于形形色色的人——市民与永久（或临时）居民——这些人大多甚至对其中包含的法律规则完全不了解，当然，此处是从细节层面上说的。由于规则体现了合理的、得到了大众支持的原则，因此，这些规则在应用时有望不会引起人们过度的惊讶或者憎恨。但是，由于这些人对每一种法律规则都缺乏任何积极的"批判性反思态度"，因此，形成这种态度将是一段漫长的道路。

布莱恩·塔玛纳哈（Brian Tamanaha）曾记录过一个当代宪制国——密克罗尼西亚，特别是雅浦岛——的例子，在那里，与我们前面已提议的方式一模一样，存在一个有效运行的体制以及一个有活力的、有效的国家机器。然而，在那里，那一国家的"市民"在一种与国家秩序完全不同的规范秩序——一种古老习俗的表现——基础上，经营着他们的家庭生活与商业生活，以及几乎所有的事务。只有在存在现实的必要性时，他们才与那一国家的官员打交道，接受他们的管理与决定。除此之外，国家的法律根本不能进入他们的观念之中。[18] 在这一点上，一个更"一般的"国家——如英国——在多大程度上不同于雅浦岛呢？这是一个开放性的经验问题。我们的常识表明，诸如英法之类的国家可能与之存在某些不同，如，没有一个单一的、完整的习

---

〔18〕 参见 B. Z. Tamanaha, *A General Jurisprudence of Law and Society*, Oxford: Oxford University Press, 2001, pp. 145–146，摘自 B. Z. Tamanaha, *Understanding Law in Micronesia: an Interpretive Approach to Transplanted Law*, Leiden: Brill Publishers, 1993；亦可参见 A. Watson, *Leagal Transplants: An Approach to Comparative Law*, Athens, Ga: University of Georgia Press, 2nd edn., 1993。

惯法汇编与官方颁布的法律相并列。在社会生活的许多方面，许多人的习惯可能比较好地与官方颁布的法律规范保持非常好的和谐关系，但另一方面，习惯与法律规范之间的差距可能较大。然而，这至多是一个不切实际的观察报告，根本不能获得任何在方法论上、数量可观的经验性研究的支持。塔玛纳哈正确地建议说，关于这一话题的一些工作非常重要、有益，概述了指导如此研究的一些可能的方法。[19]

4.4　小心站台之间的缝隙

在伦敦地铁系统，一些车站的月台非常整齐地安排在离地铁车厢较远的地方，当地铁车辆进站并稍作停靠时，车站的扩音系统里会响起“小心站台之间的缝隙”之类空洞的声音，提醒那些正在下车的旅客，小心别掉到火车与站台之间的缝隙里。由于我们现在正在考察的这些原因，相似的警告将应用在法律领域那些教义性著作中，包括制度法学的著作中。“立法权已制度化”这一事实意味着，行使权力的依据可能是强制性文本，这些文本并没有被人们很好地（如果得到了任何遵守的话）遵从，被规范使用者视为有效的规范。习俗性规范（conventional norms）不会太多地偏离人们实际做的事情，因为其存在是依据人们实际做了什么而确定的。制度化的规范可能会在很大程度上偏离实际，即使其制度化的基础依据的是尊重宪法这一通常的习惯，即使后一种习惯非常普遍。

〔19〕 B. Z. Tamanaha, *A General Jurisprudence of Law and Society*, Oxford: Oxford University Press, 2001, pp. 131-155.

我们需要记起,可能(或者实际上是现实的)存在两种缝隙。[20] 首先,法官、律师以及法院中的其他官员可能有他们自己的、实施其官方或职业工作的常规做法与习惯。即使这是从学习包括驾车之类的规则开始的,正式的规则会被修正,并会叠加上其他的考虑与习惯,这些考虑与习惯会出现在任何真实的场景中,会出现在有效的法律生活的整个习俗之中。而且,至少一些法律实践者确实会将官方的规则看成是(并且认为自己这样认为是正确的)摆在其雇主面前的、追求自身利益的"拦路虎"。因此,他们常常只是通过发现规避这些规则文本的方法,不让实际地违反这些规则文本的情形出现,或者变得明显起来,从而"尊重"这些规则文本——他们不会着手将这些规则文本理解为指导他们获得令自己满意的行为模式的规范。伟大的"美国现实主义者"卢埃林(Karl Llewellyn)很久以前就注意到了这种事情。[21] 从那时起,在法社会学与职业社会学以及犯罪学领域,一直存在很多令人感兴趣的著作,这些著作考察并证明了,在人们制定的法律与人们实际运用的法律之间,甚至在官方的法律著作与法律职业之间,存在这样或那样可能的缝隙。[22] 而且,在不同民族的文化之间,以及在某一国家内部不同的亚文

〔20〕 一个非常经典的说明可参见 D. Nelken,"The 'Gap Problem' in the Sociology of Law:A Theoretical Review",*Windsor Yearbook of Access to Justice*,1981(1):pp. 35-61。该书得出结论说,相关的考察可能包括对于政客、官员以及其他人得出某些代表法律的主张的方式的关切,与影响他们的主张得以实现的要素的考察,以及社会中的其他人对于如此的缝隙有多么严重的关切。Tamanaha 在 *General Jurisprudence* 第 131~132 页更新了这一故事。

〔21〕 K. N. Llewellyn,"The Normative, the Legal and the Law-Jobs",*Yale Law Journal*,1940(49):pp. 1355-1400 and *The Bramble Bush*,New York:Oceana,1951;还可参见 W. Twining,*Karl Llewellyn American Realist Movement*,London:Weidenfeld and Nicolson,1973,pp. 170-203。

〔22〕 参见 D. Nelken,"The 'Gap Problem' in the Sociology of Law:A Theoretical Review",pp. 35-36。与 B. Z. Tamanaha,*A General Jurisprudence of Law and Society*,Oxford:Oxford University Press,2001,pp. 131-132。

化之间，都存在相当数量的文化差异，那明显影响了一般的方法，也许尚不足以影响这样的理念，即从某种意义上看，法律应得到尊重，但会产生这样的问题：什么才能算作应得的尊重？[23]在私人性的法律实践中，成功的律师从来不会（当然不会）不重视法律。但是，他们在实践中获得的成功与其说间接地来自对整个制定法的全面掌握，不如说来自大量的实践知识、专门技能以及智慧，无论其是否大量地阅读过案例与先例。

"缝隙"的第二种意义是塔玛纳哈特别提及的"效力缝隙"（efficacy gap）——人们可以这样称呼它。无论法律职业者与法律官员如何就那些与法律有关的知识达成了一致，有多少官方的法律成了外行人有效认识之一部分，仍是一个非常值得探究的问题。并且，下面的问题也非常值得怀疑，即在多大程度上，他们能认识到什么是正确的，以及他们的认识在多大程度上偏离了官方法律的规定，这要看官方的法律规定了什么，这里的"法律"可以是从抽象文本意义上说的，也可以是从一种调和的形式上说的，即经过了法律执业者与官方活动过滤后的法律。一个对法律制度进行解释性—分析性考察的冷静的法学家不得不承认，此类"缝隙"不可避免，同时，他们又会承认，正在进行的这一考察对我们理解"在任何特殊案件中，这种'缝隙'有多大、种类有多少"并没有什么帮助。

为什么会这样呢？对于这一问题，有两种答案。首先，不得不提的是，必定存在一个大的概念框架，人们可以利用它，并且经常诉诸它。人们知道，存在一些属于犯罪的事情，并且，人们通常都试图避免犯罪，至少在存在被发觉的可能时会这样。他

---

〔23〕 参见 D. Nelken, "Changing Legal Cultures", in M. B. Likosky (ed.), *Transnational Legal Processes*, London: Butterworths, 2002, pp. 41-58。

们知道什么东西属于他们,并希望其他人尊重他们的财产。如果受到警察的冒犯时,他们可能会愤怒地说,他们所做的事情完全处于自己的权利范围之内。对与错、权利与义务、财产与盗窃之类的话语是诸如我们的日报或流行小说之类的读物日常流行的话语之一部分,任何观看电视肥皂剧的人都完全明白这一切。当然,人们只是偶尔才担忧这些事情——它们并非总是将他们的权利孵化成权利怪兽,但非常常见的是,他们的权利与其他人的不法行为非常紧密地联系在一起。因此,他们是如何认识这些权利与不法行为的?有什么可以认识?我们必须通过"制度性规范秩序"这一解释框架,将这些概念解读为我们迄今已解释的这一东西吗?那一问题的答案是肯定的,那是本书第二部分已详尽解释的答案,在下一章,我们还将分别讨论这些问题。

尽管存在大家都承认的"缝隙"难题,但人们为何仍继续进行制度性说明呢?对于这一问题的第二种回答建立在当代这一背景下生活所具有的一些非常显著的特点基础之上。存在这样一些国家,它们在一定的区域范围内行使政治上的权力,但同时,越来越多的国家承认,那些可接受的行为是存在国际标准的,并且,那一标准对政府当局有约束力。现在,出现了一些新情况,出现了类似于欧盟这样的高度组织化的国家联盟,它对传统的政治、法律范畴提出了挑战,这引起了人们对这些组织的"独特"(sui generic)之处作模棱两可的评论,理由是:这些组织似乎是"带有自身特点"的组织,不能清晰地归入任何现存的范畴之内。[24] (现在虽然)出现了一些跨国公司,甚至一些更具有

---

〔24〕 N. MacCormick, *Who's afraid of a European Constitution*?, Exeter: Imprint Academic, 2005; also "The European Constitutional Process: A Theoretical View", *Anales de la Catedra Francisco Suarez*, 2005(39): pp. 299-319.

全球化特征的经济体，但纵使是这些跨国机构，也不得不在一些国家之内建立基地，并且，在它们从事商业活动时，都会承认有关他们公司活动的法律条件。

甚至在我们谈论“社会”(society)一词时，都经常在其前面添上一个国家或者某国的标签——“英国社会……”“法国社会……”“加纳社会……”“马来西亚社会……”等。国家与社会并不是同一概念，但它们具有相互重叠、有关人类存在与活动的内容。我们可以在“社会”的前面添加上另一个有意思的前缀“市民”或“公民”，即“公民社会”(civil society)。这一术语的意思是：在法律、国家与公民社会之间，似乎存在众多的紧密联系。如其名字揭示的，公民社会的特殊之处在于：那些彼此相对陌生或完全陌生的个人之间能保持彬彬有礼(civility)。〔25〕彬彬有礼是与霍布斯所称的、作为“自然状态”(国家崩溃后人们不得不忍受的一种状态)独特之处的、“一切人反对一切人”这种潜在的或实际的战争状态相反的一种状态。〔26〕(我们应记住，霍布斯自己就经历过相互仇恨、充满暴力的内战，正是由于这一直接经历，他才了解他谈论的那一社会。)彬彬有礼是这样一种状态：人们可以毫无戒备地做自己的事情，没有理由担心会遇上来自他人的暴力。他们还有一些理由认为，如果有人威胁要颠覆

---

〔25〕 还有比没有暴力与广泛的信任更文明东西，尽管这些东西对于文明来说是非常重要的，参见 P. Selznick, *The Moral Commonwealth*, Berkeley/Los Angeles/London: University of California Press, 1992, pp. 387-427。在这本书第 387 页，P. Selznick 说道：“彬彬有礼统辖着多样性，保护着自治，支持着宽容。”也可参见 M. Krygier, *Civil Passions*, Melbourne, Victoria: Black Inc., 2005, pp. 163-176。在这本书第 173 页，M. Krygier 用类似本书的术语讨论了“彬彬有礼的价值”问题，并探讨了这一思想之下的更广泛的一些枝节问题，他说道：“公民社会使下面的可能最大化了，即陌生人之间的关系是一种非掠夺性的关系。”

〔26〕 T. Hobbes, “Leviathan”, in Sir W. Molesworth (ed.), *The Collected English Works of Thomas Hobbes*, London: Routledge/Thoemmes, 1997.

这种事件状态,他(或她)将遇到由国家安排的、保卫公民社会的警察行动的回击。

只有在实现了“公民社会”这一条件的地方,谈论政治话语才是可能的。人们能设法通过争论、讨论、投票等方式,而非通过舞刀弄剑的方式,解决彼此间的纷争。而且,他们能与陌生人讨论交易问题,并依靠一些国家或联盟提供的相对稳定的货币,作为交易的中介,参与到所有类型的商业贸易活动之中。在必要的情况下,可以通过法院系统解决违约的问题。只有彬彬有礼才能使政治活动成为可能,才能使自由经济成为可能,且根本不需要通过一些管理性的高压手段来维持这种状态。只有在国家以及许多国家之间的相互交流被描述为彬彬有礼的地方,政治与经济活动才能开展。但此种彬彬有礼似乎依赖于对存在于一国内部或国家间的法律规则保持一定程度的尊重。因此,我们才能理解,无论是政治、经济还是法律,每一者都是一个更大社会系统之下的子系统,这一社会系统是由上述所有东西构成的,其中的每一者都起到了决定性作用,每一者的作用都不可化约为另一者的作用。而且,每一者都是另一者能繁荣发展的条件——如果没有政治,就没有法律;如果没有法律,就没有政治;如果没有上述两者,就不可能有繁荣的经济;如果没有繁荣的经济,上述所有这些都不能繁荣发展。在如此的语境中,我们可以这样理解凯尔森式的口号:“法律规范可以有任何内容”,〔27〕但这一口号不能获得任何严肃的支持。确实,在这一系统中,存在许多变量,可以被颁布为法律,或者被采纳为有约束力的先例。同时,在人类的心坎上或任何地方都写有道德规范,并且我们能

〔27〕 H. Kelsen, *General Theory of Law and State*, trans. by A. Wedberg, New York, NY: Russell & Russell, 1961, p. 113.

简单地从法典和法律文本中读到这些规范。因此，将刑法、公法与私法从它们为保障彬彬有礼、形塑政治生活、便利经济发展而展现的功能中分离开来，是不可思议的。至少本书的一些读者会认为，自己居住在以实质意义的彬彬有礼为特征的公民社会之中，在这样的社会，尽管存在强有力的、彼此对立的各派，但政治秩序非常稳定，同时还有运行良好的经济状况。此类读者应当思考，他们已有的生活经历是否是他们所拥有一切的最好证据，即能证明，在他们生活的国家，法律一直在非常合理的范围内起作用。在反思社会中的法律时，我们实际上不得不“小心缝隙”，但我们不能因此认为，那一“缝隙”是一种完全的决裂。对法律、国家以及公民社会之间相互关系的进一步考察将是本书第三部分的事情。

第二部分　人、行为与关系

人们是通过对法律材料进行“理性重构”(rational reconstruction)的方式,对之进行学术性和理论性表达的。[1] 这使考察表达这些法律材料的概念框架类型变得非常重要。(在这一概念框架中)存在“权利、义务、特权、权力、免责”(此处只是略举少数几个概念)等一整套术语体系。当人们自己或者与专业人士讨论他们的法律地位时,以及当一些相关的事情引起了人们的注意时,这些就成了与法律有关的日常话语之一部分。这些术语的用法,及这些术语所代表概念的用法,并不是建立在对这一社会中人的态度进行(任何)虚假的经验性假设基础上的,我们可以通过对制度性规范秩序所包含的材料进行概念分析,从而揭示其要旨。

这一分析的基础是:规范性秩序(的目的是)调整人的行为与事务,既包括人与人之间的事务与行为,又包括人与其使用的物之间的关系。此类规定确立了人与人之间存在特殊种类的关系——规范关系。从这一秩序在社会实践中的影响范围来看,这些关系可能对那些发现自己身处其中的人产生积极影响。此类关系的一个例子就是:如果 A 有义务为 B 上一节钢琴课,B 就拥有要求 A 教一节钢琴课的权利。至于钢琴是否可用,就要看谁拥有这一钢琴,以及其所有人——第三方,是我们假设的——为满足钢琴课之需给予何种许可。因此,A 与 B 之间就存在相关关系,他们与作为钢琴所有者的第三方之间也存在相关关系。

这些关系还包括这些人与钢琴这一物之间存在的各种各样的关系。在处理这类材料时,我们需要辨识各种各样的属性。

---

[1] N. MacCormick, *Rhetoric and the Rule of Law*, Oxford: Oxford University Press, 2005, pp. 28-29.

一些属性事关规范地位，另一些则涉及规范关系。存在一些简单明了的规范地位，如成为一个法律上拥有某些行为能力的人。只有人或者由人组成的群体（也许还包括其他实体）才可能具有这样的属性。将这种属性归之于人或者由人组成的群体，就需要将这种生物意义上的活物解释为法律意义上的人。法律上的人格（personhood）由此就成了一种与制度性事实有关的东西。成为一个拥有某些对抗另一些人的权利的人亦是如此，因为在此处，我们是按照法律规范解释这两者之间关系的某一方面的。当然，进行这样的解释并不是必然的，但它总是可能的，并且，在现实生活中，人们经常有强烈的兴趣去发现并维护他们的权利，或承认他们之间的相互义务，并按照它们来行动。一些规范属性，如拥有对抗另一个人的权利，具有内在的关系性特点。[2] 它们并非类似于成为一个人那般的简单属性，因为这些关系属性被如此地归属于人，以至于某人一旦拥有一个如此的属性，就意味着，另外的某个人拥有一个大致相当但不同的属性。如果某人是一位丈夫，就可以推导说，他是一个男人，与另一个女性有某种关系，后者被赋予了作为妻子的属性，实际上，正如对于他的妻子来说，他是她的丈夫。可以将上述属性赋予个人的情形当然是婚姻关系。以这种方式形成某种关系是大多数规范属性（例如，雇主与雇员、卖者与买者、租借者与让与者，等等）都

---

〔2〕 我要将我的这一洞见全部归功于 M. Stepanians 博士，他在 2005 年提交给萨尔大学的博士论文“Habiltationsschrift”中成功地提出了这一观点。参见 M. Stepanians, *Rights as Relational Properties—In Defense of Right/Duty-Correlativity*, Habilitation thesis, University of the Saarland, 2005, p. 41。Stepanians 是在充分解读 D. M. Armstrong 的理论基础上提出这一思想的。D. M. Armstrong 的著作可参见 D. M. Armstrong, *Universals: An Opinionated Introduction*, Boulder, Colorado: Westview Press, 1989, p. 65。此处，我在表达“关系属性”时用的是“relational attributes”，而非 Stepanians 的“relational properties”这一术语，目的是避免在讨论法律上的财产关系（property relations）时引起混淆。

具有的很常见的特点。

此处，我们还是从所有法律实体中最基本的实体——人——开始我们的分析吧。或者，如果你愿意的话，（也可以从）法律中已知的最基本的规范属性——“成为法律上的人”这一属性——开始。因此，我们将考察不法行为与义务（第6章），接着探讨积极权利与消极权利（第7章）、权利与物的关系（财产所有权与其他一些物权——第8章），最后（第9章）将对权力与豁免予以说明。

第5章　论人

5.1　引言

甚至在21世纪，人们仍能如盖尤斯在2000年前所说的那样认为：所有的法都是关于人、物以及行为的。法律就人的行为向人提出了要求。[1] 法律之所以这样做，是为了保护人免受其他人实施的不法行为的影响。法律是通过让人有权使用保障其生存、健康以及舒适的生活所必需的物而对人实施管理的，它提供了一个交易系统，人们可以从中获得各自所需的物。当法律的安排被违反时，或者当伤害已造成时，或者当物被无根据的取得时，公权力机关或私人就会采取制裁行为，人们就可能招致刑事处罚，或强制性的民事救济。因此，要理解法律及其如何运作的，就要求人们

---

〔1〕 Gaius, *Institutiones* (*The Institutes of Gaius*, ed. and trans. by F. de Zulueta), Oxford: Clarendon Press, 1946-1953, Ⅰ.1.

对那些进入法律(尤其是国家法)规定的规范秩序中的人以及人与人之间的关系等概念进行反思,此外,还需反思人与物之间的关系。但这种反思明显的起点是人。人是什么?在回答那一问题之后,本章将考察人的各种能力(capacity),包括积极的能力与消极的能力,结论部分将讨论人的法律地位。

5.2 什么是一个人?

根本不存在没有人的规范秩序,因为被命令的是人的行为,由此遭受处理的也是人的行为。制度性规范秩序本身将人的概念制度化了。[2] 事实上,《世界人权宣言》第6条规定:"每一个人都有权在每一个地方被承认拥有法律上的人格。"成为一个法律上的人(person)是对作为一个(自然意义上的)人(human being)的补充,尽管每一个生物意义上的人都有权获得这种额外的承认。

对于一个人的存在来说,最基本的东西是拥有享有利益、承受不利益的法律能力(capability),并有采取有理性、有意识的行为的法律能力。这是承认某一实体为人的基础,而非法律上获得人格(personateness)的标准,因为每一个法律系统都设置了自己的标准,确定可以将谁或者什么看成一个人。作为一个(法律上的)人,既有积极的方面,又有消极的方面。法律人格的积极方面反映在法律的规范性特点之中。国家法按照"某些作为与不作为是错误的"以及"与其相反的行为是义务性的"来确立规

---

〔2〕 参见 W. P. Ruiter, *Legal Institutions*, Dordrecht: Kluwer, 2001, pp. 102-106。

则与原则。因此,那些制定和阐明此种规则与原则的人必然会思考有意识的理性人的存在问题,这些理性人能通过自身的意志而使他们有目的的行为符合规则和原则,或者实际上违反规则与原则。存在积极的、法律上的人,其是被每一个陈述或者阐明规则的行为所预设的。当我们思考什么样的行为规则与要求可以被合理地发布为法律时,消极的方面就获得了支配性地位。这些原则与规则应当(至少部分)意图保护人的利益,使之免受其他人作为或不作为的不利影响,这是非常合理的。法律被用来从人的积极方面规制人,目的是(至少部分目的是)从人的消极方面保护人,即保护人免受伤害(如利益受到侵犯),也许还包括积极地促进人的利益这一目的。值得注意的是,一些人得到了消极的保护,尽管他们没有(或者尚未)被承认为是能在法律范围内行动的人。

作为法律人格基础的积极方面与消极方面都蕴含着:法律上的人在时间上具有连续性,并且人们在一定程度上能实际地(或者推测性地)意识到这种连续性。[3] 因为行为的意向性(intentionality)意味着,一个行为人在心理上能料想到,某个行为在随后的某一时刻会被同一行为人实施;合理的意向意味着,人具有作出决定的能力,以便使自己的整个人生规划保持一

〔3〕 参见 J. Locke, *An Essay Concerning Human Understanding*, edited with an introduction, critical apparatus and glossary by P. H. Nidditch, Oxford: Clarendon Press, 1975, Book Ⅱ, ch. xxvii, S. 9。在这一地方,洛克说道:"为了发现人的法律身份是由什么组成的,我们必须考察人代表了什么,我认为,人代表的是一种有理性的智慧性存在物,他具有理性与反思精神,能够如其所是的思考自身,并且同样能考察处于不同时间、地点中的事情……"关于人格上的连续性问题,最近的哲学性讨论仍然非常有名,参见 D. Parfit, *Reasons and Persons*, Oxford: Oxford University Press, 1984, ch. 11, S. 80 及其中的一些引用。如果我们按照人们的通常理解区分了自然意义上的人与法律上的人,对于法律人格来说,心灵上的连续性与自我意识是否重要,就明显存在疑问。但是,那一理解在本章会受到一定程度的批判。

致性。并且,在另一方面,理性人的利益并不限于目前的、短暂的满足状态,而且,更重要的是包括那些无时无刻都有利于人的全部幸福的东西。由此可以推导说,一定存在某些在所有时刻都成立的、有关个人身份(personal identity)的标准,并且,同样地,一定存在一些方法,可用来确定任何人存续的时间范围。所有这些都可以被认为不过是说下面的事情——人出生、存活与死亡,以及从某种意义上讲从生到死都仍然保持为同一个人——的隐晦(obscurity)方式。

然而,此处所说的"隐晦"并非指我们言说这些事情的方式,而是指受现代医学技术影响的这些过程。无论是基于伦理目的,还是基于法律目的,一个生物意义上的人开始变成法律意义上的人的时间问题一直是一个困难且又饱受争议的问题。我们考察下面的问题:在什么情况下(假使有的话),人的胚胎可以流产,或者在并非用于移植到一个计划中的、不孕不育的母亲的子宫这一目的时,可以被创造出来并保存在子宫外面?〔4〕 如果存在这样的情形,对于或者关于这一未出生或尚未孕育的胎儿(在推定的"不合法的生命权"情形下),我们应担负什么样的义务?〔5〕 如果有的话,鉴于其在胎儿期受到影响的有利或不利

---

〔4〕 M. Warnock (ed.), *A Question of Life: the Warnock report on human fertilisation and embryology*, Oxford: Blackwell, 1985; 参见 Cmnd 9314, 1984, paras. 29-35。还可参见 J. K. Mason and G. Laurie, *Mason & McCall Smith's Law and Medical Ethics*, with a chapter by M. Aziz, Oxford: Oxford University Press, 7th edn., 2005, pp. 98-103, 142-167。

〔5〕 Scottish Law Commission, *Liability for Antenatal Injury*, Scot Law Com., No. 30: Cmnd 5371, 1973; *Report of the Royal Commission on Civil Liability for Personal Injury*, Cmnd 7054-Ⅰ, 1978, paras. 1414-1453, 1478-1486. 英国法中对于不合法生命的权利保护的不连续性问题的论述可参见 *McKay* v *Essex Area Health Authority*, 1982, Q. B. 1166。

事件,这一胎儿在出生时会被授予或得到什么样的权利?[6] 如果存在这种情形的话,对于那些给子宫中的胎儿造成的伤害,或者对于那些经过基因咨询和筛查仍不能产生应有的预防效果而生出来的先天缺陷婴儿,父母与他人有什么样的权利?[7] 如果有的话,依据"代孕生育"协议又能产生什么样的权利?[8]

所有这些以及其他一些类似的问题全都表明,如下问题存在深刻的不确定性,即如何精确地确定,一个作为"自然意义上的人"应从何时具有法律上的人格,并且,这会产生什么样的后果。在民法中,有一个古老(但仍可靠并且重要)的学说以民间俗语的形式对此作了总结:"胎儿或即将出生的婴儿应被视为已出生的婴儿"(*nasciturus pro iam nato habetur quamdiu agitur de eius commodo*)。这意味着,无论何时,只要对他(或她)有利,即将出生的婴儿都将被视为已出生的人。因此,在继承法中,一个子宫中的婴儿在父亲死后会得到与父亲的每一个孩子(兄弟姐妹)同样份额的遗产,尽管获得这一份额的权利只会赋予那些出生时活着的婴儿,且只在其出生时才被赋予。[9] 人们会争辩

---

〔6〕 Scottish Law Commission, *Liability for Antenatal Injury*, Scot Law Com., No. 30: Cmnd 5371, 1973; T. B. Smith, *A Short Commentary on the Law of Scotland*, Edinburgh: W Green & Son, 1962, pp. 245-246; *Elliot* v *Joicey*, 1935, S. C. (H. L.) 57 at 70.

〔7〕 参见 *Soutar* v *Mulhern*, 1907, S. C. 723; D. M. Walker, *The Law of Delict in Scotland*, Edinburgh: W. Green & Son, 2nd edn., 1981, pp. 716-717。

〔8〕 参见 Warnock, *A Question of Life: the Warnock Report on Human Fertilisation and Embryology*, Oxford: Blackwell, 1985, pp. 42-47; J. K. Mason and G. Laurie, *Mason & McCall Smith's Law and Medical Ethics*, Oxford: Oxford University Press, 2005, pp. 105-118; *A* v *C* [1985] FLR 445 (CA)以及 *Re C* [1985] FLR 846。如果生母按照代孕协议履行了自己的义务,被代孕父母同意收养小孩,但拒绝付款,或者要求收回先前付出的款项,则就是不公正的。然而,国家政策不赞成人们将如此协议中的任何条款看作有效的与可以强制执行的。

〔9〕 参见 C. Wellman, *Medical Law and Moral Rights*, Dordrecht: Springer, 2005, pp. 70-73,该书论及了英美法有关活着出生的婴儿的法律规则。

说,按照那一格言的精神,或者鉴于那一格言在许多法律系统中的应用方式,解决生命何时开始最明智的方式可能如下。那些影响怀孕期间或许甚至包括怀孕前妇女的行为,可能以各种各样的方式对她或胎儿造成了损害,假定胎儿在经历了这些损害后仍幸存了下来,则那些损害就对婴儿造成了不利影响。由此引起的问题是:如果造成这一损害的人施加的行为理论上可以被描述为法律上不正当的行为,婴儿在出生后是否有任何权利因为这一损害而获得补偿(或者其他一些救济)呢?对此种损害进行救济的权利〔10〕将建立在这一条件之上:这一婴儿是活着出生的,这一权利将被授予给已出生的婴儿,而非理论上的出生前的胎儿。在许多法律系统中,由于疏忽大意而造成伤害应承担责任的基础是:必须存在合理注意的义务,以避免可以预见的损害;同时还需要违反那一义务。对于此类系统来说,一旦出现了产前损害的情形,唯一合理的分析就是:在造成损害时,一定存在违反义务的行为;但在那一孩子活着出生前,根本没有获得救济的权利存在。因为同意实施这样的救济,就等于承认亏欠了胎儿一项义务,尽管在他(或她)出生之前,这项义务并不能产生什么有利于胎儿的实际后果。

这事实上似乎非常有道理。当医药公司在市场上出售针对怀孕妇女的处方药时,例如,那些有助于缓解怀孕期间恶心的药物,应考虑与提防的风险就是:这些药是否可能损害胎儿与妇女。对于这种情况所作的一些说明表明,此种义务是存在的,并且,只有在婴儿出生后才可强制实施。这些并没有什么说服力。

---

〔10〕 在私法中,一个受到不法伤害的人,或者权利受到侵犯或侵害的人,通常都拥有那种常被人们称为救济权或者第二性权利,即不法侵害者应进行一些补偿的权利,或者采取其他一些行动以阻止这种侵犯。如此的权利尤其受到了司法上的保障,目的是尽可能地为这种第二性权利受到侵犯的人提供补偿。在第 7 章,我们将进一步讨论这一问题。

它们表明，这一法律被人们解读为：在不能指导那些人们认为应当得到指导的行为时，它施加了一项义务。因为相关的指导性说明关注的是怀孕期间的妇女，目的是避免这样的风险：被开发的、用于怀孕期间服用的药物可能损害正在子宫里发育的胎儿。为了以清楚的方式表达这一法律的意义，人们坚持认为，在施加这一义务时，应参考它提供的行动指引，看其是不是一种既向母亲又向胎儿担负的义务。这一救济性权利与赔偿义务可以被授予或者发生在人出生之时，而非出生之前，这一救济实际上可能与以前施加的伤害有关。这意味着，这些义务可以被赋予且指向胎儿，在胎儿活着出生这一条件下，也只有那一条件下，违反此种义务才可以提起诉讼。我们可以认为，这意味着，一种纯消极的权利被赋予给了胎儿，并且这项权利可能被不当侵害，因此，从怀孕的时刻起，就存在某种最低形式的人格权。[11]

但从这并不能推出，为了有利于胎儿在同样的程度上对抗所有的当事人，特别是对抗假定的母亲，胎儿需要持有同样的权利。因此，一方面坚持胎儿具有对抗第三人的权利，另一方面又允许（在某些情况下）应假定的母亲请求而实施堕胎，无论在逻辑上，还是在概念上，都不是荒谬的。[12] 这样的解决办法到底

---

〔11〕 至于一种与之尖锐对立的观点，可参见 Wellman, *Medical Law and Moral Rights*, pp. 80-85；Wellman 的一般权利理论包括主要权利和次要权利的结合。目的是确立他所称的“主权”（dominion）。如果那一策略获得了成功，则以上得出的结论似乎就是不可动摇的。围绕着权利的“控制”理论而进行的这样或那样的讨论可参见以下第 7 章。

〔12〕 Vo v France ECHR, No. 53924/00, SS. 41, 62-64, 70, 84. 由于不恰当的疏忽大意行为而使一个妇女终止了怀孕，但是欧洲人权法院大会（Grand Chamber of the European Court of Human Rights）2004 年 7 月 8 日的判决认为，《欧洲人权公约》第 2 条所授予的生命权不能为此种情况下的婴儿提供任何救济。然而，这并没有清楚地阐明这一问题，即一个由于遭受到了非致命性的伤害而随后活着出生但身有残疾的胎儿是否有获得救济的权利。可参见 Paton v British Pregnancy Advisory Council Trustees, 1979, Q. B. 276. 与 C. v S., 1988, Q. B. 135。在英国，胎儿不受法庭保护，这与此处所划的、授予救济权的时间界限是一致的。

是道德上正确的,还是道德上错误的?这成了当代人激烈争论的一个问题。这一争论部分与这一问题相关,即为预防对某个人的伤害,在某些情况下,可能会合法地剥夺某人的生命,这是否可以是一项权利?对我来说,似乎没有理由否认它是一项权利,它为什么不是一项权利呢?只要人们承认,有条件地取得堕胎的权利仅属于妇女,它并不是一种与纯粹的选择有关的事情即可。这至少是一个一致的方法。可资利用的、具有融贯性的仅有的两个替代选项是:或者说,人的生命开始于怀孕,并且,从那一刻起,所有普通人拥有的生命权与免于受伤害的权利在道德上都被赋予给了胎儿,并且,它们应在法律上得到承认;或者说,人的生命始于出生,并且,仅仅从那一刻起,所有普通人享有的生命权与免于受伤害的权利在道德上就被赋予给了新生儿,而且,他们应得到法律上的承认。对于上述两种观点来说,被建议的中间路线似乎更加可取。

同样地,关于一个人随时间的推移而具有的连续性法律身份问题,移植手术会引起概念上的难题,其解决方法仍只是停留于科幻小说与哲学思辨层面。〔13〕 但是,假设在一方的身体发生了严重疾病与另一方的大脑受到了严重伤害的人之间,进行了一次脑移植手术,因手术而产生的这一实体是坎贝尔——他的身体由于安上了卡梅隆的大脑而存活下来,还是卡梅隆?——他的大脑存活在坎贝尔的身体之上。如果卡梅隆是一位女性而坎贝尔是男性,又会怎样?在变性之后,人的身份能继续维持吗?(一个做了变性手术的变性人的持续身份又将怎样?如果

〔13〕 参见 Parfit, *Reasons and Persons*, Oxford: Oxford University Press, 1984, Part Ⅲ, 尤其是第10章与第11章。

这个人已结婚,婚姻关系将依法无效吗？或者必须解除吗？[14]如果有婚生子,他们什么时候能获得继承“父亲”遗产的权利？)如果(似乎这样最好)人们将灵魂的连续性作为某个人拥有连续性身份的必要条件(尽管其本身也许不足以构成必要条件),这将解决(或原则上有助于解决)由这些情形而产生的困惑,但又会产生新的困惑。因为可能存在“分裂人格”的情形,如詹姆斯·霍格(James Hogg)的“清白的罪人”(Justified Sinner)[15]与R. L. 斯蒂文森(R. L. Stevenson)的“化身博士”(Jekyll and Hyde)[16]等被人们杜撰式考察的那些人。由那一情形似乎可以推导说,一个人的肉体可能是两个不同的人的“基座”(locus),或属于两个不同的人。那么,当其中的一个人实施了犯罪,遭到了合法的定罪并被监禁,而另一个人却请求让他(或她)的身体从监狱中解放出来,此时,合法的(更不要说正当了)结果是什么呢？

器官移植的例子已含蓄地引入了“如何确认死亡”这一话题。确认死亡的正确方法是引入“脑干死亡”这一标准,这似乎已大体上得到了人们的确认,且已为司法先例所接受。[17] 由此

---

〔14〕 参见 Corbett v Corbett [1971] p. 83,这一案子依据英国法宣称两个生为男性且其中的一个人通过手术变性的人之间的“婚姻”是无效的,也许在类似的情况下,在那些承认此种伴侣关系的法律体系中,按照最近的立法,在同性的伴侣之间,一种“民法上的伴侣关系”似乎是可能存在的。

〔15〕 J. Hogg, *Confessions of a Justified Sinner*, London: David Campbell Publishers, 1992.

〔16〕 R. L. Stevenson, *The Strange Case of Dr. Jekyll and Mr. Hyde, and other tales*, edited, with an introduction and notes by Roger Luckhurst, Oxford: Oxford University Press, 2006.

〔17〕 Finlayson v H M Advocate [1979] JC 33. 也可参见 J. K. Mason, *Human Life and Medical Practice*, Edinburgh: Edinburgh University Press, 1988, pp. 42-55; 现在也可参见 J. K. Mason and G Laurie, *Mason & McCall Smith's Law and Medical Ethics*, Oxford: Oxford University Press, 2005, pp. 465-474。

可推知,一旦某个人出现了脑干死亡的情况,随后发生的、引起组织伤害的操作,或者诸如心跳停止、肺呼吸停止之类的事件都不能构成因任何目的而发生的法律意义上的谋杀。如果这一观点可靠,就必然意味着,在我们以上假设的坎贝尔与卡梅隆的例子中,无论出现了什么别的情况,在那种情况下,坎贝尔都已经死亡,不能由于植入了卡梅隆的头颅而被认为复活了。事实上,如果由此产生的人并不是一个继续存在的卡梅隆,除了认定卡梅隆已经被杀(甚至被谋杀)之外,似乎也没有其他更好的解决办法。然而,如果这一论证不可靠,所有使用已死者身体组织、从事器官移植的人就都犯有某些不合法的谋杀行为,或者是谋杀行为的帮凶。

关于这些问题,此处根本不需要得出最终的结论。然而,这类问题的流行表明,尽管下面这些已经是自明之理,即所有人首先被孕育,然后出生,再然后在死亡之前会存活一段时间,但有关人格何时开始、持续多长时间以及何时终结的问题,法律不得不予以明确的回答,因此,这并不是一个无关紧要的真理问题。我们必须按照一些合理的原则明确地回答这些问题。在理想的情况下,应以法律规则的形式陈述这些问题,以避免出现诸如以上已考察的那些疑问与难题。在这方面,有着与其他拥有法律人格、但又非单个个人——如法人团体、其他可以被承认为"法人"的对象或存在——的完美类比。

在转向谈论法人(juristic person)时,人们似乎赞同这样的观点:人或所谓的"自然人"(natural persons)具有法律人格,这是一种自然事实,而其他实体仅存在于法律虚构中。这一思想招致了凯尔森极有毁灭性的批判。凯尔森恰如其分地指出,法律系统将一些人排除出了人的范畴,或者仅仅只承认其具有贬损的形式。就像将公司(或者其他什么东西)视为法律上的人一样,将人视为法律上的人,更多的是建立在法律规定基础之上。这是一个很好的观点,下面一点也确实是真的:人在法律上的人格,并不比法律承认的任何其他实体的人格更少或更多地具有"法律"性。[18] 然而,承认人为法律上的人,其原因不同于承认公司之类的实体具有法律人格,因此,保留如"用法理学术语说,什么是自然人"与"按照法理学术语,什么是'人为的'或者'法理上的'人"这些术语之间的区分是非常有意义的。

总之,我们可以说,关于每一类型法律上的人,都必须存在法律规则与原则,以便对如下问题作出规定:任何类型的人何时开始具有法律上的身份,任何或者每一个此种类型的人在时间上如何存续及其身份怎样,以及此种类型的人最终于何时终结,等等。无论此类人是自然死亡,还是法律上的死亡;也无论此类人是自愿清算,还是不自愿的清算,抑或解散,或者其他。而且,对于法律承认的任何人或者任何类型的人来说,一定能用一般性术语详细地说明,在其存续期间,法律能为它(或他或她)提供什么样的保护;还必须能清楚地说明,法律承认何种行为是"作为"并需要为之承担责任。人们经常将这些事情归入"权利能力"(capacity)这一术语之下,并按照法律的规定而将之区分为"积极的权利能力"与"消极的权利能力"。不同的人或不同种类的人在恰当的条件、限制或者资格之下拥有或能行使不同的权利能力。

有关人的积极与消极权利能力问题的引入,将我们带回到

---

〔18〕 H. Kelsen, *The Pure Theory of Law*, trans. by M. Knight, Berkeley and Los Angeles: University of California Press, 1967, pp. 168-192.

最初提出的、有关人格承认的基础这一问题。〔19〕那是"一种能取得利益、承受不利益的法律能力,并能合理地、有意识地行为的法律能力"。现在,我们有机会考察对这一提议提出的可能异议。这一可能的异议是:仅仅只有作为个体的人才满足这一标准,因为只有他们才拥有一种现实的、实施行为或承受伤害的能力。因此,每一个其他类型的"人"都不过是要么通过拟制、要么通过特殊的创制、要么经由法律的承认而成为法律上的人。〔20〕如此的异议是虚假的,因为它依靠的是一种虚假的行为观念,并将自己的异议建立于其上。需要注意的关键事实是:从人的特征来看,人是相互协作的社会存在物,一些行为只能是相互协作的个人之间的共同行为,像生儿育女或者赢得足球比赛,或者演奏贝多芬的第五交响曲,等等。同样地,一些伤害与不幸也必然是属于个体的。这包括:由于某个家庭成员的死亡而使家庭遭受损失,或者由于某个球队在足球赛中失利而遭受损失,或者由于某一国家在战争中失败而遭受损失。我们可以比较人们在演奏贝多芬的第五交响曲或者表演喜剧《哈姆雷特》时被打断或者被喊停而遭受的损失。这些例子不是(或者主要不是)法律方面的例子,或者一些必然涉及法律应用的例子,但是,它们吸引人们注意到那些在某种程度上法律必须考虑的现实的社会事实。共同行动或者发挥集体智慧对于人来说是非常自然的事情,尽管那实际上建立在人的习俗、发明创造以及组织基础之

---

〔19〕值得重申的是,这是一个基础,依据这一基础将某一实体承认为人是恰当而合理的,但是,其本身并不是获得法律上的人格的标准。这种标准是由一个法律体系中的实在法确定的,并且在这一方面,一些标准比另一些标准更加合理。

〔20〕关于"拟制"理论与"实在论"之间的对立,可参见 G. W. Paton, *A Textbook of Jurisprudence*, edited by G. W. Paton and D. P. Derham, Oxford: Clarendon Press, 4th edn., 1972, pp. 407–419。

上。习俗、发明创造以及组织对于人来说也是非常自然的事情。

这是一种一直被人们承认的现实,例如,在苏格兰,法律人承认公司是一种比目前的合伙人地位更重要的实体,因此,作为合伙人的公司至少享有准人格(quasi-personality)。在这一例子中,唯一比较遗憾的是这一相当荒谬的事实:在大多数点上,对于这种社会现实的明智承认或许会挤压家庭拥有的现实的法律利益,法律本来已从追求这一点上退缩了。[21] 麻烦的事实确实是:法律将某些类型的社会共同体非人格化,与其说是授予一种人格,不如说是一种拟制,这实际上是另一回事。这一拟制并不是说,苏格兰皇家银行有公司的身份,而是说,银行雇员总工会缺乏那一身份。事实上,俱乐部、商会以及其他一些非法人组织经常(如梅特兰已提到的[22])比一些法律上的法人机构(如著名的 Salomon v. Salomon and Co. Ltd. 案[23]中的一人公司)更为常见。在普通法体系中,存在多种安排,如可以通过信托法、中介以及合同法的运作,适应“存在很多未得到法律承认的公司”这一社会现实。这些安排的人造痕迹似乎比“法人的人格”这一假想的人造物更加明显。

然而,这也不能否认,对非法人机构进行拟制(如在英国工

---

〔21〕 P. Hemphill, "The Personality of Partnerships in Scotland", *Juridical Review*, 1984, p. 208.

〔22〕 F. W. Maitland, "Moral Personality and Legal Personality", in Maitland, *Selected Essays*, edited by H. D. Hazeltine, G. Lapsley and P. H. Winfield, Cambridge: Cambridge University Press, 1936, ch. 5. 可比较梅特兰这本书的“引言”(at xviii–xliv)与他所翻译的 O. Gierke 的著作。O. Gierke, *Political Theories of the Middle Ages*, Cambridge: Cambridge University Press, 1900.

〔23〕 *Salomon* v *Salomon and Co. Ltd.* [1897] AC 22. 萨尔蒙先生与他的六位家人成立了一个公司,他自己是大股东,其他人名义上有少量股票。这一公司后来遇到了经营上的困难,最终清盘。问题是:这一公司是否是一个有别于其实质所有人萨尔蒙先生的人?上议院认为,这一公司是一个法律上的人,因此,萨尔蒙先生不用为其债务负责。

会组织的例子中），可能建立在对立法政策进行有意识地思考这一理由基础之上。如果英国工会没有取得这样的法律地位，则议会根本不可能保护由工人认捐的这一基金免于被轻易没收，作为因罢工行为而造成损害的赔偿金。在这一重要时刻，议会中的大多数人都持这样的观点：通过司法途径，推出一些与不正当的集体行为有关的民事法律，会相当不公正地偏袒雇主的利益。从社会的现实情况来看，司法机关规避如此的政策[24]是可以理解的，但在这一语境中，它等于规避了立法机关一直试图打破的平衡。

承认一些人的行为本质上是公司的行为，并不等于确认了那一种行为是公司行为。当然，在公司的人格权这一领域，确定人的哪一种行为、决定以及意图可归属于[25]公司这一实体之下，可归入什么样的规定之下，以及公司的权利与责任在结果上会产生什么样的变化，一直非常重要。即使在法律领域之外，下面的情形也必然是真的：一个行为是否可归属于某个团体或社团，要看习俗与规则是怎样的，因为仅仅只有那些有组织的团体才能实施如此的行为，或者承担如此的责任，它不只是社会上能实施某种行为或者承担某种责任的人的简单拼凑。一个团体与社团组织是通过并依据习俗与规则而组织起来的，除了别的东

---

〔24〕 可考察 *Taff Vale Railway Co v Amalgamated Society of Railway Servants* [1901] AC 426，亦可参考 J. A. G. Griffith, *The Politics of the Judiciary*, London: Fontana Press, 5th edn, 1997, pp. 63-98。

〔25〕 关于"归属"（imputation 或 attribution），可参见 Kelsen, *Pure Theory*, pp. 76-83, 188-191。可比较近似的、由格雷提出的"归属"概念，具体可参见 J. C. Gray, *The Nature and Sources of the Law*, edited from the author's notes by Roland Gray, Birmingham, Ala: Legal Classics Library, 2nd edn., 1985, ch. 2。亦可参见 H. L. A. Hart, "Definition and Theory in Jurisprudence", in H. L. A. Hart, *Essays in Jurisprudence and Philosophy*, Oxford: Clarendon Press, 1983, pp. 43-47；以及 *Law Quarterly Review*, 1954(70): pp. 54-56。

西之外，这些习俗与规则确定了什么样的利益是社团的利益，在何种情况下哪种人的行为可以算作公司团体或社团的行为。法律的作用是为事涉这些团体的下述事情——包括授予这些团体法律上的人格，这些团体具有法人身份，被承认为合法的公司——确立一个相对明晰的框架。这产生了一种类似于下面这些事情的效果：在所有法律体系中，人格权都以法律条款的形式被授予给了一些人，在排除将奴隶视为动产的那些法律体系中，人格权被授予给了所有人，并通过这一手段而使人"物化"了（并且，通过同样的做法，使人"非人化"了）。

简言之，公司在法律上的人格权是一种工具，目的是承认人与人之间的各种群体活动具有统一性、目的性特点。通过这一工具，某些事件或者行为在法律上被承认为能引起某个具有独特人格权——这一人格权不同于任何单个的、法律上属于这一团体的成员、职员或者代理人的人格权——的团体产生。[26] 由此造成的后果就是：某些行为、决定与意图可以被归属于这一团体，作为其行为、决定或者意图。进一步来说，某些事件状态可以被认为是法律上对公司特别重要的利益。以恰当方式确定的某些人在公司存续期间可以作为公司的行为人或者职员而行为。然而，此类公司的存在并不是永久性的，因为这一法律还规定，在某些事件或行为出现的情况下，一个类似于人的公司由于法律的目的而被终止存在。就像其他类型的人一样，法律既一般又具体地规定了公司应享有的法律能力。因此，现在是考察"权利能力"这一主题、考察其积极要素与消极要素的时候。

---

〔26〕 参见 P. Cane, *Responsibility in Law and Morality*, Oxford: Hart Publishing, 2002, pp. 145–147。

5.3 人的能力:消极能力

5.3.1 纯消极的权利能力

在法律中,消极的权利能力可以被恰当地确定为一个实体拥有的、能成为一些法律条文或规定受益人的能力,从这一意义上讲,这些规定将被解释为意图保护此类实体免受一些伤害,或者是为了促进那一实体这样或那样的利益。这要看我们如何解释证明这种或那种法律的正当性理由。例如,如果规定"攻击别人是一种应受惩罚的犯罪"的法律是正当的,它至少部分建立在这样的理由基础之上,即它倾向于保护人们免受对其身体进行武力攻击的威胁或者实际发生,那么,这一假定的目的就将保护人们或者一些人免受这种伤害。然而,如果唯一真实的理由是这些法律保护有利于国家利益的公共安全,那么,这一假定的目的并不是保护人,尽管实现和平地促进国家利益这一真正目的的手段对人也是有利的。与之对照,人们可能坚信,"禁止拆除历史建筑"的法律如其假定的目的那样,提升了人的文化利益,而非只是保护这些建筑物理上的完整性(这后一种情形仅仅只是证明法律目的的一种手段)。在这一点上,"反对残忍地对待动物"的法律情形是有争议的,因为按照一些观点,它主要被证明为通过人道的行为保护人的利益,而按照另一些观点,它主要被证明为保护动物免于遭受不必要的伤害。

在这些纯消极保护的例子中,问题的关键当然牵涉如何解释与判断,以确定什么是法律上的受益者,以及什么不过是实现将来的预期利益的手段。而且,下面的情形也可能是真的:从特点上看，正在讨论中的法律规定主要是刑事的或者准刑事的，以至于法律实施过程中的权力与自由裁量权被归属于公共检察官。此处，它可能表现为一种纯抽象的、学术性的运用过程，目的是确定谁具有作为人的权利能力，并且谁是一些法律条文或者规定的受益者。

然而，在正在讨论的规定具有法定性（statutory）特点的地方，会产生这样的问题：实施法定的违法行为也可能构成"违反法定义务"。[27] 在那种情况下，因违反法定义务而产生的一种可充分预见或"最接近的"后果，遭受到的任何伤害、损害或者损失，都会产生一种有利于受害者的救济性权利。为解决这一问题，得出这样的观点非常重要，即是否实施了法定的违法行为，原则上（或者可能）包括将一些不恰当的行为不公正地施加到另外一些人身上。这反过来要求，正在讨论的这一实体有承受法律上不利益的能力。在已举的例子中，法律实际保护的某一阶层的某一成员处于正在讨论的法律正当目的范围之内。对于此前讨论的这一问题，即应受到惩罚的伤害胎儿的行为是否由于其违反了应担负的义务而可能变成了不正当的行为，我们已举过一个恰当的例子。

5.3.2 消极的行为能力

这些并非是展现法律受益人权利能力的唯一方式。就私法而言，尽管某人没有为自身设置一项有约束力的承诺的权利能力，或者甚至无接受一个有条件的邀约条款的权利能力，但他可以是一项承诺的受益人。即使某人无能力管理财产，他也可以

---

[27] 参见本书第6章第6.4节。

变成因赠与而获得财产的所有人。人们可能由于一些违反法律义务的行为而遭受法律意义上的伤害,并由此拥有获得救济的权利,即使他无能力行使那一权利。尽管人们无能力"以某人自己的方式"强制实施违反义务的行为,但人们可以拥有成为一项监护义务或信托义务受益人的权利能力。

这些说法吸引着人们注意到第二种情形,在这一情形中,某个人尽管完全是被动的,但他可以参与到法律戏剧中。因为在此处,我们正在考察各种类型的法律行为(legal transaction)。此类法律行为的一个特点是:一些有适当行为能力的人不仅必须以那种方式在法律活动中起积极的作用,而且必须这样:行为后果所指向的那个人被赋予了充分的行为能力(capacity for the transaction),以取得预期的效果。同样的情况也适用于这样的法律行为,其预期的效果会影响人们将一些法律负担施加于另一方身上。一个类似于法律义务的负担仅仅只能施加到一个有能力成为义务主体的人身上。取得由某一行为而产生的利益或承担相关负担的法律能力,我们称为"被动的行为能力"。这是承担由一些形式的法律行为或者法律中的行为(act-in-the-law)而产生的法律后果的能力,无论这一后果是有利的,还是不利的。(那些怀疑其重要性的人可能希望反思这样的事实:建立在为保障孩子的利益而设置的信托基础上的财产赠与是有效的,而建立在为保障一个宠物狗的利益而设置的信托基础上的财产赠与行为就不是有效的。)

自从某人迈入针对人的民事违法行为(侵权或轻罪)这一竞技场的时刻起,就担负着有利于他人的赔偿这一后果性义务,或者合同义务或者其他自愿性义务,这个人就必然进一步面对从消极能力到积极能力的转变。在涉及某人拥有针对某物的权利时,这同样成立,我们在以下第 8 章将讨论这一问题。实施、保障、支持或维持——或放弃,或搁置——某个人拥有权利的法律能力,牵涉一种实施“法律行为”(juristic acts)或“法律中的行为”(acts-in-the-law)的能力,即实施法律事务的能力。如果某人缺乏此种能力,则那个人拥有的、刑法领域外的纯消极的权利将无疑趋向于被人们忽略,或者甚至遭到嘲讽,因为缺乏可以利用并宣称拥有这些能产生法律后果的权利的人。正是由于这样的目的,法律进化或发展出了各种各样的代理(representation)方法,以确保一些在法律上有积极能力的人能承担起这样的责任:要为那些被赋予了纯消极能力的人的利益而奋斗。在这种情况下,代理人(家庭教师、监护人、受托人或者中介人,或者其他)的意志有时被归之于或者归属于被代表的一方;而在另外的情况下,它之所以能发挥作用,仅仅是为了保护那些无权利能力者的利益。然而,在进一步考察积极的能力之前,我们必须注意到,消极的能力可以全部被设想为:它是那些完全缺乏任何积极能力的人或者实体固有的。在一定范围内拥有一定的消极能力,应当被认为是具有法律人格的最低限度的要素。在人们认为一些事件状态非常有价值,由于其自己的缘故而值得对之进行一些法律保护时,下面的事情甚至可能就是真的:将最低限度的人格地位授予那些无生命的物体,都可能被认为是一种有意义的做法。因此,人们甚至一直建议说,如果树木之类的物能被赋予法律地位,环境保护法就可以变得更加有效。[28] 毋庸置疑,这是一个多少有些过头的建议,其在意图上有些滑稽,但

---

〔28〕 C. Stone, "Should Trees have Standing: towards Legal Rights for Natural Objects", *Southern California Law Review*, 1985(59): pp. 1–37. 斯通说,如果我们承认类似于加利福尼亚的巨型花旗松之类的树有最低限度的法律地位,则我们就很容易设计一些有效的保护措施,以保护自然环境中这些无价的东西。

它对法律人格潜在范围作出了有意义的提醒，是对这样事实的提醒——尽管法律能力通常与自然人有关，或者至少与动物的能力有关，但并非总是如此。

目前，有关法律人格的“最低限度的要素”这一理论是有争议的。例如，一些苏格兰权威，如最近很受最高民事法院认可的制度论作家（institutional writer）约翰·厄金斯（John Erskine of Carnock）〔29〕就否认，缺乏任何积极能力或拥有财产这一权利能力的人具有法律人格。在苏格兰法中，未成年人就属此种情形。同样地，贝尔（G. J. Bell）将“未成年人”（非常年幼的儿童）的状况描述为“一种处于法律构想之中、绝对无法律能力的状态”。〔30〕 此种认为“纯消极的能力不足以构成法律人格”的观点似乎由于人们开始讨论树木是否“应当……拥有法律上的地位”而得到了进一步加强。然而，人们承认，一个更好的观点是，应将法律人格承认为延伸到了承受不利益——由于法律上的不正当行为——的能力与做某事的能力，即延伸到了各种形式的积极能力。而且，如我们将看到的，积极的能力预设了：在

---

〔29〕 J. Erskine, *An Institute of the Law of Scotland*, ed. James Badenach Nicolson, reprinted with introduction by W. W. McBryde, Edinburgh: Butterworths and Law Society of Scotland, 8th edn., 1989, I. 7, p. 14.

〔30〕 G. J. Bell, *Principles of the Law of Scotland*, revised and enlarged by William Guthrie, reprinted with introduction by William M. Gordon, Edinburgh: Butterworths and Law Society of Scotland, 10th edn., 1989, S. 2067. 贝尔斯与厄金斯的附带意见为下一案所采纳，即 *Finnie v Finnie* [1984] SLT 439。在这一案中，卡梅隆大法官说：“未成年人是不能以自己的名义而行为的，他也没有同意的能力。他还不是法律意义上的‘人’……（Erskine, *Institute*, I. 7, p. 14）……在我们的法律中，未成年人是不具备法律上的人格的，事实上，这种人格被归入到了其监护人的名下。”但是，如果我们将之与现在的苏格兰的 1991 年《法律能力年龄法案》（*Age of Legal Capacity Act* 1991）进行比较，就会发现，这一法规的第 1 条规定，16 岁以下的儿童是没有法律行为能力的，尽管也存在一些例外。并且，积极的与消极的行为能力在很大程度上都被排除。但是我们也应注意其第 2 条第 3 款的规定：“这一法案没有东西将……（e）阻止 16 岁以下的人接受或者持有任何权利、资格或者利益。”因此，儿童的消极行为能力得到了法律的承认。

一些情况下,一些人(或者所有人)的消极能力受到了权力运行的影响,不论这些影响是有益的,还是不利的。

5.4 人的能力:一般意义上的积极能力

此处要正视的是:积极的法律能力具有两种形式或两个方面。第一,它将被称为“责任能力”(capacity-responsibility),[31]是一种实施行为并为所为的行为承担责任的能力,或者为一个由行为引起的事情负责任的能力。我们正处理的是这种意义上的“行为”,即依据法律,能基于行为的后果与结果而将责任归属于某个人或者实体的行为,这个人或这个实体的活动将被看作引起正在考察的这一情形的后果与结果的原因。此种行为能力通常还意味着,能由于某个人的行为及后果而引发责任,无论这一责任是应受惩罚或者受刑罚处罚的责任,还是主张获得民事赔偿或者其他救济的责任。第二,它将被称为“行为能力”(transactional capacity),是实施能产生有效法律后果的法律行为(法律上的行为、法律中的行为)能力。[32] 此种行为能力一般是与某种类型的行为有关的,比如下述例子中订立合同的能力,或

〔31〕 参见 H. L. A. Hart, *Punishment and Responsibility*, Oxford: Clarendon Press, 1968, p. 265。但是,哈特的这一说明现在为凯恩的理论所取代,参见 P. Cane, *Responsibility in Law and Morality*, Oxford: Hart Publishing, 2002, pp. 29-30, 35-36, 143-145, 150-151。凯恩认为,“重要的能力是受规则指导的能力”。

〔32〕 这种能力确实是刚刚考察的以下这些问题所讨论的唯一的能力。具体可参见 J. C. Gray, *The Nature and Sources of the Law*, edited from the author's notes by Roland Gray, Birmingham, Ala: Legal Classics Library, 2nd edn., 1985, ch. 2。亦可参见 H. L. A. Hart, “Definition and Theory in Jurisprudence”, in H. L. A. Hart, *Essays in Jurisprudence and Philosophy*, Oxford: Clarendon Press, 1983, pp. 43-47; 以及 *Law Quarterly Review*, 1954(70): pp. 54-56。

者在公共选举中表决的能力,或者成为公司主管的能力,或者同意有效地解除到期付款的能力,如此等等。

关于这两种形式的积极能力,法律规定的是人具有的一些长期特点,正是由于这些特点,这些人在法律上被视为能行为、并通常能为这些行为承担责任,[33]或者能实施法律行为,或者能将某个人实施的各种各样的法律行为视为有效的。换句话说:一个人具有积极的能力,是他在法律上能实施具有完全法律后果行为的条件,具体方式是:他可以实施一些违法行为,或者拥有实施某种行为的自由,他还可以实施一些法律行为。依据法律,这些能力建立在人所具有的长期、确定性的特点(尽管不必然是永久性特点)基础之上。这些能力可以是法律确定的、人所具有的非制度性特点,如年龄、性别或者心理素质,也可以是法律确定的制度性特点,诸如公民身份、合法性、婚姻地位或者偿付能力,这些东西实际上是由法律授予的。在被确定的特点属非制度性特点,并由此在那种意义上是"自然的"特点时,通过法律手段进行的能力归属(ascription)或者不归属(non-ascription)通常被证明是建立在特定阶层的人具有的自然能力(natural abilities)与无能力(disabilities)基础之上的(因此,不过是简单地复制了人的自然能力与无能力)。例如,以前曾影响妇女、现在仍影响年幼的孩子以及那些心智不健全者的无法律能力(incapacities),被人们认为是正当的,因为它是女性、幼儿以及精神病人自然无能力的结果。同样的论证一直被用在种族资格(qualifications)与无资格(disqualifications)的案件中。就目前的目的而言,我们认为,此类论证被用在精神病人与未成年人的

[33] 承担责任是一种消极的行为能力;被承认能够以违反法律的方式行为并由此而承担责任是一个与积极能力有关的事情。

例子中是有充分理由的,正如它们被用在与性别、种族有关的例子中是可恶的、没有充分理由一样。但是,甚至在这一方面,仍有一些作者提出了异议。〔34〕 在诸如破产与监禁这类带有制度性无能力特征的例子中,正在讨论的制度在部分点上会导致某些无能力。

任何法律概念,如果认为法律归根结底不过是指导和调整那些有意识的、理性行为人的行为的——由于这些行为人已意识到了法律的要求,则它一定至少包含一个未言明的、积极的能力概念。〔35〕 因为这假定了,这些行为人对其行为将受到这种或那种法律规定约束的法律主题或一些特殊的法律主题有某些实际的或可能的认知。因此,法律必须包括(至少应含蓄地包括)一些有关人的特性的考察,正是这些考察将人的特性带入了特定的法律规定之中。这些特性中的一些属于人的持久本性范畴,而其他一些特性属于更短暂的角色、活动或者情形(如作为一个雇主,驾车,或者由于过失或者酒精、药物的影响而被罚劳动,或者成为欺诈或者监禁的受害人)。如我们已看到的,前一种特性是能决定法律能力与法律无能力的因素。就此而言,应当注意的是,此处一直被确定为积极能力的两种形式或者两个方面的东西是与主要法学家将法律看成是调整或指导行为的两种模式相匹配的。一方面,这些模式是将无条件的要求施加于行为之上〔36〕(使作为或者不作为是错误的,或者与其相反的行

---

〔34〕 参见 R. Farson, *Birthrights*, Harmondsworth: Penguin Books, 1978。在这本书中,法森否认限制未成年人法律能力的正当性,但一种更中庸的观点可参见 R. Adler, *Taking Juvenile Justice Seriously*, Edinburgh: Scottish Academic Press, 1985, ch. 3。

〔35〕 再一次参见 Cane, *Responsibility in Law and Morality*, p. 35。

〔36〕 有时被称为"施加义务的规则",例如,H. L. A. Hart, *The Concept of Law*, pp. 78–79,但应参见第6章第6.4节对于义务概念的讨论。

为是义务性的)的模式;另一方面,这些模式授权人们通过法律行为,产生法律后果。相关的法律后果是那种符合确定的法律条件的活动,那将在第9章讨论法律权力时加以考察。同时,在以下两部分,我们将进一步考察责任能力与行为能力。

5.5 责任能力

从本质上看,责任能力似乎是一种更被动而非更主动的能力,因为它涉及这样的问题:某个人是否能承担制裁其行为的刑事或民事责任。但如我们随后(可参见本书第7.3节)将看到的,责任能力也蕴含了拥有并行使积极权利的能力。尽管承担责任的能力实际上是一种被动的行为能力,但在此处,重要的是考察"承担责任的能力"与"实施与责任有关的行为的能力"之间的区别是什么。在诸如7岁这种法定年龄之下孩子的例子中,或者在法律认定为精神病人的例子中,人们认为,他们没有产生犯罪意图的能力。[37] 因此,这类人缺乏实施犯罪的能力,也因此不用为法律上的犯罪行为担责,无论是否有公共安全或者法律能证明,在那种情况下,为阻止严重的危害行为,采取其他限制措施是正当的。下面的话题也是一个长期争议的话题:公司能否形成犯罪意图?并由此能否实施任何犯罪或违法行为?因为在后两者的定义中,包括了心智因素。[38]

当然,这一问题恰当的答案是:将不合法的意图归属给那些

---

〔37〕 N. Walker, *Crime and Insanity in England*, Vol. 1, *Historical perspective*, Edinburgh: Edinburgh University Press, 1968, pp. 84-124.

〔38〕 Cane, *Responsibility in Law and Morality*, pp. 157-164.

法人团体可能要依靠与自然人稍微不同的理由。然而,在这一例子中,这一说法显然有道理,因为这些意图可定义为最终导出决定的深思熟虑的结果,因此,无论是谁,只有他作出了公司的决定,就必然形成了公司的意图。因此,将公司视为能犯罪的主体是可以的,即从法律的角度看,公司能以自己的名义实施刑事违法行为,这不同于只是代理性地为其他人的违法行为担责。然而,在许多系统中,法律都缓慢地、不确定地摸索出了一套明确的、条理化的解决这一问题的方法。[39]

如民法中代理责任(vicarious liability)的例子显示的,我们可以将以下两种赔偿义务区别开来:一个是因不正当行为造成伤害而承担的赔偿义务,另一个是因违反职责及其导致的其他不正当行为而应承担的赔偿义务。在雇佣、代理之类的例子中,我们强加了代理责任,理由是:一个雇员在雇佣期间实施了一种有过错的行为,或者一方违反了义务或未偿还债务,或者实施了其他一些不法行为,引起了损害,这在法律上引起的不只是那一方将承担补偿已造成损害的义务,而且是雇主与雇员在同样的范围内、同样的期限内共同承担义务。雇员与雇主都有责任承担由司法机关作出的赔偿命令,等等,并且,如果他们每一者都不能按照自己的自由意志满足这一义务,那么最终会强制性地执行这些赔偿。[40]

然而,代理责任不得不与下一情形——某个人未能阻却其他人造成伤害而亲自承担过错——相区别。例如,未成年的孩子能如料想的那样走上繁忙的公路,他们出现在路上会引起车辆突然转向,并会造成损害或者遭受损害(或者两者兼而有

〔39〕 Cane, loc cit.

〔40〕 Cane, *Responsibility in Law and Morality*, pp. 151-157, 177-178.

之)。在这类例子中,可以恰如其分地认为,负责照看孩子的成年人违反了一般的注意义务,理由是:在这种情况下,他们疏于防范明显的风险。但考虑到此种情况下的年龄与环境因素,这一例子中的孩子可能没有(或者并没有)违反任何自己应承担的法律义务,并且,未成年的小孩当然完全缺乏责任能力。在那一情形下,唯一有过错的一方是负责照看小孩的成年人,他(或她)才是唯一合适的法律行为人,具有单独承担法律责任的能力。未对动物进行有效监管的情形同样如此——此处,并不存在代理的责任,而是饲养人违反了义务,如果逃脱了的动物造成了损害,则饲养人必须承担责任。

因此,在潜在的不法行为的例子中,无论是按照刑事法还是按照民事法,行为能力——责任能力——明显不同于服从法定程序的消极能力,即承担法律义务的能力,后者是消极的行为能力之一种形式。相反,某个人可能因为一些特殊原因而拥有一种承担法律责任的无能力(incapacity),而同时却不能认为:这个人根本没有行为能力。“外交豁免权”就是这种情形的一个例子。我们不能认为,那些享有外交豁免权的人无能力实施行为,或者无能力实施不正当的行为,而只是不能让其遵从民事或刑事程序。在一些有关商业工会和贸易争端立法的例子中,我们可以得出同样的结论。人们一直认为,这不能影响某些行为(在英国法中)的法律特性,如在执行纠察任务的例子中,只是授予行为人因如此的行为而免于刑事或民事诉讼的责任。这是否是对这一立法原则的可靠解读?这非常令人怀疑。然而,毋庸置疑的是,如此的区分在逻辑上是可靠的。

对于法律秩序——一种理性存在物的理性秩序——来说,法律意义上的作为或不作为的能力非常重要。对于那些被判处违法犯罪的人,与那些被认为其特定的作为与不作为并无不当的人来说,这种能力都非常重要。正是这种能力才使作为与不作为有别于单纯的行为与单纯的事件。因此,“责任能力”意义上的能力在法律中非常重要,并且是法律人格的一个方面。

5.6 行为能力

在成熟的法律体系中,行为能力(transactional capacity)同样非常重要。此处考察的这一概念是那种行使法律权力的能力,即实施一些注定会产生某些有效法律后果的行为能力。在那些从分析的角度看最简单的例子中,考察中的后果要么是那种使原本合法的行为变成不合法的行为,如在某个人有效地承诺将实施某一行为的地方,实施那一有利于受约人(promisee)的行为就变成了义务性的(并且,不履行就是不正当的);要么相反,即让原本不合法的行为变成了合法的行为,如在某人同意别人实施那种非得经过许可否则构成攻击别人的行为地方,如在外科手术中,或者在某人同意有效地免除某种约定义务的地方。从这些最简单的关于权力的例子中,人们能建构另一些更复杂的东西,例如,当一个人向另一个人许诺,要做某事,如承诺以书面的形式、在某一日期之前将某物送达另一个人。在这种情况下,许诺者就授予了一种权力(power)给受约人,行使这一权力会导致承诺人要么拥有了一种做正在讨论中的事情的无条件义务,要么被免于做那一事情的任何义务。因此,(在实践中,)可能存在授予别人权力的权力,与招致或者施加义务的权力;还可能存在产生、授予、转移以及终止所有类型权利的权力,那将出现在适当时候(参见本书第9章)。

在所有情形中,重要的是“有效的法律后果”这一概念,它是伴随着“应行使的法律权力”而产生的。这一概念的特殊意旨在于,对于法律上的不当行为,可在司法上强制实施制裁(这本身依赖于法律赋予给法官的权力),并且在于,司法机关有义务通过实施所有有效确立的法律关系与安排从而实现这一效果。这甚至可以被看作一种奖赏:对于那些有行为能力者的奖赏,与那些选择按照法律规定的形式与条件行使权力者的奖赏。这一奖赏是:由此产生的安排可以通过法律上的正当程序强制执行。

因此,我们应将那些授予权力的法律规定理解为:它规定了,实施某一行为将产生某一法律后果。但此类规定必须服从一个条件,这一条件确定了具有何种特征的哪种人可以通过相关的行为引起这一后果。〔41〕 这成为法律中授权性规定的一个重要因素,它挑选出了那种对我们的行为能力概念至关重要的东西。某些权力(如订立合同的权力、转移财产的权力、信托声明的权力或者遗嘱的权力)能被所有的、拥有某些稳定个性特点的(如年龄、性别、心智的健康,等等)人行使。我们将这样的“能力”——能实施那种行为的能力或行为能力——归属于那些具有这些属性的人。

一个不同的例子是:特殊的权力被授予给了具有特殊资格的人,而不管这种特殊资格是继承来的(如君主),还是选举的(如总统),还是任命的(如大臣、法官、警察、其他从事公务的人

〔41〕 除了使一个行为有效的这些个人能力以外,还存在其他的因素,参见本书第9章第9.2节。

员以及国有的工业部门的人员，等等）。〔42〕在这样的例子中，我们可以通过规定消极的行为能力这一手段，规定谁能被任命或者被选举担任特定职位的条件。但继承、选举以及任命等事实是准许这个人行使这种权力的依据。我们运用“权能”（competence）、“权限”（jurisdiction）甚至也许还包括“权威”等术语，表明我们为这些独特的权力设置了特殊的资格条件。〔43〕尽管我们迄今选择的说明一直是从公法角度来说的，涉及的是公法中持有某一职位者的权限或者权力问题，但值得注意的是，在私法中，经过特殊的任命手段，也能产生特殊的权力。例如，当某人任命另一个人担任他（或她）的遗嘱执行人或者某些财产的托管人时，或者当某人被选为工会的官员或者公司的主管时，或者被任命担任一个商业组织中的特殊职位时，或者被承认为一个公司的合伙人时。在所有这些情况下，毋庸置疑的是，一个背景性的情况是：被任命者具有被任命或者被选举担任此种职位或者官职的消极行为能力；毋庸置疑的是，只有拥有恰当的积极行为能力者才能被任命或者被选举担任这一职位。但通过选举或任命而被授予的并不是一种一般的行为能力，而是一种法律上独特的权能。为总结出有关法律能力的这些评述，我们将再一次提到，拥有一些最低限度的法律能力或者行为能力是法律人格的本质。

成为一个（法律上的）人，就能在法律上承担法律责任，实施法律行为，并按照行为能力行事。因此，法律能力可分为积极的能力与消极的能力。纯消极的能力是为自身利益——不是为

〔42〕对于确定职位的制度性规则的讨论，可参见 D. W. P. Ruiter, *Legal Institutions*, Dordrecht: Kluwer, 2001, pp. 92–93。

〔43〕参见 Ruiter, *Legal Institutions*, p. 15。

其他人的利益而作为实现其他目的的手段——而有资格获得法律保护的条件。因此，最低限度的法律承认可以被授予任何人，并且，未成年的小孩和无法治愈的弱智者都能享有那种能力。其他的消极能力，如行为能力，涉及的当然是受到法律行为有益且较大影响的能力，这些同样是法律不可或缺的特点。积极的能力或者是：(1)责任能力，可以概念化为正确或错误行为的能力；或者(2)行为能力，可以概念化为有资格行使一些法律权力或各种权力的能力。与此类能力不同的是那些通过继承、选举或者任命担任特殊职位而拥有的特殊权能。

5.7　论公司的能力

在我们已述说的、有关能力的所有东西中，有很多东西可以应用于法人，就像可以应用于法律承认的其他人一样。由于法律明确地将法人的地位授予给了那些经特殊任命或者挑选出来的机关，并且，由于法人是经法定程序由公司发展而来（通过具有适当能力的人行使权力而来）的，这些法定程序依据的是有关法人公司的法律，由此产生的法人原则上拥有非常全面的、与法人特点相适应的能力。这意味着，与人相比，对于法人有一些限制。例如，在消极能力方面，由于从本性上看，公司不能被人从身体上加以攻击或者杀害，因此，防止身体伤害的那些刑事与民事法律部门就不能应用——"针对人的违法行为"并不是针对这些类型的人的违法行为。但在此处，财产犯罪与诽谤当然是可能的，并且，即使没有明确的强制性规定，公司也有能力以各种方式做坏事。就公司行使权力的方式与行为能力而言，有一些职位，如法官（尽管一些商会等可以行使司法或半司法性权力），公司原则上是不能任命的。但诸如受托人或执行人这类私法上的职位可以由公司授予给人。

总之，在积极能力方面，就公司能实施的行为而言，它们是可以作出不正确行为的。或者说，可以实施处于其权利范围内的行为，并且，由于如果公司作出了超越权限的不法行为或者侵权行为，就可以将犯罪意图与责任归属给公司，这一难题至少在理论上得到了解决。或者说，是可以解决的，（因此，我们不禁要问：）为什么不能将公司视为行为主体呢？无论是在概念逻辑方面，还是在法律原则方面，都没有理由反对将公司视为行为主体，无论它是作为行使积极权力的主体，还是作为实施法律上不正当行为的主体。〔44〕至于行为能力，除了诸如结婚、收养孩子或者立遗嘱的能力等明显例外，法人拥有全面的，符合商业、慈善或者公营公司特点的能力。但在每一种情况下，法人独特的行为能力，及其职员的行为能力，都要受到与公司有关的混合法规的调整，或者要受到依据法定权力而实施的混合手段的调控。公司实施的超越特定权能的行为——超越权限的行为——能在多大程度上仍对第三方的利益有约束力？这一问题一直是一个得到了广泛讨论且饱受争议的问题，涉及股东与那些基于善意而与公司打交道的“局外人”之间的利益平衡问题。但在目前，有利于局外人按善意行事的解决办法并不能消灭这一区别，即行为能力的范围（在其上，公司原则上有积极的法律能力）与处于那一范围之内的任何特殊的公司具有的独特权能之

〔44〕 Cane, *Responsibility in Law and Morality*, pp. 157–164；亦可参见本书第 12 章第 12.4 节。

间的区别。[45]

强调公司的法律能力——包括消极能力——非常重要。尤其是在有关人的基本权利问题上,我们应当注意,最基本的权利是人权,因此,(强调公司的法律能力)是为了保护每一个人。毫无疑问,对人的保护有时会衍生出保护公司的要求,一些人的利益——如信仰自由——是共同的,而不是个人主义式的利益。但从理论上讲,由保护人权而建构起来的消极保护终究还是为了保护人,因此,我们不应妄加揣测地认为,我们将保护的范围延伸到法人,是为了保护法人自己的权利,而不是将这种保护作为保护人的一种工具。[46]

5.8 人的身份

我们应将人的身份这一法律概念主要理解为与刚刚提及的法律能力有关,因为身份上的差异应主要理解为能力差异的基础。在现代法律体系中,或许这样说更好,即身份上的差异是建立在不同阶层的人之间的消极能力与积极能力这一重要区分基础上的一系列特性的总和。[47] (可以这样说,)人具有的长期而

---

〔45〕 参见 Companies Act 1985, SS. 35, 36, 它将欧洲共同市场的法律转变成了英国法。

〔46〕 参见 Allan Hutchinson, "Supreme Court Inc.: The Business of Democracy and Rights", in G. W. Anderson (ed.), *Rights and Democracy: Essays in UK-Canadian Constitutionalism*, London: Blackstone Press, 1999, pp. 29-45, 尤其是在第35~39页,严格地批判依据加拿大宪章扩张保护公司的权利。

〔47〕 C. K. Allen, *Legal Duties and Other Essays in Jurisprudence*, Oxford: Clarendon Press, 1931. 在这本书中,阿伦将人的法律地位作为各种能力的基础,佩顿也是这样做的,参见 G. W. Paton, *A Textbook of Jurisprudence*, 4th edn., ch. 16, S. 87; D. M. Walker, *The Principles of Scottish Private Law*, Oxford: Clarendon Press, 3rd edn., 1982, Vol. 1, ch. 3, S. 2。

固定的特征或特性一方面构成了数量众多、相互关联的能力或非能力(incapacities)、消极能力或积极能力或者两者兼而有之的共同基础;另一方面又是形成这种或那种“法律身份”的要素。因此,法律身份是各种能力或非能力法律基础之基础或总结,例如,在与年龄有关的例子中,在怀孕和出生之间的这一段时间里,(婴儿)只有消极能力存在,并且,(其权利)全都建立在随后活着出生这一条件基础之上。就某人的利益而由一个法律上的代表实施行为的能力而言,在所有法律体系中,幼年时期都是限制行为能力时期,在这一时期,(人)只有消极能力存在,完全缺乏民法中的积极能力;接着是青少年时期,这是一个拥有受限制的积极行为能力时期,但在刑事问题上拥有完全的积极行为能力,尽管在青少年司法体系下经常要受到特殊的限制。任何有关当代法律体系的概要性观点都显示,我们尤其缺乏一个单一且非常系统的,将私法、刑法以及社会福利法结合起来的,有关儿童法律地位——或身份——的观点。在18周岁时,人就能获得成年人的法律地位,于是,人获得了法律承认的、可归属于人的全方位的消极和积极行为能力。然而,这种完整状态的法律身份仅仅只有那些拥有健全心智的人才能享有,被法规和普通法界定为精神上有缺陷的人可能会被赋予这样的法律身份,即缺乏或者限制积极行为能力的法律身份。破产是另一种法律身份,会导致那些通常由心智健全的成年人享有的积极行为能力实质性地减少。

男女之间的性别差异一直是迄今为止法律身份差异的常见理由。很幸运的是,现代的制定法已几乎完全删除了这类内容。很多国家都承认,人有权反抗不正当的歧视、性别歧视和类似的人种与种族歧视以及宗教信仰歧视,这些东西都不再意味法律身份的差异。也许是作为法律中同样趋势的一部分,人们不得不注意到,家庭内部的关系,包括配偶之间、父母之间以及父母与孩子之间的关系,现在几乎不再被承认为具有此处确定的经典意义上的法律身份。然而,由于代理孩童(尤其是幼年时期)利益的成年人的积极行为能力,与小孩被代理的消极行为能力,在很大程度上仍是由家庭关系调整的,因此,一个儿童是婚生子女、非婚生子女(或者私生子),还是被收养的小孩,仍(尽管以一种衰减的形式)与法律身份有关。同样地,依据继承法获取法律利益的行为能力,无论是留有遗嘱的,还是死时没有留下遗嘱的,在很大程度上与家庭关系有关。因为婚姻涉及父母之间的关系(这也是建立在继承基础之上的),即使它变得更弱了,也仍是一种法律上的身份关系,而不是一种由法律调整的特殊的合同关系。现在,在那些已通过立法手段承认同性结合部分地类似于婚姻关系的国家中,同性间的民事伴侣关系也是成立的。当然,要求依据某个人住所地的法律来确定某人法律身份的国际私法学说已提到了此种与家庭地位有关的事情,并且,根本不顾我们已提到的减弱现象,而继续提及这一关系。

迄今为止,已讨论的这些事情已专门参考了私法中人的身份——尽管在涉及公法时有时也会产生一定的后果。但应当注意的是,在公法领域,也会涉及由私法(并在私法中)确定的法律身份问题,确实有一些特性可以被视为纯属于(或主要属于)公法的身份特性。此处,我们可能会注意到,公民身份或国籍是一种法律身份,在少数国家,仍有各种等级的贵族,他们的法律权利或特权仍与贵族的等级有关,他们与普通人的法律身份差异巨大;并且,犯人的法律身份不同于自由人的法律身份。所有这些法律身份涉及的都是公法上的法律能力,如能在选拔公职的选举中进行有效投票的能力，或者能被有效地任命为公职选拔中候选人的能力，或者可以被任命担负一些委派的公共职位的能力。

法律能力上的差异，与作为不同能力与非能力基础的人的不同特质，明显非常重要。因此，由所有这些特质中的一些或者全体——此处要特别考虑那些由家庭关系产生的特质——直接确定的权利与义务同样重要。但是，这些作为不同能力基础的特质被总结为具有这种或那种称呼的法律身份——学生、未成年人、成年人，已婚或未婚；私生子、嫡生子、合法生养的子女或收养的子女；自由人或者犯人，如此等等——在当代法律中，上述总结作为一个主题已经不太重要，或者只有有限的价值。同样地，作为一个法律概念，“法律身份”的重要性已大大减弱，尽管在“法律身份”这一标题之下，我们能总结的东西非常重要。

人们可能会推测这是为什么。亨利・梅因（Henry Maine）爵士论证说，在他的作品发表之前（19 世纪后期），“进步的社会”运动一直是“从身份到契约”的运动。[48] 也许最好将这理解为意指：在较早时，一个人的全部法律地位（权利，等等）在很大程度上是由身份决定的，法律首先规定了命令人们做某事的能力——一种积极的行为能力——或者被别人有效地命令去做某事的消极行为能力。一个人的权利与义务由于不是简单地由习惯决定的，而是由家长或封建统治者的决定确定的，因此，它不是由某个人自由从事的职业决定的。接着，向契约的运动，意味着身份上的平等，并由此拥有了行为能力，以至于一个人的权利与义务最终在很大程度上是由这个人订立的契约产生的，而

〔48〕 H. S. Maine, *Ancient Law: Its Connection with the Early History of Society and Its Relation to Modern Ideas*, with an introduction by C. K. Allen, London: World's Classics, 1931, ch. 1.

非由于其他的法律理由。不同的人在法律身份上逐渐被同化,由决定人的法律身份的特质所确定的法律能力(或权利)范围大大缩小。因此,法律身份作为一个法律话题的重要性与兴趣日渐减小。然而,同时,在能被人们感知的并真实地存在于市场力量、社会地位或者被赋予的性别角色上的差别,与已经平等化的法律能力——正是凭借着这一法律能力,所有人才能参与到市场中去——之间,形成了鲜明的反差。因此,一系列独特且非排他性的术语整个儿隐蔽地进入了契约之中,以有利于那些被推定处于较弱势地位的一方(依经济力量衡量),而无论其是作为与商品或人的运输活动有关的乘客或货主,还是作为被保险人与承保人、消费者与生产者、被雇佣者与雇佣者、股东与公司,抑或是商会会员与商会;或者是妇女与少数民族的成员,他们获得了法定的保护,以对抗那些有利于男人或者多数民族的歧视。而在较早时期的普通法体系(或者民法体系)中,人们将一些范围较小的、一般且固定的个性特征授予给了那些具有广泛法律能力的人,在当今社会,仍存在多种具有重大法律意义的角色,每一个人都承担了几个角色,并因此在一些法律模式下享有权利,或受到限制。同样地,在与青少年法有关的领域,一系列旨在促进每一个少年儿童福祉的法律方案产生了一系列不同的、保护这些无法律能力者的系统,而根本没有专门就年龄或者其他决定性的资格条件作出一般性的规定。少年儿童成为一种法定条件,同时附加上了大量强制性规定与年龄上的资格条件,以及需要介入的标准。人们给出的理由是"自出生至发身"与"未成年"——或者英国普通法与源于普通法的其他法律体系中的"幼年"——这一相对简单(也许过于简单了)、老套、万能的民法概念已不复存在。

有时,我们将如此的发展说成等于有了一个新的“身份”,并由此等于摆回到“从契约到身份”。但至少如以上部分已暗示的,一个人在某一天中(更不要说在一生中)也许可以跨出或迈出法定角色多次,这是一个与身份截然不同的事情。对梅因的格言作进一步的更新似乎更好一些,即在一个人们认为自己有了进步的社会中,现代的发展一直是从身份到法定(from status to statute)的运动。

第 6 章　不正当行为与义务

6.1　引言

在此前的章节中，我们一直坚持探讨蕴含在“制度性规范秩序”之中的规范性特点的某些假定。我们已说到，“应当”是规范性的标志。当某人踏入讨论“人们应当做什么”（不同于人们实际上做了什么）的领域时，他就进入了规范领域。规范性话语是一种有关“应当”的话语，描述性话语是一种有关“是”的话语。第 1 章和第 2 章、有关排队问题的讨论为我们提供了有益的指引。凡存在非正式规范活动的地方，特别是存在某些正式活动的地方，都或明或暗地牵涉如何从权威的决定得出规则，在这些地方，也一定存在某一基础，人们可以依据这一基础，判定某个人在特定语境中应当或不应当做什么。法治国就是这样的语境，在这样的国家中，存在非常强大的、已制度化的规范秩序。这特别集中在试图阻止各种各样的、有害于人(或有损于优良秩序,或有损于国家自身制度)的行为,集中在预先制定救济性措施,防止损害的发生。通过这一努力而取得合理的成功,是保护公民之间或者国民之间以及事实上所有居民之间"公民社会"的条件。

法律由此有时被说成建立在一种基本的二元区分——正当行为与不正当行为的区分——基础之上。[1] 本章是从反思正当行为与不正当行为这一区分开始的。随后将梳理"义务"与"责任"这两个概念一些独特的司法应用,目的是显示,我们可能不希望将这些东西同样视为基础性的,而是将之视为在表达特殊种类的规范立场或关系时具有专门性功能的东西。

6.2 重新思考规范性

刚刚提及的引导性提议预示着我们偏离了 20 世纪法理学中一个最著名的原理。按照这一原理,法律本质上是施加义务的。如哈特指出的,法律中的"第一性规则"是"施加义务的规

〔1〕 N. Luhmann, *Das Recht der Gesellschaft*, Frankfurt am Main: Suhrkamp, 1993, trans. by K. A. Ziegert as N. Luhmann, *Law as a Social System*, Oxford: Oxford University Press, 2004. 卢曼在这本书中将 Recht/Unrecht 的区分作为基本的法律上的区分。在第 45 页,卢曼说道:诸如正当/不正当、可接受/不可接受、正常/反常或者最终的合法/不合法之类的设计模式都存在于包含了这些区分的两面的社会秩序之中。就许多目的而言,对于我来说,正当与不正当这一区分似乎更有价值。而翻译者 K. A. Ziegert 更喜欢前一种区分,即 Recht/Unrecht 的区分。Hector MacQueen 在其令人着迷的文章中,探究了不合法(unlaw,德语 *Unrecht* 的同义语)这一概念的源头,认为其实质上等同于中世纪苏格兰法中的"不正当"(wrang,即现代英语中的 wrong),并比较了这些概念的英语用法。参见 H. MacQueen (ed.), *Miscellany V*, Stair Society Vol. 52, Edinburgh: Stair Society, 2006, pp. 23-26。

则”,或者如他那般换一句话说,为人设置义务的规则隶属于我们正讨论的法律秩序。[2] 哈特有意识地将这一理论说成有别于凯尔森的方法,因为凯尔森曾建议,第一性的法律规范是规定此种内容的规范,即在某一事件状态出现或不出现(某个人作为或者不作为)的情况下,一个制裁将被人们施加。因此,正在讨论中的作为或者不作为就是一种“不法行为”(delict,即一种法律上的不正当行为),并且,法律义务(不作为,或者采取积极的行为)不过是逻辑上对人不利的东西。“义务”是一个指示主体应做什么的第二性规范的内容,第一性规范是在不法行为已发生的情况下通过制裁的方式指示官员应当做什么的规范。[3]

哈特与凯尔森对这些事情的评述属于他们各自的法的一般理论。由此,他们都旨在提出一种关于法的更强的理解,并以一种全面的方式使那些与法律实施、立法有关的特殊性、地方性话语与术语变得易于为人所理解,或者甚至对特殊法律系统特殊分支的细节进行评论。他们不一定重构了自己的理论,或者检验了自己的理论,以便与建立在立法者、法官、法律实践者或者学说评论者的各种各样的论述基础上的语言(或者“符号系统”)相区别。[4] 这一做法非常恰当。毕竟,(法的)一般理论是一种元语言事业,意图用更简单、更直接明了的术语,抓住各种涉及、环绕在具体的日常生活中法律活动周围的绵密且特定的语言含义。

---

〔2〕 这当然是哈特的《法律的概念》前5章提出的核心思想,参见 H. L. A. Hart, *The Concept of Law*, Oxford: Clarendon Press, 1961, 2nd edn., 1994;特别应参考第5章的内容。

〔3〕 参见 Hans Kelsen, *Introduction to the Problems of Legal Theory*, trans. by B. L. Paulson and S. L. Paulson, Oxford: Clarendon Press, 1992, ch. 3, S. 14 (b); 亦可参见 Hart, *Concept*, pp. 35-36。

〔4〕 参见 B. S. Jackson, *Semiotics and Legal Theory*, London: Routledge & Kegan Paul, 1985, pp. 283-304。

然而,如果某个理论基于自己的目的而重塑并重新定义那些在专家中流行的法律语义与法律实践中的专门术语,那也是可以的。诸如"义务""权利""责任"之类的概念,以及它们的同根词,在很大程度上是法律人工作语言的一部分。如果其用法已经在理论化的过程中被人们确定了,有别于其在实践中获得的一阶语言的含义,则对这些术语进行理论上的重新定义与其说是有益的,不如说更加令人困惑。理论上企图对日常的法律用法进行重构,以便与理论设置的模式保持一致,也许更加令人困惑,并且几乎不能(如果曾经有过的话)成功地使法律共同体在日常话语与作品中加以改变。

在为普遍的理论化寻找一种更基础性的术语时,从"什么是'不正当的'"这一概念开始将非常有益。无论在什么地方,只要存在规范秩序,就一定存在一些类型的行为(可以是作为,也可以不作为),人们可以根据被假定的秩序,将之视为不正当的。如果要与那一秩序保持一致,就牵涉如何避免那些不正当的行为(插队是不正当的,服从排队的规范就要求人们不插队)。无论什么,只要不是不正当的,则它至少在弱的意义上是允许的。这是一个值得进一步考察的分界线。

6.3 区分"不正当"与"并非不正当"

"不正当"与"正当"之间的区别是什么?仅仅只有那些能有意识且有目的地行为的人,只有那些前一章讨论的、被赋予了"责任能力"的人,才能理解两者之间的区别。此类人总是在不同的行为、不同的行为路线、实施这种或那种行动路线的不同道路之间进行选择。一个行为是不正当的,就成了不实施那一行为的理由,就成了选择不做那一行为而做别的某事或者什么也不做的理由。这是一种特殊种类的理由,可以通过比较作为行为理由的"不正当的理念"与"想做或欲求某事的理念"而显现出来。我想做某事,或欲求某事,总是赞成做某事的理由,那使我拥有那一物成为可能。行为的不正当是不做那一行为的理由,即使那样做能使你得到你想要的东西。这类似于人们所称的"排他性理由",[5]因为它排除了一种原本非常合理的行为方式(做 x 是为了得到 y,那是我想要的东西)。一个行为的不正当之处在于:它被置于人们所称的行为"边际约束"(side constraint)点上。[6] 因为将一个特殊行为视为不正当的,这本身并没有给予一个人做任何事情的理由,但它在一个人有积极理由做某事的边上设置了一个界限。无论我们做了什么,无论我们基于何种理由行动,我们的行动都不能迷失于"要么实施不正当的行为、要么不作为"的怪圈之中。我们如其所是地"画了一条界限",从所有可能的其他行为中区分出了不正当行为,接着,使我们自己在做所有事情时都力图避免越过那一界限。不越过那一界限是一种绝对的要求,而不管除却这一考虑之外,我们想进行怎样的权衡。无论促使我们越过那一界限的动机是什么,只要越过了那一界限,就不能过高地奢求会获得原谅。

得出"一个行为是不正当的"这一判断需要借助一定的语

---

〔5〕 可参见拉兹的一些观点,即 J. Raz, *Practical Reason and Norms*, London: Hutchinson, 1975, pp. 40-45;在这一术语的用法上,我的观点与拉兹有些不同,他随后也收回了这一观点,以便与"受保护的理由"保持一致。参见 *The Authority of Law*, Oxford: Clarendon Press, 1979, pp. 18, 21-23。如我以下论证的,我们建立在规范基础之上的判断,而不是规范本身,才为特殊的行动提供了理由,这也许是一个重要的区别之点。

〔6〕 可与诺奇克的观点进行比较,参见 R. Nozick, *Anarchy, State and Utopia*, Oxford: Basil Blackwell, 1974, pp. 30-35。

境。一个行为既可能在道德上是不正当的,也可能在法律上是不正当的,或者是由于原罪而不正当的,或者是在一个游戏或者习俗的语境中是不正当的,或者是因违反职业伦理而成为不正当的,或者由于违反了适当的学术标准、礼仪标准而成为不正当的,或者由于违反了如排队这种传统的社会活动习惯而变成不正当的,如此等等。因此,我们可以说:“从某一观点看,它是不正当的。”〔7〕亦即从道德观点,或者法律观点,或者宗教、体育活动、职业、学术以及礼仪观点来看,这一设想中的行为是不正当的。因此,也正是从那一观点出发,这一行为被取消了,因为它是不可接受的(既可以是道德上的,也可以是法律上的,或者其他角度)。某个完全赞成某一观点的(也许仅仅在这一时刻)人会从那一观点出发,得出一个“什么是不正当”的决定性判断。在作出决定的那一语境中,此类人会拒绝接受任何如此的理由出现在当下的情形中,即其反面更有利于支持正在讨论中的这一行为。

仅仅只有那些至少偶尔完全支持某些主观性观点(如法律观点或道德观点)的人才能充分理解“不正当”这一概念。但那些理解这一概念的人会从某一特定的观点出发,得出“什么是不正当”的判断,且在得出这一判断的同时,根本不是完全(或者根本就不)赞成那一观点。此一做法等于得出了一个超然的、〔8〕不受其约束的判断。因此,此类判断寄生于完全赞成的可能性基础上,但作为一个判断仍然非常可靠,尽管他本人并不完全赞同这一判断。这个人可能是超然的,但仍很在乎按照此

---

〔7〕 参见 Raz, *Authority*, pp. 153–157。

〔8〕 拉兹使用了“超然的陈述”(detached statement)这一术语,这会混淆语言实体与心理活动,因此,我宁愿选择“超然的判断”(detached judgment)。

种判断行事："如果（或者由于）我有理由严肃地看待这一法律观点，因此，我有理由将任何法律上不正当的行为视为从我的选择中排除掉了，并且，由于这一行为是法律上不正当的，因此，到目前为止，我有理由将它看作被我排除掉了的行为。"但是，对不正当的行为持如此超然的态度，具有一种假设性特点（试比较：如果我想得到 y，我应当不做 x，因为 x 将使 y 难以得到）。通过比较，我们发现，从完全赞成的立场出发，"不正当"的判断具有以上提到的绝对性特点：这一行为是不正当的，是不实施这一行为的压倒性或者绝对的[9]理由。

那么，什么是正当的？"正当"不过是与"不正当"相反的东西吗？很遗憾的是，答案并非如此地具有共识。一个行为不是不正当的，意味着它没有被人们从相关的观点中排除掉，但那不必然意味着，它作为需要做的正确事情而得到了人们的积极认同。当然，如果出现了这样的情形：除某一行动选择之外的所有人的行动选择都是不正当的，则这一单个的行动选择就被设计为需要做的唯一正确的事情，因为不做它就是不正当的。否则的话，我们至多可以说，x 是"没有什么问题的"，是允许的，但它不能被要求。它是允许的，但并没有明确地得到肯定。

不正当/并非不正当（not wrong）这一二分对于实际思维来说似乎非常重要，人们甚至认为，它比"是"与"应当"这一著名的二分更根本。我"应当"或"应当不"这样做，表达的是那种经过了综合权衡而得出的判断，是在考虑了所有有关的、赞成或反对的理由之后才得出的一种劝告性、指示性结论。尽管"如果 x 是不正当的，则我应当不做 x"是真的，但它并没有说得特别充

〔9〕 参见 H. L. A. Hart, *Essays on Bentham: Jurisprudence and Political Theory*, Oxford: Clarendon Press, 1982, pp. 255–261。

分。按照这一假设,真实的情况是:x 是那种我可以不做的事情。因为做 x 不只是不明智的,而且是不允许的,因此,不做 x 是义务性的。按照我的观点,规范性思想(当然是在制度语境这一意义上讲的)主要关注的是这样一种对立性的路线,即区分允许与不允许,从“什么是不正当的”中区分出“什么是‘完全正当的’”(无论这一区分多么勉强)。

那么,我们应如何理解“不正当”与“并非不正当”之间的这种最基本的实践性区别呢?答案是:按照人的价值进行理解,并由此按照我们自己对人的本性的理解来理解。在第 1 章中,我们已推测说,作为一种活动,排队表达了一种平等主义的价值导向,即在将这种方法应用于与机会有关的事情时,用相同的条件对待每一个人。总之,对于我们来说,一些人的生存状态与事件状态似乎有利,因为它们有助于或者甚至对人们过上美好生活非常重要。过上美好生活是人们必须在社群中与其他人一起实现的事情,因此,每一个人生活得很好,建立在其他人生活得同样好这一基础之上。(一方面)存在一种共同善(common good),这一一般条件是过成功的社会生活所要求的;(另一方面)存在个人善(individual goods),它是个人在一种受保障的共同善框架中渴望实现的所有目的。[10] 那种倾向于实现或者形成共同善或者个人善的人类的心性得到了人们的高度评价,并被当成了“美德”(virtues)。指向相反方向的心性顺理成章地成了人们不赞成的对象,它们是“恶习”(vices)。然而,关于恶习,我们不得不在其中作进一步的区分,将之区分为“仅仅缺乏

---

〔10〕 我在此处要特别感谢菲尼斯,他的《自然法与自然权利》让我受益匪浅。具体可参见 J. Finnis, *Natural Law and Natural Rights*, Oxford: Clarendon Press, 1980;以及他的 *Fundamentals of Ethics*, Oxford: Clarendon Press, 1983, pp. 26-56;以及本书第 9 章第 9.2 节的论述。

指向善的心性，或者对于是否指向善漠不关心的心性”，与“对于善持一种主动敌视态度的心性”。在这种主动敌视的情况下，只需小小的恶习就会滑向邪恶、堕落与不道德。

由此，关于人的生存状态与事件状态，关于人的性情，以及关于人的行为，我们找到了很多可能的价值或者善，以及与之相反的价值。按照这些东西，我们就能按照一定的刻度，从最好的或者最想要的，到最糟糕或最可悲的或者最应受到谴责的，进行评价和评级。认为某事是善的，就是认为它值得追求，并认为追求它值得赞赏甚至值得表扬。与之对照，对之漠不关心就是应予反对的，并且，敌视它的活动是应受谴责的。而且，那些追求与善相对立的活动也是如此。

恶（badness）是一个与程度有关的问题，为了追求和平与安宁，以及为了追求那种能培养道德自治的公民自由，通常要容忍一些根本谈不上全心全意地奉献于善的事情。但我们应将界限画在哪里？我们应如何画出这一界限？在我们个人的道德生活中，以及我们的私人事务中，没有必要预先画出所有的界限，甚至是任何界限，但我们需要详细地想清楚每一种情况下的判断。[11] 相反，在制度这一语境下，一定会出现人们之间相互合作的难题。因此，确实需要画出能预先为人们所理解的界限。现代国家的法律是一个非常明显的例子，在这一国家中，最后通过诉诸强制手段，在一个确定的区域里，政府得以维持。这一国家的宪法提供了一些程序，使一般抽象的价值变得更加确定、具体；它还设置了一定的条件，使政府能以一种具体、有序、可预见的方式得以管理。最宽泛层次的确定性是通过注释者与法官阐

---

〔11〕 参见 J. Dancy, *Ethics without Principles*, Oxford: Clarendon Press, 2004, pp. 130－132。这本书论及了缺乏任何重要的道德规则手册的问题。

明明确的原则加以保障的。更高层次的确定性表现为立法机关或下级立法部门以具有一定结构的法律文本形式颁布的规则。比上两者更进一步的确定性表现为法官在将法律应用于特殊案件时为解决解释的难题作出的裁定与先例。

在此类系统中,不正当与并非不正当之间的界限(从国家法的角度来看)是通过参考原则、法规或者被解释的原则或法规而确立的,或者是通过一些先例揭示的被解释并得到了应用的原则与法规而确定的。此种更具有确定性的规范承担着画出一条相对清晰界限的任务,无论什么,只要违反了此种规范,它就不仅仅在一些可非议的恶的意义上是邪恶的,而且或多或少地显得不正当。这当然与制裁不正当的程序联系了起来,这里的制裁既可以是国家控诉机关发起的刑事制裁,也可以是法庭给予受害方的民事救济,或者是由一些命令公共机关履行法律所施加义务的公法程序提供的救济。

在此处,我们并没有暗示,善的问题——既包括共同善,又包括特殊善(particular good)——是人们之间具有较大争议的问题,也未暗示,国家机关不能犯严重的过失,甚至它们通过法律或者通过其他政府活动与实践表达为有价值、被赋予了确定性的事情不能是刑事上邪恶的。有许多事实可用作例子,证明它们完全可能犯错误,并以善的名义做坏事。但是,确定法律(law-determining)的行为与过程仅仅在这样的意义上是可以理解的:无论参与者的观点事实上可能多么不可靠、不公平或者堕落,他们都旨在导向一些社会意义上的善概念。[12] 并且,在那

〔12〕 参见 R. Alexy, *Begriff und Geltung des Rechts*, Freiburg/Munich: Verlag Karl Alber, 1992, pp. 201-204; *The Argument from Injustice*, trans. by B. Litschewski Paulson and S. Paulson, Oxford: Clarendon Press, 2002, pp. 35-40;也可以参见本书的第 14 章。

一语境中,确定法律的行为与过程就涉及在不正当与并非不正当之间划分界限。

凡在治理(governance)包括运用立法程序的地方,通过那一程序颁布的规范就包括划分“什么是不正当的”与“什么是允许”的规则。在常见于当代国家法律体系、发展得比较成熟的形式中,从其中涉及的判断与制裁形式来看,不正当的行为采取了两种独特的形式。一方面,那些属于“犯罪”或者“违法行为”(或者“重罪”“轻罪”,或者其他行为)的不正当行为蕴含了:在经过确定的程序(包括严格的证明标准)证明被告实施了某一犯罪之后,需要承担刑事制裁的责任以及这种或那种惩罚。另一方面,还存在一些民事不正当行为。例如,对不法侵害者之外的人造成损害的行为,与会导致法律规定的恢复性或者补偿性救济责任(通常是损害赔偿)的行为,都是不正当的行为。在不法侵害者不能主动地给出令人满意的补偿时,受害方可以通过法律规定的程序,采取针对前者的法律行动;而且,如果他(或她)能成功地证明其所宣称的事实成立,且能显示这些事实具有法律上的相关性,他(或她)就可以从法庭获得适当救济的命令。如果这一命令没有被对方主动地履行,受害方就可以按照预定的程序强制执行。

此处,“不正当的行为”这一理念一直是按照规范秩序、特殊的判断,以规则与原则为基础进行解释的,它可以是关于人的行为的。如果解释的背景是相关价值,就需要用这种或那种规范将分界点标示在尊重这一价值或那一价值的最低要求上。在作如此的理解之后,一个不正当的行为,或者更精确地说,不正当行为的实施,为施加这种或那种制裁提供了充足的理由。

在起草控诉书(或者起诉书、上诉书,或者某个特定法律体系中出现的相关术语)的公职机关的官员(或者至少是以公职机关的名义行动的人)的例子中,这些(不正当的)行为是可以启动刑事惩罚的。因此,这些行为将按照适当的程序而被一个具有刑事审判权的法院审判。无论起诉的决定是任意的——但会排他性地受到人们对于公共利益看法的指导——还是非任意的,在任何情况下,起诉人都会考虑,是否有充分的证据证明进行这样的定罪是正当的。

相比之下,(能否获得)民事救济,完全取决于受假定的不正当行为影响的一方的自由裁量。那一方,或者一些代表那一方利益的受托人或者监护人,可以选择是否针对那一不正当行为寻求救济。此类救济首先可通过所谓过错方的自愿行为而实现,但在缺乏过错方的自愿行为时,就需要借助诉讼与由民事法院发布的、针对过错方的最终强制实施的命令。在所有法律体系中,在“发起一个民事诉讼”与“最终实施一个不利于另一方的判决”之间,尚存在很多不同的步骤。国家强制力是权利有效的最终保障,但是,“法律是强制性的,因为存在制裁或救济性的权利这一宽泛意义上的惩罚威胁”这一理念似乎非常不着边际。〔13〕 国家强制力虽为法律奠定了基础,但并不能使法律成为一种规范性秩序。〔14〕

对于在“什么是非法的(unlawful)”与“什么是不禁止的(licit)”之间画出界限的程序来说,国家法具有的可对身体采取

---

〔13〕 参见 G. Lamond, “The Coerciveness of Law”, *Oxford Journal of Legal Studies*, 2000 (20): pp. 39-62。

〔14〕 这一立场是建立在麦考密克的论证基础上的,参见 N. MacCormick, “Coercion and Law”, in *Legal Right and Social Democracy*, Oxford: Clarendon Press, 1982, pp. 232-246; 尽管这一论证为莱蒙所拒绝,但绝没有被其否定,这一论证使用的就是此处所界定的“强制力”概念。

强制手段的特性非常重要。因为我们至少可以说,在“什么是不值得称道的或不值得颂扬的”与“什么被认为是实际错误的”之间画出法律上的界限,正确且合理的地方就在于如此强有力的制裁或者其他强制性措施被认为正当的这一点上。必须补充的是,我们不能认为,从法律的观点来看,所有能逃脱法律制裁的行为是完全可接受的。例如,赌博合同与满足性需求的合同,虽不能归入刑事或民事制裁的威胁之下,但在大多数法律体系中,它们是不能作为合同而要求强制履行的。也根本不存在少数所谓的、如此模糊的准非法情形,如通过抑制法律上的有效性,而非通过直接的制裁,表示不赞成的态度。因此,我们必须承认存在一个灰色区域,某些行为是不禁止的,但又谈不上完全合法。

从一个国家法律秩序的角度来看,那些不正当的事情尤其不正当,是因为它牵涉了违反一个已颁布的规则。从特点上看,这种规则既可以是刑事规则,也可以是民事规则。然而,至少在民事语境中,可能存在由于违反一般原则而非已颁布的规则而变得不正当的判断。但是,此类情形牵涉通过司法裁定、在对相关原则与受害方的权利进行解释后作出判决,以便按照相关原则对损害进行赔偿。已颁布的法律也采取了对一个宽泛的原则进行阐明的方式,就像《法国民法典》第 1382 条规定的那样(“无论是谁,只要他的任何行为对另外的人造成了损害,都会产生这样一种义务,谁有过错谁就应作出补偿”)。因此,不只是在普通法国家才可能存在这样的决定过程,[15] 正是借助这一决定,法官才能对一个一般性原则能否具体地应用于更特殊

〔15〕 此处以及上面用到的这一概念是借助菲尼斯的著作从托马斯哲学中借鉴而来,具体可参见 J. Finnis,“On The Critical Legal Studies Movement”,*American Journal of Jurisprudence*,1985(30):pp. 21–42,at pp. 23–25。

的情形(既可以作为特例,也可以被界定为一种潜在的可重复的情形)作出裁定。但是,有关侵权(或不法行为)、违反合同与信托的普通法,以及诸如此类的东西,都为此种决定过程提供了惯常的说明。

有时,我们可以说,规则与原则构成了行动的理由,(原因)仅仅是由于它是规则或者原则。在我们正讨论的这一领域,如果将规则或者原则本身直接视为行动理由,则明显不正确。它是一种得出判决的基本理由,通过参考这一理由,在进一步的相关情况出现时,我们就能判断,一些已计划或实施的行为现在是(或者过去是)错误的。假设从某一观点来看,某一特殊的规则或原则是有约束力的,再进一步假设,某个人的事实状况满足规则的条件,则一个行为 *v*〔16〕 就是可能的,并且是计划中的,但我们可以认为,按照规则或原则,*v* 是不正当的。*v* 是不正当的(可以是法律上的,也可以是道德上的,或者是与学术活动有关的),这是不做 *v* 的一个理由。建立在规则基础之上的判断,而非直接是规则本身,是那种实际发挥指导作用的东西,即为作为或不作为提供理由的东西。〔17〕

还有其他一些措辞可以表达此类判断,例如,运用"什么是义务"这一短语,表达"不做不正当的行为是义务性的"。"不做 *v* 行为是义务性的",不过是用另一种方式来表达"做 *v* 是不正当的"。同样地,"不做 *v* 是义务性的",意指的不过是"做 *v* 是不正当的"。某事是义务性的,在某种意义上讲,也就是说,我们"必须"做或者"不得不"做这件事。"应当"这个词的含义有

---

〔16〕 此处以及随后的章节用到的符号 *v* 代表任何动词——它是一个动词变项,*n* 表示名词变项。

〔17〕 参见 J. Raz, *Practical Reason and Norms*, London: Hutchinson, 1975, pp. 40–45。

点弱，缺乏“义务性”与“不正当”具有的直截了当的意味。

6.4　论义务

“义务”牵涉“不做某事（或者做某事）是不正当的”问题（如果你有义务做 v，那么，不做 v 就是不正当的；如果你有义务不做 v，那么，做 v 就是正当的）。然而，按照人们的一般用法，并与“义务”这一术语的普通用法（尤其是法律用法）保持一致，如认为“每一个不正当的事情都违反了义务”，似乎是不正确的。相反，如违反义务是一种不正当的行为，则“有义务”就是指处于这样一种状态：让某人做某种不履行义务的事情就是不正当的，事实上，让人做任何涉及不能履行义务的事情都是不正当的。

人们可以通过参考普通法（与苏格兰法）中“因疏忽大意而引起损害应承担民事责任”这一概念，为这一观点提供一种非常好的说明。按照这一法律，仅当致害人负有针对那一受害者的“注意义务”（duty of care）时，因疏忽大意的行为而对另一个人造成损害者就可能不得不为由此引起的损害提供补偿。为了给出一个稍微有过于简单化之嫌的法律陈述，我们需要从两方面检验此种义务是否存在，那一检验是为了判定某一方是否对相对的另一方负有此种义务。首先（需要检验），前者的行为对处于受害者地位上的人造成正在讨论的伤害是不是可合理预见的？其次（需要检验），在双方当事人之间是否存在一种“近似”或“相邻”的关系，以至于在所有情况下施加此种义务，将之作为违反有关疏忽大意的规定而引起的损害赔偿责任，都是公平、

公正与合理的？[18] 关于这一一般性的根本原则，有很多悠久而神圣的说法，如麦克米兰勋爵说：[19]

> "注意的义务"是避免做或者不做任何事情的义务，此处的"做或不做某事"可能会引起合理的、可信的后果，会伤害其他人，并且，这一义务被赋予给了下面这些人：如果他们不遵守注意的义务，就可能造成可合理、可信地预见的损害。

存在很多先例，(可以说)成串的先例，以及制定法规则，它们能为这些一般原则提供更具体或更确定的后果性说明。因此，存在一个法律上确定的条件与关系的集合，它会以一种更具体的术语，驱动这种一般陈述的义务，那有助于详细地说明注意的程度(它在特定的语境中是合理的)、应担负义务的其他人的范围。这反过来又确定了，如果有人遭受了因疏忽大意行为而造成的损害，谁有获得救济的权利。因此，将如此的注意视为抽象的义务是合理的，但原则上至少应满足两个要求。它首先要求，考察正在讨论中的这个人(比如，财务顾问、建筑师、驾驶员、外科医生、经营场所的占有者)拥有的角色与地位，其次应明确地界定任何规定的、所谓疏忽大意的特定情形。因此，在考察了特定情况下处于危险中的各种价值与利益之后，义务承担者不得不引导他(或她)自己，需要与一个处于那一角色或地位的理性人或者普通审慎的人应服从的标准保持一致。这就使负

---

〔18〕 参见 *Caparo Industries* v *Dickman* [1990] 1 All ER 568 at 574, per Lord Bridge of Harwich。在讨论与侵权法有关的义务(以及随后的权利)时，我较多地受益于 A. Halpin 的论述，参见 A. Halpin, *Rights and Law: Analysis and Theory*, Oxford: Hart Publishing, 1997, pp. 138-158。

〔19〕 *Bourhill* v *Young* [1942] 2 All ER 396 at 403; 1942 SC (HL) 78 at 88.

责解决事实问题的代理人需要运用价值判断,但这终究又不是一个价值判断问题。那是一个应通过参考那一社会(尤其是在任何相关的职业成员中)流行的标准而掌握的判断。如此的流行标准尽管重要,但并不是决定性的,例如,人们会发现,要求较少的注意会被恰当地认为是合理的。[20]

在一个非常重要的法律分支中,描述义务并将义务概念化的方法非常有意思地与道德哲学家们一直评论的义务概念[至少在布雷德利(F. H. Bradley)的《我的身份与义务》这一富于创造性的论文发表之前,人们一直讨论这一问题]联系在一起。[21]"义务"特别地与"生活中的身份"或者"角色"或者"地位"等联系在了一起,在如"职位描述"之类的合同文本中经常被明确地列了出来。一些重要的"身份"本身就具有关系特性,如父母身份,(父母)要向小孩承担义务;或者雇主身份,(雇主)需要向雇员承担义务;或者受托人身份,(受托人)需要向受益人承担义务。法院,当然是指联合王国的法院与诸如新西兰、澳大利亚与加拿大这类联邦国家的法院,在侵权法中,对于疏忽大意的责任都作了详细说明,这些说明对施加注意义务的法律中的关系都作了丰富而详细的安排。在存在如此义务的地方,都存在相应的、不得不承担的救济性赔偿的责任,以有利于有密切关系的、遭受了因疏忽大意而产生损害的其他人,并且,受害的一方拥有获得如此的损害补偿的权利。

在制定法提到如何确定行使法定权力的公共机关的功能

---

〔20〕 参见 N. MacCormick,"On Reasonableness", in Ch. Perelman and R. Vander Elst (eds.), *Les Notions à Contenu Variable en Droit*, Brussels: E Bruylant, 1984, pp. 132-156;现在也可参见 *Rhetoric and the Rule of Law*, Oxford: Oxford University Press, 2005, ch. 9。

〔21〕 F. H. Bradley, *Ethical Studies with additional notes by the author*, Oxford: Clarendon Press, 2nd (revised) edn., 1927, ch. 5.

时，经常明确地提及义务的负担问题。“这一部门的义务将是……”说的就是如此的立法行为。对于受托人或者公司董事长这类私法上的角色，我们同样既可以按照其不得不履行的义务详细地予以说明，又可以按照角色持有人行使的权力加以界定，并且，事实上，最重要的是，他们拥有的义务是与其行使的权力相关的。尤其是在公法为公共机关施加义务的情形下，困难的问题可能出现在与义务的实施有关的问题上。作为一个与公法有关的问题，在法院要求玩忽职守的机关履行其义务时，获得救济（在处于英国普通法传统之下的那些国家，建立在最初的“特权令”——如训令——基础上）通常是可能的。然而，法院的介入要受制于相当严格的有关身份的条件（或者如一位苏格兰律师所说的，“起诉的权利与利益”）。然而，更成问题的一直是这样的问题：那些宣称自己由于如此一些公共机关有瑕疵地履行或者不履行其义务而遭受损失的人们，能在多大程度上主张自己拥有获得私法上赔偿（“侵权损害”）的权利？〔22〕 这并不足以说，一个公共机关有一种明确规定的义务，例如，监督建筑计划，并且只有在令人满意的情况下才批准这一计划；义务必须被“归属给”公共机关的特定成员，或者公共机关的特定部门。仅仅只有那些依据立法机关的审慎解释、被认为处于特定部门所担负义务范围内的人才有权利通过损害赔偿的方式获得补偿。

通过比较私法与公法有关公共机关权力与义务的规定，（我们发现）刑法只是法律的一个部门，在其实际应用的论域中，如果从创制法律与应用法律的层面来看，“义务”的概念只起着非

---

〔22〕 既巧妙又权威的讨论可参见 Lord Browne-Wilkinson's speech，载于 *X* (*Minors*) v *Bedfordshire County Council* [1995] 2 AC 633 at 730-741。

常小的作用。当它牵涉确定“什么是刑法上不正当的行为”时，立法者都会用多少有些清晰的术语规定：什么是犯罪或者违法（或者重罪与轻罪），将通过什么样的程序对这些行为予以判处，在定罪时会施加何种刑罚（在司法上可以确定的变动范围之内），等等。检察官会以正式起诉或者公诉的形式指控某人实施了所谓的犯罪行为，并且会在审判时引用一些证据，旨在证明某人犯有被指控的罪名。法院要判定，任何指控是否已被证明达到了法律要求的标准，通常要符合“排除合理怀疑”（beyond reasonable doubt）这一标准，并且，如果从这一角度来看有罪的结论是明显的，并且是可以断定的，则就会作出（有罪）判决。简言之，位于刑法面前的这些人会由于他们实施了不正当的行为（犯罪或违法行为），而非由于被描述为违反了一个法律主体〔23〕应承担义务的行为，而被控告、被宣判并且被惩罚。如奥诺尔（Tony Honoré）评述的，〔24〕刑法只能将一种义务强加于人，即不实施违法行为的义务。这听起来似乎不重要，但事实上可能与“建立在一定角色基础上的义务”这一概念联系起来了。在一个正当且秩序良好的国家，市民应承担的部分义务就是尊重法律，因为法律调整一个社会的公共秩序。守法的人就是明确表示尊重刑法所施加限制（“边际约束”）的人。

除这一点以外，在刑法中，还有两个更特殊的方面，“义务”及“违反”义务的概念在其中起着重要的作用，因为在刑法中有这样一些观点，凡实施了刑事违法行为，就预设了违反义务的行

---

〔23〕 依据法律施加给所有人的生活角色就是法律主体，这一角色的义务正是一个守法的人应担负的义务，可比较 Z. Bankowski 的观点，具体可参见 Z. Bankowski, *Living Lawfully*: *Law in Love and Love in Law*, Dordrecht: Kluwer, 2001, pp. 135–141。

〔24〕 T. Honoré, “Real Laws”, in P. Hacker and J. Raz (eds.), *Law, Morality and Society*, Oxford: Clarendon Press, 1977, pp. 117–118.

为,这一义务本身是存在于刑法之外的。因此,在大多数司法管辖领域,如果某个人不采取措施去挽救明显处于危险中的另一个人的生命,则他既不构成谋杀,也不构成过失杀人(应受惩罚的杀人罪)。但是,存在一种例外情形,即前者负有某些照顾后者的义务,例如,父母照顾孩子,或者某人预先自愿承担这种义务。在侵占或违反信托的例子中,犯罪行为必然包括违反这样的义务行为,即只能是为了保护另一个人的利益而使用信托财产。相反,如果能证明自己的行为是为了履行公法或者私法上的义务,则牵涉实施针对另一个人或者财产犯罪的那些行为就是合法的。并且,甚至在如此的行为超过了相关义务的范围时,由于其是为履行义务而实施该行为的,因此,这构成了一种减轻(其罪责)的条件,并且,可以将那种否则被认为是谋杀的行为减轻到一些更轻的过失杀人的形式。

刑法与带有刑事、准刑事特点[25]的法规是在一种不太重要的意义上施加不做不合法行为的义务,但一旦这一义务与有关损害赔偿的民法联系起来时,就不再是无关紧要的。如我们已看到的,存在这样一种普通法上的权利,即对于任何由另一个人的行为而引起的损害,有获得补偿的权利,因此,只要此类行为牵涉了违反行为人应向受害人担负的义务,并且,只要违反义务的行为是所遭受损害最密切的原因(则就有获得补偿的权利)。为了实现这一目的,义务可以是由一个法规或者被授权的立法产生的,而不只是由以上讨论的原则产生的。甚至在下述情况下,这都是可能的:这一法规只是明确地规定了,如不遵守法定的要求,就构成了犯罪或者违法,就要遭受法律规定的惩罚或者

---

〔25〕 P. Devlin, *The Enforcement of Morals*, London: Oxford University Press, 1965, ch. 2.

刑罚。在此种“违反法定义务”的例子中,一个关键的问题是:这一法规是否是纯刑罚性的,或者是否能被恰当地视为,施加了一种如违反法定义务就会产生民事救济的义务。在这一点上,起决定性作用的东西是:法律的真意,或者有关其应用的意图,是否可以按照这一法规使用的语词,合理地归因于立法机关。关键点在于:这种意义上的意图是否不仅仅是为了获得一些共同的公益或者共同善,或者是为了保护一些共同的公共利益,或者是为了避免造成一些共同的公共损害,而且是为了让那些受此法律影响的个人能获得一些好处,或者一些利益上的保护,或者使其免于受到损害。无论在哪里,只要这一因素处于这一法规的真意范围之内,对于违反普通法所施加义务的行为,民事救济都会恰当地存在于普通法之中。[26] 按照所有这些有关义务的解释,义务的构成似乎是将一些要求强加给了持有这一角色、地位或者职位的人,而不是产生任何特定的或直接的制裁机制。由于法律义务是一些法律上无条件的、要求某人做某事的必要条件,因此,忽略或者违反这些必要条件在法律上就是不正当的。在各种各样的情况下,如此的不当行为都可能受到不同的制裁,或者相反,会产生不利的法律后果。但重要的是,“必要条件”这一概念部分是由地位、角色或者职位等确定的,或者构成的,或者是附着于权力之上的。制裁措施是与特殊形式的不法行为联系在一起的,是由特殊类型的违反或忽略义务行为引起的,它们并不是“义务”这一概念的构成要素。

对“义务”概念所作的这一说明,比那些认为“每一种法律要求都是一种义务”并且“每一种法律上的不正当行为都是违

---

〔26〕 再次参见 Lord Browne-Wilkinson's speech,载于 *X* (*Minors*) v *Bedfordshire County Council* [1995] 2 AC 633 at 731-732。

反义务的行为"的法律学家们采纳的"义务"概念稍稍窄了一些。正是通过这同一标志,它才更贴近法律人最常见的用法。一个非常重要的进一步的观点是:并非每一种义务都是由此种法律规则施加的。对于一些特别重要的法律义务,如一般性的注意义务,与其说建立在对任意的特殊规则或规则的考察基础上,不如说建立在对原则的考察基础上,尽管规则特别重要,在特定的情况下,可以用来清楚地说明原则的内容。尽管人们在很多方面从哈特的思想获益,然而我认为,我们应当拒绝这样的假定:"法律义务"这一概念可以完全按照哈特所说的"施加义务"的"第一性规则"集合来加以清楚地说明。将法律体系仅仅分析为由"第一性规则"与"第二性规则"组成的体系,〔27〕尽管当然包括很多有建设意义的、富有成效的洞见,但它不能满足所有目的的需要,我们在适当时会发现这一点。

6.5 论"义务"与"义务性"

我们可以将"某事是义务性的"(obligatory)这一概念(如以上已提到的)看作与"某事是不正当的"这一概念意义相反的东西。如果做 v 是不正当的,那么,不做 v 就是义务性的;并且,如果不做 v 是不正当的,则做 v 就是义务性的,反之亦然。这些说法不过是同义反复。"义务性"与"什么是不正当的"这两个概念对于任何规范秩序来说都是非常基本的,尽管可以按照上述方式进行说明,但不适合作进一步的分析。法律最基础的层级

---

〔27〕 可参见 Hart, *Concept*, ch. 5; 也可参见 N. MacCormick, "The Concept of Law and The Concept of Law", *Oxford Journal of Legal Studies*, 1994(14): pp. 1–23。

处于:确定某些作为或者不作为是不正当的且是不合法的,或者(用简单、相反的术语表达为)确定作为与不作为是义务性的某些界限。毫不令人惊讶的是,也存在一些类似"凡义务性的东西都是义务""每一个人都处于做或者不做所有的、法律要求人们做或不做某种事情的义务之下"的说法。"义务"这一概念或许在道德哲学家之间最为常见,这些哲学家中的很多人将伦理中的"义务"看作表达"要求某人做某事的道德义务"。法理学界对如此宽泛的用法并非一无所知。在一个非常有名的段落中,哈特将"被迫"(从受到危险或者威胁的强制这一意义上说的)与"有义务"(此处,有一个规则要求某个人做某些行为)这一区分看作法理学中最基本的区分。因此,哈特在有些时候提到规则时,按照他的观点,这些规则是作为"第一性的义务规则"而构成法律最基本层级的。[28]

"obligation"这一术语的广义用法与"duty"的广义用法经常密切相关,按照这种广义的用法,"obligation"与"duty"变成了彼此同义的用语,我们仅仅只能通过对传统用语的既定偏好来进行区分。然而,"obligation"这一术语还有一个更特殊的用法,它仅仅只在研究教义学的法律人的论文中——尤其是在涉及被称为"债法"(law of obligations)这一私法的某一部门或者各个部门时——才保留了一定程度的有效性。按照这一用法,"obligation"不过是从拉丁语"*obligatio*"翻译而来,古典的罗马法渊源将之刻画为"法锁"(*vinculum iuris*),即"一种法律上的联系,通过这种联系,我们可以被迫偿付或者履行某些事情",或者(人

〔28〕 参见 Hart, *Concept*, pp. 84-88; 也可参见 H. L. A. Hart, "Legal and Moral Obligation", in A. I. Melden (ed.), *Essays in Moral Philosophy*, Seattle: University of Washington Press, 1958, pp. 68-75。

们会补充说),(我们被迫)不做某些行为或者不按照某种方式行为。20世纪苏格兰标准的学生教科书评述道:“获得一种较狭意义上的债(obligation)……(它是)一种法律联系,通过这一联系,某个人要受到某一特定的债权人或债权方的约束。”[29]在这种意义上,“债”必然是人与人(事实上是确定的人)之间的双向联系。这些人中的一方(债权人)原则上有这样的自由裁量权,即要求另一方(债务人,*obligatus*)或履行(一定的行为)、或偿付(一定的金钱)、或不做法律要求的某些行为。这意味着“obligation”概念不同于“duty”概念,后一概念仅仅只针对拥有某一角色、地位或者职位者,并规定他们不得不做什么,或者必须不做什么。在一个角色具有一种固有的关系性质时,“duty”的内容是将这一关系中的双方联系在一起的、单方面的“obligation”。但如我们已看到的,可能存在另外的语境,在这一语境中,从一开始时起,一方就明显地受到了某一“duty”的约束,但无法确定,这一“obligation”是否应归于某一特定的、处于法律诉讼中原告地位的另一方。这种意义上的“obligation”反映的是被确定的各方之间的特定法律关系。在下一章中,我们将继续讨论这些问题。

---

〔29〕 W. M. Gloag and R. C. Henderson, *An Introduction to the Law of Scotland*, 9th edn. by A. B. Wilkinson, W. A. Wilson et al., Edinburgh: W. Green & Son, 1987, para. 3. 3;也可参考以前的一些版本,最早的版本当然是查士丁尼的《法学阶梯》(Justinian's *Institutes* Ⅲ. 13. Pr.)。

第7章　法律上的资格与关系：权利与义务

7.1　引言

在这一章，我们将从考察“法锁”或者“法律的锁链”意义（在有关“债权法”[1]的讨论这一意义）上的“债”概念开始。此一“锁链”将两个法律人（有时甚至更多的人）连接到了一起，其中的一方有权要求另一方做或者不做某种行为，另一方要受到相应的义务约束。当存在双边的义务时，每一方就既有权利又有义务，相应的义务与权利同时被施加到另一方身

〔1〕 参见 R. Zimmermann, *The Law of Obligations: Roman Foundations of the Civilian Tradition*, Cape Town: Juta & Co, 1990, p. 1。就罗马术语而言，“债”可以表示双方法律上的联系，一般可参见 Zimmermann 上述著作的第1~6页，也可以比较勒伊特在上一问题上的看法与齐默尔曼的观点。勒伊特的观点可参见 D. W. P. Ruiter, *Legal Institutions*, Dordrecht: Kluwer, 2001, pp. 112-113。

上——如在一个销售合同中,销售者必须提供相关的物给买者,但同时有权利获得物的价值,而买者有权利获得该物,因此有义务偿付价金(因此,一方面依据合同条款,另一方面依据销售有关相关种类物的一般法律,每一方都可能有所有类型的附属权利与义务)。

在这些观点被确立起来以后,我们接着将考察与义务紧密相关的权利,目的是显示权利何时存在,它们是如何与义务发生关系的,尤其是其中是否必须包括一些选择或者控制另一个人履行义务的要素。为此,我们首先将考察要求别人履行或不履行某种行为的消极权利。其次考察积极的权利——某个人自己可以做或者不做某种行为的权利。最后将以基本的方式解释那些(例如)包含在人权文件中的更复杂的那一类权利。

7.2 "债法"

债权必然在某种程度上具有时间上的稳定性。这一权利开始于一些独特的创设性(institutive)行为或者事件,并且,在一些终止性(terminative)行为或者事件(如履行、明示放弃,或者按照一些新的协议进行了明确的替代,如债权过户,或者由于时间的流失而丧失或失效,或者在某些情况下这一方或者那一方死亡)出现之前,这一权利仍然存续。[2] 债权可以具体化,即它可以被认为是一种无形的东西。如此的话,它们可以被债权人指

〔2〕 可参见 N. MacCormick, "Law as Institutional Fact", *LQR*, 1974(90): pp. 102-125,也可以比较麦考密克的下一著作, N. MacCormick, "Norms, Institutions, and Institutional Facts", *Law and Philosophy*, 1998(17): pp. 301-345, at pp. 332-336。

定给第三方，在其中的任何一方死亡或者破产时，可以移转占有，除非这一债务涉及的是纯个人性事务。（例如，如果 A 欠 B 一定数额的金钱，B 可以将要求 A 偿还金钱的权利指定分配给 C；或者如果 B 破产了，B 的破产受托人在债务到期时就自动地有权要求 A 偿付金钱。）

人们一直习惯于按创设性行为或事件的特点对债进行分类。"自愿之债"（voluntary obligations）是由被假定负有义务者的行为而创设的债。作为一种特点，如此一种行为是在带有创设正在讨论的法律义务这一实际的或推定的意图时实施的，通常能有效地、完全或部分地确定履行、偿付或放弃那些作为义务内容的东西。在许多法律体系中，具有约束力的单边承诺必须具有一些正式的形式（如盖章），以便使它们在法律上有约束力，或者要求一些特别的证明模式，如某种书面文件。在承诺被接受方承认的情况下，或者至少不被接受方拒绝的情况下，这些承诺都可能是有约束力的。自愿之债的另一个重要子类可以在约定的或者双方都同意的债务中发现。这类债务要求，在转移权利或施加对双方都有利的义务过程中，必须符合双方或者多方的意志，并且，义务的内容是由各方的意志决定的，或者是由任意的有关强制性或者默示性条款的一般性法律规定决定的，一些特殊种类的合同还要求各方实施某种行为。当然，合同是最重要的、双方一致同意的债务。

与此种由人的意志行为而产生的债相比，人们经常比较的是由法律施加的、同时没有考虑意志或者同意因素的债。"非自愿之债"（non-voluntary obligations）是建立在某种法律确定的事件出现（如婴儿的出生，就会引起父母相对于婴儿的债）基础上的债。这种债可以是由那种既非实际地又非假定地、意图产生一种债的行为而引起的。例如,因错误而付钱给别人,就会产生领款人归还原付款人金钱之债。可能还存在某个人将利益给予另一个人的情况,那会产生受益人补偿施与人、直至与所得相当的非合同之债。对于这种非自愿之债来说,最重要的是(如何确定)赔偿的义务。此处既牵涉行为,即一些肆意的不法行为,或者一些违反义务(例如,注意的义务)的行为,或者一些违反债的行为(例如,合同之债);又牵涉事件,即给行为人之外的其他人造成伤害、损害、损失的结果出现了。在此种情况下,正在讨论的行为可以是一种有意识的行为,但它既不一定、在特点上又不是某个人意图产生后果之债的事件。如以上已指出的,存在由不法行为或违反义务的行为而产生的伤害、损害或者损失,对于由那一损害、伤害或者损失来说,需要进行补偿之债的存在非常重要。在很多场合下,这些事件都出现在违反义务的行为之后。例如,一个被人粗心大意地加工的物品在被装进一部机器之前,可能会在商店里摆放一段时间,过一段时间后,它会被人们使用,但后来却引起了损害或者伤害。[3] 将萨利多胺之类的能致人畸形的药物投放到物资市场,一定早于医生决定开处方将之应用到怀孕的病人身上。在对任何正在发育的胚胎造成实际损害之前,肯定有一定的时间间隔,并且,那一损害仅仅只有在婴儿出生后才能为人所知。在这种情况下,如以前已评论的,在婴儿活着出生之前,是不会产生赔偿义务的。[4]

在有些时候,我们可以通过一种拟制的方法说,在这些情况

---

〔3〕 参见 *Watson v Fram Reinforced Concrete Co (Scotland) Ltd and Winget Ltd* 1960 SC (HL) 92,尤其是其中的第 106~107 页。

〔4〕 Scottish Law Commission, *Liability for Antenatal Injury*, Edinburgh: HMSO, 1973, Cmnd. 5371 (Scottish Law Commission; No. 30).

下,违反义务本身仅仅发生在造成伤害、损害或者损失之后,或者在婴儿出生之后,或者在潜在的损害被最早的、合理地发现之时。为了避免在法律上对行为进行不恰当的规定或者限制,或为了其他目的,诉诸此种拟制[5]非常必要。[6] 但在法律中,通过更好地起草相关立法,保持一个比较清楚的概念结构更加可取。公允地说,受制于规定或者限制的并非是最初的违反义务,而是因违反义务而产生的补偿之债。提出这一观点的另一种方式是说:由有关行为的规定与限制而产生的正义,是不允许人们仅仅停留在行为的权利(补救性权利)上睡觉。受到伤害的当事人获得救济的权利应在合理的时间内行使或者放弃,或者结束。对于所有受到类似伤害、有类似权利的人来说,这一时间长度应当一样。但是,"有过错者实施的实际违反义务的行为"与"损害结果出现"之间的时间间隔可能各不相同。因此,如果法规碰巧将规定起始的时间从违反义务的时刻算起,则法律不得不求助于拟制,以便保障法定模式的实质正义得以实现。

我们已经以这种可供选择的方式重述这一事情,就等于将"权利"概念引入了目前的讨论之中。很明显,处于债之中的债权方立场正是那种按照诸如霍菲尔德、卡尔·韦尔曼(Carl Wellman)之流的法律理论家所钟爱的"权利"分析而得到的权

---

〔5〕 此处的"拟制"意味着违反概念应用的一般标准,目的是更好地实现法律的适当目的。

〔6〕 一个恰当的例子是 the Prescription and Limitation (Scotland) Act 1973,(ch. 52) S. 17。

利持有者的立场。[7] 债的另一方,即债务人,要向债权人承担付款或者履行合同的义务,但对于后者来说,那是权利。此处,最常见的情形实际上是:此种债权人处于选择的地位上,他可以选择是否行使权力,要求对方履行所担负的义务。一旦对方不履行义务,债权人就有获得救济的权利,那使他(或她)能采取针对债务人的法律行动。而且,在对方违反义务的情况下,是否行使任何救济性权利,通常也是一种自由的选择。按照一个影响巨大的学者团体的观点,"权利"思想依赖于此种选择的存在。这些东西要受到债权人意志控制的影响,要看债权人是否要求或者不要求对方履行第一性义务,或者在出现违约的情况下,是否要求对方履行第二性的救济性义务。将"权利"概念与这种"义务上的权力"(power over duty)等同起来的理论一直被人们称为"选择"或者"意志"或者"控制"理论。这是一个需要进一步考察的理论,需要对"一项权利"概念作更广泛的反思。

7.3 一般意义上的权利与相对于行为的权利

权利是必然属于或"授予给"人的。它之所以被授予人,是由于其具有一些特点(如其作为合同的当事人,或者一个因侵

---

[7] 参见 W. N. Hohfeld, *Fundamental Legal Conceptions*, New Haven, Conn: Yale University Press, 1919; C. Wellman, *A Theory of Rights*, Totowa, NJ: Rowman & Allanheld, 1985, 特别是第 102~105 页;还可参见 C. Wellman, *Real Rights*, Dordrecht: Kluwer, 1995; 亦可考察 M. H. Kramer, N. E. Simmonds, and H. Steiner, *A Debate over Rights*, Oxford: Clarendon Press, 1998; M. Stepanians, *Rights as Relational Properties—In Defense of Right/Duty-Correlativity*, Habilitation thesis, University of the Saarland, 2005; G. W. Rainbolt, *The Concept of Rights*, Dordrecht: Springer, 2006。

权而受到损害的受害人),使它适于将某一相关的限制归属给另外的人,以有利于前者的利益。由此,权利通常是法律所保障的某人获得利益或者便利的资格。[8] 这种便利或者利益如果出现在义务语境中,一方就不得不作出一些赔偿,或者实施一些行为,或者不做某些行为,以有利于另一方。更一般地说,有关人的行为的法律要求可能聚焦在这样的事实之上:这些法律要求能保护另外的人或他人免受一些损害或不利益,或者能顾及其他一些、支持将那些对正在行为者的行为施加一些限制视为"正当限制"的特点。[9] 违反此类要求的行为不仅在理论上是错误的,而且对于受其影响的一些人或者特定的人来说,都是不正当的。在一方不得不以某种方式作为或不作为的地方,在不如此做就不利于受影响的另一方的地方,后者都会取得这样的权利:要求前者不要这样行为,或者不能这样行为。凡一方有相应的权利,则另一方就有相应的义务。

以上提到的"选择"理论是按照法律授予人的能力或权力界定权利的,它赋予人拥有完全依据自己的判断、对其他人担负的义务进行选择的能力或权力。[10] 然而,这一方法在将那些通常从属于权利的东西界定为权利本身的一个实质部分时,似乎

---

〔8〕 这一一般观点的论证来自 N. MacCormick,"Rights in Legislation",in P. M. S. Hacker and J. Raz,*Law*,*Morality and Society*,Oxford:Clarendon Press,1977,pp. 189-209,and N. MacCormick,"Rights,Claims and Remedies",in M. A. Stewart (ed.),*Law*,*Morality and Rights*,Dordrecht:D. Reidel,1982,pp. 161-181。

〔9〕 我从 G. W. Rainbolt 那里借鉴来了"正当的限制"这一概念,可参见 G. W. Rainbolt,*The Concept of Rights*,Dordrecht:Springer,2006。Rainbolt 的著作略早于本书的出版,因此,似乎是由于太过轻率地作出判断,我才将他的"正当的限制"概念解释为可以应用于我目前的目的。

〔10〕 Hart,Wellman 以及其他一些人都喜欢用"选择"、"义务之上的权力"或者"主权"概念,Stepanians 在" *Rights as Relational Properties—In Defense of Right/Duty-Correlativity*"一书中提议说,所有这些概念的共同点在于权利持有人可以实施一些控制,并依据那一理由而倡议人们称它们为"控制理论"。

出现了错误。人们可以在权利理论与那些法律人格(personality)理论之间进行富有启发的类比。后一理论认为,我们不能恰当地将法律“人格”(personateness)赋予给如非常年幼、完全缺乏积极法律能力的未成年人之类的人。在第5章中,我们曾用一些论证揭示,那一关于法律上的人与人格理论为什么应当被拒绝。

我们(现在)考察一个只有一个月大的婴儿因一个执业医师一些疏忽大意的行为而遭受严重的、永久性残疾伤害的例子。在这一例子中,法律将提供两种独特的、不利于医生的救济手段。一方面,由于要照料与抚养这一婴儿,父母不仅将花去一些额外的费用,而且还要因孩子的残疾而忧伤,因此,父母有获得补偿的权利,法律将容许对父母因悲伤和其他情感上的伤害而给予补偿——用民法的术语来说叫“抚慰金”(solatium)。另一方面,这一孩子也会由于所受的损害而受到补偿,会因所受的痛苦与精神折磨以及不能过正常人的幸福生活而得到抚慰金。但这些损害补偿不只是“涉及这一婴儿”——那一短语较好地描述了父母的权利,父母有权就他们的损失以及因他们的孩子——作为他们担负义务与付出情感的对象——而遭受的痛苦而获得补偿。如果换成某个人的家畜,或者甚至土地与房屋,人们能得到类似的补偿吗?不能!上述这些损害赔偿与抚慰金是与婴儿有关的,不能无凭无据地由他(或她)持有。他们补偿的是婴儿由此遭受的痛苦,而不是将婴儿的痛苦作为补偿其他人痛苦的理由。除了作为婴儿拥有的因受到损害而获得补救的权利之外,(用在其他方面)就非常令人费解。更进一步说,无论是谁,只有他(或她)有义务照顾好孩子的最佳利益,他(或她)都有义务追求任何可资利用的救济手段——这并不是一个完全的自由裁量问题,就像某个人实施或者不实施属于其自己的某些权利一样。

进一步说,如此前已讨论的,除了因违反相关义务而实施或者因不实施某种行为而造成伤害的案件之外,根本没有什么补偿手段算得上应当的补救手段。但是,是什么使一个义务变得相关起来的?只有这一义务被归之于(而非只是由于造成了损害而亏欠)这样的一方当事人,其造成的伤害才能被认为是法律上可补偿的。如果有人假定,如此一项义务可以被归属给X,而同时没有出现这样的情形:X有某种权利,即有权要求别人在对待自己时,善尽合理注意的义务,以避免造成这种损害或者伤害,则如此的假定在逻辑上就是荒谬的。因此,在此处,至少在消极的意义上,X一定会被认为有某些权利,并且作为一个法律上的权利持有者,X必然是一个法律上的人。

我们说到这一点,就是又一次强调人的消极权利能力——那不过是拥有消极权利的能力——的重要性。使这一消极权利变得易于为人理解的是这样的东西:甚至那些无能力实施法律上的相关行为者(尽管其他行为可归之于他们)都能被承认为拥有某种利益,如果这样的利益被侵犯了,就是不正当的,或者不尊重如此的利益是不正当的。对于受害者(尽管与施害者不一样)来说,此种人进入了法律的保护范围之内。在此种情形下,对那个人表示尊重,将通过这样的方式而得到满足,即承认各种各样的利益构成了那个人的利益,并保证,那个人的每一种利益都应得到应有的重视。通过将那些实质上有损那个人利益的行为视为法律上不正当的行为,从而在最基本的层面上保证了其利益。此处的不正当是相对受影响的那个人而言的,并且,那成为使这一点变得不正当的一个重要组成部分,即使它同时还被视为一种应受到惩罚的损害公共利益的不法行为、一种犯罪或者违法行为。

在有些时候，使这一观点变得似乎没有说服力的东西是：(某人)在被侵权的情况下，却缺乏任何实施救济性行为的能力，此时，权利似乎是惰性的、无用的。然而，关于这一点，最简单的回答是：法律系统似乎预先作了这样的安排：父母、监护人以及之类的人——都是具有完全的积极行为能力的人——能代表那些缺乏必要的积极行为能力者实施法律上的救济性行为。只要那些有适当的监护角色者提出了请求，授予未成年人(以及其他限制行为能力者)的补偿义务是能得到保障的；并且，为了保护那个被限制了行为能力者的利益，由此支付的损害赔偿不得不以信托的形式持有。然而，这并不是揭示，那些无行为能力者缺乏权利，而是说，我们不得不使用那一特殊手段，使无行为能力者的权利变得有效起来。由于运用了此种手段，因此，“此种人的权利是惰性的、无用的”这一观念明显是假的。

控制理论的支持者将上述观念看作对他们观点的支持。他们说，那表明，一项权利的真正本质是：存在根据相关实施者的意思实施某种行为的权力。[11] 这一观点的不足之处不过是：正在讨论中的权力是实施某人权利的权力(不同于检举那些具有刑事违法特点的不正当行为的权力)。

我们不应当将那些辅助性的东西视为权利的构成要素。一辆汽车在燃料箱里没有燃料的情况下实际上是无用的，但这并不能使燃料成为车子的构成要素；没有救济手段的权利实际上

---

〔11〕 C. Wellman 最近以下面的方式说道：“我相信，我们最好将权利看成是一种霍菲尔德式的法律关系系统，它赋予了权利持有人拥有相对于处于对立地位的另一方一定的控制力。”具体可参见 C. Wellman, *Medical Law and Moral Rights*, Dordrecht: Springer, 2005, p. 83。关于这种比所有权的含义要狭的“控制权”，可参见本书第 8 章的论述。

毫无用处,但这并不能使救济手段成为权利的构成要素。然而,我们可以认为,毫无救济手段的权利是彻头彻尾的"不完善的"权利,至少在法律权利的意义上讲是这样的。这有点像支持控制理论的观点。因此,人们最终也许必须寻求全面地理解这两种理论,即使利益理论更为根本,但这两种理论也许可能因为是有价值的,因而被包括进了"正当限制理论"(justified constraint theory)之中。按照正当限制理论,由于另一个人拥有一些重要的特征或属性,而将任何限制施加到某个人的身上,都会产生相关意义上的、其他人应承担的义务。[12] 权利通常是有利可图的法律资格,其内部包括了救济性权利与得到救济性权利保障的权力。在一个人拥有全面的、积极行为能力的情况下,权利与权力归属于同一个人,但在其他情况下,可以为了权利持有者的利益,而将救济性权力授予给另一些承担监护角色的私人或者政府官员。由于此类监护者的角色涉及自由裁量的问题,因此,它牵涉一种不得不受权利持有者最大利益指导的自由裁量权,而不能简单地由拥有监护角色的人自由裁量。

无论那可能是怎样的,在任何完全自主的理性代理人的例子中,适度地尊重(被代理的)那个人,包括承认他是一个有能力实施有效行为的人,当然是应当的。在历史上,对奴隶与妇女(多少有些令人悲伤)的侮辱,部分是由于人们要么完全阻止如此的承认,要么在很大程度上压制这种承认。(获得)法律人格的最基本的好处在于:某人被承认为一个可靠的行为主体。这表明,下面这样一些法律中的授权性规定——要么只是承认某个人是一个自由、有责任能力的行为人,要么使这个人能有效地

---

〔12〕 Rainbolt, *Concept of Rights*, pp. 147–156.

从事或实施法律行为——非常重要。这些规定可以被恰当地认为是授权性规定。从这一意义上来看,实际上,选择理论正确地确定了一个拥有完全法律地位者所拥有权利的核心特点。但从整体上来看,它仍然是错误的,因为它整个儿忽略了那种被授予给具有完全法律资格与能力者所拥有权利的纯消极方面。如果假设一个心智健全的成年人的生命权是由“如果出现了引起死亡的不正当行为,可以要求(或者放弃)救济”的权力构成的,那确实是匹克威客式的(Pickwickian,即荒谬的)。或者,我们是否可以这样认为,在“生命权的丧失意味着自然人本人已不可能享有救济性权利”(*actio personalis moritur cum persona*)这一原理起作用时,并且在“对于不正当的致人死亡情形,根本没有任何救济措施可归之于实施这一不正当行为者的地产之上,并转移到其继承人身上”时,根本就不存在所谓的生命权?

这一有关权利积极方面与消极方面的讨论表明,人们总是认为,权利是与行为有关的,它们可以与那些权利持有者之外的人的行为发生关联,并且,在此种情况下,权利在形式上是消极的,即有以某种方式被对待的权利,且有不以另外的方式被对待的权利。在有些时候,这种类型的权利一直被称为“严格意义上的”权利(rights “*stricto sensu*”),或者“请求”(claims),或者“请求权”(claim-rights),或者“领受权”(rights of recipience)。[13]在这些权利中,“请求权”在目前的讨论中最有影响力,尽管它

---

〔13〕“严格意义上的权利”(Rights *stricto sensu*)是霍菲尔德偏好的“请求权”,参见W. J. Kamba,“Legal Theory and Hohfeld's Analysis of Legal Rights”, *Juridical Review*, 1974, p. 249; 关于“领受权”,可参见 D. D. Raphael,“Human Rights: Old and New”, in Raphael (ed.), *Political Theory and the Rights of Man*, London: Macmillan, 1967, pp. 54-67。

也遇到了某些异议。[14] 我们将观察这一用法,同时坚持,从理论上讲,此处涉及的实际是一种纯消极的权利,对于这一权利来说,积极的救济性权利以及其他种类的权利通常都结合进了具有完全权利能力的人之中,或者在其他情况下通过监护替代了这一权利。关键之点在于:此种权利是一种这样的权利,即一些其他人以某种有利于权利持有者的方式做或者不做某种行为。对于其他人来说,履行或者放弃相关行为是义务性的。但下面一种情况并不是必然的:无论什么时候,只要这种权利[15]被授予给了一个特定的人,另一个与之相关的人就是可以确定的。例如,按照苏格兰1964年的继承法律,一个无遗嘱死亡者的孩子,自无遗嘱者死亡时开始,就有权利被给予同等份额的无遗嘱处分的财产。遗嘱执行人在适当时候将兑现他的这一权利。但在遗嘱执行人被确认之前,没有哪一个人处于支付给这个孩子一定份额的义务之下。在没有指定遗嘱执行人时(在一个部分地无遗嘱死亡的案件中,可能会指定遗嘱执行人),任何受益人,只要已达到法定年龄且有权利能力,都有资格寻求被确认为遗嘱执行人,并由此承担了这样的义务:保证在所有受益人之间恰当地分配财产。[16]

在有些时候,人们会说,消极权利总有"相关的"(correla-

---

〔14〕 可参见 A. R. White, *Rights*, Oxford: Clarendon Press, 1984;也可比较下列著作 A. Halpin, *Rights and Law, Analysis and Theory*, Oxford: Hart Publishing, 1997, pp. 97-100。

〔15〕 M. Kramer 质疑我提出的这种识别权利的方法是否像霍菲尔德的请求权理论那么有效,也许应当以一种类似的方式考察本书第4章讨论的复杂的权利。参见 Kramer/Simmonds/Steiner, *A Debate over Rights*, pp. 28-29。

〔16〕 参见 G. W. Rainbolt, *The Concept of Rights*, Dordrecht: Springer, 2006。在这本书的第143页,Rainbolt 提出,我对这些问题的解读有误入歧途之嫌,因为我没有如其所是地将权利个别化。对此,我的回应是:这一点将在正文的以下段落完全呈现出来。

tive)义务。[17] 但刚刚给出的例子显示,我们为什么不得不小心地对待任何如此的有关“相关性”(correlativity)的论点。有时,当权利被法律明确地授予给那些满足某些资格条件的人时,我们就必须设想,作为授予权利的后果,需要将义务强加给其他的相关者。在另一些案件中,正是普遍禁止的一些行为类型——如随心所欲的、鲁莽的或者粗心大意地危及生命的行为——蕴含着,在所有人身上,一般都存在这样一种权利:不被任何人随心所欲、鲁莽或者粗心大意的行为所杀害。并且,有些时候,在法规施加强制性义务的地方,下面的事情就变成了一种急需探究的事情,即如果我们的理解是恰当的,立法的目的是否是既授予权利又施加义务呢?人们会说,对于每一项消极权利(请求权)的存在来说,必要的条件是:(权利持有人)能事前或事后要求某些个人或阶层做或不做某些行为,以有利于权利持有者。正是通过这种方式,消极权利才能被恰当地看作关于行为的权利,因为它侧重的是他人做或不做某种行为的义务性特点。特别地,对于保障权利持有者获得一些利益或者好处来说,这种做法是非常必要的,或者,在人的性格特点与状况中,或许存在另一些特点,人们可以寄希望于用它们来证明对另一些人施加某些限制是正当的。这样的做法还是很合理的,这是在这样的意义上说的:为了有利于权利持有者,另一些人(或者人们)要受到做某事或不做某事的义务制约。

我们将上述观点总结如下:“债”反映的是人与人之间的关系,其中的一个人有权要求另外的人做某一行为,而另外的人担

---

〔17〕 参见 Hohfeld, *Fundamental Legal Conceptions*; M. Stepanians, *Rights as Relational Properties— In Defense of Right/Duty-Correlativity*, Habilitation thesis, University of the Saarland, 2005; G. W. Rainbolt, *The Concept of Rights*, Dordrecht: Springer, 2006, pp. 28-29。

负着相对于前者的义务。在这一语境中，权利与义务具有关系性特点，指向的是双方之间的义务关系。在双边义务的情况下，如在许多合同中，A 既有相对于 B 的权利，又担负着相对于 B 的义务，而 B 拥有与 A 的义务相对应的权利，并且，B 的义务对应着 A 的权利。

接着，我们必须注意到，权利可能以另外的方式与行为发生关联。当权利与权利持有者自身的行为发生关联时，权利就得到了实现。做某事或不做某事的权利，按照某人的意志做某事或者不做某事的权利，明显是此种类型的积极权利。较简单的积极权利形式是那种有时被人们称为"自由"或被霍菲尔德称为"特权"的东西，或者被拉斐尔（D. D. Raphael）错误地称为"行动权"（right of action）的东西。此类权利得以存在的必不可少的要求是：（某人必须）拥有责任能力（capacity-responsibility），加上没有任何法律规定要求某人不做某一正在讨论的行为，或者此类法律规定了特定的豁免。"我有一种不做 v 行为的权利"，是建立在"我做 v 不是义务"这一基础上的。"我有一项做 v 的权利"是建立在"我不做 v 不是义务性的"这一基础上的。在这两种情况下，我拥有责任能力也是"将此类自由—权利（liberty-right）归属于我"的顺理成章的条件。至于特定的"做 v 的权利"情形，可能有一些进一步的条件与资格要求需要满足，以便使它成为我做 v 的权利，如，我有容许游客进入特定建筑物的权利。

人们有时会说，如果下面的情况是真的，即法律对正在讨论中的问题完全没有涉及，则从任何意义上讲，法律都没有授予一个做 v 的权利。这意味着，缺乏任何相反意义上的法律要求，因此，不做 v 不是不正当的。换句话说，做 v 是没有任何问题的。

苏格兰法没有包含那些与登月有关的规定，既没有禁止人们这样做，也没有命令人们必须这样做。在此基础上，是否可以这样说：按照苏格兰法，尼尔·阿姆斯特朗（Neil Armstrong）先生有按照自己的选择在月球上着陆并行走的权利？如果他有这样的权利，那么，我们可以在何种意义上说，这一法律体系对这一问题没有规定，就等于要“保护”阿姆斯特朗或者任何其他人的这一“利益”？这一节的前面提供的权利论述似乎遇到了困难。

然而，此种异议忽略了某些重要之点。首先，它们忽略了这一点，即承认某人拥有积极的能力，是任何东西被承认为法律上可辨识的人的行为的先决条件。对积极能力的承认无疑是实在法中具有实在性的东西，因此，此处实际上根本不存在完全意义上的法律上的沉默。例如，“承认”（recognition）的问题可以出现在这样的场合：一个非市民行为是否可以以同样的方式承认为市民行为，引起了人们的争论。在讨论基本的宪法权利这一语境中，承认的问题经常非常重要。尤其重要的是，它们忽略了这样的事实：从原则上讲，任何行为（无论是什么行为）在法庭上都可能遇上挑战。如果我们假设一些奇思妙想，如在苏格兰的法院里指控阿姆斯特朗，因为其进入月球造成了一定的损害，由于苏格兰法律对此没有任何禁止性规定，这意味着，阿姆斯特朗有这样一种消极权利：苏格兰法院应立即驳回对他的指控。但是，正是这种消极权利“保护”他可以这样做，即如果他选择这样做的话——就苏格兰法的规定而言，他就可以按照自己的想法在月球上登陆并行走。〔18〕 在所有的并非虚构或者不

---

〔18〕 A. Halpin 论证说，一项相关的消极权利的存在总是会使将“义务的缺乏”恰当地概念化为存在积极的权利，参见 A. Halpin，*Rights and Law：Analysis and Theory*，p. 261。亦可参见 G. W. Rainbolt，*The Concept of Rights*，pp. 30-34。

太重要的案件中，同样如此。由于实施了一个法律上不正当的行为而被判定为违法者，并由于那一原因而应遭受制裁的一个具有完全能力的人应承担什么样的责任，应当与下面一点保持适当的均衡，即这个人是否有做那种法律上不禁止事情的权利。同样地，在相反的情况下，他是否有不做那些依据规则或者原则不属于义务范畴事情的权利。此处，法律提供并且应当提供的保护是：当一些行为受到严肃的但不正确的挑战并被界定为不正当时，这个人可以按照自己的偏好进行判断。进一步说，法律会承认并且必须承认某个人积极的能力（责任能力）是一种有且不得不行使的积极权利的能力，并且在适当的时候他可以宣称自己拥有如此的积极权利。

无论人们用什么动词来替代 *v*，“有做 *v* 的权利”与“有不做 *v* 的权利”都建立在这样的条件上，即不做 *v* 或做 *v* 在法律上都不是强制性的。当然，由此并不能推导出，某个人所做的、处于这个人积极权利范围内的每一件事都是道德上甚至法律上恰当的，或者值得称道的。坚持“法律上存在积极的权利”这一观点的关键之处在于：它们产生了一个由个人自由裁量的区域，在这一区域内，每个人不会由于做了一些在别人看来不合时宜的事情而被要求问责。事实上，当某个人虽然做了明显不合时宜的事情但这一事情却明显不是法律上禁止的事情时，这个人不能被要求问责。[19] 在所有这些之中，最为根本的东西是：根本不存在相反的要求。在某个特定的场合下，这可能与下面的东西相容，即一个人有义务去做那些没有被要求不应当做的事情。下面一点也

---

〔19〕 Jeremy Waldron 在他的著作的引言中得出了一个类似的观点，即从道德的角度来看，如果一个人以不正当的方式行为而同时不会在法律上被问责，则有权利做某事就是一种空想。参见 J. Waldron (ed.), *Theories of Rights*, Oxford: Oxford University Press, 1985。

远不是无关紧要的真理,即我能够并且应当有权去做那些属于我的义务的事情。然而,人们必须注意到,这只是在这样的情况下才能成立,即在某个特定的情况下,我的义务并没有被一些更高阶的秩序要求所推翻或者取消。一个士兵无杀人的权利,即使他的指挥官命令他这样做。因为在这一场合,服从指挥官这一一般性的义务被下一高阶要求所推翻,即要尊重人权。虽然某一个职位的职责经常伴随着"完成那一职责是光荣的"意涵,但我们同时发现,人们又经常这样说:"做某事——甚至更为常见的是说某事——是他们的权利与义务",这一点也不令人惊讶。

进一步说,在 *v* 作为一个动词、表达法律行为或者法律中的行为的地方,如果某人是一个得到了法律授予做 *v* 权利的人,并且,这个人没有因为做 *v* 而违反任何法律要求,则他可以恰当地说自己有做 *v* 的权利。(我们必须注意到,一些权力的行使可能是有效的,但却不是正当的。例如,A 与 B 有效地订立了合同,A 要出售一片土地给 B,但接着却依据随后订立的销售合同将同一片土地转让给了 C,C 是根据善意而行为的,没有注意到 B 之前取得的权利。此处,A 针对 B 实施了不正当的行为,但转让土地的行为尽管是不恰当地实施的,但却是有效的,即从 C 的角度来看是有法律效力的。在货物买卖活动中,可能还存在其他一些案例,在这些案例中,某个人有转让货物所有权的权力,却没有销售货物的权利,例如,获得该货物是通过欺诈的手段,由此属于"可归于无效的物权"。[20] 这充分地表明,权力本身并不是权利,例如,某人可能拥有一种实施特定权力的权利,只要他有那一权力,并且,只要正在讨论中的这一权力行使

〔20〕 关于不正当但有效地行使权力的问题,可参见 J. Raz,"Voluntary Obligations and Normative Powers",*Aristotelian Society Supplementary Volume*,1972(46):pp. 79–102。

活动不是建立在一些不正当的理由基础之上。)

“处于或者在一个人的权利范围内”行为,这一思想与积极的权利相关。只要人们是在满足了权力行使的所有条件和假设性要求的情况下行使任何可资利用的法律权力,并且只要人们避免去做任何法律上不正当的行为,人们就“处于自己的权利范围之内”。例如,据说史蒂芬·盖蒂(Stephen Gatty)先生在弗兰德斯的战壕里服役时曾打电话与麦克琳订立了一份合约,处理他位于洛赫比伊的马尔这一地方的洛赫比伊庄园。丹尼丁法官说,[21]“我承认,我认为这一案件是一个疑难案件,但我认为,原告处于自己的权利范围之内。”阿特金森法官同样说道:“我并不认为……盖蒂先生的行为是非常值得推荐的,但在所有情况下,都不能剥夺他的这些权利。”[22]这些言论与前一章开头一节有紧密联系,那一节得出的观点是:法律的主要目的是为行为设置最低限度的要求,而不是为“什么是值得赞美的”设置较高级或者甚至中等的要求。只要某人没有实施不正当的行为,即使他的行为不令人称道,他也应免于受法律的强制,并有资格行使自己的权利,这是对人的重要利益的重要保护。

“积极的权利”与“在某个人的权利范围内行事”这两个概念是如何与“自由”(freedom)、“自主”(liberty)以及“特权”概念联系起来的?这些概念只是偶尔会被人们当成同一的?当我们用规范术语陈述问题时,人们当然会用“自由地做 *v*”这一概念,其意义实际上等同于“有做 *v* 的权利”。我不能自由地(既可以是法律意义上的,也可以是道德意义上的,或者人们作出判断的规范性标准什么的)去做我无权做的事情,即我不能自由

---

〔21〕 *Gatty* v *MacLaine* 1921 SC (HL) 1, at 10.

〔22〕 1921 SC (HL) 1, at 11.

地去做我有义务不做的事情,或者我被要求不能做的事情。因此,“自由地做 v”完全受“缺乏相反的要求”这一条件的支配,根本没有任何权力要素进入了这一概念之中。“我自由地做某事”并不等同于“我能做某事”,反之亦然。在有些时候,人们将“对于 v 来说,我是自主的”(being at liberty to v)表达为与“我自由地做 v”(being free to do v)同一。尽管与格兰维尔·威廉姆斯(Glanville Williams)的观点相反,[23](但我认为)“自主”通常暗含着“选择”的要素,即使在法律中也是如此。自主地做 v,就要求如人们选择的那样,能自由地要么做 v,要么不做 v。进一步说,无论是“自由”,还是“自主”,都具有重要的非规范性含义。法定条件的限制只是一种限制,同时还存在其他限制,如身体或心理上的强制,或者监禁。成为一个自由人,或者直截了当地说“处于自主状态”,暗含着“没有现实的强制与囚禁”,也没有强制的威胁,或者没有对他们不利的因素。因此,“处于(或被置于)自主状态”是一种非常重要的消极权利的可能主题。“自主”的用法多种多样,有时用来指称一种积极权利,有时被当作消极权利的主题,因此,不可避免地会受到人们误解,故此处不向大家推荐这一语词。

至于“特权”,如果人们将之用来绝对地指称一种积极的权利,则又可能是一种误用。如阿兰·R. 怀特(Alan R. White)评述的,[24]特权是指处于特殊的优势地位或者获得特别的支持,是为那些具有特殊地位的人提供特别的法律规定的内容。一些特权实际上是特别地免除一些法律义务,如诽谤案件中的有限特

---

〔23〕 G. L. Williams,“The Concept of Legal Liberty”, in R. S. Summers (ed.), *Essays in Legal Philosophy*, Oxford: Blackwell, 1968, pp. 121-140.

〔24〕 A. R. White, *Rights*, Oxford: Clarendon Press, 1984, ch. 11.

权(qualified privilege)或者绝对特权(absolute privilege);或者在证据方面拥有特权(evidentiary privileges)的案件中,某人拥有不出示证据物的权利,而出示证据物通常是强制性的。但另一些特权,如联合王国议会中每一个议员拥有的特权,不过是例外性的消极权利。违反此种情形下的议会特权就涉嫌侵犯此种权利,其结果是会受到一些惩罚或者得到某些形式的损害赔偿。

积极的权利之间是否是相互联系的?这是一个值得讨论的问题。霍菲尔德按照人与人之间的关系分析了目前的这一话题,他认为,无论何时,只要某个人 A 有做 *v* 的特权,就一定存在另外的个人 B,他不具备要求 A 不做 *v* 的权利。[25] 这牵涉将一种地位属性(positional attribute)误解为它似乎经常是一种关系属性(relational attribute)。如果某人拥有要求 A 不做 *v* 的权利,则 A 做 *v* 必然是错误的;并且,如果 A 做 *v* 是错误的,那么,A 就不可能有做 *v* 的权利。在这一情况下,人们通常会说,A 无权利(no right)做 *v*。因此,相反地,如果 A 确实有做 *v* 的权利(积极的权利),则没有人具备要求 A 不做 *v* 的(消极)权利。但是,说"没有人有如此的权利"确实不同于将一种独特的无权利"A 应当不做 *v*"归之于 B,C,D……X,Y,Z 等中的每一个人或者任何人。那些破坏自然语言日常用法的法律用法,仅仅只能在概念的清晰性取得了令人惊讶的进步时,才能被采用。此处,根本没有取得如此的进步。

如果概括此前得出的观点,人们会评论说,消极权利可以与积极的选择权结合在一起。在一个人有完全的、积极的法律能力的例子中,通常的情况是:在某人拥有某种消极权利时,其也

---

〔25〕 Hohfeld, *Fundamental Legal Conceptions*, ch. 1.

会拥有与之匹配的积极选择权。由于人们将按照自己无拘无束的裁量权,自由地选择是否要求(或放弃要求)另外的人或拥有消极权利的其他人服从。同样地,当权利受到侵犯时,通常就会自由选择是否要求侵权人补偿的问题,或者让那一事情过去。如果这一要求被提了出来,且被拒绝,或者没有引起人们的重视,此人就有到法院提起法律诉讼的权利与权力,可以要求法院提供适当的法律救济。此处,我们又回到了用来支持"权利选择理论"的观点,那一观点建议说,消极的权利并非真正的权利,除非它得到了此种积极的救济性权利的保障。我们已对这一观点存在的错误进行了说明。然而,对一系列积极的救济性权利与权力进行说明(可参见第9章)——为了使任何消极的权利变得有效,这一说明是必要的——是非常重要的。在一些人具有有限的积极权利能力的情况下,甚至在一些人只具有消极权利能力的情况下,重要的是制定法律规定,确定那些起替代作用的监护人或其他代理人的法律地位,以便他们能获得法律上的授权,以那些无能力者的名义获得救济。他们不得不拥有介入和行使权力的权利与义务,以保证:为了保护那些无能力者的权利,人们将提供充分的救济措施。从法律的观点来看,那些没有任何救济权力的消极权利或者是由权利持有者持有,或者是由那些代表权利持有者的其他人持有,这都可以被人们非常恰当地归入"不完善的权利"(imperfect rights)之中。

与选择理论相关,人们还需要反思那种有时被人们称为"不可让渡的权利"(inalienable rights)存在的可能性。那些严肃地对待权利的规范秩序最重要的特点是:法律对于权利持有者的保护不易遭到剥夺,除非得到了权利持有者自由的同意,或者出现了一些例外情况。这依赖于其他人(即使这些人拥有官方的职位)没有权力去剥夺权利持有者的主要权利,或者辅助性、救济性的权利。在保障人权的宪法性规定与国际条约中,如此的除权(disempowerment)要么是绝对的,要么是普遍的,并且仅仅只有在非常严格的条件下,如此的权利才会遭到搁置。在其他情况下,所有权利都变得易于被剥夺,例如,要么被法律,要么被民事诉讼中的司法命令(所剥夺),要么采取刑罚手段(剥夺)。但是,能促成如此单方面剥夺的人范围非常小,容许剥夺权利的情形也非常严格,并且要受到宪法惯例与解释性推定的限制。

因此,“免于被剥夺”就成了对个人利益实施法律保护——从功能上讲,这也是权利的精髓——的一般特点。人们甚至能按照如果没有权利持有人的同意而推翻或取消免于被剥夺的权利的困难程度,对权利的相对重要性进行分级。在“不可剥夺的权利”情形中,困难程度又升高了一步,并且,它使权利持有人自己丧失了这样的权力,即放弃免于被剥夺的权利或者权利本身的权力。在大多数情况下,具有完全的法律资格者通常都能依据自己的选择,放弃或实施他们的权利。每个人都被推定为代表自己利益的最好法官,“自主”的至关重要方面就在于:即使某人可能会实施一些愚蠢的行为,他(或她)也会得到上述推定的支持。纵使如此,在自由的国度里,也存在一些权利,即使是权利持有人也不能简单地放弃、遗弃或让渡。这些包括“不被奴役”这一基本权利、在从事各种不同的职业时所需的“安全的工作条件”这一法定权利。[26] 无条件地消除此种权利就会限制

〔26〕 参见 N. MacCormick, “Rights in legislation”, in P. M. S. Hacker and J. Raz (eds.), *Law, Morality and Society*, Oxford: Clarendon Press, 1977; Rainbolt, *Concept of Rights*, pp. 44–46。人们不能放弃获得安全的工作环境的权利,并不意味着,只要出现了侵犯这一权利的情形,某个人就被迫提起诉讼——当某个雇员裹足不前时,工厂的安全检查员以及拥有类似职位的人可以采取强制性的行动。

自由，但是，基于保障自主的缘故而限制无条件的除权实际上就会强化对正在讨论的权利的保护。当这一切是通过界定权利的方式提供给我们的，而不是通过解释其他关系通常伴有哪一种相对于其他人的权利，或者通常涉及某个人自己的哪一行为而提出来的，这就成了不赞成任何变相的“权利控制理论”的一个进一步、重要的理由。

7.4 相对于人的生存状态与事件状态的权利

迄今为止，我们已将“权利”看作与权利持有者的行为有关的（积极权利），或是与另一个人或其他人的行为相关的（消极权利）。所有此类权利都能用相当专业的术语陈述。假设某人已详细地说明了被授予权利者（或其集合），以及那些作为一项权利的行为或者行为类型，以及权利相对的人（或人们，或者人的集合）。在这种情况下，权利就被人们如其所能地、精确地予以规定，同时容许含糊性或开放性结构在那种规定行为与人的语言中普遍存在。[27] 所有此类权利都是做 *v* 或者 *v* 被做（或者它们的否定）的权利，此处的 *v* 是一个动词，表示的是一些行为或者行动。

然而，权利经常是关于某物的权利，可以用名词或者名词短语表示，如“某某权”，而非“做某事”或者“依某某行事”的权利。从日常谈及法律的老生常谈中抽象出来的明显例子是“生

---

〔27〕 参见 H. L. A. Hart, *The Concept of Law*, ch. 7； N. MacCormick, “On Open Texture in Law”, in P. Amselek and N. MacCormick (eds.), *Controversies about Law's Ontology*, Edinburgh: Edinburgh University Press, 1991, pp. 72-83； B. Bix, *Law, Language and Legal Determinacy*, Oxford: Clarendon Press, 1993, pp. 7-35。

命权”、“工作权”、带薪休假权,或者尊重自己的语言与文化的权利,或者隐私权,或者公平对待的权利。大多数此类权利都是有关某种生存状态——如活着、工作、自由地保持并依自己的道德信念行动,以及凭自己的选择与他人自由交往、自由地说自己的语言并从事传统文化活动、能快乐、免于他人窥视自己事务——的权利。还有一些权利是与某些事件状态有关的,例如这样的事件状态:雇主要受一些法定义务的约束,要预先为他们的雇员设计带薪年假,或者法律上的诉讼或者其他一些重要的法律安排应当按照公平原则而进行。

根据更深入的考察,我们发现,在如此的权利与我们所称的积极权利与消极权利对于某些行为的影响之间,存在明显的联系。“有保持良心自由的权利”可能包括这样的积极权利,即参观礼拜场所,按照自己的宗教信仰信条生活;同时还包括这样的消极权利,即在从事这些活动时,应不受阻碍。“言论自由权”是通过说话的方式行使的,但它也包括听别人说话的权利,其他人倾听的权利,或者(例如,通过与媒体接触)获得收听(看)媒体机会的权利,也许还有“不被好斗的质问者呵斥”的权利。“某某权利”(一种存在状态或者事件状态)由此可以是一种复杂的权利,包括一种或多种做 *v* 或要求别人做 *v* 的权利。此外,它可能更具有开放性结构,要服从更具有竞争性的解释,而非只是简单地将权利分为做 *v* 的积极权利与消极权利。特别要求以某种方式行为或者按某种方式对待,可以被提出作为所谓的“某某权利”的必要含义与后果。因此,对后者的全面说明将不得不表明,人们认为,什么样的做 *v* 的权利蕴含在诉诸这种权利的特定语境中。为了使这一点变得更好理解,我们来考察一些例子。

生命权本身非常含糊。它要求了什么？我们来看克劳夫(Arthur Hugh Clough,1819—1961 年)的名言：

> 你不可杀它，
> 但你也不必多管闲事地维持其生存……

如此地界定生命权——实际上不过是将它界定为“没有哪个人可以杀人”这一消极权利——是否可以接受？或者说，其他人的积极干涉应当被认为是尊重生命权的最低限度要求吗？如果是这样，该采取何种干涉手段？由谁来干涉？在国家或者国际社会的语境中，尊重生命权是否意味着本国或外国应担负一定的义务，为人们提供医疗保障与最低限度的收入？这是否意味着国家有义务为所有、有紧急需要（或者有任何需要）的人提供基本的必需品？它在多大程度上涉及这样的权利，即政府可以采取行动，减少那些被怀疑有策划恐怖主义暴力活动倾向者一些常见的自由？

我们再一次考察类似《欧盟基本权利章程》(*Charter of Fundamental Rights of the European Union*)之类的法律规定为权利提供有效救济与公正审判的一个条款：

> 如果欧盟法律保障的权利与自由受到了侵犯，每个人都有从法院、以与这一条款规定的条件一致的方式获得有效救济的权利。每个人都有资格在合理的时间内，在一个此前依法成立、独立且不偏不倚的法庭里，获得公正、公开听证的机会。每个人都有机会被提供建议、获得辩护以及被代理。法律援助应能为那些缺乏足够资金的人所利用，只要如此的援助对确保有效地

获得正义是必需的。

我们明显需要一个复杂的法律规定的集合,使此类权利在任何司法管辖权的范围内都有效,并且,(在现实生活中,确实)存在权利可能被侵犯或者未被国家法律制度充分保护的各种情形。在相对于官员或者国家拥有的特殊的消极或者积极权利问题上,分解出"权利"的所有可能含义是一项长期且繁重的任务。事实上,这正解释了为什么如下的做法更容易,即简单地以"某某权"的模式宣告此种权利、让人们逐案具体地决定、判定它在特定语境中的完整意涵。《欧盟基本权利章程》本身并不是一个可在法庭上强制实施的法律文件,它是(在这一特殊以及其他场合下)建立在《欧洲保护人权和基本自由公约》基础上的,后者才是完全合法的、可在法庭实施的文件。它被欧盟理事会成员国的法院实施,最后要送到欧洲人权法院备案。在过去的一些年中,在一系列备受争议的案件中,欧洲人权法院已建立起了对公约条款作出解释的大量判例法,并为其保护的各种权利赋予了大量独特的意涵。人权法实质上是法学的一个分支,在后面的第11章以及第15章我们将进一步考察其在法律与政治方面的影响。

在这一阶段,在细节方面说得太多益处不大。注意到下面一点就已足够:人权法保障的这类"权利"具有复杂的、属于此处已分析的"某某权"这一类权利特性。〔28〕授予或者保护这类权利的文件本身就很复杂,存在多种解释,在实践中,保障这些

---

〔28〕 对于宪法性的基本权利来说,这也是真的,例如德国的法律就有类似的规定,阿列克西对此有所分析,他处理了相对于某物的权利与如何拆解宪法性基本权利的问题。参见 R. Alexy, *A Theory of Constitutional Rights*, trans. by J. Rivers, Oxford: Oxford University Press, 2002, pp. 120–138。

权利得以实施的事业,或者尊重这些权利的事业,要求恰当的法院或者其他权威机关作出大量解释性的决定。按照这种简单的、也许具有原子性特点的、人与人之间的权利—义务关系,这些权利表现出了非常复杂的分子结构,在这一结构中,某种单一的"权利"可能蕴含了复杂的权利与义务,以及事实上的其他法律关系或者资格。当如德沃金这样的思想家提出"严肃地看待权利是自由社会最典型的特点"这一理论时,〔29〕他们就是在思考复杂的、由宪制性的《权利法案》与国际公约所宣称的、关于生存状态与事件状态的权利。德沃金似乎是按照权利的地位而将"权利"界定为远超公共福利其他方面的东西。〔30〕因此,从他的立场得出的一个必然推论是:权利总要受到解释的影响,因为在一个特定的、将分子性的抽象权利解释为蕴含在特殊的原子性(或者具体)权利之中的情况下,按照未言明的宪法价值确定权利的意涵是非常重要的。德沃金的著作多少有些令人失望的特点是:他并没有清楚地说明,他自己的权利论述与过去很多年里法学家与哲学家们作出的庞大论述之间存在什么样的关系。这些哲学家与法学家已经将"权利"概念阐述得非常复杂了。

〔29〕 参见 R. Dworkin, *Taking Rights Seriously*, London: Duckworth, 1977, 尤其是其中的第 4 章。

〔30〕 R. Dworkin, "Rights as Trumps", in J. Waldron (ed.), *Theories of Rights*, London: Oxford University Press, pp. 153–167; 对于德沃金权利理论的批判可参见 Rainbolt, *Concept of Rights*, pp. 189–194。

第 8 章　法律关系与物：财产

8.1　引言

在前一章，我们已将某些权利与义务解释为本质上是发生在两个人之间成对出现的关系。这实为消极权利之情形，在这一情形中，某人的权利即是对另一个人的限制。在这一方面，积极的权利就不一定是关系性的。无论我们是否将之设想为是相对任何特定的其他人的，它都没有对特定的人施加义务上的限制（积极的权利有时被人们称为“自由”，有时被称为“特权”，但如我们在第 7 章已提到的，此类用法没有哪一个能完全避免难题）。我们可以将这些消极权利与积极权利看作简单的原子性权利，不同于更复杂的分子性权利，后者如宪法性的宪章或者“权利法案”或者国际惯例规定的基本权利，这些权利是典型的关于存在状态或者事件状态的权利，在前一章的结尾部分已讨论过这一问题。现在,在本章,我们将注意力转向一种不同类型的复杂权利,它被包括在财产所有权之中,以及其他相关形式的所有权之中,或者“物权”(real right)之中。“拥有某物”会涉及何种类型的法律关系?什么样的物易于被人们拥有?有别于其他权利的财产权是什么?有别于对人权(personal rights)的对物权是什么?在一开始时,我需要做两点提醒。首先,在此处,“物权”这一词语并不是“他们实际拥有的权利”同义语,它不同于“rights as they really are”这一非常有名的当代用法。[1] 在这一章中,“real”具有一种类似英语与美语中“不动产”(real property)或者“房地产”(real estate)这一表达法的意思。但与普通民众的用法一样,我们并没有认为,这种权利所具有的“现实”(real)或者“物的”(thingly)[2]特点只能应用于那些不可移动的物上。无论是可移动或者不可移动的物,还是有体物与无体物,全都可归属于“物权”这一集合之下。进一步的提醒是:此处,我们不用“对物权”(*in rem*)这一词语。[3] 有时,我们会在美语与英语法律作品中看到这一词语,它实际上是对最初应用于罗马诉讼法中的拉丁短语的一种误用。(在罗马诉讼法中,)人们将一些诉讼解释为“对物的”(against a thing, *in rem concepta*),而另一些则被解释为“对人

[1] C. Wellman, *Real Rights*, Oxford: Oxford University Press, 1995.

[2] “real”意指与“res”有关的东西,而在拉丁语中指的是“物”(thing)。我使用的是民法意义上的“物权”,有别于坎贝尔(A. H. Campbell)未出版的讲稿提到的有关权利的反思中所说的“对物权”(rights to things)与“物上的权利”(rights in things),坎贝尔是爱丁堡大学公法与自然法、国家法皇家教席教授,是我的前任。也可以参见 K. Reid, “Rights and Things”, in T. B. Smith and R. Black (eds.), *The Laws of Scotland: Stair Memorial Encyclopaedia*, *Vol.* 18, Edinburgh: Law Society of Scotland and Butterworths, 1993, paras. 1-17。

[3] 参见 J. Waldron, *The Right to Private Property*, Oxford: Clarendon Press, 1988, p. 38。在这本书中,沃尔顿认为,每一个人分配到的资源是整个单独的物体,因此,这些物体属于一些特定的个人。

的"(against a person, *in personam concepta*)。将这些术语从其运用的语境中生拉硬拽出来,是一种坏的语法与坏的拉丁语,并且,有关"对物权"的作品具有的不确定性特点本身也足以证明,我们有充分的理由绕开那一词语。

8.2 物与相对于物的权利

迄今为止,在考察"某某权利"时(此处的"某某"代表的是一个名词),我们考察的仅仅是表示存在状态或事件状态的抽象名词的情形。但有关"物的权利"又怎么样呢?如果"某某"表示的是一些物——例如,名为"Shergar"的赛马,或者帝国化学公司一张面额为100的股票,或者爱丁堡苏格兰大街44号的住宅,或者之类的东西——又怎样呢?从法律的角度来看,这些东西事实上就是"物",或者拉丁语的"*res*"。物与事件状态有何差异?答案是:"物"(通常被人们)理解为可持续一定时间的物体,它独立于且不依赖于其他物体或人而存在,易于为人所利用、占有,且为人所喜爱,并且能从一个人转移到另一个人,同时又不失那一物的身份与特性。"耐久性"(durability)意味着至少能维持一段时间,即在一定时间里保持一种持续稳定的特性。有一些物在时间上具有耐久性,但不一定占有一定的空间,它们是无体物(incorporeal things)或无形物(intangible things)。你持有的股票证书是有形的、可触摸的物,在任何时候,你都能详细地说明它们在哪儿,如是否在你银行的保险箱里,或者在你的抽屉里,或者别的什么地方。这些股票代表的所有权在同样的时刻里并没有占有一定的空间——它们只是在时间上具有一定的耐久性。可以移动的有体物(corporeal things),如这一术语所暗含的物,在不同的时间可以出现在不同的地方。那些不可移动的有体物,如房子与地块,拥有不可改变的地理位置。(尽管在一些法律体系中,由于某些法律政策的缘故,为便于将其归入同样的管理体制之下,某些并非不可移动位置的物也被包括进了不可移动物的范畴之内。)〔4〕

人们很容易认为,有形物存在于自然界,而无形物仅存在于虚构之中,或者仅通过法律拟制才存在。然而,在这一语境中,"拟制"(fiction)是一个更具有误导性而非更有帮助的概念,尽管它一直被一些著名法学家采用。〔5〕如这一章靠后部分将进一步讨论的知识产权问题,我们必须承认,诸如版权、专利、公司的股份或者地役权等物的存在、身份(identity)以及相互分离问题是一个法律上的制度性事实,依赖于行为、事件与事件状态以及按照法律规则对之进行的解释。无形物是那种完全依赖人类的规则与约定而存在的物。然而,我们不能通过比较而假定,有形、可移动物的身份与分离完全不依赖人的规则与约定——我们认为,正是人的规则与约定才使车子、小刀或者几袋土豆可能成为法律上的物。对于很多有形但不可移动的财产来说,这一点更加明显,其中的每一份财产只有通过复杂的土地测量、划界与绘图规则才能确定。爱丁堡苏格兰大街 44 号实际上就是一个虚构的地址,是一本最近流行的小说使用的地址,〔6〕

---

〔4〕 在法律冲突的语境中,这会在不同的体系间产生不协调。参见 J. Carruthers, *The Transfer of Property in the Conflict of Laws*, Oxford: Oxford University Press, 2005, 1. 04–1. 11。

〔5〕 可以将本书的第 6 章、第 7 章与 Carruthers 的上述作品进行比较,参见 L. L. Fuller, *Legal Fictions*, Stanford, Ca: Stanford University Press, 1967; 也可参见 J. C. Gray, *Nature and Sources of the Law* (ed. R. Gray)。

〔6〕 Alexander McCall Smith, 44 *Scotland Street*, Edinburgh: Polygon, 2005.

但我们能理解它的意思是什么,因为我们知道,对于真实存在的处于公寓街区的房间或公寓来说,如何能以此种方式加以辨识。拟制是这样一个术语:它被人们用来表示那些仅仅基于想象的目的而存在的物体,而非指依赖那些实际生活中实际发挥作用的规则而存在的物体。

对可移动物的列举、命名或者描述(甚至在一些情况下的制造)同样依赖于规则与约定。在那些有形、可移动的物是"可替代物"——可以称重与量度,并依据明确的说明按量买卖的物——的情况下,这一点最为明显。一吨比尔斯顿格伦煤可以被利用、燃烧或者储存起来,它是由很多真实的煤块组成的,需要满足一些由我们的命名习惯而确定的产品描述,以及我们的称重规则。正是这些东西确定了它们在广阔的、由独特的人类利益型塑的世界中的地位。石炭纪地层出现在苏格兰洛锡安郡的比尔斯顿格伦的地下,完全是一种自然事实,与人类的利益、习惯完全无关。人们将煤从那里挖出来,称重,然后放进集装箱里,这些同样并非以一种纯自然事实的形式存在,尽管其出处毫无神奇之处,其安置无任何不同寻常之处。[7] 但同样的自然特性可以在苏格兰皇家银行的股票中发现。所有法律中的物都具有由法律(或者按照法律,甚至超越了法律)、依据深深扎根于人类文化中的一些基础性习惯所界定的"物"(thinghood)或"现实"(reality)的特点。

如已提到的,在法律中,人们已区分了有形物与无形物,可移动物与不可移动物。这些做法区分了不同种类物的存在方式与特性。有形物,包括可移动物与不可移动物,都当然地属于物

〔7〕 非常遗憾的是,由于格尔斯顿·格伦煤矿几年前关闭,这已经变得不同寻常。

质世界之一部分,并由此被视为那一世界的一些成分。由此,在各种各样的制度性事实中,它们与无形物有很大的不同,因为后者是非实体性的。如已经提到的,这并不是只要通过对事实与拟制进行比较就能掌握的区别。布兰丁城堡是一个虚拟的城堡,但爱丁堡城堡不是虚构的。混日子俱乐部有限公司(Drones Club Ltd.)的股票是虚构的,但苏格兰皇家银行的股票是一个真实公司的真实股票。布兰丁城堡的女皇是一头虚构的猪,与我的婶婶伊丽莎白在1939年至1945年战争期间饲养的母猪波西亚不同,后者在食物匮乏的时代保障了极好的咸肉来源。对于每一种法律上的物来说,下面一点也确实是真的,即它们被确定为特定独特物的方式与其影响特定人类利益的方式是相得益彰的,与保护这些利益的人类规则和习惯是并存的。

正是由于它们之间相互分离,易于为人所占有,具有耐久性,以及尽管占有会随时间的改变而改变,但其法律特性仍保持一致,法律上的物才不同于抽象的事件状态。因此,与从有关存在状态或者事件状态的情形中发现的权利(我们一直称为抽象的权利)相比,有关物的权利或物上的权利具有更加明显的特殊性、精确性。然而,两者之间也存在某些相似性,因为各式各样的物权极为复杂,即它们可能是一系列有关行为的、更简单的积极与消极权利的基础。我接着转而考察这种权利为何是这样的。

如果你拥有某物,例如,一辆挂着某一车牌号的蓝色本田雅阁汽车,我可以通过要约的形式从你手中购买,你也可能同意出售它,条件是我要满足你的这一要求:我应有充足的资金,按彼此达成合意的价格付钱给你。一旦我满足了你的要求,我就有权利得到你的车子,即我获得了这样一项权利:你应将车子移交给我。接着,这辆车子就是我的。要求你将这辆车子移交给我的权利是我所称的消极权利或者请求权的一个例子。在有些时候,“拥有某物的权利”,用拉丁语表示就是 *ius ad rem*,过去常被人们用来表示某个人持有的、针对另一个人的此类权利:他(或她)有将某物交到另一个人手中的权利。这种权利是双方之间的纯粹的对人权。A 有这样一项权利:B 在商定的时间内将车子移交给 A——A 不能要求 C 或者 D 或任何其他人移交车子,仅仅只有 B 才能移交车辆,并且仅仅只有 B 才有移交的义务,最终车子为 A 所占有。也许在一些法律系统中,在 B 不能自愿地移交财产时,A 有一种从 B 的占有中非暴力地获得车辆的积极权利。但这又一次变成了一种发生在 A 与 B 之间的排他性、个人间的关系问题。这种对人权是相对于物的,通常与物的占有及使用相关,且是由债——尤其是合同之债或者准合同之债——引起的。

8.3 物权——取得与名分

物权与如此的对人权形成了鲜明的对照。物权是物上的权利,而非只是相对于物的权利。一旦 A 收到了小汽车,并获得了这辆车子的所有权,A 就不再拥有一项只是针对 B 的权利,A 获得了可以针对任何人的权利,如有任何人妨碍 A 在物上设置的这种权利,就侵犯了 A 的权利。一个人不得不拥有适当的行为能力,以便能持有或获得物权。但这种能力仅仅是必要条件,而非充分条件——(此外还)必须有一些特殊的财产权,一些行为,或者事件,或者偶然事件,(只有添加上这些)才能在法律上取得赋予权利给A的效果。订立一项合同、履行合同规定的相关条件就是此类权利的一个例子。同时，还有数量众多的其他情形存在——例如，在继承法中，当一个立遗嘱者死亡时，首先就会产生一种相对于已死者的遗产执行人的对人权，并且，随后，通过遗嘱执行人的转让行为，可获得已死者遗赠的财产所有权。另一个例子是与破产有关的，它可以产生将破产人所有的财产权授予给信托人或者其他官员的后果。物（不同于人的四肢与身体的其他部分，它们只有在从活人身上切下来后才能成为物[8]）与任何特定的人之间并无内在的联系。因此，通过某个与特定物发生关联的权利或者建立在这一特定物之上的权利方式而建立法律上的联系，就要求存在一种特定的财产权利。

财产权问题最明显地出现在物上的权利或者物权（如所有权）的例子中。这种权利并非天然地与人联系在一起，也并非与物天然地联系在一起。就像某个人的手套，毕竟与这个人的手不一样，虽然不得不戴在人的手上，但它能随便地从手上取下来。某人拥有的是一双手套，而非其手。只有被授予了适当的财产权利，一项建立在特定物上的现实权利才能被授予任何特定的人。再者，通过授予财产权，就意指存在一些行为、事件或者事件状态（或者上述东西的结合），就暗含着一个特定的人被授予了相关的、能做特殊事情的权利能力。在这一语境中，创设性法律规定（institutive legal provisions）可能会被赋予"授予性规

---

〔8〕 可以比较 C. Fabre, *Whose Body is it Anyway? Justice and the Integrity of the Person*, Oxford: Oxford University Press, 2006。也可参考 J. K. Mason and G. Laurie, *Mason & McCall Smith's Law and Medical Ethics*, with a chapter by M. Aziz, Oxford: Oxford University Press, 7th edn., 2005, pp. 511-538。

定”(investitive provision)这一特殊的名称,[9]并会产生下面的后果:

· 对于任何拥有 c 这种权利能力的人 P 来说;

· 并且,对于 t 这一类型下的任何物 T;

· 如果与 T 相关的行为类型 a 之下的一个行为、事件类型 e 之下的事件或者事实类型 f 之下的事实,被 P 实施了,或者由于 P 的原因发生了,或者由于 P 的原因出现了;

· 那么,物权类型 r 之下的一项物权被授予给了 P。

我们可能会问,什么能形成建立在一种特殊类型的物(如可移动的或者不可移动的,有形的或无形的)之上的特殊类型物权(如所有权、租赁权、抵押权、保证权或者地役权)? 答案是:除了法律规定的、足以将那一权利授予给此类人的行为、事件或者事实的集合之外,根本没有什么别的东西能形成这些类型的权利。

从概念的角度来看,最简单类型的财产所有权是通过将某物纳入某人的占有之下而最先取得(initial acquisition)的权利,例如,在海里捕获了一条鱼。“先占”(*Occupatio*,此处用拉丁语表达这一概念)原则要求某人实施一种占有行为,这是从“为了成为物的所有人而从物理上控制某物”的意义上说的。这一行为必须出现在这样的情况下,即那些物是容许人们占有的物,并且是目前不为别人所有的物。人的行为必然与特定的物相关,并且,某一特定的人必须采取了占有行为,而且,这个人

[9] 关于法律中的“授权性规定”与“剥夺权利”的规定,可参见 J. Raz, *The Concept of a Legal System*, Oxford: Clarendon Press, 2nd edn., 1980, pp. 175-183。

也确实实施了占有行为。这一行为可以由具有责任能力的任何人实施,而且,只要这个人拥有取得所有权的权利能力,则这个人就可以通过占有行为而变成所有人。在最先取得模式的另一些例子中,上述理论同样成立,只不过更加复杂罢了。〔10〕关于这些,很多法律体系特别承认以下行为:(1)添附(accession),如新生小马驹,其所有权附属于母马的所有人;因水流冲击而形成的新地(alluvion),由于河流或者海洋冲击而逐渐形成的新土地(其所有权属于旧地的所有人);(2)加工(specification),通过对原材料进行不可逆的改造而形成的新物品,所有权属于其加工者;(3)混同(confusion,或 commixtion),将不同固体或不同液体混合到一起,无法分开,将引起人们对混合物的共同所有。最先取得一种无形物(如商标)的所有权可以通过强制注册的形式而实现。这既可以使商标成为一种法律上的存在物,又可以将所有权授予给最先登记的那个人。

派生性的取得模式涉及从另一个已作为所有人的人那里获得某一物或者物上的权利。这一情形明显涉及两方。因此,此处的两个人不得不有相应的能力,此外,转让者必须拥有有效的所有权,以便转让正在讨论中的权利。〔11〕可能还有一些必须遵守的法律规定的程序(如权利或者契约的起草与登记),一定还不能存在诸如欺诈、暴力以及恐惧或者错误等使之无效的情形;并且,所有被要求的背景条件都必须是有效的。因此,在此种情

---

〔10〕 Justinian, *Institutes*, Ⅱ. 1. 12. 人类事务中的一些事物缓慢地发生着改变。对于现代西方法律体系来说(无论是普通法,还是民法,都是一样),对于物的最初取得问题,当代法律像查士丁尼以及之前的盖尤斯的《法学阶梯》一样着墨不多。

〔11〕 许多法律体系都承认这样的情形,即一个以善意方式行为的人可以从一个事实上不是真正所有人的人那里获得某物,在特定的情况下,如此的获得可以导致完全的所有权被授予给了善意的取得者。如此的规定是为了保护公共利益,以便所有权能尽可能地保持确定性。

况下,确立某人是否拥有某项权利,可能会要求确定复杂的行为与事实。在通过无遗嘱继承方式取得财产的例子中,如果出现了无遗嘱死亡的情形,则转移财产的情形就会自然而然地启动,此类权利是由于这些事实——已死者合法地拥有所有权,继承者与死者之间具有某种关系——与事件(那个人死亡)而引起的。

8.4　物权——其内容

财产权问题关注的是取得物权的模式是怎样的,一个与之不同的问题是某人获得权利的内容如何。关于权利的内容,人们可能首先会得出一个一般性的、接着会得出一些特殊性的观点。这一一般性的观点是:物权意味着某人与某物之间存在一种特殊的法律关系,在某种程度上讲,它蕴含了作为后果的、对抗不特定第三人(或者特定的、在一定程度上妨碍了权利持有人占有某物的第三人)的权利。斯泰尔(J. V. Stair)简洁有力地说到了这一点,他说道:物权是直接与物有关的,但间接与人相关,因为人已经对物进行了干预。〔12〕 尽管斯泰尔特别结合所有权来谈及物权,但他的观点只能在非常一般的意义上才成立。物权是发生在特定物与特定人之间的价值的法律关系。它们之所以有价值,是因为它们意味着,持有物权者因此享有某种积极的使用与享有该物的权利,以及任何其他人不能妨碍或者剥夺

〔12〕 J. V. Stair, *Institutions of the Law of Scotland*, ed. by D. M. Walker, Edinburgh: Edinburgh University Press, revised 2nd edn., 1980, I. i, 22. 也可参见 J. E. Penner, *The Idea of Property in Law*, Oxford: Clarendon Press, 1997, pp. 25-31。

其使用与享有该物的消极权利。这一利益还会延伸到权利持有者拥有某种程度的豁免权,该物可免于被单方面的行为所没收,或者该权利免于受公共机关或私人的践踏——我们可以称为"该权利免于(被他人)单方面的剥夺"。[13]

那么,当人们对物进行了干预时,我们能就人与物之间的关系间接地说些什么呢?很明显,(在现实生活中)总是存在这样的风险与可能:某人会通过拿走某物或者妨碍别人接近某物的方式,侵犯物权持有人的消极权利,或者某人会挑战权利持有人的积极权利(就像禁止获得通行权的例子一样)。或者,某人会意图推翻免于被剥夺的豁免权(例如,通过一种有目的的强制购买行为,或者没收行为)。每一次如此的侵犯、挑战或意图推翻都不可能只是由可以确定的人之中的一些特定人或群体发起的。为了对抗那个人(或者那些人),必须存在获得损害赔偿的救济性权利、禁令或者命令,或者一些形式的宣告性命令。如果没有获得以国家为后盾的救济能力,以对抗那些以这样或那样不太令人满意的手段对权利横加干涉的人,则任何种类的物权(尤其是所有权)都不过是镜花水月。在法律上拥有一项物权,就一定存在如此的、获得法律救济的权利或权力,这是处于重要的法律规定之中的。如斯泰尔所说,这些救济措施可以对抗那些以任何方式与物(或者实际上与权利,就像旨在推翻对抗剥夺某人物权的豁免权)发生关联的任何人。人与物之间的关系具有规范上的重要性,仅仅因为其在某人与属于另一个人的物发生关联时,就和人与人之间可能的关系形成了逻辑上的

---

〔13〕 A. M. Honoré, "Rights of Exclusion and Immunities against Divesting", *Tulane Law Review*, 1959–1960(34): p. 453. 关于"豁免"或"免除……权利"的讨论可参见本书第 9 章第 9.4 节的论述。

联系。但是，在法律中，这些可能的关系是间接地对物权关系中人与物的关系发挥作用的。边沁提出了将这种关系概念化的另一种方法。（他建议，）我们应将那些属于所有权范畴内的物（*res intra commercium*，属于商业范畴的物），以及与这些物有关、涉及民事与刑事不当行为的法律，理解为是由系统性例外限定的普遍性禁止的集合。此种禁止正符合哈里斯（Jim Harris）建议称呼的"非法侵入规则"（trespassory rules）的要求。[14] 实际上，这一规则说的是：除非他（或她）是那一物的所有人，或者是在所有人许可或授权的范围内行事，否则，没有人能使用（或者占用，或者损坏，或者乱动）该物。（尽管此处并非真的重要，但基于完全性的考虑，人们应赞成的此类其他例外是：在紧急情况下才使用该物；得到公法明确授权的政府官员可征收该物；在破产或得到法庭命令的情况下可没收该物。）在这一点上，所有人拥有一种其他任何人都不具有的特权（一种积极的权利），因为他（或她）之外的每一个人都要遵守"非法侵入规则"。因此，所有权总是包括亚当·斯密（Adam Smith）所称的"排他性特权"（exclusive privilege）的要素。[15]

迄今为止，我们已说到的所有东西都不过是一般性地论及物权。接着，简短地考察不同类型的物权之间的种差是非常恰当的。从物权的特点来看，每一种物权——无论是所有权，还是租用权、抵押权，或者地役权——的后果都意味着，某人在物上拥有特定的积极权利与消极权利，它不同于此处讨论的权利。同时，每一种物权还蕴含着控制并许可他人使用该物的权力

〔14〕 J. Harris, *Property and Justice*, Oxford: Clarendon Press, 1996.

〔15〕 在一些法律体系中，租用权被认为是一种物权，而在另一些法律体系中，它又只是被当作财产承租人享有的、对抗所有人的一项人身权，如果目前的土地所有人出卖附带有租用权的土地，会引起一系列并发症。

[到底行使哪一种权力,可能牵涉其他人针对正在讨论的该物权(而非在该物权上)进行了何种投资]。每一种物权都有自己独特系列重要的积极权利、消极权利与权力。是什么使某项权利成为一项物权的呢?如果仅仅依据这样的理由:权利持有者有资格拥有那一物上的物权,且重要的积极权利、消极权利以及辅助性的救济权每一者都可以有效地对抗任何人,则这项权利就是一项物权。[16] 人们根本无须证明拥有任何下述的独特权利,即权利持有人有权强迫特定的一方当事人以如此这般、有利于权利持有人的方式行事。然而,进一步说,拥有一项物权的后果本身根本不具有权利或权力的特点,其中的一些后果反倒是负担,并具有义务与责任的特点,那是对使用或者滥用积极权利的一种限制。这些负担可以被应用在"规划与分区法"中,或者禁止铺张浪费的禁奢法中。在特定的例子中,在权力之上可能还存在一些限制与例外,间接地影响了人们在一些类型的物上持有物权。此处提供的例子是对转让施加一些限制,就像在某些形式的地产继承例子中一样,或者对分期付款与赊卖协议施加严格限制的法律那样。尽管存在此类负担与限制,但下面一点仍然成立,即在所有常见的情形下,拥有物权都是从整体上说的,并且是建立在强有力的、对权利持有人有利的考量基础之上。

---

〔16〕 物权的这一特点由于所谓的"对物权"的论述而变得明显起来,尤其是在霍菲尔德式的传统中,人们将之分析为权利持有人与许多不特定的、负有相对义务(或无权利)的人之间的具有相同内容的权利束,参见 Hohfeld, *Fundamental Legal Conceptions*, pp. 69-81。一旦迈出了这一步,就可能将所有如此的权利都看作对物权,而无论是否有任何物归属于这一权利之下。例如,George Rainbolt 讨论了人拥有的不受攻击的权利,那是对抗任何其他人的权利,他将之归入了霍菲尔德论述的权利意义上的对物权。如此的方法并不能处理非常复杂的财产权问题。参见 Rainbolt, *The Concept of Rights*, pp. 22, 86。关于如何拆除"权利束"理论,可参见 Penner, *The Idea of Property in Law*, p. 23。

然而,对于任何特定种类的物权来说,有关权利与权力(包括救济性权利与权力)以及义务与责任、无责任的明确而详细的后果性规定可以依据法律而予以改变。当这些改变发生(如通过立法手段)时,它们既没有改变物权的概念性特点,也没有将特殊的物上的权利授予给特定的人。在前述的时间里,即在1947年的《城镇与乡村规划法》开始生效这一特定的时刻,在苏格兰,土地所有者并没有停止占有他们拥有的每一片土地。因为在当时,土地所有权并没有被苏格兰法废除。尽管当时存在的所有权仍没有受到干扰,但其中的一些后果或者事件[17]发生了改变。特别地,积极使用土地的权利被限定为(必须符合)当时存在的使用特定土地的模式;但所有者获得授权,可以从地方规划部门那里寻求许可,以改变土地的用途。在当时,这些规划部门得到了授权,可以在法定情形下颁布许可。

我们可以非常恰当地说,此类立法反映了立法机关在与土地所有权有关的特有权利与责任的观念上发生了转变。但如果说(私人)土地所有权概念由此从苏格兰法或者任何其他的、引入了一些限制性的行政区划法或环境保护法的法律体系中切除掉了,就不恰当。这向我们展示,作为其他权利或个人权利特殊系列的物权——一种为了对抗这一世界中所有其他公民的权利——理论为什么不是一种令人满意的理论。对于一个由重要的权利、权力、义务、责任以及无能力等组成的易变且多变的集合来说,物权是基础,这些权利至少在相当合理的程度上与对抗单方面剥夺的豁免紧密地联系在一起。即使在后果发生变化的情况下[它可能是由立法引起的,也可能是由权利持有者的私

---

〔17〕 奥诺尔提出了一个更有价值的术语,参见 M. Honoré,"Ownership",in A. G. Guest (ed.),*Oxford Essays in Jurisprudence*,Oxford:Clarendon Press,1961,ch. 5。

人行为(行使他或者她的权力,以改变使用某物的积极权利)引起的],从概念的角度来看,这一基础仍然是一样的,正如一个土地所有人允许另一个人进入他(或她)的财产中一样。

凡能被授予某人的东西都能从那个人手里剥夺。通常,剥夺(权利)采取了两种形式。第一种是将权利从一个人转移到另一个人手中,因此,A 之所失即 B 之所得。第二种是权利的终止(termination of the right),其可以出现在放弃或抛弃某物或者某物上的权利之时,也可以是由于死亡(如家畜死亡)、毁坏或者物的其他中断情形,还可以是由于权利已达到了某一固定期限。(有时,权利在一定的期限内终止,需要一方或多方行使一些权力,例如,地主应当在租期结束之前提醒租户退出土地,如果不提醒,则依据法律的含义,或者基于一些其他理由,土地将年复一年地被租用。有时,仅仅依法行事即能产生这种后果。)正是按照权利被剥夺或者终止的方式,人们才能更好地从其他物权中区分出所有权。正是由于此类权利具有这一特点,才使它们只有在这样的情况下才能被剥夺:要么是由于(权利持有者)自愿的放弃,要么是通过转移给另一个人的方式。(对于后者,)无论是通过自愿赠与或销售的方式,还是通过某个无意识的事件,如死亡与征用(都是可以的)。权利是可终止的,仅仅由于某物遭到了毁坏或者权利被人们放弃。这些反思使我们能以一种一般的方式陈述作为一个特定法律系统中一项制度的私权存在的条件是什么。

将一个特定种类物上的物权规定为重要的积极权利,这一做法存在于任何法律体系中。这些权利包括特别典型的使用与享用该物的权利,以及调整他人使用与享用该物的权力。这些权利具有一种开放性、耐久性特点,最终会按照前面提到的创设性规定与终止性规定指示的方式走向终结。特定种类中的任何物都可能是某人财产中的一项。建立在私有财产之上的此种所有权不同于如租用权之类的权利,后者尽管也授予了人们使用与享用某物的权利,并且至少授予了一些调整他人使用该物的权力,但有固定的期限。那意味着,它们在一个固定的日期会终止,(在终止期到来之后,)如果权利持有人没有将权利转移给他人,则我们可以从他们手里剥夺该权利。当然,这一后果可能会要求财产所有人发出退出财产的通知,我们以上已作过评述。它们也不同于终身租赁财产权(liferents)、终身财产权(life estates)以及其他用益物权("usufructuary" rights),后面这些权利尽管没有固定期限,但在权利持有人死亡时,它们必然会被剥夺与终结,以前受制于上述权利的物之所有人能完全不受妨碍地享有以前被颠覆了的财产权。

一个进一步的比较是以实物担保权(动产抵押权、担保权和保证,等等)为对象的。这些权利预设了某个债务人 D 负有某些相对于债权人 C 的义务,为保证这一义务得到履行,D 通过抵押一些属于自己财产的方式,将适当的抵押权授予给了 C。在有些时候,此种抵押权(有时是不得不依据法律而作出的)是那种能持续一个固定期限的权利,在这一固定期限内,D 必须履行正在讨论中的义务。无论是否如此,下面一点肯定是真的,即由于一些事先协商的、D 违反义务的情形出现了,C 就有了变卖他(或她)的抵押物的权利。这可以是立即授权 C 取得 D 以前拥有的财产所有权(现在,因担保权而产生的留置权消除了);此外,还可以让 C 在那一财产上行使如此的权力,使他(或她)能补偿因违约责任而损失的全部经济价值。此类事件必然会终结抵押权(security-right),剥夺 C 在那一物上享有的抵押权;而同时 D 要么会被剥夺那一财产的所有权,要么在按要求满足 C 的担保物权而承担了上述债务之后仍拥有那一财产的所有权。

所有的租用权、终身权利以及实物担保权都在两种意义上明显地预设了所有权:首先,它们全都是由行使那些被授予给权利所有人的权力而产生的;其次,一旦这些权利被产生了出来,就形成了财产留置权(encumbrances upon property)。因为除了正在讨论的留置权以外,它们还限制、限定或者取消了所有人拥有的使用权与处分权。另外,在商业社会中,所有人能追求的经济效益包括能以令人满意的租金将财产出租给租借方,以及能通过财产抵押的方式为投资融资。那些通过这些方法获得财产利益的人可能只有蝇头小利可图,因此,他们几乎没有理由因我们的定义而担忧或忧虑,也没有必要修正我们的定义。

最后,请大家注意有关道路、灯光、支撑物以及诸如此类物的地役权问题。所谓土地的地役权,必然属于物权,必然预设了土地上财产的所有权。因为提供人们自由地通过某一道路的义务,或者不妨碍光线通过,或者维持对邻近建筑物支撑的义务,在每一种情形下,都不过是拥有供役地的一个插曲,而无论这一地块的所有人是谁。自由地通过与多次通过某一道路的权利,或者无阻碍地接收光线的权利,或者为一个建筑物提供支撑的权利,是一种有条件的权利,它建立在受役地的所有权基础上。这一权利不能被切割开来,除非以(将这一权利)变成一种纯对人性质的、有利于目前持有人对抗当下出让人的权利为代价。进一步说,地役权的特点是:如果被支配与被供役的地块变成了由同一个人拥有,则地役权就自动终结。

总之,在区分各种类型的物权时,人们必须从宽泛的路径看待每一种权利,以便了解它包括何种类型的受法律保护的便利。

如我们通常所说的,以及我们此处已说过的,所有权、租用权以及终身权利全都有一些共同的东西,即他们全都寻求保护某个人享有和使用某物或者某个财产——或者财产权。正如以上有关剥夺与终止权利的法律规定已指出的,所有权不同于后两种权利,它没有特定的期限。一旦那一区别已经为大家所掌握,人们就能理解,租用权与终身租用权为何是派生性权利,为何是由行使所有权的权力产生的。不动产抵押权实际上是有条件地保障权利持有人使用并享有抵押物带来的经济利益。在抵押物的所有人出现过错、特别是破产的情况下,抵押物的持有人拥有一种优先性的权利(得益于他拥有的物权)。地役权增强了某一片土地所有权的有利条件,代价是几乎同样增加了毗邻土地、供役地所有权的繁重负担。

由此,我们将按照人们拥有的任何物上的权利与权力,以及有关任何物的义务、责任与无能力而产生的间接事件,而对所有权、租用权、终身使用权、不动产抵押权以及田地的地役权(就像其他物权一样,如果有其他物权的话)等概念加以阐明。至于这些权利的获得方式,每一者都有赖于一些由创设性/授予性法律规定所确定的权利,并且,每一者都受到了一些相关豁免的保护,可免于受到单方面的、非自愿的剥夺。自愿被剥夺则完全是另一回事,这要看是否存在每一种权利都需服从的剥夺或终结的规定。这些东西确定了自愿性行为与非自愿性事件,正是通过这些行为与事件,人们才可能被剥夺特定的权利,才决定是否要将权利转让给另外的人,或者权利本身是否可以被终结。

如此处建议的,正是由于存在这些行为、事实与事件,才依据法律形成了物上的所有权,才使特定的人成为特定物的所有者(并且,同样地,如果做必要的改变,则可发现,其他物权亦是如此)。因此,从后果上看,所有权与其他类型的物权全都构成了相对于物的特殊权利,或者成了这些权利的条件。我现在有权用这支钢笔在这张纸上做记号,因为上述每一样东西都是我的。你只有在获得了我同意的情况下,才能获得使用我的钢笔的权利。作为钢笔的所有者,我可以同意将钢笔借给你用。有关物权的间接规定非常广泛,并且有很多不同的分支,对于特定物的特定权利来说,大多数权利都建立在这些规定的基础之上。以上这些反思还将出现在下一节,亦即将应用于知识产权。

8.5 关于知识产权的一些评论

很明显,财产权总是依赖于规范的。拥有某些自然物体或者一些(依据规范而划分出来的)土地上的财产权,就意味着,它将受这样的规则保护,即能要求其他人让你无障碍地占有并使用该物,或该块土地。这预设了,你依据规范规定的方式——那使这种物上的权利成了一种有效的权利——获得了权利。在日常思维中,所有这些都由于你意识到了一种事实性社会状态、意识到了你对于这一物或者土地的实际控制、感觉到了心理上是安全的以及非常熟悉这一地方而被遮蔽了。[18] 这可能同样被其他人无反思地接受了,至少其他人也有一些东西被宣称是他们自己的。这个东西是你的,并且,对于此处什么将发生、这一车子或计算机如何使用以及被谁使用,你都有自己的说法。

---

〔18〕 参见 Penner, *The Idea of Property in Law*, pp. 2-3。

在这一章的前一节,我们已确立了这样的思想:凡界定财产权规则或者其他规范,总会确定一种三元的规范关系,即以下三要素之间的关系:拥有某物的人、被拥有的物,以及所有者的所有权指向的其他不特定的任何人。所有权是法律中已知的范围最广泛的物权,此外,还有其他一些不太广泛的建立在物上的权利,如地役权,等等。但所有权是此类权利中最完满、最全面的权利,它是一种特殊种类的权利,因为其本身是一系列更特殊权利的基础,是权利所有者基于自己作为所有人这一身份而拥有或赖以依靠的其他事件的基础。居于这些权利中心的是能从马克思及受其影响的其他经济学家提出的"使用价值"概念中得到的理念。拥有一个物的关键是:你能如己所愿地使用它,而其他人却不能这样做。即除非得到了你的允许,或者是在行使一种由你特别授予的、针对于这一物或者处于这一物之上的权利(你的授权不过是在行使一种建立在所有权基础上的权力或权利),否则其他人不能使用该物,为何如此呢?

如我们已看到的,在这一图景中,权利所有人的好处在于:他可以不受约束其他人的这一义务——不使用该物的义务——制约。权利所有人拥有使用这一物的积极权利,其他人都有不妨碍其行使权利的义务,霍菲尔德称这为"特权"。在这一例子中,这是一种排他性特权。总之,所有权蕴含了排他性特权。这一方面意味着,权利所有人拥有可以不顾及他人而使用这一物的特权;另一方面意味着排斥他人使用这一物的特权。在与自然物体(无论是否可以移动)有关的例子中,这非常容易掌握,对于其他一些物体来说,或许也容易掌握。但当代的法律与经济更重视那些独特的对象,如知识产权(缩写为IPR)。(本书)目前的说明如何容纳专利、商标、版权、外观设计权以及专有技术？“知识产权”这一理念实际上又怎样呢？它必须被贬斥为一种矛盾修饰法，类似于“军事情报”这一臭名昭著、令人质疑的短语吗？或者，这样的理念能否说得通，即此处存在类似于鞋子、船舶、火漆或者卷心菜的所有权一样的财产权？

在某种意义上讲，知识产权看起来似乎比较容易掌握。我们已看到，所有权意味着排他性特权，即使用正在讨论中的某物的特权。版权与专利权同样蕴含着排他性特权，即复制某种有序的，由有意义的语词、符号或者图像组成的集合的特权。人们通过版权、专利权，就有了实施某种创造性、以特殊方法运用特殊知识程序的特权。但是，(在这些权利中)物在哪里呢？在这些例子下，特权确实不是关于某些物的权利，这种特权似乎就是物本身。

法律禁止除原作者或者已注册的发明人(这类人已获得了作者的许可，或者已从作者那里取得了版权或者专利权)以外的每一个人基于商业目的复制那一串智力符号，或者运用那一程序制造某种特殊商品。因此，作者与发明人(或者获得许可者，或者受让人)有实施那一行为的法律特权，没有任何其他人可以那样实施那一行为，并且，这是一种排他性特权。但是，哪一个印刷机构或者工厂要受这种普遍性禁止的约束？哪一个工厂或者其他工作场所要受这种禁令的约束？答案是：任何一个工厂或者工场都要受这种禁令的约束。这一禁令事实上是普遍性的，但易于遇到排他性的例外。另外，在特殊情况下，有特权的一方在任何物上都不享有特权。任何印刷机构都能使用这一物，位于任何地方的任何工厂都可以使用这一程序，可以用任何字体。你不能行使持有该知识产权的权利，除非你能像使用可移动与不可移动的物那样，在物质世界里产生某种后果。但知识产权并不是一种你使用或者创造出的物上财产权,尽管它们实际上也是你的权利。知识产权集中注意力于特权,并且几乎穷尽了特权本身的(所有特点)。它几乎就是特权,但又不完全是特权:通过仔细分析而发现的概念结构将证明两者是一回事,按照这一理论,你拥有版权与专利权的后果就是你拥有特权。

此处,我们看到,法律正在从事使抽象概念具体化(reification)的工作,或构造法律上的物的工作。一些评论者,尤其是批判法学运动中的那些评论者,已经将"抽象概念具体化"看成是传统法理学的一种特殊恶习。〔19〕他们的观点是半正确的——法理学中充斥着使抽象概念具体化的现象,但同时又是半错误的——在这一点上,法理学中根本不存在本质上错误的东西。我们必须考察:此处建构的物是什么?简单地说,它是存在于法律设想中的物,比如说,一项版权,或者一项专利权,或者一项外观设计权,或者一项商标权,或者一个品牌名称,等等。这些语词指称的物是怎样的?按照制度法理论,它们指称的是制度性的事实——这是人们最经常进行的制度化工作,它将所有种类、可依法拥有的物都包括了进来。我拥有目前这本书的版权,但我已将这一版权授予给了牛津大学出版社,允许它持有一段时间版权,这是一个有重大意义的事实。在这种情形下,我们得出的判断涉及的不只是自然事实——如这样的事实:在过去几年里,我一直在进行写作并试图重写的工作,试图对制度法

〔19〕参见 W. Twining and D. Miers, *How to Do Things with Rules*, London: Butterworths, 4th edn., 1999, pp. 143-146, 372。按照 K. Reid 的观点,"抽象概念具体化"工作的便利之处非常明显,参见 K. Reid, "Rights and Things", in T. B. Smith and R. Black (eds.), *The Laws of Scotland: Stair Memorial Encyclopaedia*, Vol. 18, Edinburgh: Law Society of Scotland and Butterworths, 1993, paras. 1-17, at para. 16。

理论进行说明，最终在我的电脑里产生了一些基本的、可以理解的数据，然后，我将那一文件中的每一样东西印刷到一些纸上，而后又将这些东西发给出版社的编辑，让他们最终将这些东西印刷出来，并以书的形式装订起来，这就是现在出现在读者手头的东西。与这些自然事实一样，你必须依据对这些相关事实与关系的理解而得出判断。从人的意义上讲，这些判断是有意义的，因为它可纳入人们共享的行为规范。一项版权的存在，与这本书引言部分所举的关于排队的例子一样，都是一种制度性事实，而非简单的原始事实，尽管在这一例子中，涉及版权的相关行为规范至关重要地包括了国家法的规范。

这些正在讨论的规范是否具有财产特性，要看它们是否包括有利于财产转让性（transferability）的规范。这既可以是人与人之间财产项目——一些特殊的版权或特殊的专利本身——的可转让性，也可以是有关一些事件的可转让性，就像在许可印制文学作品的副本或者通过专利程序制造商品的例子中那样。可转让性意味着合同的存在，而合同又意味着需要为整个或者部分转让付款。将这种排他性的特权物化的方式是：让它们成为耐久性、个人间可转让的实体，同时使作者身份与发明商业化，从而使它们能借助创造财富的程序而成为可市场化的物品。[20]

总之，知识产权必然是由国家法人为地创造出来的东西——用本书的术语讲就是“制度性的物”。（在一些国家，）必定存在一些恰当的法律，创设了三种不同的法律规定，按照本书采用的方法，展现了具有法律制度特点的三元规则结构。首

〔20〕 H. L. MacQueen, *Copyright, Competition and Industrial Design*, Edinburgh: Edinburgh University Press/David Hume Institute, 2nd edn., 1995.

先,它们一定会规定,在何种情况下,在什么样的行为或事件出现时,某个名为IPR的情形出现了,因此,要授予某个特定的人拥有他(或她)的财产。其次,这一法律必须规定,什么样的特权与其他权利属于此一IPR的持有者,包括在规定的情况下许可其他人使用IPR的权力。相反,"非法侵入规则"将禁止全部非IPR的所有人或其许可的其他人按照该法律描述为侵权的方式行为。最后,这一法律必须规定,任何特殊的权利如何以及何时灭失,例如,随着时间的推移,以及它如何由一个人转移到另一个人,这种转移既可以以自愿的方式进行,也可以依据法律进行。

8.6 拆分所有权:信托

信托是一种法律手段,是为了将一些法律上的财产所有权拆分开来,或者从财产所有权中拆分出有效地使用财产及其孳息的权利。(所谓信托,就是将)法律上的信托财产所有权授予给某个受托人,或者将符合正在讨论中物的特点的法律权利授予给信托人。为了保障那些将财产付诸信托者(信托收益人)的利益,受托人有义务管理、使用、保存这些物,即信托财产。一项信托通常是由一个特定的事实产生的,即财产所有人将所有权交给指定的受托人,以便其为了指定的某个人的利益(或者在慈善信托的情况下,为了一般性的公共利益)而持有财产。也可能存在这样的情形:某项信托是依据法律而存在的,在这种情况下,法律会规定,当某些事件出现时,某个人可持有或获得财产,但应受制于一个有利于另一个人的信托。

信托渊源于英格兰法，是由于历史上英格兰法被区分为普通法（在普通的法庭上实施的法律）与衡平法（由大法官法院的衡平大法官实施的法律）的缘故。衡平大法官享有司法管辖权的基础扎根在这样的命题之上：财产的使用处于某个所有人严格的法律权力之下，但该所有人可能没有善意地行使该权力。一个例子就是：如果某个即将从事一段危险旅行的人，为了保障他（或她）的孩子的利益，将某件财产委托给一个朋友照顾，但这个朋友接着为了自己的目的而使用了该财产，这便对孩子造成了损害。人们可以向衡平大法官请愿，要求其在此种情形下干涉此事，以强制该人更尽职尽责地行为。衡平大法官的管辖权由此是一种衡平性管辖权，从典型的意义上看，依据这一管辖权，有些时候，为达到一种更公平、衡平的结果，应当推翻严格的法律规定。对于衡平性义务的实施来说，存在衡平性的救济手段，它将一定的负担（包括身体上的监禁）施加到那些受这些义务约束的人，并因此迫使他们行使其法律权力，以便与衡平大法官确定的衡平性要求相符合。

区分普通法与衡平法管辖权的结果是：它将促进这两种平行的规则体系向前发展，其中的一个规则体系调整的是普通法中的财产所有权，另一个按照衡平法的指令调整财产的有益利用。因此，在单一的法律体系之中，如在英格兰与威尔士的规则体系中，进化出了一种被拆分了的所有权，由此，某个特定财产拥有的普通法上的权利与衡平法上的权利可以由不同的人拥有。从一个拥有所有类型、数量众多的物上所有权者的观点看，确实可能存在这样的情况：某物不仅在普通法上而且在衡平法上都属于他（或她），他（或她）是一个全面受益的所有人，而另外的权利属于他（或她），仅仅是作为为别人利益服务的受托人。故而后者对这些受信托约束的物拥有衡平性的所有权。因此,存在一个与第三方有关的间接难题——如果某人将其作为受托人持有的某个财产交给或者卖给了第三方,会怎样呢? 那个人现在还可以持有那一为保障原受益人的利益而信托的财产吗? 或者其能否变成一个受益的所有人,而不管受托人是否已按市场价格占有了那一财产?

与第三方有关的一般规则是:只有那些完全不知道或者不能推定知道(已尽到了实际的或者推定的注意)该财产已经信托且基于善意的目的而购买了该财产的第三人,在已经支付了全部对价后,才可以获得该财产,且不受信托的限制。在那种情况下,在已经支付了购买价的情况下,原先的信托关系在受托人与受益人之间仍然有效,随后将转移到进入信托关系中的任何财产之上。否则的话,新的所有人就变成了要受制于这一有利于原受益人的信托。(此外,信托合同可能会授予受托人管理财产的权利,包括以那种似乎有利于受益人的方式取得或者处理财产。当然,在这种情况下,善意购买人是从行使此种受托权的受托人那里善意取得该财产的,因此,可以免于承担信托的责任。)从原则上讲,所有这些都是一幅非常简单的图景,但我们几乎没有必要将之说成是,普通法与衡平法并行的体系——在英格兰与威尔士,在 1873 年时,已变成了一个单一、统一的体系,在大多数普通法国家里也是这样——已非常详尽地解决了这一高度复杂的问题。它们已促进了那些有巨大经济影响的财产法的发展,以便于人们以多种通用的方法将经济价值的享有与法律上所有权的技术性方面拆解开来。

在英格兰与那些由英格兰衍生出法律体系的国家,作出普通法与衡平法这一特殊的区分是非常独特的,其他的法律体系努力在其包括的物权上实现这种内部的分离。然而，通过一种发展得比较成熟的信托而获得的便利也是清晰可见的。一些民法（或混合）系统同样发展出了各自的信托形式，尤其是那些（直接或间接）受英格兰法较大影响的法律体系，如在苏格兰与英联邦以及美国一些受民法影响的地区。在那些历史上没有区分普通法院与衡平法院司法管辖权痕迹的地方，存在如何使信托财产发挥作用的难题。是否可能存在没有衡平法的信托法？此处的衡平法是从一种独立的衡平性管辖权的意义上说的。[21]

问题在于：如本章提议的那样，从概念上将权利区分为对物权与对人权，会产生如何恰当地说明信托受益人法律地位的难题。当然，从原则上讲，受益人相对于受托人的权利是一种对人权，相对于受托人的权利指向的是物，而非受托人。在这一世界的其他地方，受托人在那个已付诸信托的物上享有物权，因此，受托人为了保障信托人的利益作出的、指向第三人的任何转让原则上肯定是有效的。然而，如果第三人在知道存在信托的情况下仍取得了那一物，则受益人的对人权为什么不能通过约束新的所有人的方式而阻却那一财产权的取得呢？这根本没有任何道理可言。他们明显应当这样做，除非受托人已采取措施保证，这一信托关系现在建立在原受托人持有的新财产之上，以替代那一已卖给第三方的财产。因此，受益人的对人权可能不过是对某一物的权利，然而，受托人可以运用那一物从事经营活动，并且对每一个后继的物的所有人都有约束力，除非一个最终基于善意的购买者是在没有注意到信托的情况下而有偿取得该财产的。因此，受益人的对人权获得了一种比对物权更多的经

---

〔21〕 G. Gretton, "Trust without Equity", *International and Comparative Law Quarterly*, 2000(49): pp. 599-620.

济价值,甚至都不用改变其基本的法律特点。

在信托位于其中的原有体系中说明这一点是比较容易的。在一个单一的法律秩序中,如果存在并行的财产所有权系统,则可能出现每一个系统都有自己的物权与对人权。一个衡平性的财产所有人在物上有一种衡平性的物权,一个普通法的所有人有一种普通法上的物权。那么,这两者之间的关系如何?答案是:只要能保证有效地使用该财产,这种衡平法中的物权就优于普通法中的物权。除非取得普通法物权的人在追求实现该物的全面价值时,没有实际地或者推定性地注意到任何衡平性权利妨碍了该财产权的实现。在那种情况下,衡平性的物权是可以废止的,以有利于普通法上的权利。当然,衡平性的权利尽管可以废止,〔22〕也只是在严格限定的语境中才可废止,那一严格限定的语境是:它们被当作一种普通法上的财产权是非常适合的。

8.7　结论

所有形式的财产权都依赖于规范,并且,法律上的财产权依赖于特定体系中的规范,并由这一体系中的规范(规则、原则,等等)所界定,而且按此处解释的方式组织在一起。什么样的财产权将被法律所承认,以及在多大的范围内承认不同的财产权,是一个政治问题,要受经济学也许还有道德哲学的指导。这是非常明显的,有时也是非常有争议的。在知识产权的例子

〔22〕 关于可废止性的一般论述,可参见本书第 9 章第 9.4 节,与 MacCormick, *Rhetoric and the Rule of Law*, pp. 237–253; 以及 R. H. S. Tur, "Defeasibilism", *Oxford Journal of Legal Studies*, 2001(21): pp. 355–368。

中同样如此,至于其原因,我们将在第 13 章再探讨。就目前而言,说到这一点足矣:至少在原则上,人们能废除每一种形式的私有财产,禁止每一种物的每一种使用,除非得到了特别的、由公共的批准机关给予特殊人的使用许可。由于那在理论上是可能的,因此,我们可以推出,财产的完全社会主义化(socialization)是可能的,并且仍然有这样的必要性:由特殊的人实际地使用特殊的物。然而,对物实施如此的管理几乎不会涉及国家功能的萎缩,因为大量的公法设施仍是需要的,调整物的使用的数量众多的公共机构仍不得不建立起来。私有财产能在多大程度上得到人们的承认?私有财产的所有权问题牵涉到(我们能在多大程度上)将享有与使用某物的权力托付给社会大众中的每一成员,由他们判定其范围。托付的路径经常因这些权力所处市场环境的不同而不同。消除如此的权力托付行为是否是我们所欲的?这是一个不同于是否存在托付可能性的问题。除了完全的社会主义化之外,我们可以自信地断言,所有的法律体系都容许一些形式的私有财产权,它们可以由一些(具有一定法律地位与法律能力)阶层的人们行使。所有形式的财产权以及相关的物权都可以按照此处所作的分析加以理解。

第9章 法律权力与有效性

9.1 引言

对于权力的讨论来说,“改变”这一理念非常重要。一般而言,权力是引起(或防止)当下事件状态发生改变的能力。在人与人之间,某个人拥有相对于他人的权力,就意味着在某些特定的情况下,他(或她)能作出引起某种改变的决定,这些决定可以在无论他人是否同意的情况下影响他人的利益。人们经常有理由(而且总是有理由)根据自己的利益而行动。因此,当某个人在某种意义上——无论他人同意与否都能影响他人的利益——拥有相对于他人的权力时,则意味着,此人有能力单方面地影响他人的行动理由。拥有相对于他人的权力者,能向他人强加原本并不存在的行动(或不行动的)理由。由于人们经常依照他们拥有的行动理由而行动,因此可以推导说,拥有权力即意味着能让他人去做某事,或者让他人去做其原本不会做的事。反之,则意味着,能让他人不去做其原本会做的事。权力的行使影响了人们理性行动的方式。

因此,人与人之间的权力是实践理由的一个因素;它是权力拥有者和受权力支配者在实践中深思熟虑时都会考察的因素。在有些时候,使用纯粹武力,或通过发挥非凡的魅力,从而产生心理上的强制,就可以轻松地压垮人们的意志或理由。但一般地说,抛却此类例外,人与人之间的权力是通过理性方式运作的,并且,我们可以通过对人类的行为与举止作某种理性与动机上的说明,从而使理解人类的举止和行为成为可能。一种纯机械性的力量则与此不同。人们常说,月球引力场的力量引起了潮汐起伏,那并不意味着,有任何人会认为,那是大海在响应月球的号召。有人可能会像米歇尔·福柯(Michel Foucault)[1]那样认为,社会结构被赋予了某种类似形式的、外在于实践理由的权力。像机械力一样,这种权力的运作不受理性和慎思的影响,并且,它使我们能根据社会结构的运作来解释社会事件和结果,而无须考虑个人的动机或决定。我们可以将那种社会结构意义上的权力看作我们此处分析的人与人之间权力的基础与渊源。因为如果我们要问以下问题时该如何回答,即"一个人如何能在无须他人同意的情况下实施影响他人利益的行为?"(对此,我认为,)从社会结构的角度对各方情况作一些说明,就很可能是高度相关的。

到目前为止,我们讨论的权力似乎都是事实上的权力(pow-

---

〔1〕 M. Foucault, *The History of Sexuality*, Vol. I, trans. by R. Hurley, London: Allen Lane, 1979, p. 93; M. Foucault, *Power/Knowledge: Selected Interviews and Other Writings*, ed. by C. Gordon, New York: Pantheon, 1980,并参见 R. Cotterrell, *The Sociology of Law*, London: Butterworths, 1992, pp. 297-298。

er-in-fact),这种权力实际地改变了事实状况,以至于影响了他人的利益,进而改变了他(或她)的行动(或不行动)的理由。但一旦我们转向考察规范性秩序时,焦点就转变成了:对于“什么是正确或错误的行为”这一问题,是否存在改变的可能性?由于对错观念属于行动理由的范畴,因此,可以推出:我们必须承认,规范性权力具有作为一种特殊形式的人与人之间权力的可能性。当某人能改变对“在某种规范秩序下,何为正确或错误的行为”的定性时,或者能改变那些更简单的改变的可能性时,规范性权力就存在。

因此,规范性权力是这样一种作出决定的能力,即在某种规范秩序的框架下,改变“什么是人们应该或不应该、可以或不可以做的事,或者什么是人们能做或不能做的事”的能力。〔2〕正如我们马上要讨论的,这些改变有时需要征得受影响者的同意,有时则不需要。

需要重申的是,作为一种规范性权力,此种权力与事实性权力不同。这为我们提供了一种基础,使我们能将法律权力与一种密切相关的、事实上又紧密交织在一起的权力形式(政治权力)区别开来。政治权力是建立在人类社会生活状况之上的权力,是对那些事关社会成员共同福祉的问题作出有效决策的能力,是对影响社会成员对可资利用的经济资源进行分配的问题作出有效决策的能力。作出此类决策会极大地影响引导人们彼此间进行社会交往的行动理由。政治权力是事实性权力,涉及

〔2〕 参见 N. MacCormick,“Voluntary Obligations and Normative Powers”, *Aristotelian Society*, Supplementary Volume, 1972(46): pp. 59-78。关于 MacCormick 对 Raz 的回应,请参见同一卷第 79~103 页。

的是“掌权者的决策能实际地引发什么”的问题。[3]

然而，由于做这些事情的能力在相当大程度上取决于社会成员的看法，尤其是他们对决策者所作决策合法性的看法，由此可以推出，政治权力很少独立于法律权力。因为政治权力的合法性在很大程度上依赖于其拥有法律秩序所赋予的权力或权威，因此，它并不是一个依照传统对事物既有秩序予以尊重的问题，也不是一个对政治领袖的个人魅力和感召力作出回应的问题。[4] 反之，任何制度性规范秩序的稳定性如何，必然在很大程度上依赖于政治场域中行使事实性权力的可能性有多大。因此，尽管将法律权利与政治权力相区分非常重要，但如果没有彼此的相互支持，两种权力未必能维持下去；尤其在那种社会成员都渴望其共同生活是按照法治原则组织起来的法治国（或“立宪国”）中，情况更是如此。[5]

9.2 作为授权的法律

一个显明而重要的真理是：法律既关乎施加义务，又涉及授予权力。哈特的《法律的概念》在很大程度上探究了这一真理

---

〔3〕 M. Loughlin 正确地主张，我将政治权力视为“事实权力”的一种类型，但正如当前论证所表明的，他暗示，我认为这依赖于“统治者和被统治者之关系”之外的事，他这样理解没有任何好处。参见 M. Loughlin, *The Idea of Public Law*, Oxford: Oxford University Press, 2003, pp. 89–90。

〔4〕 M. Rheinstein (ed.), *Max Weber on Law in Economy and Society*, trans. by E. Shils and M. Rheinstein, New York: Simon and Schuster, 1967, pp. xxxi–xxxv. 参见 Cotterrell 对 Max Weber“正当性支配”理论的讨论, R. Cotterrell, *Law's Community*, Oxford: Clarendon Press, 1995, pp. 137–139。

〔5〕 在法律和政治权力相互作用和相互支持的问题上，我们之间的分歧没有他所以为的那么大。参见 Loughlin, *Idea*, pp. 88–89。

的理论意义。[6]法律在授予权力的同时还施加义务。这些权力既可能是供私人行使的权力，例如，缔结婚姻、建立合伙、立下遗嘱，或买卖股票，又可能是仅供拥有公职者行使的权力，例如，作为立法机关的成员，拥有对法案进行投票的权力；作为法官，拥有审理和判决案件的权力；作为税务官员，具有发布要求缴纳税款通知的权力；作为地方首脑，具有根据区划法批准房地产开发许可的权力；或者作为官员，拥有签署社会保障金支付令的权力。至于公权力与私权力之间的区别，我们将在第10章(下一章)进行全面探讨。

我们可以将法律的授权性方面视为一种由法律赋予的、改变法律上人之法律地位或法律关系的能力。在法律中，形态最简单的权力是以某种方式改变"何为正当或不正当行为"的权力。例如，通过同意与B进行一场拳击比赛，A(有效地)放弃了不被攻击的权利，尽管A放弃的只是拳击规则允许的那些形式的武力攻击。在得到适当监督和指挥的拳击比赛中，蓄意打击头部和身体并不是不正当的，尽管这类攻击几乎在任何其他情况下都是不正当的。对于以上所说的改变"何为正确或错误的行为"的各种方式而言，由于人们还可以对它们予以改变，因此，可能存在更复杂的权力。这些复杂的权力一方面包括授予、改变或限制权力的权力，与改变相关关系的权力；另一方面还包括施加、授予、改变或限制义务和权利的权力。

哈特的法律观以及由此衍生的其他观点认为，权力是由一种特殊类型的法律规则授予的。这些规则规定了，为了行使某一种权力(无论是公权力，还是私权力)，人们必须做什么，目的

[6] H. L. A. Hart, *The Concept of Law*, Oxford: Clarendon Press, 2nd edn., 1994，特别是第27~42页。

是指导权力的实施与评价。法律权力牵涉引起法律地位的改变。为了引起预期的改变，人们必须按照授予权力的法律所规定的方式行事。如果人们遵守了这类规定，其行为就是有效的，改变也会随之发生；如果未遵照这种规定，其行为就是无效的，就不会产生效果，或至多产生不完美的效果。〔7〕就对权力进行评价而言，正是授予权力的规则才使区分有效与无效的行为结果成为可能，人们实施这些行为的目的（实际拥有的目的或可被归属于他们的目的）是产生原本不会发生的某些法律上的改变。权力的行使能以某种方式有效地改变法律状况，而且，它们也确实经常会引发一系列复杂的改变。无论人们想引发如此改变的理由是什么，这些理由都是他们遵守法律关于行为有效性相关要求的理由。因此，从特点上看，此类要求都是康德所说的假言命令，至少在私人权力的情形中是这样。如果你想引起某些法律上的改变，就必须做某些事情，而不是去做相反的事。相比之下，尽管许多公共权力的行使都牵扯到较大的自由裁量空间，但这些权力经常是根据人们对公共利益的审慎判断而行使的。〔8〕其他一些权力可能没有这么大的自由裁量空间，并且，有些权力只能在拥有权力者有义务行使时才能行使，例如，某人通过行使私人权力，向当权者提出了某些有效的请求或者投诉。

如果要全面理解（或概括）任何特定的权力（并充分地理解规范意义上的“权力”概念），就需要充分了解有效行使权力所要求的各种条件。〔9〕在法律上，授予权力的条件经常具有一定

〔7〕 Hart, *Concept*, pp. 92–97; J. Raz, *The Concept of a Legal System*, Oxford: Clarendon Press, 2nd edn., 1980, pp. 156–166, 224–230.

〔8〕 这一点将在第10章进行讨论；公权力是为了公共利益而行使的权力。

〔9〕 参见 MacCormick, *Rhetoric and the Rule of Law*, pp. 249–251。

的复杂性，并且，在每一种情况下，都必须包括以下要素：

(1)什么人或者哪些人；

(2)要么拥有何种积极能力，要么基于某一职位或者任命而享有何种权能(competence)；

(3)在何种必需的条件下；以及

(4)在没有哪些无效条件或因素的情况下；

(5)需要通过何种特殊程序或手续；以及

(6)需要采取何种行动；

(7)(如果关涉其他人的话)涉及哪些其他人；

(8)需要具备何种一般的法律资格；

(9)它能有效地引起某种法律上的改变吗？

(1)(2)两项注意到了拥有和行使任何法律权力都需要满足的那些资格条件。私人权力(的拥有)取决于人的某些一般特征(如年龄、心智健全状况、性别、公民身份、更一般意义上的"法律资格")，这些特征以第5章讨论的各种方式决定了人的"行为能力"(transactional capacity)。只有某人拥有必要的积极能力，其才可以订立合同，而且只能(第8项)与同样具有积极能力的其他人订立合同。公权力(的行使)则依赖某些特定的权能，这些权能建立在拥有法律界定的职务或地位之上，通常要经过有效的选举或任命程序，(公)权力的行使是否有效，取决于官员是否拥有有效的职位。这类(公)权力问题涉及如何运用"权威"(authority)的问题，因为这些(公)权力可能包含一种能力，即无须取得受影响的另一方同意就能改变其法律状况的能力。

(3)(4)二要素关注的是,在某些情况下,只有在特定的条件(3)出现时才能行使权力。权力的行使仍可能出现(4)的情形,即因出现了某些不利的情形而被击败或抵消,这些不利情形包括错误、醉酒、胁迫、贿赂、偏见等;或者,对于公共权力的行使来说,还可能出现某一职位的任命是无效的情形。

要素(5)和(6)关注的是这样的事实:行使一项权力,不仅要实施某种行为,而且可能还需要附带举行某些仪式、程序或者礼节。(7)和(8)两项关注的是行使私权力时需要特别注意的某些事项,即只有在他人也具有适当的资格时,此种权力通常才能行使。事实上,人们之间通常具有一种相互作用的权力,即接受或拒绝由另一方通过先行的行使权力行为而提议的安排:例如,A 提出结婚要约或其他合同条款,必须与 B 对包含相同条款之要约的承诺相配套。只有在同时存在有效的要约与有效的承诺时,双方当事人共同的行为才能有效地确立上述安排。由此可以明显地看出,此类权力在本质上是双边的,与那种不需要他人同意就可以行使的权力("单边"权力)形成鲜明的对照。〔10〕

这使我们注意到了这样一个问题:究竟应以何种方式,用具有某种"相关性"的关系术语来将"权力"概念化?权力具有"关系属性"(relational attributes)吗?〔11〕 一方面,如我们已看到的,私人权力通常具有双边关系性质,因为充分行使私人权利,需要双方或多方的相互同意或相互作用,并且,每一方都需具备必要的法律能力。另一方面,从特点上看,行使制定法律或行政决策之类的公权力并没有要求任何此类的相互同意或相互

〔10〕 即使在双边权力情形中,总要有某人首先行动,并且通过此种方式单边地改变另一方的法律地位。如果我向你发出要约,即使发出的是一个不受欢迎的要约,我也给了你一个拒绝或者接受的权力。当然,只有当你确实接受时,一个有效的合同才成立。

〔11〕 参见本书第二部分的导论,其中的注释 2 讨论了"关系属性"。

作用，并且，由此不具备此种意义上的双边性特点。不过，可能经常出现这样的问题：某个特定的人是否受制于由他人行使的特定权力？也许会出现一名警官打算逮捕一名拒绝按照其要求提供信息的人；或者更引人注目的情形，一名联邦法院的法官声称要向总统发出命令，要求总统将其拥有的某些录音带提交给法庭。在上述每一种情形下，都会遇到这样的问题，即在特定的情形下，被声称的行使权力的主张是否确实对他人有效？另一个类似的问题是：立法权受到了特定限制的立法机关能否有效地通过立法的方式禁止或限制堕胎，或真正地取消对堕胎的限制？

按照这一说明，由于行使权力的行为试图在某些方面改变法律地位，并且，由于这必然会在某些方面影响一些人，因此，权力的行使总是存在一种关系维度。因为总是会出现这样的问题：从法律上看，权力拥有者可以通过自己的行为、用特定的方式改变哪些人的法律地位？霍菲尔德用“责任”（liability）一词指称“受到某些有效行使的权力制约”。虽然这可能是对这一术语的一种误用，即将其通常的用法误用为另一种用法。[12] 但在这一语境中，它已变成了一个含义如此确定的术语，以至于不能用如“易受到影响”（susceptibility）之类的或许更优的术语来代替。

实际上，我们显然没有必要一直思考权力的关系属性。在考察议会的立法权时，我们很少注意到，服从这一法律体系的每一个人都易于受新立法的影响，尽管事实上如此。仅仅在对前述具有双边属性的私权力和其他类似于此的权力进行考察

---

〔12〕 W. N. Hohfeld, *Fundamental Legal Conceptions as Applied in Judicial Reasoning*, ed. by W. W. Cook, Newhaven, Cnn: Yale University Press, 1919, pp. 50–59；关于“liability”的通常含义，参见 MacCormick, *Rhetoric and the Rule of Law*, pp. 75–76。

时，我们才不得不使用这些术语，以满足所有的需要。但对于任何权力来说，都可能出现关系视角变得特别突出的状况。凡是涉及权力问题，人们总有理由追问：当声称的权力行使活动指向某个特定的人时，这个人是否确实易于受到这一权力行使活动的影响？并且，根据某个得到了广泛认可的公平观念，任何受影响的当事人都应当有机会提出任何反对权力行使的理由，只要他（或她）认为，在给定情况下，推翻声称的权力行使活动的法律效力是可证立的、适当的。

这一评论将我们带回到推翻权力恰当行使的有效性的各种条件这一点上。在上述列表中，为了对权力进行全面说明而确定的条件（3）和（4）分别为：

（3）在何种必需的条件下；以及

（4）在没有哪些无效条件或因素的情况下。

正如我们已看到的，如果要行使一项权力，就要求行使者具备适当的能力或权能，以便以特定的形式或适当的程序实施特定行为。此外，还必须具备一些适当的背景条件，例如，一个打算转让财产的人应预先拥有该财产权；又如，在结婚的例子中，（结婚者）应（预先）公布婚期；还如，在一个意图建立法律关系（如合同）或确立一个不可撤销的信托（信托）的例子中，应有恰当的意图，如此等等。此类“积极”条件应处于意图行使权力者的了解与（一定程度的）控制范围之内。在某种程度上，它们与（4）所列的“消极”条件形成对比。这些情形是：应不存在（使权力行使变得）无效的条件或因素，这是权力有效行使的先决条件。亦即如果这些无效的条件或因素出现了，就会使原本有效行使的权力变得无效起来。例如,一方(或双方)发生了误解(或错误)、欺诈行为,或无意识地违反了某些并行的法律规定,或者一方(或双方)的意图是非法的,或不道德的。此类无效因素可能建立在某一背景性的法律原则基础之上,而非必然地建立在一个明确的规则、明示的条件或规则表达中具体规定的例外之上。例如,一个寡妇以其丈夫死亡为由主张获得抚恤金,如果她的丈夫死于其谋杀,则她的主张就违反了一项不证自明的原则,而非违反了与抚恤金法规有关的任何特定规则。[13]从特点上来看,此类无效因素经常超出了行使权力者的控制范围,甚至可能超出了行使权力者的知识范围,或者他们可以合理地获得的知识范围。在严格的双边权力情形中,一种类似的困难可能会影响行使权力者与相对人的能力。当某个人为了行使某种权力而行动时,他(或她)[以及他(或她)的法律顾问]会采取一切可能的手段,以确保规则在他(或她)的控制或知晓的范围之内,并会尽极大的努力去核查,以确定不存在使行动无效的那些情形。但即便如此,仍存在一些风险,当然经常只是一些极小的风险。随着一些事件的展开,一些缺陷将被揭示出来,这可能使表面上有效行使的权力成为有缺陷的权力。这进而意味着,它要么自始无效,要么自缺陷被发现时即无效,或自相应的法律规定所确定的某一日期之前或之后即无效。

关于行使权力的行为带来的法律改变,还有什么要说的呢?通常,这些改变与一些制度性安排有关,并且是作为其结果。[14]一般来说,权力是能带来某些安排或者新型法律关系的力量,一

---

〔13〕 参见 MacCormick 对这一案件的讨论:*R v National Insurance Commissioner*,*ex parte Connor* [1981] 1 All ER 770,in MacCormick, *Rhetoric and the Rule of Law*,pp. 242-243。

〔14〕 N. MacCormick,"Institutions, Arrangements, and Practical Information", *Ratio Juris*,1988(1):pp. 73-82.

些具体的安排不过是有关私法或商法的、具有一般性特点的抽象"制度"的实例,如婚姻、契约、信托、财产转让或公司成立等。在公法中,议会通过的一些特殊法案是具有约束力的法规的实例;具体的司法判决是法律判断和救济、刑事定罪量刑或公共法律秩序的实例;税务官员根据估税而发出的交税要求(是税法具有约束力的实例);地方政府机构批准规划许可特例,许可人们按照法律规定的条件在特定的地方建造特定的建筑(是规划法具有约束力的实例);等等。作为此类制度的实例,特定的安排自有效确立时起就一直存续,直到随后的某一日期终止,原因既可以是由于进一步的行使权力,也可以是由于法律规定的其他一些事件(如某人死亡)出现了。在这些安排的有效存续期间(有时甚至在那之后),它们会充当起随后出现的其他法律后果的条件,这些法律后果一般包括特定个人(或特定的人们)的责任和权利,以及各种形式的权力。这说明了有效行使的权力如何可以有效地改变法律关系。(此处所说的)有效或无效的东西,是一些人一直试图确立的特殊安排(或制度之物,或机构,如一个股份有限公司)。鉴于此种安排在内容上具有规范性,即能改变他人的责任、权利或权力,因此,这种安排的有效性就蕴含着产生此种安排的规范是有效的。

所有这些考察加起来就构成了一个反驳哈特如下观点的强大理由。哈特认为,每一种权力都来自单一的"授权规则"(power-conferring rule),可以说,每种权力都是如此。我们不妨考察有关合同订立的法律,或有关法人公司合并的法律,或设立信托的法律,或事实上与任何重要的法律制度有关的法律。此处,可以肯定的是,在确定我们的清单(1)至(8)中总结的事项时,那些在很多先例以及法典或法律条文中已得到证实的规则和原则常常是相互作用的。权力/责任关系的确依赖于法律,但并非只依赖于一条授予或创造每一项法律权力的单一规则。拥有权力的人能在一个制度框架内确立有效的安排,这意味着其具有恰当的法律能力。正是这一安排授予这些人具有改变自身以及其他人规范状况的能力,我们已从概念的角度将这看作规范性权力的核心。权力/责任关系是将法律规则和原则应用于特定情况下特定人的结果,它们不是由单一的具体规则所确立的。

9.3　有效性

"有效性"观念因而与所有种类的制度化规范的存在条件发生了关联。类似地,凯尔森将"有效性"视为法律规范的"特殊存在"。〔15〕有一个与凯尔森的观点(或许其著作译者的观点)存在一定关联的看法,其大意是:"有效"(valid)与"有约束力"(binding)是同义语。〔16〕"有效"即为"有约束力",反之亦然。并且,使某些被假定的规范以法律规范形式存在的正是"有效"或"有约束力"。

对于"什么有约束力"这一理念来说,这并不是一个令人信服的观点。因为"有效性"涉及的是如何满足正确而成功地行使权力的各种条件。如果各方已正确地完成了以上(1)至(8)

---

〔15〕 H. Kelsen, *The Pure Theory of Law*, trans. by M. Knight, Berkeley and Los Angeles: University of California Press, 1967, p. 213,此处讨论了作为实在的有效性;H. Kelsen, *General Theory of Norms*, trans. by M. Hartney, Oxford: Clarendon Press, 1991, pp. 2-3, 28, 171-172,在这些地方,凯尔森认为规范是一种"观念上"(德语 *ideell*)的存在,在用法上,这相当于其之前著作所说的作为"制度性事实"的存在。

〔16〕 Kelsen, *Pure Theory*, p. 193,"关于一个人行为的一条规范的'有效性'意味着它是有约束力的——即这个人应当以规范规定的方式行动。"

项列举的每一件事情，则上述婚姻、合同或者信托就是有效的。在行使一些公共权能时，正确实施的行为可以产生有效的规划许可、地方条例、税收要求——或者，我举一个更宏观的例子就是，欧盟委员会和议会的指令。有关有效/无效这一维度的评价，涉及的是能否满足调整权力行使的那些既定条件的问题。因此，“有约束力”与“有效”并不是一回事，前者只是后者的后果之一。由于合同是有效的，因此，当事人必须履行合同规定的相互义务。在发生争议时，支持合同有效性的法院一定会对能证明由于对方违约而遭受煎熬、担心、损失的那一方给予适当的救济。由于已授予了一个有效的规划许可，因此，开发商拥有一项按照有效许可所附之条件进行开发的积极权利。在遭遇到暴力阻挠或法律挑战时，法院一定会支持他（或她）拥有开发的权利。一项有效的指令会约束欧盟所有成员国，要求它们修改国内法，以便将效力赋予给指令条款；并且，以如此方式修订的法律对公民、法院和官员一样具有约束力。约略而言，有约束力的安排是那种必须由其确定的义务人予以完成的安排，并且，法院和其他公职人员在履行职责的过程中，必须对此予以尊重。

并非所有的可对私人或公职人员形成约束力的东西都能凭借我们一直讨论的、那种精心确立的具体安排而获得约束力。对于像英国宪法那样纯功能性的宪法来说，宪法中的一些（尽管不是所有的）基本规则和原则的终极基础都是习惯，而非正式的立法。甚至在那些采用了正式宪法的国家，指导宪法通过并得到合理解释的原则本身，都不是来自任何之前被授权的有效的制度性活动。尤其当此类国家功能性宪法的运行是建立在以适当原则为指导、对正式采用的宪法进行合理的解释这一基础上时，这一点尤为明显。对“宪法必须得到那些担负宪法确认的公职者的尊重”这一非假定性和非制度化的规范的习惯性服从，是赋予任何宪法以约束性特征的东西，并能以第3章讨论的方式保证其作为一种功能性宪法而存在。所有正式的规范秩序都建立在习惯基础之上，即建立在非正式的规范秩序基础之上。

无疑存在一种严格的理论观点，从这一观点看，所有法律上被假定或被声称的权利和安排要么是完美而有效的存在，要么不存在（或基于适当的申请而使效力被废止）。此一理论观点本身只关注存在与不存在的问题，以及与之相关的条件问题（它只关心纯本体论问题）。但在人们寻求在法律范围内和在法律之下行动的现实世界，这种观点通常无法以纯粹的形式成立。无论是事实问题，还是那种需要对法律原则进行仔细而深入思考的法律问题，人们都只能在可资利用的信息和可以预见的范围内行动。人们不仅非常依赖于信任，而且必须如此。当然，人们关于世界的现实观点并非一成不变，而是每时每刻都在调整，即在事情刚露出苗头时就能马上察觉到事态的进展状况，并能根据当前的信息和考虑作出最佳响应。正如本书第4章已揭示的，我们逐渐变得意识不到规则的存在，并且，习惯成了行动的基础。

事实上，法律制度和法律安排的一个特殊优点是：它们使人的规范地位在一定程度上获得了穿越时间的稳定性。很多运用权力行为的共同目标就是实现这种一定能穿越时间（或“历时性”）的安排，但这并不一定总能取得成功。无论人们如何努力，总是存在失望与失败的风险。

然而，在法律实践中，以下一点仍通常为真，即一个相信能通过行使权力的方式作出有效安排的人，能根据这一安排已满足了有关能力、背景条件和仪式的积极条件，从而相信这一安排具有推定的有效性。除非有人提出了异议,并能用适当的证据证明,曾经有(或正好有)无效的因素出现,否则这一安排就能成立。通常,人们随后基于善意而作出的未来安排是建立在以前的安排具有有效性这一基础上的,不会因为有人发现了以前的安排存在缺陷就使之变得无效起来。从实用的角度讲,一个表面上有效且正在发挥作用的安排是否将变得无效,必须由一个挑战者提出来,而不能要求人们完全证明以下一点,即根本没有可能的无效条件实际地存在。这是人们在以下两种需要之间作出的法律上的妥协:一是人的计划需要得到合理的保障,二是需要对那些社会—法律秩序特定观点中的一些重要原则表示支持。根本没有这样一个确定的假定:现存的安排违反了原则,然而,假使这些安排确实违反了原则,那么它们总是面临被挑战的可能性。

9.4 可废止性

许多法律安排是可质疑的,这一说法注意到了“可废止性”(defeasibility)概念。[17] 在适当的时候,以“有效性”之名而建立

---

〔17〕 关于可废止性的讨论还可参见 N. MacCormick, *Rhetoric and the Rule of Law*, ch. 12,特别讨论了它在法律推理中扮演的角色。哈特的著作开启了当前的讨论,参见 H. L. A. Hart,“The Ascription of Responsibility and Rights”, *Proceedings of the Aristotelian Society*, 1948-1949(49):pp. 171-194。Baker 在其文章中评价了哈特的观点,参见 G. P. Baker,“Defeasibility and Meaning”, in P. M. S. Hacker and J. Raz (eds.), *Law, Morality and Society*, Oxford: Clarendon Press, 1977, pp. 26-57。尽管哈特本人在《惩罚与责任》一书的前言中撤销了他在这篇文章提出的主张,参见 H. L. A. Hart, *Punishment and Responsibility*, Oxford: Clarendon Press, 1968; R. H. S. Tur,“Defeasibilism”, *Oxford Journal of Legal Studies*, 2001(21):pp. 355-368。

起来的所有东西都会遭到人们的质疑，并且，人们发现其是可废止的，而且，人们真的废止它了。例如，地方政府与银行之间建立起了利率互换机制，希望由此抵消利率波动的影响。它们本着善意并根据人们的建议而行事，以为自己的法定权力可以延伸到此类交易。然而，地方政府的审计员持有不同观点，并质疑这一互换机制。其后，法院支持了这一反对意见。最后，根据最高司法机关对法律作出的权威性解释，证明了参与者自认为有效的安排（或机制）并非有效。[18]

对于更普通的法律地位和法律关系来说，同样如此。我们依赖的大多数权利（无论依赖的程度如何，实际上，我们都是有意识地依赖它们）都是以一定的情形作为背景性特征的。（例如）某人开车回家。在这一事情的背后，存在一个涵盖了汽车和第三人责任的保险政策，还存在一份汽车登记文件，以及来自车辆及营运服务机构的证书，证明车子已得到了充分的维护，并处于安全状态。又如，这所房子是共同共有的，其上除了有按揭以外，还被投保了。此处就存在一个有关对人权和对物权的巨大网络，这些权利都产生于很早以前作出的、被假定为有效的法律安排，除非其中的某个环节出了问题，否则这一巨大网络不会进入我们日常的意识思维之中。

那么，我们怎能如此确信，这些被人们视为理所当然的安排一定是有效的？怎能确信这些积极权利和消极权利是有效的呢？这一切的基础是什么？答案实际上是：我们通过将法律规则和原则应用于具体情形，并通过在各种规则和原则之下运用权力建立适当的安排，从而证立我们有关权利等问题的主张，证

---

〔18〕 *Hazell* v. *Hammersmith and Fulham LBC* [1992] 2 AC 1.

明我们所拥有的享有权利的基础。换言之,我们正是通过被假定的制度性规范秩序这一背景来解释自身处境的,我们也因此才能认为自己拥有各种特定的权利。相比较而言,在对自身的处境作如此的解释时,大多数人在大部分时间里是没有意识到的,尽管当他们与邻居、家人、雇主、生意伙伴或任何其他人发生纠纷时,这一背景就会凸显出来。在私人生活中,律师的情形可能与其他人一样,但在其专业工作中,律师们已习惯了此种解释性进路。在承担如下任务时——诸如,建议人们以将遗产税的影响降至最低的方式订立遗嘱,或购买一栋房子,或从前一个所有者那里取得被让与的财产,或开办和创办新公司,律师的目标都是尽可能地减少其工作在日后被别人推翻的风险。因此,他们会尽其所能地设法预见和防止可能出现的无效情形,并且,通常都会获得成功。在其他一些情况下,如在涉及私法上的诉讼或刑法上的控诉时,律师们会根据已呈现出来的情况,在极具争议的若干可能中,考虑何种解释对于他们的客户来说最为有利。律师习惯于从法律制度这一语境下的法律地位和关系入手,以职业的眼光看待世界。除了那些因某些原因而落入法网的人之外,很少有其他的人会这样做。同样地,很少有人会想到埋在大城市地下的下水道迷宫,以及他们的家庭设施如何与这些管网相连接。但是,如果(某一天)出现了潮湿或难闻的气味,他们会突然地对此感兴趣,此时,他们会寻求水管工的帮助。水管工的职业工作使他适于就排水系统如何正常地运作提出(自己的)建议,并进行干预。

有些人会拒绝这一类比,认为其远不够准确。因为无论有没有人想到它们,实体性的排水沟就在那里,而法律关系似乎不是这样。法律关系作为制度性事实而存在,按照一个规则体系对行为和事件作出的解释而存在。我们承认，这些东西都具有内在的可废止性。无论我们如何小心，仍会出现某些事件挫败我们已有的安排，或导致对我们本以为可以信赖的规则进行某种全新的解释。这些“事物”不但不像排水沟和污水管那样存在于物理世界，而且似乎是一种脆弱的存在——一会儿你看得到它们，一会儿你又看不到了。这就是可废止性的意思。

对于这个反对意见，我的第一个回应是：事实上，大多数可废止的事情从未被废止。无效的情况从未出现，并且/或者没有人会有兴趣，准备费心费力地去挑战那些事实上本可以挑战的事情。而且，人们作出的某些安排具有影响现实世界的效果。我不仅仅会以买方为受益人而放弃我先前的居住权，然后通过新住宅的卖方转让财产而获得新房产的所有权。我也会搬家，整理花园，装饰墙壁，并在花园里建车库，等等。然而，无论人们对于法律背景的意识多么模糊，他们确实依赖自己的权利，并从那里获得心理上的安全感；同时，在大多数时候，他们都会履行自己的义务，并避免犯罪行为。毕竟，法律背景并不是晦暗不明的存在。

重要的是要注意到——此处，我们借用凯尔森的一个观点，可废止性有两种可能的形式。在第一种情况下，人们发现了一个无效的法律安排，并取消了它，但其无效性只会对未来产生效果。人们此前基于对此安排的信赖而作出的一切仍然成立，并且，现在也不会失效。但在以后，不会再产生基于这一当下已失效的安排而产生规范性效果。在第二种情况下，这一安排从一开始就是无效的。以权利、义务、权力的形式从中产生的任何后果,或从中错误地推出的任何结果,都注定完全无效。[19]

凯尔森否认此处存在根本的区别。同样的技术被应用到司法判决或其他(活动)之中。现在,没有什么能改变那些已然在世界上发生的事实。该安排已经被人们视为有效,并且为人们所依赖;但在当下,它又被人们搁置到了一边。从法律上来看,在当下的两种无效形式之间,存在一种选择——一种是不授权撤销迄今为止已在这一安排下完成了的任何事情;另一种是进行此种授权,甚至要求此种授权。从实用的角度来看,将这些事情概念化是一种富有吸引力的方式。因为它使我们无须否认,这些安排确实会在一定的时间段、对有效性的所有表现形式产生影响。在这一体制中存在缺陷的某些安排确实会存在一段时间,并且,它构成了人们进行实践推理和实施相应行为的基础。法律人将其描述为:由于其"自始无效"(void *ab initio*),故而从未真正存在过,这不过是一种法律修辞。

然而,这是法律本体论上的可靠命题吗?诚然,甚至在处理制度性事实而非物理事实时,我们都一定能说,它们是有效的、存在的,或者无效的、不存在的,而不论人们的实际看法如何。一旦某一缺陷或错误被人们发现,人们就认识到,作为实际行动基础的有效性属性从一开始就是错误的。同样,如果医学是根据(例如)"脊髓灰质炎是一种水传播疾病"这一假说而建立和运作的,人们随后可能就会发现,这是一种因果关系上的错误归因,并认识到该疾病是通过呼吸道传播并感染的。否认这一因果关系假说并没有改变这样的事实:人们确实曾基于那一假说而行动,并进行了相应的治疗,且采取了相应的预防措施。这些

---

〔19〕 Kelsen, *Pure Theory of Law*, pp. 276-278. 参见 D. Ruiter, *Legal Institutions*, Dordrecht: Kluwer, 2001, pp. 138-170。

实际发生的事实并没有强迫人们得出任何本体论结论,例如,既然这一假说被人们相信,则这个假说就是有效的。如果它现在无效,则它自始无效。当然,在制度性事实与安排方面,亦是如此。

我们有必要区分权力行使过程中不同类型的失败或缺陷。某些失败或缺陷是与那些从未有效甚至只是推定为有效的安排有关的,例如,一项安排是由所谓的完全缺乏相关能力或权能的人实施的。一些失败或缺陷虽是由有权能的人实施的,但伴有严重的程序或形式缺陷。此类安排有时会因其明显的缺陷而被人们无视,但在有些时候,人们会视其为有效的,或可能有效的,直到有缺陷的事实得到了确认,并且通过适当的司法声明,指明这一被假定的安排自始无效。这样的做法更为谨慎。一些缺陷是法律上的瑕疵,而非存在根本的缺陷。从法律的角度来看,这可以证明,这一行为或安排的无效性应自首次对瑕疵提出抱怨之时开始。如果我们从规范本体论的视角来看,前两种规范和规范性安排就不是有效的,并且是不存在的,尽管对于第二种规范性安排来说,在其被宣布为不存在之前,将其至少看成是可能存在的,或许是务实审慎的做法。因为不完美的安排在被撤销或废止之前确实存在。[20]

9.5 豁免权

如果制度性规范秩序中的规则和原则可以授予权力,则它

〔20〕 这些讨论追随了 Ruiter 的讨论,参见 Ruiter, *Legal Institutions*, 第169页以及前一页——注意他在“可废止的、无效的、待定的和无效法律行为”之间所作的区分。在比当前文本更具体的讨论中,这些是精细而有用的区分。

们还必须能限制权力，至少能隐含地限制权力。如果某人试图或打算以某种方式改变我的法律地位，他（或她）必须出示他（或她）得到了授权的法律规定。如果这种法律规定不存在，或无法恰当地将之解释为授权他（或她）作出如此改变，则所谓的权力就不存在。权力终止处，即无能力产生之处。[21] "豁免"（immunity）是一个广泛接受的术语，经常被人们用来说明某个人具有相关地位，拥有该地位的人不易受到被设想的改变影响。[22] 你想命令我离开那条经过你房前的道路，但由于我是你的邻居，因而拥有一个确定的道路通行权（一种"地役权"），它有利于我的财产权，并能限制你的财产权。在这种情况下，你不能单方面向我施加排除妨碍的义务。我被免于（拥有一项豁免权）由于你的主张而失去路权。这一分析问题的方法首先可以被看作一个简单的分析工具。对于现有安排中的每一种可能的法律安排或改变来说，任何人要么有促成这一安排的权力，要么没有这一权力。在某人拥有权力的地方，与之相关的其他人的景况易于发生相应的改变。而在缺乏此项权力的地方，前者将处于无能力的地位，后者享有免于此种改变的豁免权。

如果在这一分析工具之上再添加上"保障公民自由"这一原则，则它就变成了名副其实的盾牌，可以抵御他人（尤其是官员对公民）对生活进行过度干预。除了那些经过双方的同意即能实施的权力之外，其他权力只能基于明确的法律授权或宪法规定而存在，这是自由主义法律秩序之下的一个重要原则。如果无明确的积极的授权条款，则（他人或者组织）不能仅凭单方

---

〔21〕 "无权力"（Disability）是霍菲尔德所创造的一个有帮助的术语，用来表示不具权力（non-power）的状态：参见 Hohfeld, *Fundamental Legal Conceptions*, pp. 60–64; G. W. Rainbolt, *The Concept of Rights*, Dordrecht: Springer, 2006, pp. 38–39。

〔22〕 比较下 Rainbolt, *Concept*, pp. 44–46。

面的行为而剥夺由一般法律(无论是普通法,还是成文法)所保障的公民权利,并且,此类规定一般还应由法院严格地加以解释。因此,除非在此方面存在明确的授权,否则,自由社会的公民享有对抗对其权利进行干涉的一般豁免权。事实上,这是"自由社会"(free society)这一概念含义的一部分。

我们可以通过宪法或其他一些巩固基本权利的程序,对公民的法律地位进行进一步的加强,这形成了随后一章(第11章)的主题。但就目前而言,我们只需注意,那一强化作用不仅能保护特定权利免受无明确、适当授权之官方行为的侵犯,而且还能使这一保障更加稳固。因为纵使是最高立法机关本身,也无权颁布法律剥夺任何公民的(例如)生命权、自由权或公正审判权,这些权利属于其管辖范围内的所有人,包括所有少数族裔或被怀疑为公敌的群体。(对于所有人来说)都具有免遭基本权利——尤其是免受歧视的基本权利——被剥夺的一般豁免权。在遭到(例如)战争或恐怖主义威胁的情况下,国家及国家机关的权力是否可以可靠地受到此种严格限制呢?这是一个有争议的问题。但毫无争议的是,我们是能够建立起如此保护的;并且,在目前看来,这得到了来自各种国际宣言和公约的强有力支持。

第三部分　法律、国家与公民社会

到目前为止，我们已在第一部分考察了与规范性、规范秩序等有关的基本思想；之后，我们特别参考国家或邦联宪法下的法律秩序，探讨了规范秩序的制度化问题。接着，在第二部分，我们又考察了，在以此种法律秩序为背景解释人类事务时，会存在的各种（法律上的）地位、关系及安排。由于第二部分的讨论一直比较抽象，因此，没能系统地考察法治国依宪确立法律秩序的背景与要点。现在正是弥补这一缺憾的时候，方法是揭示：尽管我们在如何将法律基本形式具体化的方法上存在相当多的选择，但法律秩序的内容并不是任意的。

我们主要考察的这类法律是某些国家的特色之一，也是由此类国家所确立的跨国组织的特色之一，建立此类跨国组织的意图在于将跨国合作的基础制度化。鉴于此，我们需要考察人们传统上构想的主要法律部门——公法（第 10 章）、刑法（第 12 章）和私法（第 13 章）。我们还需要考察（在第 11 章），人们如何运用国际和国家中的基本权利工具，以便为可能存在的国家权力滥用情形设置某些限制。如果从广义及概要性的观点来看，这些法律分支为我们提供了一个框架，使我们能在这一框架之下，理解法律是如何为塑造一个国家做出贡献的，以及它是如何在国家范围内为公民社会的存在和繁荣创造条件的。这是在遵循我在第 4 章结束时提出的一些建议。我们很好地记住了亚当·弗格森（Adam Ferguson）的以下观点："在人们享受和平的地方，人们要么将之归功于彼此之间的尊重和爱，要么将之归功于法律的约束。通过第一种方法使其中的成员获得和平的国家是最幸福的国家，但通过第二种方法获得和平是非常罕见的。"〔1〕这很好地总结了法律可以为公民社会的彬彬有礼做出贡献的原因，尽管彬彬有礼从来不能单纯地通过法律手段而实现。

---

〔1〕 A. Ferguson, *An Essay on the History of Civil Society* (1767: ed., with introduction by Duncan Forbes), Edinburgh: Edinburgh University Press, 1966, p. 154.

第 10 章　权力与公法：法律与政治

10.1　引言

公法包括宪法性法律，以及所有涉及设立政府行政部门和其他机构并对之进行授权的那一部分法律。此类机构既可以是某一国家中央政府的一部分，也可以隶属于地区性或地方层级的政府。授予权力的法律同时还会为这些机构设置某些限制，并将这些机构导向某些目的。正如我们在下一章中将会看到的，可能存在以基本权利的名义施加的更进一步的一般性限制。政府当局也可能担负了一些重要的职责，要求它们在某些特定的条件下行使权力，或以适当方式对那些因特定的权力行使活动而受到影响的人表现出应有的关心（这在上文 5.4 中已经讨论过）。

凭着源自宪法或法律的适当权力（因

此，政府的权力依赖于宪法，据此也依赖于立法机关的授权），当代法治国家的政府（权力）涵盖了非常广泛的领域。公法的范围至少包括以下领域：税收，社会保障，经济政策，贸易与产业发展政策，劳动关系与消费者保护政策，农业、渔业和食品标准政策，住房政策，环境保护，城乡规划、供水和污水处理，交通和通信基础设施政策，教育、文化和媒体事务，医疗卫生服务，治安，国家内部安全，以及对外关系与防务，等等。在所有这些主题上，政府应在多大程度上参与其中？这永远是一个饱受争议的问题。在涉及各种服务时，尤其具有争议的是：政府是应该将自己限定为主要承担监管的角色，并将提供服务的机会留给私人组织，还是应或多或少地实际提供直接的服务？在大多数主题上，还存在更进一步的选择以及随之而来的争议，比如，在权力分配问题上，是应当将权力分配给地方政府，还是应将权力保留在中央政府层级上？无论这些争议最终是如何得到解决的，也无论不同的地方在不同的时候是如何进行选择的，所有这些都牵涉政府如何行使权力的问题。要理解公法，就必须充分考虑政府当局所拥有权力的独特之处。

10.2　公权力

所有法律权力都具有关系性和相对性的特点。它们具有关系性，是从这一意义上说的：任何人行使权力都牵涉另一些人规范地位的变化。它们具有相对性，是因为法律权力的运作总是相对于特定法律制度的。人们能够引起法律制度的产生或终止，并能确定和改变法律制度的规范性后果或者内容。双边行使的权力与单边行使的权力在本质上存在一个重要区别。在前一种情况下，P有效地行使权力，就要求另一方实施某些与之相应的行为，或作出同意或赞成的意思表示，以便权力得以实现。在后一种情况下，即使P行使权力的机会需要通过另一方以某种形式的申请或请求的方式触发，但权力的行使是否有效，并不依赖于另一方实施相应的行为，或作出同意与赞成的意思表示。另一个重要的区别不过是所谓的"为实现私人利益的权力"(powers for private good)与"为实现总体利益的权力"(powers for general good)之间的区别。前者是这样的权力：权力持有者P为了自身的利益而恰当行使的权力，或为了保障P根据自己的自由意志选择的其他人的利益而行使的权力。后者则是这样的权力：权力的行使必须是为了实现P的利益之外的一些独特的目的或利益，而非为了保障P的利益，或P根据其自己的个人偏好而任意选取的那些人的利益。

在一个法治国的宪法框架之下，为实现其立法、行政或司法功能而建立起来的政府机关，通常被授予了单边权力。比如说，任何特定的立法行为是否具有法律效力，并不依赖于法律所适用的任何人是否对这一特定的行为表示同意。[1] 大多数行政权力的行使是否具有法律效力，同样不需要经过此类同意。为了使某部长的某种特定行为——授权或同意使用某一经检验为安全的药物，或根据区划法批准继续进行某些建设开发，或根据适当的法律授权作出任意的决定——变成有效的行为，任何受其影响者的同意并不是必需的。在司法裁决方面，要启动法院的工作，确实需要诉讼当事人提出某种形式的主张，或者在刑

〔1〕 这并不是否认，从政治上说，立法的正当性依赖于公民的普遍的同意，立法拥有制定法律的权力，人们应当通过服从来尊重法律的实施。

事案件中,需要适格的检察官提起有效的刑事申诉或控告。但是,民事诉讼的判决或裁定是否有效,(在有罪的情况下)刑事诉讼程序结束时的刑罚宣告是否有效,完全不取决于裁决所指向的人或受其影响的人是否同意。

治理当局拥有的此类权力是典型地服务于总体利益的权力。为了确保相关领域的善政,它们被授予了此类权力。P 作为部长、法官,或立法机关的成员,如果作出某种行为是为了追求个人的便利或为了 P 自己的家人或朋友的利益,或为了保护任何其他 P 乐意偏袒的特定群体(如教友、政治同情者或任何其他人)的利益,则就是一种权力滥用。无论是否有任何补救措施纠正此类权力滥用行为,都构成了权力滥用。当然,这些权力是服务于"总体利益"的权力,但那并不意味着,它们不能用于为特定阶层的人的利益服务。立法机关偶尔可能会选择为了工会或工会成员的利益,或为农场工作者、小农户、小中型企业、消费者或公司股东的利益而立法。在实施此类法律的过程中,行政机关的部长们、公务员们,或代表上述阶层的一些代理机构,或与上述群体保持距离的一些机关,都可以为了相关阶层的利益而恰当地行使被授予的权力。因此,"总体利益"(general goods)并不必然是"普遍利益"(universal goods),故无须在任何时候都平均地使所有公民受益。然而,问题的重点是:任何层级的政府,甚至包括最高立法机构,在确定受益阶层的过程中,不能带有任何意义上的个人偏好。而且,被授权者必须在计划的范围内,根据法律认可的其他比较稳定的价值进行合理的解读,进而运用自己的裁量权,保护法律意图保护的那些人的利益。

此处利害攸关的原则是:应当为了保护作为整体的国家利

益,或用一个得到了充分检验的短语说,是“为了保护共同善”(common good),来行使宪法赋予的权力。共同善要求人们根据一些可以清楚言说的正义理念,公正地对待国家管辖范围内的所有人,并要求政府的管理应以维持或提高所有人的福祉为依归。如第6章已评述的,[2]“存在一种共同善,它是成功的社会生活所要求的一般环境。并且,还存在个体的善,它是个体有望在受保障的共同善框架内追求的所有目标”。约翰·菲尼斯(John Finnis)将“共同善”定义为“使共同体的成员能实现自身合理目标的各种条件的集合,或为他们自己实现某些价值的各种条件的集合,为了实现这些价值,他们有理由与共同体中的其他人合作”。[3] 这与下面的做法并不矛盾,即不同的产业、经济或社会部门分别由不同的立法行为处理,或由不同的部长和部门监管。然而,我们可以将“总体利益”的不同要素表达为“以某种方式相互协调,构成了一种前述意义上的、包罗万象的共同善”。如果想准确地做到这一点,就需要援引一些合理的(尽管可能也存在争议的)政治原则,包括正义原则,等等。在农业收入面临危机时作出有利于农民的立法,并不像那些旨在有区别地增加可供执政党(相较于反对党)利用的资源的立法那样令人反感。若部长的干预是为了确保所有护照申请能尽快得到办理,则不会引起异议;然而,若部长的干预是为了确保其情妇的

---

〔2〕 见本书第6章注释10。

〔3〕 John Finnis, *Natural Law and Natural Rights*, Oxford: Clarendon Press, 1980, p. 155; 参见 Michael S. Moore, “Law as a Functional Kind”, in Robert George (ed.), *Natural Law Theory*, Oxford: Clarendon Press, 1992, pp. 187–242, at pp. 215–216; 关于对菲尼斯立场的一般性回应,参见 MacCormick, “Natural Law and the Separation of Law from Morals”, in George (ed.), op. cit. pp. 105–133。

保姆护照申请能得到快速处理,则完全可能招致异议。[4]

至关重要的是,不要以这样的方式定义"法治国",即将"法治国"定义为排斥(或似乎排斥)任何合理的政治意识形态或方案。关于"什么是共同善",人类的分歧根深蒂固,而代议政治的要点在于:对于所有那些想要提出任何一套涉及国家善治政策和原则的人,应保证其能够得到平等的机会。因此,哪一方在特定的时间获胜,取决于何者能通过公正的选举活动而当选。在民主盛行的地方,那些当选的代表是依据成年人享有的普遍公民权这一基础而被选举产生的。接着,人们就可以依据这一合理的基础主张,这一选举最有可能代表了大多数人的意见。在人们普遍认为多数人的认可优于任何其他选择的情况下,只要没有哪一个特定的、由选举产生的多数人能关上大门,阻止其后形成的其他多数人超过自己,这种做法就是有价值的。正是在这样一些假设之下,我们才能得出这样的结论:宪法赋予政府的权力不仅一向是而且应当是服务于"总体善"的权力,因而,政府应当为服务于"总体善"而行使这一权力。

上述权力具有单边的特性,正是上述要点的必然推论。无论那些旨在促进共同善某些方面的特殊政策多么地富有争议性,我们都不应让这些争议永远继续下去,而应作出决定。[5]说"那些决定因此必须得到受其影响的人们的特别同意",不过是用另一种方式说"根本没有哪一个政府的决定可以终结争议",即使这些终结只是暂时性的,即使在后来的选举中发生逆

---

〔4〕 参阅国会议员 David Blunkett 从英国内阁内政大臣办公室辞职一事,*The Times* (London),15 December 2004。

〔5〕 参见 Jeremy Waldron, *Law and Disagreement*, Oxford: Clarendon Press, 1999, eg. p. 106; Svein Eng, *Analysis of Dis/Agreement with Particular Reference to Law and Legal Theory*, Dordrecht: Kluwer, 2003。

转的可能性仍存在。在极端的情况下,“公民不服从”甚至可能是合法的,但那并不影响任何已作出决定的有效性。如果存在有效的政府,就一定存在关于一般规则或个案的单边的决定权。

10.3 区分公法

一旦将追求总体利益和单边性这两个特征结合起来,就使我们能将私权力区分于公权力,进而将私法区分于公法。公法涉及的主要是单边行使的公权力和为“总体善”服务的那些权力。私法领域,有时也被人们称为“公民社会”,涉及的是双边或多边的权力,以及为私人利益服务的权力。这是一个成年且有健全能力的人——作为平等法律地位(或同等地位)的享有者,如在公司、合伙及类似情形中的同等地位享有者——彼此面对的领域。这意味着,无论人们在个性或拥有的资产方面存在多大的差异,也没有人能在法律上优于任何其他的人。因此,任何意图通过私人的意志行为而为他们作出的有约束力的法律安排,只要涉及他们之间法律地位的任何改变,都必须经过他们相互之间的同意。当然,你拥有某些财产,并不需要经过我的同意,反之亦然。但在我们之间,如从某一个特定的初始位置开始进行任何交易,就必须按照我们之间的协议进行,或需通过一些其他形式的自愿安排,比如,将我们的某些资产集中起来,组成一个有限公司。即使是(单方面的)赠与行为,如果受赠者不接受赠与物,也不能产生法律效力。私法上的债(obligation),包括如合同之类的一些常见的债,以及因实施不法行为给他人造成损害而产生的赔偿之债,都建立在自愿的行为基础之上。由公法所施加的义务(duty)并没有表现出这种自愿的性质。

然而,一些国家机关确实以类似于行使私法权力的方式行使某些权力,如为提供公共服务而订立合同,或在公共服务领域提供就业机会。无论是有形的还是无形的动产与不动产的所有权,都可以归属到国家本身或下级公共机关的名下。比如根据《欧洲共同体条约》,人们可以要求国家及其内部的公共机关,根据欧洲相关法律规定中的公平条款,设立竞争性的招标程序,满足其提供特定商品或服务的需要。[6] 由此来看,我们不能声称,政府机关的所有权力既具有单边性特点,又具有导向"总体善"的特点。(比如,在被要求的竞争性招标情形中,后一特点确实具有特别的急迫性,其要旨恰在于排除在公共资金分配中的不当徇私。)然而,由于所有的政府机关都拥有特殊的法律地位,那意味着,无论它们可应诉的法院或法庭系统是怎样的,它们依据合同法或侵权法应承担的责任均具有某些独特的特征。正是这些独特的特征使政府机关承担的责任有别于私法中人们承担的一般责任。尽管并非政府机关的所有权力都是单边的并服务于"总体善"的,但我们可以根据"所有政府机关的核心权力确实具备这两大特征"这一事实,而对之加以辨识;而且,几乎所有的政府机关都至少具备后一项特征。

一般而言,包括宪法性法律以及其他所有的创设政府机关并对其进行授权的法律在内的公法,将单边的、服务于"总体善"的特殊权力,以及其他一些辅助性权力,包括持有财产和订立合同的权力,赋予了政府机关。赋权的条件必然暗含了(有时明确表述了)这些权力的限度。如前面已提到的,也正如我们在

---

〔6〕 参见 Office of Government Commerce (OGC), *The New Public Procurement Directives*, London: OGC, 2004。

下一章将看到的，存在以基本权利为由施加更一般限制的可能性。政府机关承担的重要职责还要求它们，至少在行使某些权力时，能够以某些条件或适当方式，对那些被特定权力行使活动影响的人们表现出应有的关注。

公法与私法的差异同时还表现在被授予的权力种类上，我们可以从有效政府和治理的需要对之加以说明。然而，私法和公法都是当代国家实现一体化的制度性规范秩序的要素，因此，相较于私法，公法并非是不同意义上的法律。[7] 它们全都是相同意义上的法律，但它们有不同的适用领域和不同的主题。所以，我们必须拒绝那些认为公法拥有"自治"地位的任何主张，这些主张倾向于（或曾经倾向于）否认私法和公法是一个国家（或其他类型的政体）单一的规范秩序之下的两个部分。[8] 如果缺少了任何一部分，法律系统都将是不完整的；并且，这两者都是法律，都是从"法"这个字的同一种意义上说的，因为（两者之间）的所有差异仅在于它们授予给那些拥有不同职能的人以不同的权力。

---

〔7〕 M. Loughlin, *The Idea of Public Law*, Oxford: Oxford University Press, 2003, 153 ff. Loughlin 主张公法独具特色，应当被视为构成一个自主的领域。只要这种主张并不等于在说公法和私法是不同意义上的"法律"，这一说法就不会引起异议，因为它只相当于为法学研究者的劳动分工提出一种可理解的基础，Loughlin 的论证取决于对承担管理职能之公法的解释；这种特殊性在此用公法权力的特殊性质来解释。Peter Morton, *An Institutional Theory of Law*, Oxford: Clarendon Press, 1998. Morton 将刑法、民法和公法视为三种独特的他所谓的"法律实践"。他主张："实践之间的关键联系，这些不同具体形式之间的各种微妙关联，并不能保证关于法律规范是一个整体系统的假定是真的。"（第 63 页）在我看来，考虑到本书第 3 章从制度性角度对法律体系多样性中的统一性的说明，这一观点是十分错误的。

〔8〕 F. A. Hayek (*Law, Legislation and Liberty*: *Vol I Rules and Order*, pp. 131－134, 141－143) 与 M. Loughlin (loc. Cit.) 以不同方式主张公法的自治性——前者抨击它，后者称赞它。H. Kelsen (*Pure Theory*, pp. 280－281) 夸大了公法与私法的同一性。这种差别类似于同一大类中的两种小类，每一种无法独立于另一种而得到理解。

10.4　公法与政治

在至少拥有代议制政府的宪制国家,而且,在代议制包含了完全民主的公民权(所有的成年公民都拥有平等的投票权)的宪制国家,公法不仅为政治主题提供了框架,而且形成了其实质性的组成部分。政治涉及的是如何在一个政体中行使政府权力的问题,其行使权力的目的是实现服务于全体的共同善的某些观念。正如最近人们谈及的,它包括一国管辖下的人们之间存在的某种可辩护的正义观念。在政治辩论中,相互竞争的对手寻求在政府的立法和行政部门中取得优势地位。换言之,他们寻求那种让他们能行使服务于"全体善"的单边权力地位。

这样做的关键除了能获得自我扩张和身居高位的个人乐趣以外,还能使获胜的政党、派系或联盟的政治纲领确定的正义与共同善理念得到实施,或至少与其一般纲领和精神保持一致。[9]这可能不过是包裹宗派或阶级利益的外衣。但鉴于第15章将要探讨的原因,人们不能公开地宣称自己如此。政治纲领的实际实施反过来又要求它们行使立法类和行政类公权力以及次一级的管理权。这是否意味着公法和政治合二为一了呢?当然不是。

一个极具影响力和说服力的法社会学理论——尼克拉斯·卢曼[10]的"系统论"(system-theory),贡塔·托依布纳

---

〔9〕政党与政治派别明确表达的原则、教义或明示承诺与其"精神气质"之间的区别是非常重要的。参见H. M. Drucker, *Doctrine and Ethos in the Labour Party*, London: G Allen & Unwin, 1979。

〔10〕Luhmann, *Law as a Social System*, trans. by K. Ziegert, ed. by D. Nobles and others, Oxford: Oxford University Press, 2004.

(Gunther Teubner)[11]对之作了进一步发展——迄今仍坚持说,诸如法律与政治或经济一类的社会系统(或子系统),从某一特定的意义上看,是各自独立的交流系统。正如我们在前面6.3中讨论的那样,每一个系统都按照自身的内在逻辑,利用自身的基本二元区分(比如法律中正当与不正当的区分),[12]不断地自生与重生。每一系统都构成另外的系统的部分环境,并存在便于其互动的"结构耦合"(structural coupling)机制。然而,每一个系统都会从其他系统获得信息,这假定了这些信息在被同化的过程中,都具有一种"由系统所决定的"(system-determined)特性。法律机构运用法律术语解读政治系统的产出物(比如立法行为)。政治人物将法律系统的产出物——如法官关于政府行为有效性的裁决——视为政治上的明确限制,即限制了他们通过政府行动实现自己所欲后果的方式。法律和政治一方面接受经济系统的输入物(见下文13.4的讨论),另一方面也输入东西到经济领域;同时,每个系统都以自己的方式作出适度的调整,以回应来自他方的信息。这是一个连续的、动态的相互影响的过程。[13]

正如上文已提到的,由立法机关行使其宪法上的主导性立法角色而颁布的法规,是政治系统的产出物。然而,很少有立法

---

[11] G. Teubner, *Law as an Autopoietic System*, trans. by R. Adler and A. Bankowska, ed. by Z. Bankowski, Oxford: Basil Blackwell, 1992.

[12] 卢曼使用"*Recht*"与"*Unrecht*"以及其他由其德文原版著作派生出来的形容词。标准的翻译是"合法的/非法的"(legal/illegal),然而这使法律所作的二元区分在英语中看起来很琐碎——在我看来,(法律上的)正当与不正当是一个更合理的二元区分。如果这就是它的内容,无论它是否是对卢曼本文更为忠实的翻译,我都希望在这种意义上(或者说在这种修正意义上)理解他的观点。参见 *Law as a Social System*,自第94页往后。

[13] 在 *Law as a Social System* 第381~385页,卢曼讨论了法律、政治与经济之间的"结构耦合"关系。这引用了 Humberto Maturana 在生物科学认识论领域的著作,尽管对这一概念在社会学上的使用是否是一种令人满意的类比仍然富有争议性。

者是法律专家,立法辩论是根据纲领性的党派政治路线组织起来的。立法机关的成员对于其所制定法律的细节可能只有相对有限的了解,并且,其投赞成票的理由可能并不包括大量参考这些细节,甚至根本不参考这些细节。由立法机关或行政机关雇请的法律专家(法律的起草者),可确保实际颁布的法律用语会产生其作者意图实现的后果。雇请这样的专家非常必要,因为从律师和法院的角度看,立法机关的产出物即是他们的输入物。制定法解释是一个相当重要的研究课题,那些对法院或其他机关法律适用体系特有的推理过程感兴趣的人们对此进行了大量的探讨。[14] 只有那些充分理解法律解释实践的人,才能确保法规以这样的形式被书写,即法律适用者的解释非常可能与立法建议发起人的意图完全匹配。这些发起人可能是某位部长、议会中的某个委员会,甚至是单个的议员,因为尽管只有整个立法机关才能制定法律,但它总是以回应某些具体的、诸如此类的立法建议的方式实现的。

一个法规代表着进入现存法律体系的新的输入物。因此,为了理解这一新颁布的法律,人们必须根据现存的法律系统解释它,看它改变了什么,并应按照这一连续但又有所改变的法律系统,思考如何最佳地理解这一新颁布的规则。毫不意外的是,律师或法官对已颁布的法律的理解,可能不同于那些参与制定该法律的政客们的理解。因为律师或法官们的理解当然是在一种不同的情境下形成的,更多地关注的是法律,而非某一特定的政治纲领。在下面的情况下更是如此,即那些推动或颁布这

---

〔14〕 例如,参见 N. MacCormick and R. S. Summers (eds.),*Interpreting Statutes:A Comparative Study*,Aldershot:Dartmouth Publishing Co.,1991。一些来自不同司法管辖区的法律理论家展开了广泛的比较。参见 N. MacCormick,*Rhetoric and the Rule of Law*,其中第7章在(当前)法律制度理论语境下对此作了描述。

些法案的立法者们早已转向关注别的问题,或遭受到了选举失败,甚至全部退休了,但这些法规仍在继续适用。

此外,任何关心法治的人都很清楚,使法院和司法机关免受来自行政或立法人员的不当政治压力的影响非常重要。即使政客们对法官的法律解释(这些法律是政客们通过的)非常失望,他们对法治的破坏也仅限定于以下范围,即他们只能干预或迫使法官或律师在法律解释中采取特定的政治路线。一旦法律被制定出来,其含义就完全由法院决定,法院会根据自己的理性和推理加以适用。如果立法机关对结果不满,他们唯一正当能做的就是回到起草委员会,并起草一个新版法律,使其能更清晰地指向他们期望的结果。

以上这些考察与系统论对这些不同系统相互分离状况的描述完全相容。当然,我们必须强调,这并非是一种切断全部有效联系的极端分离。事实上,卢曼认为,“国家”(至少在概念上)是通过他所说的法律和政治系统之间的“结构耦合”方式发挥作用的。[15] 这是因为,从政治的视角来看,宪法是政治活动的框架;与此同时,从法律的角度来看,宪法是法律权力的源泉和法律有效性的根基。因此,正如我们已指出的那样,在某种意义上说,法律是政治的目标。某个党派如果认为国家的权力变得过大,对公民课税太重,或对个人和地方政府的自由裁量权干预过多,它就可以寻求竞选执政,以实施改革计划。如果一政党通过选举的方式获得了立法机构中的多数席位,则其领导层就将担任或被任命为政府行政部门的领导角色,并将提出各种改革措施。这些措施必然表现为旨在降低税负和削弱中央政府机构

〔15〕 Luhmann, *Law as a Social System*, chs. 9 and 10,特别是第408~409页。

部分权力一类的立法建议或议会法案。为了实施这一政策,他们必须使法案被颁布为法律。

反过来说,如果某一政党更倾向从加强社会福利立场理解共同善,则它的目标就会与上述计划相反,并可能寻求通过提升公共服务和加强税收的方法,进行有利于福利更均等化的改革。它也必须将这些政策所追求的目标囊括进相关的法律改革之中;并且,如果它能成功地当选,则不得不颁布与之相适应的改革性法律。无论是上述的前一种法律改革,还是后一种法律改革,改革方案失败的方式多种多样。其中之一是:这项立法如此拙劣,以致无法以政治方案支持者意图发生效果的方式加以阐释。另一种失败的方式是:法院坚决反对公平地阐释被制定的法律,拒绝通过它来追求立法者意图体现的价值。后一种情况构成司法职位的滥用,尽管对此可能并无宪法上可资利用的补救办法。

至于对环境问题的关切,或对公民自由受到刑法和执法机构影响的担忧,情形也同样如此。无论人们认为的国家政治秩序的缺陷是什么,其补救措施都可能包括行使立法权。只有当我们以意在保障法律系统的融贯性与实现法律所隐含的价值(那些在政治程序中一直争论的价值)的方式解释被颁布的法律时,这一补救措施才能发挥作用。[16] 法律与政治之间的另一种张力,源自它们在运作的时间范围上存在差异。在那些重要且争议较大、需要“走完全程”(go the whole way)的案件中,从一开始提起诉讼,到最高上诉法院作出最终判决,法律体系会花费很多年的时间处理该案件,并在对争议焦点进行正确的法律解释基础上,产生一个终局性、高度权威的裁决。政治生活的紧

---

〔16〕 如下著作证实了这一点,参见 N. MacCormick, *Rhetoric and the Rule of Law*, pp. 139-141。

迫性,以及(如在环境问题上,或国家安全等紧急问题上)损害预防的现实紧迫性,使法律和政治在时间步调上的不一致成为政治上的难题。正是部分地由于这一缘故,行政人员在这类问题上可能会经常寻求采取立法的方法,目的是建立某种主动的公共机构。例如,这可能是一个环保机构,它有权力主动干预如工业企业之类的经济主体,以便更快地预防或矫正人们所担忧的危害发生。在通常被人们称为"行政法"的公法分支中,这样的机构可能产生,以便对已认识到的环境问题的政治解决方案加速实施有效的法律。然而,当争议发生时,对其权力和义务以及对它们的正当使用所作的权威性法律解释,将需要等待相对迟缓的法律程序的结果。最终,最高法院可能会被要求对授权的有效性或对那些被授予的权力具体实施的有效性作出权威性的裁决。[17]

10.5 司法公正的政治价值

法官不仅会因为部长或其他有影响力的政治人物实际地施加或打算施加不当的影响而承担卷入政治的风险。如果他们实际地或明显打算抵制(或改变)已经成功体现于法律中的政治改革,他们也会卷入政治之中。某些法律理论学派朝着与系统理论相反的方向走得如此之远,以至于基于对法院在实施法律中所起作用的考虑,否认法律与政治之间存在任何差别。"批判"理论家指出,法官总是不得不在下面两种做法之间进行选

---

〔17〕 关于法律与政治体系时间尺度差异问题,比较 Luhmann, *Law as a Social System*, pp. 372–374。

择：一是追求那些近似当前流行于立法计划中的那类价值；二是追求与之相反的价值。[18]

根据本书姊妹篇[19]中对法律制度理论的阐释，如果这一关于法律适用的“批判性”理论否认实际上可能存在独立于法官个人偏好、给出更好或更坏解释的客观法律论证，那么，它本身便被人们过分地夸大了。确实可能存在如此这般有关偏好的客观根据。当然，那并不意味着，法官从不犯错误，或他们从来不会不正当地偏袒一方。但是，法官们在履行职责时，肯定在那种意义上避开政治，这是非常可能的。[20] 人们并不一定非得采纳全套的卢曼或托依布纳式的社会学系统理论，才能感谢他们在这一点上提供的有力论证。

此外，在另一种意义上，司法的这种中立性特征本身就是政治的宝贵成就，问题只在于：它在什么时候以及在多大程度上能得以实现。法治之下的政体、宪制国家或法治国等理念就是这样一种理念：应存在成功的分权，以便使不同机构执行不同的功能。这并不是说，法官和法院在任何一种意义上都是非政治性的——他们当然应该是无派性的，应避免在不间断的、日常政治斗争中公开地偏袒任何一方。但是，实现无派性的公正本身就是一种特殊的政治功能，是确保宪制平衡的不可估量的价值之一。正是通过这种方式的参与，法官们才为支持政体的“共同

〔18〕 大体比较一下 D. Kennedy, *A Critique of Adjudication*, Cambridge, Ma: Harvard University Press, 1997; A. Norrie (ed.), *Closure or Critique*, Edinburgh: Edinburgh University Press, 1993, 特别是第7章（P. Goodrich, “Fate as Seduction”）。

〔19〕 N. MacCormick, *Rhetoric and the Rule of Law*, Oxford: Oxford University Press, 1995.

〔20〕 N. MacCormick, *Rhetoric and the Rule of Law*, ch. 13. 关于相反的立场，例如，J. Balkin, “Ideological Drift and the Struggle over Meaning”, *Connecticut Law Review*, 1993(25): p. 369。

善”做出了重要贡献。

在法律和政治之间,还存在其他一些重要的相互作用关系。在各种形式的代议制政府中(更不必说民主政体中),政客们竞相夺取权力,从这个意义上说,他们竞争的是改变人们的生活方式、保障公民的相关福祉,并使各种福利在公民间实现公正平衡的实际能力。但在一个法治国家(这一术语使人联想起“结构耦合”)中,政客们所寻求的权力要求他们获取与行使各种法律规定的权力,即法律权力。

一个部长的权力是可行使的,因为他(或她)被授予了处于政治体系顶端的这一职位。这一权力或者是由宪法直接授予的,或者是由已颁布的法律授予的,而已颁布的法律又是由宪法授予的立法权或附属性立法权制定的。或者(最有可能是在国防和外交事务上)它也可能是那种根据行政特权(君主制国家中的“王权”)概念而记在国家元首名下、由部长代表国家元首行使的剩余权利。指挥公务员或军事人员的权力、授权公共资金支出的权力、要求公民响应以国家名义提出的各种要求的权力,以及通过这种或那种形式的许可证给予公民特殊权限的权力——概括而言,即全套的公共权力——都是由法律授予的。即使是在权力行使过程中允许部长或以其名义行使广泛的自由裁量权,“权力是由法律授予的”仍是一个重要的事实。相应地,根据恰当的法律解释,部长在特定的情况下行使权力,到底是权力的正当运用,还是超越了权限,还是对自由裁量权的滥用或权力滥用?这通常是一个应由法院裁判的问题,是一个能在独立的法院或法庭上被人们提出的问题。权力的有效条件在多大程度上单纯依赖权力行使者的个人意见,法治就会在多大程度上遭到破坏。

10.6　政治权力高于法律吗？

确实，政治上的成功并不只是依靠合法性而得到保证的，正如“尼尔森的盲眼”（Nelson’s blind eye）一样，偶尔违反严格的法律要求也会产生绝妙的结果。有时，政治需要大胆的举措；政治还需要领导力、远见和团队合作，以实现大家共同确定的政策、目标和理想。法律确立了公共权力，并为其设定了界限。解决公共权力如何在这些界限内行使的问题，正是政治的任务。使法律意义上的大部分权力的大多数运用，都达到政治意义上的权力运用的圆融与有益，是一个与政治远见和理解有关的事情。不言而喻，法律并不包含有关成功或良好政治行为的政治指南。但是，如果没有某些法律框架，就根本不会有政治制度，也不会有国家。

然而，有趣的是，这一命题的反命题似乎也成立。因为维系一个国家并保持其为法治国（无论它多么不完美），同样需要政治意志和政治组织。而且，可以说，每一种政体，包括最有秩序的国家，都可能发现自身已陷入危机之中，这也许是由于自身内部的政治或产业冲突之故，抑或是由于自然灾害或外部压力之故。在这些情况下，人们不得不将有关分权的一般行为准则放到一边，并作出一些解决危机的决定。根据卡尔·施米特（Carl Schmitt）[21] 及其当代追随者的观点，在这种“例外状态”中，需

---

〔21〕 C. Schmitt, *Political Theology: Four Chapters on the Concept of Sovereignty*, trans. by G. Schwab, Cambridge, Ma: MIT Press, 1988; original German edition, 1922. 参见 Schmitt, *The Concept of the Political*, trans. by G. Schwab, Chicago: Chicago University Press, 1996; original German edition, 1932。

要一个决定来提供判准,以确定那些经常作为任何成功政体基础的终极主权到底存在于什么地方。[22] “主权者就是在例外情况下作决定者。”[23]这就是那种“一通百通”的情形。行使终极权力可能会导致灾难性的失败和国家的崩溃与颠覆。然而,如果它成功了,国家就得以存续下去。就保持国家统一的真正的终极权力关系而言,这一权力的真正特点也得到揭示,无论那些常见的看上去在法律上正确的处理方式使这一特点变得多么不明显。

对此,我们能说些什么呢?值得重申的是,正如第9章已论证的,权力始终具有关系属性,拥有权力就是与某物或某人发生联系。当权力拥有者能引起变化,以至于影响了处于权力之下的某个人时,权力就显现了出来。并且,我们可以根据其造成变化的程度以及克服阻力的程度,来对权力的规模进行评级。作为一种规范性权力,法律权力是某个人(或某个机构)改变某些人(或某些机构)的法律状况、创设新义务或者扩张现存义务的能力,是将以前正当的行为界定为不正当的行为,或者授予、扩张、限制、废止其他一些权力的能力。我们最好将政治权力概念化为事实性权力,而不是规范性权力。它所涉及的并非是要改变人们应以何种方式行为,而是要改变人们实际上做了什么,但在法治国家,这仍然只能通过行使法律权力来实现。

当公民有动机并且实际上也是以一种遵纪守法的方式行为时,他们会倾向于响应我们已提到的诸种法律变化。在这个意

〔22〕 M. Loughlin 对政治权力之最终特征的强调受到 Schmitt 的影响,尽管他并不完全赞同 Schmitt。参见 M. Loughlin, *Idea of Public Law*, pp. 33-35, 155-156。

〔23〕 这是《政治的神学》一书的开篇一句,如 D. Dyzenhaus 所呈现的, D. Dyzenhaus, *Legality and Legitimacy: Carl Schmitt, Hans Kelsen and Hermann Heller in Weimar*, Oxford: Clarendon Press, 1997, p. 42。

义上说,行使法律权力可能是行使政治权力极为有效的策略。此外,政治主体行为的合法性是他们能享有或获取地位(或光环)的重要因素。通过宪法和法律手段实现自己意欲实现的目标,会提升自身的合法性,也因此有助于提升公民对政治权力行使的响应程度。在政治权力与法律权力之间,存在明显的概念上的区别。但在现实生活中,它们结伴而行,只有在特殊时刻——实际上也许只能在"例外状态"下——才能分开。当然,例外状态的特点的确不寻常。从一个可能永远不会发生的极端条件推导出一个有关国家正常、恰当运作的论点,似乎有悖常理。

那些强调公法具有由政治塑造这一特点——因为政治定义了公权力,并且必然同时限定了公权力(无论这种限定多么宽泛而模糊)——的人们,可能会被别人批评为缺乏现实主义关怀。例如马丁·洛克林(Martin Loughlin)斥责这些思想家(包括笔者在内),认为他们忽视了这样的事实,即公法最终是关于政府的法律。[24]公法会涉及"什么使政府成为可能""什么样的政府是较好的政府"这一类问题,但至少存在一些政府不是处于混乱、无序或无政府状态。因此,像洛克林坚定地强调公法的授权性方面非常重要一样,强调法律制度理论信奉的东西同样重要,这一点非常有价值。但必须重申的是,法律只是对政府事务起到了促进作用,而政治却执行——无论如何,政客们担任行政部门的官员,在国家公务员的协助下执行——政府事务。

政府事务是否执行得很好,通常要依据结果或估算的结果

---

〔24〕 参见 M. Loughlin,"Ten Tenets of Sovereignty",in N. Walker (ed.),*Sovereignty in Transition*,Oxford:Hart Publishing,2003,尤其是第 82~83 页; 关于对它的回应,参见 N. MacCormick,"Questioning 'Post-Sovereignty'",*European Law Review*, 2004(29):pp. 852-863。

来判断。例如,犯罪统计是否令人满意,是否显示出下降趋势,并有助于减轻人们对潜在伤害的恐惧?货币政策是否能令人满意地控制物价的上涨?经济是在增长还是在萎缩?失业率是高还是低,是上升还是下降?教育体系是否培养出了受过良好教育的学生,并有能力且有意愿将自己融入生产性工作中?卫生服务是否为那些需要帮助的人提供了令人满意的医疗健康服务,并有效地支持了那些可预防疾病的预防?外交政策是以促进和平局势和维护令人满意的国家经济和军事安全的方式进行的吗?为了完成必要的任务,武装军队是否充分地招募、装备、武装了自己?附属的民间军事力量是否给予了军队有力的支持?

如何回答这些问题?更重要的是,如何设计政府的行为,以确保对所有这些问题能给出令人满意的答案?这是极具争议的问题。代议制系统中政党之间的竞争(越民主,越如此)应是这样的竞争:它们应比较谁更能在上述领域取得令人满意的成果。不同的政治哲学指向不同的路径,无论是在手段的选择上,还是在目标的定义上,都存在差异。政治和经济正义的要求是什么?什么是为了共同利益,而非只是为了部分利益(sectional good)?以及共同利益又将如何实现?甚至连如下问题都是有争议的:这类问题是否有任何合理的答案,或者只是意识形态和错误意识的伪装?

这一切表明,法律和政治之间不仅不是而且不可能是彼此隔绝的。一个对于卢曼和托依布纳的解读或者误读可以归之于这些作者,即他们认为,法律与政治之间是相互隔绝的,这一观点将使这些作者的理论完全不具有说服力。在一个权力相互分离但又相互作用的立宪体制中,尊重彼此各自角色上的差异,不仅（在一种老生常谈的意义上）对保障立宪体制至关重要，而且对一个获得了良好保障的法治体制至关重要。法律是一种规定正当与不正当的规范秩序，而政治属于受审慎的考虑指导的治国方略，我们必须充分认识这种概念上的差异。我们应当将这些理解为与下面的问题相关，即对于某些被假定的共同善来说，什么才是多少有些奏效的东西，或者将之理解为是考察这一问题的，即如何从政治的角度对经由政治辩论和对话方式而得出的有关共同善的崭新理解进行阐释。然而，政治依赖于宪法秩序和法律秩序，政治家们必须在宪法的分权体制中，利用行政机关和立法机关的作用，合法地实现其目的。他们的这一做法反过来又对作为法治国的国家的持续存在至关重要，法治国是按照功能性宪法运作的，这一功能性宪法与得到合理解释的、正式的宪法文本（在此种宪法存在的地方）完全一致。[25] 法律与政治在概念上不同，但在治理、法律适用与解释的动态过程中，它们相互作用。

---

〔25〕 关于"功能性"宪法与"形式性"宪法之间的不同，参见本书第3章。

第 11 章　对权力的限制：基本权利

11.1　引言

国家治理机关的权力具有典型的单边性特点。这种权力包括对已经制度化的执法机构下达规则和命令、允许它们部署和使用武力。众所周知，刑法，与下一章将要更充分地探讨的，禁止除国家工作人员（警察机关或监狱中，特别是武装部队中）之外的任何人使用武力的规定，（都规定）只有上述国家工作人员才能采取合理的行动，维护法律和秩序。只有在严格限定的自卫领域，或在极端必要的防卫他人的情况下，禁止私人使用武力的禁令才会出现例外。因此，国家治理机关宣称自己垄断了对武力的合法运用——虽然可能略有夸张，但可以这么说，一个人对另一个人使用武力，要么是法律上不正当的，要么是根据法律的授权实施强制措施或制裁。[1]

国家或其治理机构以此种方式主张垄断武力，清晰地显现出了某些显著的危险。最高的规范性权力授权使用武力，难道不会实际地导致武力的集中？被集中了的武力难道不会被人们以无节制、残忍、不公平，甚至无充分理由的方式而行使？我们当然有十分丰富的证据证明这是可能发生的。尽管 19 世纪的德国以文学、人文社会科学、自然科学，以及音乐和艺术等高雅文化著称，然而从中却产生了极恶。战争的失败和君主政体的瓦解，形成了“魏玛宪法”之下不稳定的民主共和国的基础。君主政体的崩溃为希特勒和纳粹党的掌权开辟了道路。于是，他们日益严重地滥用国家资源，其行径已堕落成了非人性、残忍、种族主义和大屠杀的代名词。对于那些本质上类似的邪恶做法，我们还可以举出大量的程度稍弱的例证。

也许我们在提出问题时，总是很容易想起那些极端的、不可饶恕的罪恶。有时，人们会不安地审视时间、空间以及情感上的家园，并提醒自己，严重的情况会引起多么糟糕的反应。本着这样的精神，人们会反思美利坚合众国和英国对 2001 年 9 月 11 日发生的、对华盛顿五角大楼和纽约世界贸易中心的卑鄙攻击和后续事件的反应。第一个回应是对阿富汗的塔利班政府发动全面进攻，并启动程序，以期在阿富汗建立民主国家和制定新宪法。除此之外，为铲除对“9 · 11”袭击负责的基地组织领导层，还采取了一系列持续、坚决而猛烈的行动。接下来是以防止开发或部署大规模杀伤性武器为借口，并以废黜萨达姆 · 侯赛因的暴政、推动在伊拉克确立可行的民主宪法为未来目标，对伊

〔1〕 参见 Kelsen, *Pure Theory of Law*, trans. by M. Knight, Berkeley and Los Angeles: University of California Press, 1967, p. 42。

拉克进行了大规模的军事干预。与此相伴的是严重的暴力和破坏,作为对这些行动的回应,在逊尼派和什叶派穆斯林社群中,发生了各种形式的叛乱,并最终发展为宗派暴力冲突,导致许多评论者质疑干预伊拉克的明智性与正义性,甚至还有很多人主张,按照国际法,上述做法在实施层面上以及观念层面上都是非法的。而且,关押囚犯的伊拉克监狱,和关押涉嫌与基地组织有牵连的阿富汗战俘的古巴关塔那摩湾的三角洲营地(以前的X射线营地)监狱,其环境状况似乎违反了美国宪法的基本原则。[2]有关战俘的《日内瓦公约》也未得到遵守,直到美国联邦最高法院明确了居民可以在法律范围内处理事务的界限。[3]被关押人员被划定为"敌方战斗人员",而非一个被承认国家的受俘士兵——人们一直引用这一事实,以证明那种对待被关押人员的方式是正当的,但它震撼了许多美国人的良心,以及其他国家更多公民的良知,美国联邦最高法院对法治的重申让公众如释重负。

与此同时,在英国,尤其是2005年7月在伦敦地铁和公共汽车上发生残忍的自杀式炸弹袭击后,总理托尼·布莱尔(Tony Blair)宣布"规则发生了变化",并着手采取一系列反恐措施。

---

〔2〕 相对初级的军事人员已因对伊拉克囚犯所犯下的罪行被审判和定罪;关塔那摩监狱的囚犯也已经成功地对其拘留提出质疑。在 *Rasul v. Bush* 542 US 466 (2004) 321 F. 3d 1134 一案中,联邦最高法院认定,未被关塔那摩湾审讯营地指控的受囚禁外国公民,有权在美国联邦民事法庭就他们的囚禁提起诉讼。

〔3〕 在 *Hamdan v. Rumsfeld* 126 S Ct 2749 (2006)一案中,联邦最高法院认定,特别军事法庭无权继续审判 Hamdan,因为其诉讼结构和程序违反 UCMJ(统一军事法典)和《日内瓦公约》(根据 Stevens 法官执笔的法院意见)。Owen Fiss 认为,即使在这些案件之后,美国宪法的基本原则仍然遭到严重破坏。参见 O. Fiss,"The War against Terrorism and the Rule of law",*Oxford Journal of Legal Studies*,2006(26):pp. 235-256。

这包括确立了一个不太明确的“颂扬”恐怖行为的罪名，[4]增加了部长们——行政部门的官员们——签署个人拘留或限制人们日常自由的“控制令”的权力。这些措施只受到有限形式的司法控制。有一些进一步的立法建议主张，在议会最低限度的有效控制之下，部长们可以通过法定手段，拥有修改或废除现行法律的一般权力。再一次地，在英国，是法院为行政机关在触及人权和公民基本自由权事务的权限上设置了一些限制。[5]

因此，那些有着引以为豪的尊重法治的宪制传统、在其管辖范围内长期尊重基本人权的行政当局，在面对有组织的恐怖主义挑战时，发现自己竟如此惊人地破坏了这些传统。我们能否找到一定的方法，一方面使权力只能为保障公共安全而行使，另一方面又不为权力滥用留有余地，这是一个真实的难题。权力的滥用最初也许只是发生在边缘情形之下，但始终存在更多地侵入以前禁止自由裁量领域的可能性。应由谁最终决定在何种

---

〔4〕 见《恐怖主义法》第 2006 条第 1 款：

(1)本节适用于可以被某些公众或全部公众所理解，并以直接或间接鼓励或引诱他们实施、预备、颂扬恐怖主义行为或公约罪行为目的而向其发布的声明。

(2)一个人会触犯本罪，如果——

(a)他发表一个本节所适用的声明，或使另一方发表一个这样的声明；并且

(b)在他发表它或使它得到发表时，他——

(i)意图使公众直接或间接地受到鼓励，或被该声明诱惑去实施、预备或煽动恐怖主义行为或公约规定的罪行；或

(ii)是鲁莽的，无论这是否会直接或间地鼓励公众，或引诱公众实施预备或煽动此类行为或罪行。

(3)为了本节的目的，公众可以理解的间接鼓励实施或预备恐怖主义行为或公约罪行的声明包括：

(a)颂扬实施或准备(无论是过去、将来还是一般)此类行为或罪行；

(b)并且可以合理期待公众能从该声明推断出，被颂扬的行为是作为在当前情况下应被竞相模仿的行为而被颂扬的。

〔5〕 参见 *A* v. *Home Secretary* [2004] UKHL 56, [2005] 2 WLR 87; *A* v. *Home Secretary* (*No.* 2) [2005] UKHL 71, [2005] 3 WLR 1249。

范围内防止权力滥用的保障措施是必要的？以及应有哪些保障措施？这是非常重大的问题。

前面的段落反思的是21世纪前十年在美国和英国发生的一些事件的发展情况，涉及由民主选举产生的政治领导人指挥并根据（第一个例子中的）国会和（另一个例子中的）议会的授权而行事的问题。对此，“谁来监管看守者自己？”这一古老的问题可能会跌跌撞撞地发展为“该由谁决定应由谁作出评判？”这一问题。（人们还会问：）司法职责和行政职责之间的界限在哪里？本章首先将讨论以下观念——必须承认，（世间尚存在）任何政府都无法正当地推翻或削弱的基本权利——的背景及其演进情况，然后考察在当今世界中，这些权利已实现的制度化程度。最后，我们将回到刚才提出的问题，并回答人们对“以某些方式使基本权利制度化是否是人们欲求的”这一质疑。

11.2 作为对政府施加可能限制的权利

“忠诚于法治”是保护自由不受政府机构不当侵犯的条件之一。坚持“法治国”这一特征是保证以下一点的方式之一，即国家强制力的使用必须总是且只能依据以非常严格的方式加以解释的一般规则，并且，必须以“应排除不公正的歧视”这一普世主义的方式行使。但这本身似乎还不够。一般规则可以将极为宽泛的自由裁量权授予给特定的官员——一个恰当的例子是：1934年之后，希特勒被授权依据法令统治德国。在欧洲以及欧洲之外，尽管不像纳粹的恐怖统治那么严重，但滥用一般自由裁量权的例子比比皆是。人们甚至非常遗憾地指责布莱尔政府于 2006 年在联合王国推行的《立法和监管改革法案》。〔6〕而且，甚至当权力在形式上受到限制时，仍存在这样一种风险，即在实践中，这些限制可能会被人们恣意地忽略，暴行仍可能被人们实施。因此，我们总是需要追问“谁来监管看守者自己？”

就其本身而言，法治虽是必要的，但在某些情境下，似乎仍不足以阻止国家机关实施恶行。法治是一种真正的美德，但就其自身而言，它只是一种形式上的美德。〔7〕除了对国家权力进行纯形式上的限制之外，我们也许还需要对之进行一些实质的限制。承认基本权利就是提供此种限制的候选项之一。在 1939 年至 1945 年的世界大战结束之后，由于各种各样的国际性文件和国家宪法性保障措施都规定了基本权利，从而使它在当代获得了巨大声誉，人们之所以设计出基本权利，正是为了回应人类历史上那一时期显露出来的恐怖。

基本权利是一个古老的理念，它扎根于现代国家理念开始出现与形成时期的哲学思想中。封建王国和帝国要么喜欢诉诸古老的权利和习俗，要么诉诸君权神授，以证明其统治的借口是正当的。在 16 世纪和 17 世纪宗教改革和战争之后，此类理念似乎显得越来越陈旧。总之，人们不再仅因为国王或皇帝曾经以这样或那样的方式存在已久，就理所当然地将正当性赋予他们。那么，什么能证明皇帝的统治是正当的呢？如果皇帝已经在内乱和宗教仇恨的混乱中被推翻，皇帝或另一些替代者的统

〔6〕草案第 1 条提议将制定和修改法律的广泛一般权力授予部长们，或者说行政官员们，这项权力较少受到议会审查。议会提出的修正案可能会将这些权力严格限制在处理行政简化的事项上，并在这个意义上“放松管制”。尽管如此，通过这种方式赋予行政部门以权力，明显减损了一般所理解的权力分立要求。

〔7〕参见 J. Raz，“The Rule of Law and its Virtue”，in his *The Authority of Law*，Oxford：Clarendon Press，1979，pp. 210-229。

治如何能建立起来？在何种基础上建立起来？

一类观点认为，生活在既定法律秩序之外的人必然处于“自然状态”(state of nature)中，(在这样的状态下，)除了受基本的道德戒律约束外，根本没有任何东西可以指引他们行动，或使他们彼此信任。托马斯·霍布斯(Thomas Hobbes)认为，在此类情形中，只存在最低限度的基本准则。所有人必须面对的问题是，如何获得确保他们自己及其直系亲属生存的手段；并且，所有人皆缺乏信任他人的强有力的理由。在缺乏任何有组织的、有效地禁止使用暴力的禁令情况下，每个人当然有使用必要的武力保存生命的自由，并尽可能在这种条件下生活得舒适一些。但在那种境况下的生活是非常残酷的，因为这种境况是“所有人对所有人的战争”，即使实际的战斗只是断断续续地发生。因此，自我保护的需要会产生一种附属的需要，即寻求以人人都能接受的条款与其他人和平相处。但如果没有武力支持，任何和平协议本身都是不稳定的(没有刀剑的契约只是空谈)。因此，这种协议必须包含一些能使其强制执行的条款。如果以“社会契约”(social contract)的方式创立一个主权者，所有人(或人的集合体，而非个体的人)都向它让渡自己拥有的、使用武力的“自然权利”，和平就可以实现。作为回报，他们必须接受这个主权者施加与执行的法律保护及负担。[8]

这种形式的“自然权利”在面对国家的专横时仅能提供可怜的保护。因为唯一的基本自然权利就是使用为保障自己生存所必要的一切武力，而这一切都已通过社会契约的方式放弃了。在此之后才可能存在各种形式的财产权、受管制的自由权、公正

〔8〕 T. Hobbes, *Leviathan*, in Sir W. Molesworth (ed.), *The Collected English Works of Thomas Hobbes*, London: Routledge/Thoemmes, 1997, Vol. 3, chs. 12-17.

审判权以及其他诸如此类的权利。这些权利都源自主权国家的实在法,因此,它们不能为限制主权权力提供独立的实质性根据。在霍布斯的设想中,制定法是可供人类使用的、有关客观正义的唯一标准。除此之外,根本不可能存在独立的正义标准,可用来评判法律是否堕入了不公正。(但是,有可能存在一套有关如何明智地使用主权权力的准则,霍布斯详细论述了这些良好统治的审慎指南,将之作为一种补充性的"自然法"。[9])

为了得出不同的结论,需要就自然状态下具有约束力的道德戒律提出不同的观点。约翰·洛克(John Locke)提出了这样一种不同观点。洛克认为,自然状态是一种自由的状态,而不是一种放纵的状态,因为仍存在理性法则,约束人类这种由仁慈的神所设计的理性生物。鉴于人作为上帝的造物享有平等的地位,因此,任何人都无权对他人实施屠杀或暴力,并且,每个人都必须尊重他人的自由,且没有权利奴役他人。每个人都能平等地获得自然界的果实,并且通过自己努力耕种或不辞辛劳地打猎和采集,人们可以获得其所得之物的权利。除非得到了许可,例如,通过某种协议交换的方式,否则,其他人无权取得这些物品。因此,即使在自然状态下,人也拥有生命权和自由权,以及保有正当获取之物的权利。[10]

然而,在这样的状态下,仍存在这样的问题:除了自救以外,没有机制能保障人们的自然权利。当我认为我惩罚你是正当的,因为你侵犯了我的权利——比如,侵犯了我对采集来的果实享有的财产权,你却可能反过来认为,我侵犯了你享有的身体

〔9〕 *Leviathan*, ch. 14. 我要感谢 Garrett Barden 提醒我霍布斯这一方面思想的重要性。

〔10〕 J. Locke, *The Second Treatise of Civil Government*, ed. by J. Gough, Oxford: Basil Blackwell, 3rd edn., 1966, 特别是第2章。

安全权。如果你否认我正当地获得了果实,或反对我确实对其享有排他性权利,你就不可能认为我实施的暴力是公正的惩罚。相反,会视之为暴力夺取无主物的行为。在这种存在潜在冲突的情况下,我可能会请求我的朋友支持我,你也可能这么做。可能的后果是暴力升级。因此,处于自然状态下的人的处境非常不稳定,如果有人指望在自然法则统治下的自然状态中和平地生活,则这将被证明是虚幻的。对此,该怎么办呢?

此问题的答案并不是将所有人的自然权利整体让渡给单一的主权者或议会,而是仅让渡"执行自然法的权利"(executive power of the law of nature)这一用于执行权利、精确地补救或惩罚自然法侵犯者的权利。[11] 一种旨在弥补自然状态不稳定性的社会契约将有助于人们建立起政府。政府必须能制定一般的规则,以清晰、确切的术语表达自然权利的基本原则,必须能裁决那些涉嫌违反法律及侵犯权利的行为,并且,必须能将内、外部力量组织起来,抵御暴力。按照如此方式建立起来的政府将继续尊重那些自然权利,正是这些权利在自然状态下的不稳定性才导致人们订立契约,以形成一个在有效的公民政府统治下的社会。一个严重地侵犯受治者权利的统治机构,将会丧失其作为正当的统治者而获得的被人民服从的权利——因为统治者侵犯了自然权利,因此,他们就不再是合法的。一个预防侵犯的保障机制,就是确保政府拥有的不同权力掌握在不同的人手里。[12]

这种学说影响了英格兰诸王国 1688 年至 1689 年的"光荣革命"(洛克的《政府论》是在更早的时候写成的,但直到 1690

---

[11] Locke, *Second Treatise*, ch. 7, paras. 87-90.

[12] Locke, *Second Treatise*, chs. 8-14.

年才出版；这一著作表达了一种时代精神，但不可将之归结为英国革命的原因）与 1776 年的美国革命。在 1787 年于费城通过的美国国父们提议的《美利坚合众国宪法》之后，最早的十条修正案是在 1789 年被提出并获得通过的。这些构成了众所周知的《权利法案》（*Bill of Rights*），其列举了联邦政府必须尊重的、有利于公民的权利。于 1861 年至 1865 年的内战之后获得采纳的第十四修正案，将权利目录补充完整，写入了"对所有公民实行平等的法律保护"这一内容，并将《权利法案》的覆盖范围延伸到了各个州与联邦政府。在 20 世纪下半叶，这成为黑人公民和他们的白人同胞为平等而战的有力武器。[13]

"社会契约"学说不仅帮助人们塑造了美国宪法，而且，在 18 世纪，它仍然大受欢迎并获得了不同形式的发展，其中让·雅克·卢梭（Jean-Jacques Rousseau）对这一学说的发展在法语世界尤其具有影响力。[14] 1789 年的法国大革命见证了作为基本的自然权利声明的《人权宣言》（*Déclaration des droits de l' homme et du citoyen*）获得通过，这一文件主张，基本的自然权利优于国家（甚至是革命的国家，或者最终的共和国）的任何法律。这项宣言在 1958 年的《法兰西第五共和国宪法》中被重申，并因此作为对公共权力的宪法限制而持续有效。然而，法国的分权理论排除了普通法院的法官审查立法是否合宪的可能性，因为这将引发司法权力入侵立法机关的保留领地。宪法委员会（*Conseil Constitutionnel*）负责监督立法及规章的制定在宪法上的效力及其妥当性，它被认为是立法机构（而不是司法机

[13] 请参见，例如 A. E. Dick Howard（ed.），*The United States Constitution: Roots, Rights and Responsibilities*, Washington, DC and London: Smithsonian Inst Press, 1992。

[14] Jean-Jacques Rousseau, *Du contrat social*, ed. with an introduction and notes by R. Grimsley, Oxford: Clarendon Press, 1972.

构)的必要组成部分。[15]

在伊曼努尔·康德(Immanuel Kant)和后来的思想家——比如,约翰·罗尔斯(John Rawls)[16]或蒂莫西·斯坎伦(Timothy Scanlon)[17],以及更有资格的20世纪中后期的尤根·哈贝马斯(Jürgen Habermas)[18]——那里,以康德所称的"理性的观念"这一形式,"社会契约"经历了一场复兴。[19] 这些思想家并不将社会契约理解为历史上实际发生的任何人之间的协议,而是将之视为一个模型,用来检验国家机构是否能够,以及哪些国家机构能够命令所有受其影响的人赞成其统治。因为我们要问,如果那些处于彼此平等地位的人被提议采纳这些理论,这些理论是否是他们可以接受的?这种"自然状态"中想象的平等使我们能提炼出现实运作的国家和社会中无法避免的诸多压力,以及影响生存机会和谈判能力的各种不平等——这些不平等经常是由社会中的一些偶然因素造成的。因此,"在这种情况下,什么是可以接受的"这一问题,可以为我们提供一个重要的模板,以便我们按照一种理想的选择(它建立在有关人的本性的真理性认识基础上),对现实的制度进行评估。

尽管如此,从18世纪晚期到整个19世纪,再到20世纪的大部分时间里,社会契约和自然权利理论在英国的政治或司法

---

〔15〕 R. C. Van Caenegem, *An Historical Introduction to Western Constitutional Law*, Cambridge: Cambridge University Press, 1995, pp. 200-217.

〔16〕 J. Rawls, *A Theory of Justice*, Oxford: Oxford University Press, revised edn., 1999.

〔17〕 M. Scanlon, *What We Owe to Each Other*, Cambridge, Mass and London: Belknap Press of Harvard University Press, 1998.

〔18〕 J. Habermas, *Between Facts and Norms: contributions to a discourse theory of law and democracy*, trans. by William Rehg, Cambridge: Polity Press, 1995.

〔19〕 J. Ladd (trans.), *Kant: The Metaphysical Elements of Justice*, Indianapolis, Ind: Bobbs-Merrill, 1965, pp. xxx, 80-81.

领域不再拥有很大的现实影响力。先是大卫·休谟(David Hume)[20],后是杰里米·边沁(Jeremy Bentham)[21],这些思想家都嘲笑这一理论——一个从未在任何地方缔结的契约能够是批判或改进(更不要说建立)法律与政府制度的基础?用来解释制度的惯例和做法已经发生了进化,与诉诸人们的推测与富有争议的自然权利相比,功利原则为检验法律的质量提供了更佳的标准。就像边沁和他的追随者约翰·奥斯丁(John Austin)所宣称的,法律是实际的主权者或机关通过一般命令的方式发布的、在一个"政治社会"(political society)里运行的东西。即在政治社会里,人们一般都会习惯性地服从某个命令者,尽管这种服从绝不是普遍的。[22] 他们赞成霍布斯的这一观点:权利是主权者立法的后果,而不是合法主权的先决条件。良法就是在促进社会上"最多数人最大幸福"方面最有用的法律。我们即将拥有的权利,就是那些使社会最普遍地受益的法律所赋予的权利。因法国大革命而造成的恐怖与对拿破仑帝国主义的反思,挫败了人们对"社会契约论"的怀旧情绪。

在功利主义政治理论之外,还存在一种将普通法视为与生命、自由、财产以及占有安全有关的最基本权利渊源的传统,尽管它从未获得一致赞同。例如,根据A. V. 戴雪(A. V. Dicey)的观点,保护公民权利免遭国家机关不公平勒索的最好方式,就是普通法院尊重议会主权。这一过程将公民与国家、公民与公

---

〔20〕 D. Hume, "Of the Original Contract", in *Essays Moral, Political and Literary*, Oxford: Oxford University Press, 1963, pp. 452-473.

〔21〕 J. Bentham, *A Fragment on Government* in *A Comment on the Commentaries and a Fragment on Government*, eds. by J. H. Burns and H. L. A. Hart, London: Athlone Press, 1977.

〔22〕 Bentham, *Of Laws in General*, ed. by H. L. A. Hart, London: Athlone Press, 1970; J. Austin, *The Province of Jurisprudence Determined*, ed. by W. E. Rumble, Cambridge: Cambridge University Press, 1995.

民之间的所有决定都置于相同的法院之下，在既定的普通法权利背景下解释新立法。这假定了议会将维护这一背景，除非它明确地朝着相反的方向立法。[23] 纵使是这一观点也遭到了人们的批评，因为其假定了司法决策具有良好的品性。因为有人（尤其是政治上的左派）争辩说，法官通常会采取相当保守的路线，比如，法官甚至可以不顾那些试图使工会摆脱普通法束缚的立法，而倾向于偏袒雇主。因此，任何倾向于赋予法官审查立法（例如，与一项权利法案是一致的）权力的提议都会遭到极大的质疑，这些质疑既来自左派，又来自更保守的、对普通法持有的戴雪式立场。然而，在第二次世界大战期间（甚至更早），英国的舆论开始转向。此时，纳粹德国的暴行虽然还没有完全暴露出来，但已足以引起严重的恐慌。一些知识分子开始在伦敦集会，试图制定出一份关于人类尊严基本要求的声明，以构筑战后将要制定的国际人权法典的基础。[24] 这一活动，加上其他志同道合者的努力，并吸收了美国和法国宪法权利的传统，最终一起促成了人的权利在战后获得了重大发展。

11.3　权利的制度化

在 1948 年 12 月，刚成立的联合国通过并宣告了其所有成

---

〔23〕 A. V. Dicey, *An Introduction to the Study of the Law of the Constitution*, ed. by E. C. S. Wade, London: Macmillan, 10th edn., 1964, pp. 183-205.

〔24〕 Robertson 描述了这一过程，参见 G. Robertson, *Crimes against Humanity in International Criminal Law: The Struggle for Global Justice*, London: Allen Lane, 1999; Lord Irvine of Lairg, *Human Rights, Constitutional Law and the Development of the English Legal System*, Oxford: Hart Publishing, 2003, pp. 17-22。

员国都必须签署的《世界人权宣言》。此后(在1966年),《联合国公民权利和政治权利公约》以及《联合国经济、社会和文化权利公约》被制定了出来,并产生了一些处理种族歧视、性别歧视、儿童权利等问题的专门公约。这些公约的整体效果是更具体地实现了《世界人权宣言》中表达的宏大承诺,并建立了一系列联合国委员会,以便能积极地监测人权总体情势的改善或恶化,或监测践踏人权的个别行为,以及在某些情况下,对递交给他们的投诉以准司法的方式作出裁决。

在欧洲,制度化进程更加深入。战后(1949年8月3日),欧洲理事会成立,它旨在为民主国家创建一个公共论坛,并提议签署《保护人权和基本自由欧洲公约》(以下简称《欧洲公约》,ECHR),[25]英国法学家在起草该公约的过程中贡献最大。在试图清晰地阐述基本权利方面,《欧洲公约》比大多数此类公约都更详尽。《欧洲公约》规定了适用特定权利的各种限制,规定了在各种竞争性的权利或公共利益的其他方面之间必须达成某种平衡,以及在何种情况下,国家能以出现了紧急状态为由,合法地减损某些(但不是全部)权利。在欧洲背景下的一项重要创新是:"公约"还规定了侵犯人权的申诉程序,人们最终可向由来自所有成员国的法官们组成的人权法院提交未决申诉。最初,这一公约还包括一个多少有些迂回的程序,涉及人权委员会在试图调解各国之间的争端时,只有在调解不能产生令人满意的结果情况下,才能将案件提交到人权法院。

然而,随着时间的推移,人权法院和司法部门的作用变得越来越大。当个人在相关成员国内穷尽了全部救济手段之后,还

[25] 该公约于1950年11月4日在罗马向欧洲委员会成员开放签署。

有权直接向人权法院起诉。那些签署了公约但最初排除了“个人请愿条款”的国家现在已开始变得温和起来，个人将案件提交到人权法院的权利几乎已被人们普遍地享有。同时，随着欧洲共同体及现在的欧盟的发展，人们进一步强化了公约的义务，因为在加入欧盟以及维持成员资格的条件中，包括了承诺遵守《欧洲公约》中有关人权的规定以及各成员国的宪法传统。目前，已有大量基于人权法院判决和一些成员国法院判决而发展起来的欧洲人权法学。成员国法院处理人权问题的方式多种多样，例如从 1949 年《德国基本法》适用之后，德国的法院依据植根于宪法中的基本权利来处理人权问题；在法国，人们通过行政法院或宪法委员会（*Conseil Constitutionnel*）适用《人权法案》来处理人权问题，再或者就像英国那样，用 1998 年的《人权法案》将《欧洲公约》本土化。

显然，这相当于既在国家内部，也通过区域国际组织（如欧洲理事会及其人权法院）或欧盟这样的跨国邦联，对基本权利进行了非常牢固的制度化。这种制度化所采用的形式改变了旧有的、有关“自然权利”的争论。关于是否（曾经）存在建立在根本且普遍有效的道德原则之上的普遍的自然权利（这些权利在“自然状态”下确实具有约束力），并且，如果此类东西真的曾经存在过，或至少能被人们可靠地想象，则这一问题就可能——也的确是——仍像过去那样富有争议性。不同的思想流派以不同的方式争辩基本权利的客观基础问题，有一些流派主张，对人有约束力的基本道德权利与义务的客观基础在于人的本质和（或）事物的本质。另一些流派则反对这一观点，但不一定同时反对将人权制度化。比如，功利主义者可能会争辩说，人权制度化的好处在于：通过各国的协商一致，它们制定了原本并不存在的规则。鉴于这些规则有助于保护人们的利益,因此,这些规则具有倾向于将人类福祉最大化的特点。然而,更可信的说法是:对于那些臭名昭著且已经过历史验证的造成人类苦难和堕落的行径,人权制度化设置了真实而巨大的障碍。然而,功利主义者们攻击这些权利文件与体制,因为他们已经证明,这些文件所设置的障碍在促进社会公共利益方面并不是明智的。在对"权利文化"(这种权利文化与我们现在所考察的权利的发展紧密相关)进行的一些当代批评中(即使并非总有充分的论证),我们可以清楚地看到如此的批评。

无论是在哲学基础层面,还是在当今世界持续进行的实质性道德与政治争论层面,所有这些问题都仍然处于争论之中。〔26〕 然而,在制度性的规范秩序中,无论是在国内,还是在国家之间,"权利制度化"问题已成为一个比较确定的因素,它对国家当局的权力施加了形式与实质上的限制。当我们无法根据主流的解释,以任何如此的方式,而将立法机关制定的法律理解为与人权兼容时,立法机关就违背了其所承担的重大国家义务,并且,这些法律也因而不可能获得法律上的效力。〔27〕 下级立法者、作出行政决策者、执法官员以及其他一些人,会发现他们的行为与做法暴露在有关尊重权利的审查之下,只有在他们

---

〔26〕 参见 A. J. M. Milne, *Human Rights and Human Diversity*: *An Essay in the Philosophy of Human Rights*, London: Macmillan, 1986. Milne 批评了内在于很多现行有效人权文书中的文化偏见。参见 Tom Campbell, *Rights*: *A Critical Introduction*, Abingdon, Oxon: Routledge, 2006. Campbell 主张,在法律和政治实践上过分关注权利,会加强利己主义、守法主义、教条主义和精英主义,特别参见他对第 199~205 页论证的总结。

〔27〕 例如,在英国,1998 年的《人权法案》使法院能够发布英国立法与公约权利的"不相容宣言"(declaration of incompatibility);这不会使违反公约的立法失效,但可能导致就该问题作出行政上或立法上的整顿。与此形成鲜明对比是,例如在德国,基本权利被写入 1949 年的《德国基本法》,并得到联邦宪法法院的大力支持。参见 R. Alexy, *A Theory of Constitutional Rights*, trans. by J. Rivers, Oxford: Oxford University Press, 2002。

遵守了这些限制的情况下，其决定才是有效的。公民享有对抗这些下级统治者或决策者剥夺其权利的完全豁免权。

某些行为是不正当的，或缺乏法律效力，当然不意味着没有人会沉溺其中。流氓官员会违反他们所拥有职位的职责，并且试图逃脱惩罚。流氓国家会在一定程度上成功地无视国际舆论，践踏公认的人权准则以及它们自己也承认的国际义务。在大屠杀的极端罪行被全面曝光的60年后，种族灭绝仍纠缠着这个星球。像国际刑事法院这样的机构，远远不能有效地惩罚践踏最基本的、被人们最虔诚地信仰的普遍权利的那些人。然而，人们可以说，当代法治国家遵守的不只是一种形式上的、在行使公共权力方面仅维持最低标准的"法治"。它们还通过"人权制度化"这一手段，对合法地使用公共权力进行实质性的限制达成了部分的（即使不是全部的）共识。这已经将那些可信的但有争议的道德原则转化成了已制定的、在规范性上有效的对公权力的限制，尽管这总是要受制于负责考察和裁决有关侵犯权利案件的机构作出的解释性决定。

本书不是一本主要有关人权的著作，因此不需要详细说明各种宪章、公约、宪法基本权利条款或其执行情况。我们可以将如下一点看作目前能够成立的一个信条，即政府权力必须是有限的权力，因为存在某些人们无法否定的与人有关的基本善。[28] 这些善为各种各样的权利文书所记载，并且，在我们之中建立起来的、意在服务共同善的那些政府机构，绝不能撤销个人的基本权利，也不能凌驾于这些基本权利之上。

然而，这一简短的概述仅是对当代"人权制度化"主题的一

---

〔28〕 然而，该既定信念不排除反对如下做法，即利用权利公约、法案或宪章的机制，并结合相关司法执行机制，来保护当代国家的基本善——参见 Campbell，*Rights*。

个提示。其基本理念是：所有人都应被当作人看待，所有人都应得到应有的尊重。这种尊重人的价值的当代理念使康德的基本思想之一得到了积极的实现。

在《欧盟基本权利宪章》中，我们可以找到对现行人权条款和尊重人的价值观的特别明确且直截了当的总结。这一宪章是在 2000 年根据《尼斯条约》而通过的，但它只具有“政治宣言”的效力。对欧洲人来说，具有法律约束力的文本仍然是《欧洲公约》。在个人尊严、个人自由、人际平等、社会团结、政治公民身份以及依据法律实施恰当的司法行政管理这些子标题下，《欧盟基本权利宪章》明确了这些权利，以及其他源自欧洲共同体条约和一些新近签署的关于某些特定主题的公约的权利。这是总结此类问题有价值的方法。

我们还是从尊严说起吧——在“怎样的对待人的方式是不人道的和有辱人格的？”“剥夺一个人的人格尊严，把他（或她）纯粹视为物品或地位上低于人类的动物，是否算有辱人格？”等问题上，人们之间可能只存在很小的争议。康德式的命令要求将理性的存在物当作目的本身，而非仅当成手段，这抓住了以上问题的核心意义。迟滞某人的自由、监禁或任何形式的身体约束总需要正当理由。剥夺个人自治、剥夺“目的王国”中的成员拥有的自决能力，必然会引起人们的反对。对自由的干涉总是需要肯定性的证明，且只有在如下意义上才是可忍受的，即任何特定形式的干涉必须被包括在预先宣布的法律之中，且必须与一个本身也属于我们当下讨论的基本价值保持一定的比例。对于干涉意见、言论及良心方面的自由，以及宗教仪式的自由，同样应当如此。

除非能提供有力的肯定性理由，否则对不同类型的人在基本善上给予不同的保护,就是对尊严的公然冒犯。“歧视性的法律是不正当的”这一理念在此处发挥了作用——但只有在无肯定性的理由支持时才是歧视,同时,与此理由不成比例的歧视也应被绝对排除在外。这才是我们在保护基本权利时所信奉的“平等”的含义。“社会团结理论”试图将一切不同类型的差异化都宣布为非法。毫无疑问,自由要求并包括获得、使用和处分财产的自由。因此,在获取物质利益上存在极端的不平等,这本身就是一种不合理的歧视,并会引发其他歧视。所有的财产都应依据法律而取得,并且,把穷人和富人之间存在的不可接受的财产差异奉为神圣的财产制度是不正当的。其补救办法包括征税和进行再分配。这一做法在人权上的目的是:对于这世界上的物品,每个人都有权利获得最低限度的体面保障,无论这种保障是由自己取得的,还是基于对社会总产品进行有意识的再分配而获得的。所有这些都涉及“社会团结”。

拥有政治公民身份,意味着拥有参加民主政治活动的权利,包括选举权与被选举权,以及自由地离开和进入其具有公民身份的国家的权利。随意地免除某人的投票权,即使是免除监狱服刑人员的投票权,在 2005 年时,都被人们认为是与《欧洲公约》不相容的——甚至在这种情况下,人们都认为,在对这种权利的任何剥夺和其他惩罚制度之间,必须存在恰当的比例。[29] 只要涉及享受公正司法的权利,就需要标准化的规定,比如,对任何指控或控告应享有公平的告知权,以及在司法程序中应享有作出回应并为自己辩护的公平机会,且能充分地获得专业的建议和帮助。获得公正司法的权利还要求,某人被审判的法庭

〔29〕 *Hirst* v. *the United Kingdom* (*No.* 2) ECHR 26 October 2005 (application No. 74025/01).

必须是真正独立的法庭,人们应免于被迫自证其罪。

《欧盟基本权利宪章》本身还指出,除非《欧盟基本权利宪章》对权利给予了更广泛的保护,否则,我们应将之解释为:其已设立了与《欧洲公约》和人权法院确立的法理相一致的权利,这非常重要。任何借助国内法之外的基本权利而宣称"政府权力应有适当的限制"的主张都由于存在下面的问题而遭到了削弱,即存在太多的不同文本,它们全都宣称自己的规定具有权威性,并用不同的术语阐明这些权利。如果这些主张确实存在真正差异,则它们宣称的"根本"特性就遭到了削弱。此外,还存在以下风险,即在不同的文书中,对相似条款所作的司法解释存在广泛的分歧。基本权利的制度化不可避免地涉及一定程度的随意性,即随意地选择语词界定权利、例外情形与权利应受到的限制,以及在紧急情形下可能允许克减的权利。但我们正在讨论的制度化是否合法?诉诸带有国际性质的法庭、限制民主国家机关的立法权是否合法?这些都是不确定的。因此,这些制度的可信度多高,取决于其就权利而作出的实质判断与由此蕴含的对立法权的限制是否具有高度的一致性和融贯性。

尽管对基本权利的特别尊重确实应归功于1948年的《世界人权宣言》,但我们不能说,关于基本人权制度,只存在单一、统一、权威的构想。在不同的地方,流行不同的标准。美国宪法和最高法院提供了从内部维护基本权利、对任何侵犯权利的指控进行审判的例子。然而,《权利法案》的内容绝不等同于《欧洲公约》、《欧盟基本权利宪章》或《联合国宣言》或联合国公约规定的内容。《法国宣言》又和1949年的《德国基本法》确立的基本权利不同。只有《爱尔兰宪法》将人类的胎儿视为享有宪法保护的人。在美国,根据目前流行的对"残忍和不寻常的惩罚"

这一禁令的解释,死刑是允许的;而在欧洲,以与早熟的美国人权传统完全相同的名义,从总体上宣布死刑不合法。相比于美国模式,加拿大这个设立"宪章权利"的后来者,其宪法更多地趋近于欧洲模式。[30] 而印度又有所不同。

断言任何一个将基本权利制度化的版本都捕捉到了基本权利的本质,因而绝对优先于其他版本,或者断言,只有按照这一基准测试才可以检验已颁布的权利文书是否充分体现了"法律"的性质,似乎都不合理。在不同的政治制度背景下,存在不同的、将权利制度化的做法。为了维护人的尊严、自由、平等和团结,保障固有的政治公民权利和司法公正,在国际上,人们日渐就限制国家权力(包括立法权)的必要性达成了共识。即使政府系统成功地维持了某种形式的制度性规范秩序,并达到了有法可依的程度,但如果它缺乏某些法律秩序的本质特征,我们仍然认为其在这些方面失败了。我们不能说,存在唯一独特的、有关"基本的"、"人类的"或者"自然的",以及制度化的权利集合,它总是拥有最高的权威。

11.4 权利的难题:谁来评判?

显然,对于需要认真对待权利这一点,人们形成了广泛重叠共识。[31] 但像往常一样,魔鬼都在细节之中。一旦你试图定义正在讨论中的权利,你就可能将它们陈述得或者过于宽泛,或者

---

〔30〕 G. W. Anderson(ed.), *Rights and Democracy: Essays in UK-Canadian Constitutionalism*, London: Blackstone Press, 1999.

〔31〕 这个措辞当然是来自德沃金,参见 Ronald Dworkin, *Taking Rights Seriously*, London: Duckworth, 1977。

过于含糊，以至于它们或者囊括了太多的内容，或者还需要由来自不同法律和司法传统的法官们组成的法院以更具体的方式予以落实。在这个过程中，可能会出现令人惊讶且不受欢迎的解释，与它们最初作为权利文本被采纳时相比，这些不受欢迎的解释更难通过民主决议的方式修补，因为所有的基本权利或人权制度化版本，都属于第 7 章所讲的“关于人的生存状态或事件状态的权利”这一范畴。因此，“权利”是多义词，可以被理解为包含了不同的主动权利、被动权利、权力以及豁免权。“人权法学”的任务过去一直是（且目前仍然是）将相对模糊和抽象的权利陈述具体化，使之变为得到了更确切理解的并且更为具体的个体和国家之间的法律关系，以及一定程度上的个体之间的法律关系。

因此，在保障基本权利必要性上的共识，会掩盖关于生命权、公平审判权或家庭隐私权、通信隐私权等权利到底涵盖了什么样的深层次分歧。对于核心权利的任何限制或例外都可能存在类似的分歧——如何全面地解读这些例外或限制呢？一个关于制度化法律的主要观点是：它提供了一种对引发分歧的实际事务作出权威性裁决的工具。[32] 做这件事的可能方式有两种。其中一种是判决。假设一些规则或原则已经被制定了出来，或至少已得到了人们的认可，法官就可以根据这个规则或原则，将之适用于个别的争议案件，以解决纠纷。对于其他的个别纠纷来说，这至少经常具有一些示范价值，并且在很多传统中，高层级的法院作出的、关于个案的判决会被承认为包含了可适用于

---

〔32〕 参见第 14 章往后；参见 J. Waldron, *Law and Disagreement*, Oxford: Oxford University Press, 1999, pp. 119–122, 149–151；S. Eng, *Analysis of Dis/Agreement with particular reference to Law and Legal Theory*, Dordrecht: Kluwer Academic, 2003。

未来案件的规则或裁定的先例。另一种方式是立法。一旦我们明白了,一些公认的权利——比如公正审判权——的含义是有争议的,立法机关就可以用更精确的术语澄清争议(之后,将其具体化的过程就是法官的任务)。在立法机关是民主的、代议制机构的地方,终极权威属于全体选民,即公民整体。在立法机关和司法机关之间,在处理一般的事务时,前者拥有关于一般规则的最后话语权。经民主审查发现不尽如人意的司法先例在未来可以通过新的立法而予以纠正(尽管只是在非常例外的情况下才溯及既往)。

然而,就人权法院和最高宪法法院而言,情况却相反。一旦法院或法庭宣称对一项基本权利作出了权威性解释,则意味着,如果立法机关试图推翻先例,就涉嫌侵犯了那项权利,即使这种侵犯是人们所期望的。无论如何,法院或法庭随后将会就新法规是否违反了法院或法庭声明的权利作出裁决。只有修订版的国际公约或宪法修正案才能改变一个被权威发布的解释。当然,在评论家的批评下,以及在随后的案件中听取新的论据之后,法庭或法院可能会就权利的解释给出不同的裁决。即便如此,那仍留下了这样的问题:关于这些事情,法院是否应当拥有最终的决定权?[33] 或者说,一个民主的替代方案是否是可行的和可取的?

这不应当被概括为这样一个简单的问题:一方是在保护权利,而另一方是在保护多数人统治的体制。正如杰里米·沃尔德伦(Jeremy Waldron)所说,民主的要点在于它依赖于“权利的

---

〔33〕 再次思考一下 Tom Campbell 对精英主义的批判,他不可避免地谈及人权的司法认定问题;Tom Campbel, *Rights: A Critical Introduction*, pp. 152–156。

权利”，[34]即参与审议和表决所有“法律上是（或者将要是）正当或不正当的”事务的权利。与权利有关的民主意味着，公民有权决定人人应享有的所有权利。这些权利无疑包括人人享有民主参与所必须的那些基本权利，例如，《世界人权宣言》或《欧洲公约》或《欧盟基本权利宪章》中的那些权利。但是，如果决定将这些排除出正在进行的民主过程，将它们留给司法决定和解释，不再重启民主辩论程序，就将它们确立下来，则会产生一种奇怪的效果。它涉及信任此前采用或签署权利宪章时的民主多数，却不信任当下的民主多数能忠诚于同样的权利，或者——这就是问题之所在——依据对继承来的权利进行重申或重新阐释，从而作出决定。此外，还可以这样说，相较于民主决策而言——它建立在大众对某个议题发挥实践智慧的基础上，我们更偏好于“贵族式”[35]的决策，即选择让那些拥有高贵的实践智慧的法官来作出决定。汤姆·坎贝尔（Tom Campbell）也曾以类似的方式说过：“一种对人文价值的考量，甚至对作为人权观念基础的自治理想的承诺，明确地点明了这样一种需要，即定义人权内容的权力应与主流的民主政治保持一致。”[36]

这些并非是无关紧要的问题，并且，需要强调的是，根本不存在单一的模式，以树立一种显然正确的处理基本权利的方法。德国和美国的宪法法院有权审查和废除任何违宪的立法。法国

---

〔34〕 Waldron, *Law and Disagreement*, pp. 232–254, 282–283；但看一下对该观点的有力反驳，C. Fabre, “The Dignity of Rights: Jeremy Waldron's Law and Disagreement”, *Oxford Journal of Legal Studies*, 2000(20): pp. 271–282。

〔35〕 Waldron, *Disagreement*, pp. 264–265.

〔36〕 T. D. Campbell, *The Legal Theory of Ethical Positivism*, Aldershot: Dartmouth, 1996, p. 185.

将宪法委员会的保障纳入立法程序，而非司法程序。[37] 在英国，《人权法案》以国内法的形式赋予《欧洲公约》所确立的大多数权利以法律效力，并指示法院，应尽可能地以确保与公约权利不冲突的方式解释所有立法。但最终，如果法院发现，无论如何都不可能以与公约相符的方式解释某项议会法案时，它们就必须发表一个“不相容声明”(declaration of incompatibility)。这反过来又将难题转移到政治体系中，部长和议会必须作出决定，是应修改触犯法律的法案使之符合《欧洲公约》的权利，还是将其原样保留下来。

除了所有这些国内制度安排以外，还存在对国际人权法或欧洲人权法的上诉机制。特别对于欧洲国家来说，在面对欧洲人权法院作出的最终判决时，选择公然违反公约(并可能在未来也违反宪章)的国家将面临相当不利的局面。没有几个国家或国际法庭拥有可比拟欧洲人权法院的判决所具备的权威性分量，但在所有情况下，都存在至少拥有某种道德说服力的客观裁判。例如，对于阻止建立关塔那摩海湾的三角洲营地，或阻止许多人遭受未经审判的多年拘禁之类的情况来说，所有这些都远远不够。一旦联邦最高法院宣布美国对关押在关塔那摩的囚犯负有法律义务时，布什总统就宣布了(在 2006 年 7 月 13 日星期四这一天)关闭这一监狱的决定。然而，在随后的 7 月 28 日这天，总统又提出了新的国会立法建议，(重新)对那些此前被联邦最高法院判定为非法的拘禁给予了实质性授权。持续的法律冲突焦点正在于此。

---

〔37〕 参见 C. Fabre, *Social Rights Under the Constitution*, Oxford: Clarendon Press, 2000, pp. 138–141。Fabre 正确地指出，审判和维护宪法权利的不同模式，影响着基本权利如何与民主决策程序相结合的问题。英国的《人权法案》是这一观点的另一例证。

一般法理学著作一度有这样一个标准特点:它们必须讨论国际法到底是不是真正的“法”这一问题。有关该问题的困惑可以归结为,比如,(在国家之上,)不存在任何超级主权者,它能命令所有国家采取适当的行动,否则就能对之进行制裁。由于当前的著作主要聚焦于各国国内的制度和法律,因此,此处所提供的法律理论完全赞同国际法的法律性质。非常明显的是,国际公法完全符合“制度化的规范秩序”这一概念。事实上,没有哪个国际法制度比那些以各种方式维护和保护国际范围内确立的体面、文明行为的标准更加重要,而这个标准的核心正是人权。

特别是在面临压力和危机的时刻,面对骇人听闻的暴行,民主政府会发现,为回应公众的愤怒,并出于对保护无辜生命和惩罚有罪者的责任感,它们自己都会采取突然而极端的措施。存在国际法院和各种各样的机构,从长远来看,人们可以请求它们对某些国家的做法——这些做法是为了保护某些人的权利而过分地限制另一些人的权利——进行审判,并责令纠正。因此,从长远看,在主要由某一国家之外的局外人所作的客观判断(这些局外人同时是维护国际上通行的、可接受的最低限度的国家行为标准的内部人),与当此类标准与一个国家相对立时其国内人士就此作出的民主回应之间,存在一种日益融合的趋势。

这永远不足以阻止无赖国家和流氓政府偏离轨道。饥饿不是面包,[38]残忍和种族灭绝的不法性并不能保障其永远不会发

---

〔38〕 Jeremy Bentham 对“自然权利”传统(以他所在的那个时代的形式)的批评,包括指责它制造了一种残酷的错觉——对权利的诉求可以给人一种安慰的错觉,认为这些权利已经得到确立——但自然权利恰恰并非如此。“希望确立某一权利的理由不是那个权利;需求不是供应;饥饿不是面包。”参见 J. Bentham,“Nonsense Upon Stilts”,in P. Schofield,C. Pease-Watkin and C. Blamires (eds.),*Rights, Representation and Reform: Nonsense Upon Stilts and Other Writings on the French Revolution*, Oxford: Oxford University Press, 2002, p. 330。

生。为防止滥用权力而设置的障碍,不能绝对保证它可以阻止所有的权力滥用现象,也不能使所有施暴者都为他们所做的事感到忏悔。然而,人们可以自信地说,除非某个国家成功地为滥用权力设置了真正的障碍,并遵守了内部确立的并可从外面加以裁决的边界,否则,没有哪一个国家可以被恰当地视为法治国。

法律权力从来都不是无限制的权力。

第12章　刑法与公民社会：法律与道德

12.1　引言

无论洛克对“自然状态”其他部分的刻画是否可信，但在施加惩罚之普遍权利这一主题上，他的描述无疑令人信服。如果每个人时刻面临这样的境况：为维护他（或她）自己的权利，需要对抗来犯者，并且，不得不亲自采取措施，从侵犯其权利者那里获取赔偿，或惩罚这些侵犯者，那么，国内和平的前景就将十分渺茫。我们甚至无须诉诸有关自然状态的寓言，就能从部族社会氏族仇杀的历史中[1]学到很多；我们甚至还能从街头正义（vigilante justice）的当代例子中，或者从对美国西进扩张

[1] J. Cairns, "Academic Feud, Blood Feud and William Welwood: Legal Education in St. Andrews, 1560－1611", *Edinburgh Law Review*, 1998(2): Parts 1 and 2, pp. 158－179, 225－287.

时期或盎格鲁-苏格兰边境野蛮时代里“边境正义”(frontier justice)的历史记载中学到很多。[2]

专门化的刑事法律部门——它得到了有组织的警察机关和相关执法机构的支持,并与专门法庭上的公诉系统一起发挥作用——向着相对现代的方向发展,一直是公民社会逐步提升其文明程度的条件之一。[3] 这依赖于在法治范围内成功地限制了警察权力的行使,此处,法律坚持对警察权力施加限制,目的是保护公民的自由,在随后的一些年,是为了保障人权的充分发展。在前一章中,我们对此已进行了探讨。但是,有节制地运用警察权力,甚至能在完全陌生的人之间实现相对和平,有利于产生相互信任。公共秩序越是能得到有效的维持,遏制犯罪就越有力,自我保护或对潜在的威胁者采取先发制人式打击的做法就越没有吸引力和必要性。当然,这主要依赖于,公民在彼此交往中能自愿地相互保持自我克制。但在一个相对和平的社会中,集体的安全感和团结感很可能取决于守法者对法律保持高度的信任,即相信那些不守法、实施暴力或违背诚信的人会得到有效的约束。这种安全感和团结感还需要人们在一定程度上相信这一点,即不法行为将被查明,不法行为实施者会被绳之以法,并会经过正当的法律程序被定罪和施加恰当的惩罚。

因此,公民社会的彬彬有礼部分依赖于国家能建立或维持一个可靠的刑法部门,维持可靠的制度,以确保刑法能得到遵守,并对犯罪指控进行审判,对被定罪、被判刑的人实施刑罚。

---

〔2〕 G. M. Fraser, *The Steel Bonnets: the Story of the Anglo-Scottish Border Reivers*, London: Barrie and Jenkins, 1971.

〔3〕 V. A. C. Cattrell et al. (eds.), *Crime and the Law: the Social History of Crime in Western Europe since* 1500, London: Europa Publications, 1980.

这些是保障彬彬有礼的必要条件，而非充分条件。其他条件还包括充分的教育、共享远未达成一致的道德信念（它可以证明，从大多数公民、宗教团体以及机构的角度看，国家机构是合理公正的），以及公民社会的其他许多制度，这些条件在维护法律所施加的限制这一共同意愿方面，必然发挥一定的作用。[4] 但这些措施效率较低，我们可以确信，在缺乏公职人员有效干预的情况下，那些不愿意遵守法律限制的人，会成功地掠夺那些遵守法律的人。[5]

所有这些确实有助于理解"公民社会"这一被人们广泛运用但经常相当模糊的术语。[6] 正如亚里士多德所说，人的生活总是社会性的，我们不能完全孤立地生活。人类潜能要想得到全面的发展，需要我们在一个相当广泛的社会群体中共存。好战的群体依靠强大的内部团结这一基础维持部族内（类似）的互动，但在部族之间，经常发生流血冲突和世代血仇。当彼此信任的人们之间盛行和平交往时，当人们遵守一套由法律确定的共同约束时，公民社会就产生了，正如每个人都意识到的，这种交往主要建立在自愿的基础上，但是以强制性的国家制度作为背景的。因此，诉诸暴力、自我保护的做法，可以在相当大的程度上被人们有效地排除，尽管在无法及时得到其他援助的情况下，"合理的自卫"这一残余的权利仍然能得到法律的承认。在

---

〔4〕 相反，David Garland 提请人们注意这样一个事实，加强社会分层和破坏团结的政府政策实际上会导致犯罪率上升，并导致对陌生人犯罪进行控制的切实需要。参见 D. Garland, *The Culture of Control*, Oxford: Oxford University Press, 2001, pp. 101-102。

〔5〕 参见 Hart, *Concept of Law*, pp. 197-198。哈特在此讨论了"强制系统中自愿合作"的重要性。

〔6〕 正是在处理公民社会事务的过程中，人类找到他们最优秀的人才，以及他们最好的情感给予的对象。

如此理解的公民社会中,发展全面的市场经济成为可能之事,这一点将在下一章讨论。无论怎样,这些背景性的反思,足以促进我们在国内法这类制度性规范秩序的大框架下思考刑法的性质。

12.2 犯罪与不正当行为

第6章确立了这样的理论:区分正当与不正当(更严格地说,是区分“不正当”与“并非不正当”)是法律赖以建立的基本的二元区分。犯罪是一种不正当的行为,它不同于侵权行为、违反合同、违背承诺或背弃信托以及其他民事上的不正当行为。犯罪的显著特点在于:它是应受惩罚的不正当行为。恰当地说,那是一种应由国家对犯罪者施加惩罚的罪行。那实际上是这样一种罪行:在某一特定的国家法律体系中(或者说,在当今,依据构成国际刑事法院基础的国际法规则),依据某一国家实施的或国际上实施的刑事制裁要求,应当被禁止(的行为)。

并非所有的惩罚都是由国家实施的,或者是在国际层面上实施的。例如存在父母惩罚孩子、学校惩罚学生、雇主惩罚雇员、足球协会惩罚足球运动员等情形。惩罚是对某人负有责任的行为作出的一种带有一定意图的反应,旨在传达这样的意思:该行为是不正当的,行为者应受到谴责。因此,它力求使行为人认识到他(或她)的不端行为的严重性,鼓励其今后改善自己的行为,并起到以儆效尤的效果。此种有意图的反应体现为对行动者施加某种形式的“严厉对待”。[7]

国家声称并寻求对武力的垄断,这因此意味着,非国家机关在行使自己的惩戒权时,可以运用的强硬手段在形式上要受到一定的限制。除了在家庭或教育环境中允许某种(如果有的话)“合理的惩罚”(reasonable chastisement)之外,法律规定,人身强制只能由关注犯罪及其预防、国家边境安全、公共秩序和保护公共收入问题的民间和(严格限制于国内)军事机构依据法律实施。

因此,人身强制类惩罚的运用,基本上被保留给了国家的刑法部门和其他一些公法部门(例如,环境保护、工作场所的健康和安全、海关和货物税、税收等部门)。在遵守《欧洲公约》的国家中,人身强制如今只包括监禁。由于与保护人的尊严不相容,诸如鞭笞、斩首或绞刑等其他体罚形式已经被废除,尽管很多现代国家对此持不同观点。对普通人来说,长期监禁本身是一件非常严重的事情,因为这是作为一种惩罚而施加于人身的,属于很严重的污名。按照法治原则,以及“获得公正审判”这一既定的权利(或普通的法律权利),只有在根据某个具体的或一系列指控对被告进行了公正审判之后,并且只有在其被判定为有罪的情况下,才可以根据独任法官或合议庭的命令实施惩罚。该指控本身还必须具体地说明,根据现有明确的法律规

---

〔7〕 J. Kleinig, “The Hardness of Hard Treatment”, in A. Ashworth and M. Wasik (eds.), *Fundamentals of Sentencing Theory*,该文探讨了“硬治疗”的概念,并将这个短语的最初使用归属于 Joel Feinberg 在 1968 年的论文中所提出的“惩罚的表达功能”,Feinberg 的这篇论文后收入 Feinberg, *Doing and Deserving*, Princeton, NJ: Princeton University Press, 1970, pp. 95–118。又见 A. Duff, *Trials and Punishments*, Cambridge: Cambridge University Press, 1986, pp. 240–246, 260–261, 以及 A. Duff, *Punishment, Communication, and Community*, Oxford: Oxford University Press, 2001。参见 V. Tadros, *Criminal Responsibility*, Oxford: Oxford University Press, 2005, ch. 3。

则,某一行为为何被界定为犯罪。[8] 在某些制度下,如果涉及严重的指控,还必须由被告同胞组成的陪审团审理。只有针对以此种方式被指控和证明的犯罪(或通过被告的自由认罪而在司法上获得承认的罪行),才能实施惩罚。

围绕着侦查、起诉、审判、定罪以及最后惩罚犯罪而存在的各种制约因素表明,整个诉讼过程具有道德上的重要性。如果人们有理由相信,各种审判和惩罚不过是一场包含了本质上具有独断性的指控和判决的审判秀,则将损害对公民社会至关重要的安全感。另外,人们一再强调,如果惩罚不只是针对严重的、故意实施的不正当行为,则就构成了滥用。这一想法有时会引起人们对一系列"监管法"(regulatory law)或"准刑法"(quasi-criminal law)发展的担忧,这些罪行显然只涉及很轻的道德污名。[9]

在这一点上,有人可能会抗议说,目前的说明与一种合理的"实证性"(positivistic)说明相去甚远。这种抗议的措辞如下:

犯罪是指国家以惩罚手段相威胁而禁止的行为,并在有人违反禁令时予以惩罚。如果某一国家选择将在公共场所吸烟、在无烟区内的家中烧煤或驾驶有缺陷的机动车辆(即使驾驶员不知道有缺陷)等事情宣布为犯罪,这些事情就与所有其他事情一起变成了犯罪。然而,无论国家在何处废除了先前的禁令,曾经的犯罪就不再是犯罪——就像在成年人之间相互同意的同性恋行为的例子中一样。惩罚会引起痛苦,而且是为了引

---

〔8〕 请参见,例如《欧洲保护人权和基本自由公约》第5条。

〔9〕 参见 P. Devlin, *The Enforcement of Morals*, London: Oxford University Press, 1965, pp. 26-34。此处讨论了"准刑事"(quasi-criminal)法律。

起痛苦而设计的。因此,我们能在何时以及在多大的程度上证明这种强加的痛苦是正当的,确实是一个道德问题。但“应该”不能与“是”相混淆。犯罪是相对于特定时间中的特定法律体系而存在的,如果你想知道什么是犯罪,就必须研究相关的法律体系,找出它禁止什么。刑法说了什么和它应该说了什么是不同的事情,不应该混为一谈。

当然,在这种强有力的相对论和实证主义的抗议中,存在一个重要的真理内核。即使在不同国家的法律制度中,存在大致类似的犯罪和罪名清单,不同的地方对这些罪名的定义也是不同的,而且,整个犯罪清单在不同的地方存在很大的出入。在法国、拉脱维亚或日本,如果不咨询精通法国、拉脱维亚或日本法律的人,或者不亲自学习相关法律,你就无法分辨什么是犯罪。尽管如此,这一直白的抗议忽略了一个重要真理,即对于“我们能使用某种制度性手段可被理解地做些什么”的问题,仍存在概念上的限制,这一点尤其适用于犯罪和刑法制度。[10] 人们可能相信,所有的同性恋性交行为都是对人类性能力的邪恶歪曲,当然,人们也可能不相信这一点。人们还可能相信,同性恋行为——即使是在两个成年人和完全同意的双方之间发生的同性恋行为——应作为犯罪而受到惩罚,人们同样可能不相信这一点。但我们不可能既相信这种行为在道德上是无辜的,同时又相信它们并非无害,或仅对参与者有害,并认为它们应作为犯罪而受到惩罚。

试图通过惩罚这一手段,进而通过因威胁的惩罚所带来的

---

〔10〕 N. MacCormick, “A Moralistic Case for A-Moralistic Law?”, *Valparaiso University Law Review*, 1985(20): pp. 1-41, at pp. 28-29.

痛苦而禁止某些行为,就是在道德上将被禁止的行为污名化,并羞辱因从事这些行为而受到惩罚的人。[11] 如果没有对这些行为的道德性质加以假定就施加惩罚,将是不可理解的。与大多数道德立场一样,此类假定是有争议的;并且,我们有时可能会相信,某些历史上曾出现过的此类禁令,建立在一种虚伪或腐朽的道德判断基础上。例如,在1861年以前的美国,法律将帮助逃亡奴隶奔向自由的行为确定为犯罪,现在看来,这显然建立在一种不正当的道德观念基础上,即认可对非洲出生或具有非洲血统的人适用奴隶制的合法性。事实上,这些法律曾建立在一套不正当的道德价值观上,而有些人甚至曾笃信这些观念。

从这一意义上讲,刑法总是表达了(并且不可避免地表达了,或者最好说成是构成了)国家所采用和实施的主流社会道德。有些人甚至主张,正是一些人违反法律并受到惩罚这一事实,有助于建立和维持社会团结。对犯罪者的惩罚强化了无辜者的集体美德。所谓的无辜者,至少包括那些不法行为(尚)未暴露的人。[12] 另一些人则认为,用道德上更基本的措辞说,刑法的正当性建立在这样的事实基础之上:它通过审判和定罪程序,以公开的手段建立起了对不正当行为的公共认知,以便公众对不法行为表示谴责。[13] 根据这一观点,"公共的不正当行为"(public wrong)恰是这样一种不正当的行为:它们恰好是公众所关心并显示出兴趣的不正当行为,而非公众实施的不正当行为。

---

〔11〕 Duff, *Trials and Punishments*, pp. 233-241,另见 Duff, *Punishment, Communication, and Community*, pp. 79-82; J. Feinberg, *Doing and Deserving: Essays in the Theory of Responsibility*, Princeton, NJ: Princeton University Press, 1970, ch. 5。

〔12〕 参见 E. Durkheim, *The Division of Labor in Society*, trans. by G. Simpson; Glencoe, Ⅲ: Free Press, 1933, pp. 108-110; R. Cotterrell, *Emile Durkheim: Law in a Moral Domain*, Edinburgh: Edinburgh University Press, 1999, pp. 68-78。

〔13〕 Duff, Tadros: n. 7, above.

无论如何,基于某些类似的理由,我们可以得出这样的结论:在任何地方,在明确确立的刑法之下,总是存在某些道德基础。

就那些有时被人们称为“自然犯”(*mala in se*)(本质罪恶的犯罪)的罪行来说,刑法具有道德基础这一论题,或多或少地被认为是无可争辩的。这些行为是存在严重道德错误的行为,并且也被作为犯罪而遭禁止,但它们并不是仅因为被禁止而成为不正当行为的。有关严重犯罪的传统类型学揭示了这一点。(在实际生活中,)存在一些侵害个人的暴力犯罪,它表现出无视个人的生命、身体完整和安全以及人格完整之恶意。还存在诸如直接攻击个人自由的绑架之类的犯罪,许多刑法上的不正当行为会产生限制邻人自由的后果(许多人因害怕街头犯罪而在夜间被“监禁”在家中)。强奸是对人人平等和身体完整性的侮辱。背信犯罪损害团结,并错误地剥夺了他人有权拥有的东西。公共秩序犯罪破坏社会团结。选举恐吓和选举假冒侵犯了公民权,对民主造成了普遍损害。针对正当司法程序的犯罪,如伪证和贿赂证人,则损害了一种对安全的权利制度至关重要的体制。毫不意外的是,我们可以对照已制度化的、发达的权利体系所包含的价值观,来描绘本质罪恶的犯罪。就刑法而言,重点是阻止故意破坏相关价值的行为,因为这些价值是其他人特别在乎的,特别是那些曾遭受攻击、抢劫的人们非常在乎的。根本没有哪一部为人们所接受的道德法典会全面地允许杀害、残害、强奸、攻击、欺骗、入室行窃或偷窃他人等行为。任何一部为人们所接受的刑法典,都会把这些行为确定为最严重的罪行。如果为了其他行为而惩罚人,却宽恕此类行为,则是完全不合逻辑的。

但是,单纯的规定性犯罪又怎样呢?所谓的“法定犯”(*mala prohibita*)——那些因被法律禁止而成为不正当的,而非因不正当而被法律禁止的行为——又怎样呢？在这种情况下，道德基础理论又会变成怎样的？我们不需要假定，当前的所有此类禁令在道义上或任何其他意义上都是合理的禁令，但我们可以同样清楚地说出，是什么证立了那些合理的禁令。它们全都诉诸了这样一些事件状态，即要么是那些被人们认为对国家、公民社会及其公民或成员严重不利的事件状态，要么是那些对人们具有重大价值的事件状态。实际的情形是这样的：除非是在有着相关、普遍以及执行良好的禁令这一背景中，否则，任何人都没有充分的理由按照这样的方式行事，即要么克服不利的条件，要么追求积极的价值。环境损害往往是由许多人的特定活动引起的，其中的任何一个人都可以从事那种行为，却不会造成任何可度量的损害。在城市房屋中烧煤就是一个明显的例子，或者使用通过排气系统产生有毒气体的小汽车；甚至对于一些相当大规模的工业污染来说都是如此，因为如果只有规模很小的污染者，那一行为是可容忍的。因此，每个人都面临这样的情况：一种最佳的结果将是，其他人都停止了破坏性活动，而只让自己能在一个更舒适的环境中继续那种做法。因此，除非采用了一种适当的一般性禁止，否则没有人会停下来，因为没有人会傻到为了那些不服从者的利益而服从法律。[14]

类似的考察也适用于工厂和其他工作场所中有关健康和安全工作的立法、有关产生公共健康风险的立法，或关于运输安全和生产与保养供在公共道路上使用车辆的立法，以及有关道路交通的大多数立法。（但是，即使在最高限速或安全的血液酒精

---

〔14〕 参见 D. Parfit, *Reasons and Persons*, Oxford: Clarendon Press, 1984, pp. 56–66, 88–91。他讨论了法律能够帮助缓解的“囚徒困境”难题。参见 Duff, *Trials and Punishments*, pp. 210–211。

浓度的法定定义中，也存在一些传统的或任意的因素，超速、危险驾驶和酒后驾驶等违法行为都属于本质邪恶的犯罪。）有关税收的法律属于公法，它根据人们认为的、国家应承担的任务范围，并根据分配正义的某些方案或理论，确立符合分配正义要求的对国家收入的贡献责任。由于此种方案是适当的，因此，逃税必然成为一种应受惩罚的违法行为，理由是：维持国家的资金充足是一种公共价值，所有人都必须在法律要求的范围内为之做出贡献。这些考察适用于所有形式的税收，包括增值税或销售税、关税、消费税以及所得税。这种强制措施的正当性经常遭到人们的质疑，而分配正义方面的分歧是民主政治制度中选举政治的核心。但是，在当代的任何国家，根本没有哪一种依赖自愿捐赠的税收制度是行得通的，因此，在任何地方，都需要刑法的强制力来支持立法机关所确定的税收制度和税率。

所以，根据此处呈现的论证而被证明具有正当性的禁令，可能非常恰当地得到了刑法和刑罚制度的支持和保障。招致惩罚的行为本身，并不像（例如）谋杀、强奸、殴打或盗窃行为一样，是内在不正当的。但是，一旦存在一项正当的法定计划，旨在防范某些常见的罪恶，或培育共同善中的一种珍贵元素，则违反法律的行为就表现为不合理的自我偏向。〔15〕按照那一说明，这些行为在道德上的令人反感程度，或多或少地取决于案件的具体情况；在某种程度上，这是一种公共的不正当行为，值得公众的关注和关切——并且，如果能得到恰当的证明，则这种不正当行为应受到谴责和惩罚。每一种故意不遵从法律的行为，都会削弱这项计划，会削弱这项包括违反者在内的所有人都

---

〔15〕 参见 J. Finnis, *Natural Law and Natural Rights*, Oxford: Clarendon Press, 1980, pp. 262–263。他讨论了不正当的自我偏爱。

会从中受益的计划。而且，至少在某些情况下，有些活动显然是危险的，因此，需要特别小心——开车是一个显而易见的、老生常谈的例子；此外还如，在私人或公共物品面临已知或明显风险的情况下，仍然在工作中或为进行贸易而开展活动。在所有此类情形中，合理的做法是：禁止人们从事缺乏适当注意的行为，甚至在某些情况下，禁止人们从事那种缺乏最严格注意的行为，从而以严格刑事责任的形式作出立法上的规定。

有人可能会争辩说，这只是一种典型的功利主义推理，根据这一推理，人们应该像杰里米·边沁那样做，并从同样的角度看待整个刑法，将之视为根据其对公共事业的贡献而得以证立的一套禁令的集合。[16] 谋杀会引起痛苦和不快，工作中的事故也会引起痛苦和不快。在这两种情况中，都可适用"防止可避免的人类痛苦"这一相同的考量，这一考量还可用于与惩罚有关的实践。如果从法定犯中区分出自然犯，则将混淆视听。这种做法还忽略了一点，即在所有情况下，公正的惩罚措施是那种造成最低程度痛苦的措施，这些措施足以防止因犯罪行为和对犯罪行为的恐惧而造成的更大痛苦。凯尔森以类似的思路指出，从他的非道义的纯粹法学观点看，法律中的所有不正当行为都是被禁止的不正当行为，因此，其不正当的方式和原因是相同的——都是因为被法律所禁止。[17] 凯尔森对功利主义者的回应是，无论他们的伦理理论在最深层次上是否站得住脚，功利主

---

〔16〕 参见 J. Bentham, *A Comment on the Commentaries and a Fragment on Government*, eds. by J. H. Burns and H. L. A. Hart, London: Athlone Press, 1970, pp. 63-66, 381, 386-387。Bentham 批评了 William Blackstone 爵士对"法定犯"(*mala prohibita*)与"自然犯"(mala in se)的区分。

〔17〕 参见 H. Kelsen, *The Pure Theory of Law*, trans. by M. Knight, Berkeley and Los Angeles: University of California Press, 1967, p. 112。此处 Kelsen 提出"不存在自然犯，只存在法定犯"。

义道德都会基于某些行为具有直接或间接的、不可避免的——以及严重的——有害特性而将它们界定为不正当行为。按照合理的功利主义，这些都真正地有别于其他情况。在那些情况中，人们运用追求利益与避免损害的更大的合作计划，证明以惩罚为威胁的禁令是合理的。因此，对“本身就是不正当的”和“因被禁止而成为不正当的”所作的区分，本身并不是反功利论的。就纯粹法学的道德纯洁性而言，当它无法识别法律实践与道德价值之间的内在关系时，就需要付出过高的代价。如果我们真的想净化法律中的任何道德因素，我们就必须完全避免诉诸那些不可避免地承载道德色彩的惩罚概念，如此，犯罪与诸如侵权或者违背合同与诚信等民事不法行为之间的重要区别，将会从我们的视野中消失。

12.3　法律道德主义

自 19 世纪以来，“法律道德主义”（legal moralism）一直是个争论不休的主题。[18] 这些争论主要涉及自由社会中刑法的正当使用问题，它属于有时被人们称为“批判性道德”（critical mo-

---

〔18〕 这场冲突最早的一幕可见于 John Stuart Mill 与 J. Stephen 之间的争论，参见 John Stuart Mill, *On Liberty*, ed. by D. Spitz, New York and London: Norton, 1975。该书最早出版于 1859 年。Mill 在该书中提出了所谓“法律只能被合法地用来防止或阻止一个人伤害另一个人”的观点。从 1873 年起，密尔的主张遭到 J. Stephen 的强烈反驳，参见 J. Stephen, *Liberty*, *Equality*, *Fraternity*, ed. by R. J. White, Cambridge: Cambridge University Press, 1967。这场争论在 20 世纪 50 年代沃尔芬登委员会出版《关于同性恋犯罪和卖淫的报告》（London: HMSO, 1957, Cmnd. 247）后重新开始，关于 Lord Devlin 作出的回应，参见 Lord Devlin, *The Enforcement of Morals*, London: Oxford University Press, 1965。关于 H. L. A. Hart 的反驳，参见 H. L. A. Hart, *Law, Liberty and Morality*, London: Oxford University Press, 1963。

rality)的范畴。所谓批判性道德,就是用那些已经经过了理性论证而确立的道德原则来批判现实存在的法律和当前社会对法律的态度。[19] 1859 年,约翰·斯图亚特·密尔(John Stuart Mill)在其著名的《论自由》一书中提出了“伤害原则”(harm principle),该原则反对用刑法来加强道德上的美德。他认为,武力的唯一正确用途就是防止人们伤害他人。[20] 相反,“法律道德主义”[21]的支持者则认为,限制和控制任何严重的不道德行为,既可能包括有害行为,也可能包括无害行为,这是刑法的正当功能。尽管这一争议主要涉及立法政策以及确立指导制定良好刑法的道德原则,但也不可避免地在一定程度上涉及对现有法律的解释性说明。举例来说,这一争议会引发对如下问题的讨论:禁止无耻下流行为的法律是否也为伤害原则所覆盖呢?因为接触严重的冒犯性展示或表演行为也是有害的。

当前的关于刑法道德基础的理论排除了这样一种可能性,即刑法能以纯描述性—解释性的方式、用一种纯粹的非道德性(non-moralistic)或去道德化(amoralistic)的术语加以考量。犯罪是应受惩罚的不正当行为,惩罚实际上是一种承载着道德价值的行为,控诉和惩罚犯罪的制度也承载道德价值。问题不在于刑法是否应承载道德价值,而在于它应承担什么样的道德

---

〔19〕 H. L. A. Hart, *Law, Liberty and Morality*, London: Oxford University Press, 1963, pp. 17-24. Hart 在此处讨论了“批判的”道德不同于“实证的”道德。

〔20〕 如上所述,Hart 复兴了“伤害原则”并对其作出略微限定,允许它包含一种家长式作风,即运用法律约束阻止自我伤害行为。参见 J. Feinberg, *The Moral Limits of the Criminal Law*, New York: Oxford University Press, 1984-1988。这本书以四卷篇幅详尽地介绍了这一领域: Ⅰ *Harm to Others*; Ⅱ *Offense to Others*; Ⅲ *Harm to Self*; Ⅳ *Harmless Wrongdoing*。

〔21〕 例如,前面所提的 Stephen 和 Devlin。

价值。[22] 当然,无论是从描述的意义上还是从批判的意义上看,"伤害原则"似乎都难以站得住脚。人们将"伤害原则"的一个推论理解为规定了:只有在某一行为对行为主体以外的人有害的情况下,它才应被视为刑事上的不正当行为。从广义上说,不正当性的程度应取决于有害程度。我们应该对法律规定的惩罚仔细分级,惩罚应与不同犯罪危害性的严重程度相匹配;并且,如果可能的话,惩罚应与造成损害的行为表现出的故意或预谋的程度相匹配。从描述性的角度看,这一原则及其推论与我们此处描述的刑法制度并不相符。处理伤害行为,并试图弥补伤害行为的后果,以及对伤害行为规定抑制措施的法律分支,是有关义务的法律,特别是处理民事不正当行为(侵权行为、不法行为)赔偿的那部分法律。这一点已在前面第 6 章讨论过,并将在下一章进行更进一步的考察。宪制国家中的现行刑法相当恰当地处理了那些未造成伤害的行为,[23] 包括犯罪企图和预谋,并且通常会坚持:应存在不正当的意图要素,至少在自然犯的情况下应如此。基于刚才提到的原因,在法定犯情形中,我们可以相当合理地对承担责任的理由作出更广泛的规定。

任何关于刑法道德基础的一般理论(或许根本没有任何一般理论),都应从一个正常运作的刑法对公民社会的彬彬有礼做出的重要贡献中获得线索。在那些能信任陌生人、避免侵犯彼此人身或财产的人们之间存在和平关系,是彬彬有礼的基本条件。这种和平关系可以通过有关环境和其他共同善(如在法

---

〔22〕 关于对这一观点的完整论证以及其他相关资料,参见 N. MacCormick,"A Moralistic Case for A-Moralistic Law?",*Valparaiso University Law Review*,1985(20):pp. 1-41。在此处,MacCormick 加强了他在如下文章中的观点,MacCormick,"Against Moral Disestablishment",in his *Legal Right and Social Democracy*,Oxford:Clarendon Press,1982,pp. 18-38。

〔23〕 参见 Feinberg,*Moral Limits*,Vol. IV *Harmless Wrongdoing*。

定犯情形中讨论的)的集体方案而予以加强。犯罪的不正当之处在于:它包含了一些蓄意破坏国内和平条件的行为。依我之见,正是这种意义上公共的不正当性,应被那些主张公开谴责公共不正当行为具有内在价值的人所接受。因为这些行为显示出了有意识地无视人们之间的和平,因此,无论它们在某一特定案件中造成了多大或多小的伤害,都严重地令人担忧,并且严重到令人哀叹的地步。在封建王国里,每一个领主(包括作为所有领主中最高领主的国王)都有他们自己的"和平",维护他们自己领地内的和平是他们特别关心的事情。因此,曾经一度在英国(例如),有资格提交到王座法庭审判的所有行为都是这样的行为:被告实施了暴力行为,并违反了"国王的和平"。[24] 从封建王国演变而来的现代国家消除了影响和平的个人性因素,以至于我们把"破坏和平"的理念当成了一个共同关心的话题,而不是区分出不同层级的和平,这似乎并非太异想天开。只要某一国家的制度能在不侵犯个人自由中的基本权利和利益的条件下确保和平,它就是公民社会的共同财富和基础。

这一建议有助于人们了解,为什么刑法中关于道德的辩论如此多地聚焦在性与性表达问题上,以及有关生命开始和结束的问题上。在这些领域中,人们所担忧的不正当行为并不像其他领域的行为那样清楚地展现出公共性质,在其他的一些例子中,威胁和平的性质非常明显。人们之间私下的、在真实而非胁迫的相互同意之下发生的性活动,与国内和平根本没有任何直接关系,并且,在这方面,它有别于公开地展示露骨的性行为。

---

〔24〕 A. Harding, "Rights, Wrongs and Remedies in Late Medieval English and Scots Law", in *Miscellany Four*, Edinburgh: Stair Society, Vol. 49, 2002; 参见 D. Garland, *The Culture of Control*, pp. 29-30。

在某些情况下,后者可能会导致不安和暴力,人们会担忧它对家庭关系造成伤害或侮辱。但与这种侮辱和伤害相关联的,是增进宽容和提升自由的可能性。这将促使人们达成这样一种共识,即易受挑衅性是国内和平问题的一部分,就像人们抱怨的挑衅性事件是由某些私人活动引起的一样。在政治和神学争论语境中,由于使用了图像和视觉媒体,出现了同样的问题。在某些情况下,禁止亵渎神明的法律和相关规定,可能对维护和平、避免族群间的暴力至关重要。2006年年初,整个伊斯兰世界对某些漫画作出的反应生动地说明了这种暴力发展的可能性,这些漫画最初于2005年年底发表在一份来自日德兰半岛的、发行量较低的丹麦报纸上,但后来被欧洲其他新闻媒体转载。有几个国家的丹麦领事馆被抗议的人群夷为平地。对人权的尊重,特别是对意见和表达自由的尊重,支持作家和艺术家们有权拓展人类品味的边界,并表达有争议性的见解。然而,在某些高度紧张的境况中,还必须考虑社区和平必需的条件。[25]

人类的胚胎是否可以或应该被承认为一个潜在的或实际的权利承担者,进而享有一种尚未成熟的人格地位,是一个我们已讨论过的问题。我们似乎没有理由怀疑,对孕妇以外的其他人而言,胎儿是值得尊重的,这是从胎儿自己的权利角度看的,而不只是将其作为(实际上)母亲身体的一部分而值得人们尊重。另外,胎儿甚至比一个一天大的婴儿更让人难以置信地成为公民社会的参与者以及维护公民社会和平的参与者。因此,如果一个法律禁止母亲在怀孕的最初几周里,基于她认为的、足以迫

---

〔25〕 Philip Selznick, *The Moral Commonwealth*, Berkeley/Los Angeles/London: California University Press, 1992, pp. 391-392. Selznick将"礼貌"与"虔诚"进行对比,这在某种意义上可能是很重要的。

使其终止妊娠的理由而作出选择,则这可以被认为是在不公正地干涉私人自由。同样,法律阻止近亲属和医务人员协助绝症患者自杀,或阻止在该人已失去自杀能力时,在得到该人事先同意的情况下,实际地采取措施结束其生命。这种规定可能会引起争议,因为这剥夺了该人享有和平而体面死亡的权利。相反的论证主要是一种"滑坡"(slippery slope)论证,即认为存在胁迫老人和弱势群体的风险。根据我们的人权理论,集中讨论"什么是国内和平"的真正要求,可能有助于澄清这些考量,但不会指明一个唯一的明显答案。

一个严肃的反驳可能是:强调"国内和平的要求"相当于不把人——特别是"自然"人,即人类——当作目的本身。根据某种功利主义的计算方法,刑事诉讼和惩罚通常利用那些被谴责的人遭受的痛苦作为保障他人利益的手段。一个正当的刑法体系不能这样做。此类考虑将指引我们努力创造某些条件,以使在适当的程序范围内实施适当种类的惩罚具有内在价值。它可以仅仅通过谴责公共的不正当行为来维护公共的正义,同时有效地向惩罚对象和更广的社会人群传达这一点。因此,确保国内和平可能是一种有价值的副产品,但它不应成为刑法和惩罚的正当目的。

这一观点值得尊重,但如果将优先次序颠倒过来,或许更好。要取得道义上的模范效果,就必须已经存在和平与文明。公民之间的正义是共同利益的重要组成部分,因此,原则上应排除不公正地使用惩罚。那些真正地有助于国内和平与共同利益的刑法和惩罚实践,必须具有或至少真正地渴望实现达夫(Duff)、塔德罗斯(Tadros)和其他人所主张的那种价值观。但如果和平与文明不能得到保卫与维护,我们就不可能在适当完善刑法和刑罚制度方面取得进展。

12.4 公司犯罪

过分强调犯罪和惩罚的道德维度可能会引起质疑,因为这转移了对公司是否可以承担刑事责任这一争议性问题的注意力。如果犯罪和惩罚的典型案例总是围绕着完全理性的个人故意实施的明显犯罪行为,这将会转移人们对自然人以外的主体的不良行为的关注。这将是一个极大的错误。我们在早些时候已经简单地讨论过集团和公司的责任能力问题。现在,是多说一些这一问题的时候了。需要受到挑战的是这样的假定:公司不能有意义地被认为应在道德上或法律上对不法行为负责。

值得注意的是,有多少动词和动词短语不能被插入一个以单数人称为主语的句子中。我可以在我的CD播放器上播放交响乐,但这只能是在派生意义上如此说;这需要有一整支管弦乐队现场表演交响乐,还需要有更多的机构参与录制、发行和销售CD。我无法制造福特汽车或惠普电脑,没有人能单纯依靠个人行为完成这些事(尽管有人或许可以利用一套工具包制造它们)。唯有大型组织才能在一个岛的港口和邻近大陆的其他港口之间经营渡轮服务。一个人或许可以做编辑,但只有团队才能发行一份畅销报纸。

甚至从密切关注理性的、有意图的和有目的的行动的角度看,也需要注意到一大部分的人类活动都具有固有的、多方合作的(many-handed)性质。演奏交响乐(不同于播放CD)从来都不是偶然的、无意的或是没有理性计划的活动。报纸是由人们有意识地出版的，经营渡轮服务也是如此，从事生产与制造活动也是人们有意为之。这些都不是有关目的性活动的古怪的或不合标准的例子。当代市场经济很大程度上建立在法律上持续不变的公司资本主义基础上，在这种市场经济中，这些活动都是目的性活动的典型例子。即使没有哪一个自然人正在或可能以刚才所说的那种方式行事，但如果我们仍然坚持认为它们是目的性活动的古怪的例子，这种想法肯定是一种严重错误形式的本体论个人主义。对目的性活动及其有意和无意后果的关心，要求我们慎重考虑这些极为重要的目的性活动。

这并不否认，对主体、合理性和目的性的分析必须从个体——自主道德主体的独特地位入手；但它不能就此停止。我们可以将意图归属于公司，其理由与我们将意图归属于个人主体的理由大致相同。两者都会考虑应当如何行动。在公司的例子中，这经常是人与人之间协商的问题，而在个人的例子中就不一定如此。对于这两种情况来说，慎思的结果都是决定。在公司的情形中，通常是通过一些相对正式的程序作出决定，并记录在案，而对于个人来说，则很少如此。像把身体动作归属于个人那样，我们也可以把身体动作——那些执行公司决定的行动以及那些对于决定的执行有必要的活动——归属于公司。

我们太容易产生或预先假定一个关于个人责任的高度个人主义的观念，由此扭曲集体或公司这种形式的主体的意义，并扭曲因公司活动的后果或有害结果而带来的相应责任形式。[26]这使环绕在公司民事责任甚至刑事责任的归属上的诸多混淆真相大白。例如，一家轮渡公司经营从英国到比利时的轮渡服

---

〔26〕 Cane, *Responsibility in Law and Morality*, pp. 145–168.

务,目的是使双方港口的周转速度最大化,该公司有意识地而且事实上非常正当地通过优化资本设备的使用从而谋求最大利润。在激烈竞争的环境中,这也有利于向乘客保持较低票价,并提高旅行速度和频率。但它也会带来一些风险,这些风险对任何深思熟虑的人来说都是显而易见的,而经营渡轮服务的人士也必须特别清楚地知道这些风险。

这些风险不是轻微的或虚构的,也不是罕见的或不可能的。当任何从事这一经营的船只存在不适合航行的问题时,无论这是暂时的(例如,因为船头或船尾门没有关闭而漏水)问题,还是由于设计缺陷或维修故障而带来的永久性问题,乘客和船员都面临着显而易见的溺水死亡之风险。除非在操作系统中内置了特定的保障措施,以应对潜在于快速运转期间的特殊风险,否则,其中一些风险会因运行速度加快而加剧。除了渡轮公司的责任之外,谁有责任确保这类系统已到位,并足以达成预防风险的目的?如果公司未能履行这一责任,由于公司存在重大过失,公司为何不构成过失杀人罪或重大过失杀人罪?可能存在一些借口,并且对于在任何特定情况下(比较一下《自由企业先驱报》[27])公司实际地做了什么,可能存在一些说明,那可以为如此的指控提供一种令人满意的辩护。但是,一个法律体系若是基于此类责任是无法理解的而不承认它,或不承认如此的指控在法律上的效力,似乎就陷入了严重的概念混淆,并且,由此产生的报应性不公正,过分有利于股东,而不利于旅行者。

很显然,在人格(personateness)和责任概念或观念之间存在

---

〔27〕 S. Crainer, *Zeebrugge: Learning from Disaster: Lessons in Corporate Responsibility*, London: Herald Charitable Trust, 1993.

双向联系,这有力地支持了引入关于“公司杀人”的新的刑法规定。[28] 更好的做法可能是尝试重新修订公司法,以便消除多年来通过不合理的方式在自然人格和法人人格之间进行对比和类比而形成的误解。另外,一种不同的错误是将人权解释为直接保护公司的利益。法人人格的真正特性并不能确保,为了将权利直接归于作为法人的公司而将公司包括在人的类别中。这并不是说,某些干预公司的方式不会真正地侵犯参与公司活动或拥有公司股份的人的人权。

12.5 结论

本章既不是一篇描述性刑法学论文,也不是一篇关于批判性道德哲学的文章。作为对当代宪制国家中包括刑法在内的法律最重要功能的解释性说明,它表明,公民对刑法提出的最基本的要求是:它应有助于保护彬彬有礼和社会和平存在的条件,进而维护公民社会。然而,这不可能只是刑法的职能,因为如果没有社会正义,团结和文明的条件就无法实现。刑法和公法必须协同工作,如果没有下面的背景性社会条件,即那些虽然不是由法律所建立却可能被法律所损害的条件,上述目标就根本无法实现。

---

〔28〕 参见 Cane 对论英格兰和威尔士法律委员会提案的讨论,Cane, *Responsibility in Law and Morality*, pp. 160-161。

第 13 章　私法与公民社会：法律与经济

13.1　引言

我们此前说过，私法领域有时也被称为“公民社会”(civil society)，该领域涉及的是双边或多边的权力，以及服务于私人利益的权力。在私法领域，满足特定年龄条件和权利能力条件的人，作为平等法律地位的享有者彼此面对，就像在公司、合伙企业等情形中那样。这意味着，无论人们在个性特点上还是在财产上存在多大差异，没有人在法律上优于其他人。因此，任何经由他们的私人意志而对他们具有约束力的法律安排，都必须得到他们的同意，只要涉及他们之间法律地位的任何改变，都必须经过他们相互协商。

正如我们在聚焦公法时发现的，法律与政治之间的互动非常密切，本章的主要观点是：

当我们聚焦于私法时会发现,法律与经济之间的互动尤为紧密。法律制度、政治制度以及经济制度共同维持或者说构成了国家和公民社会。当我们的论题集中在私法(至少是广义上的私法)领域时,法律与经济之间的结构耦合关系最为明显。本章有五个主要的分论题。第一节涉及狭义上的私法,即有关私人生活和私人关系的法律。这些关系本身属于那些与经济上的"私营部门"相关的更广泛关切的一部分。我会在13.3一节中讨论这种广义上的私法。紧随其后,本书考虑法律和经济如何相互作用(13.4)。然后(13.5)是对私法制度的一般性反思,我将特别提及侵权法,以及它所包含的各种形式的矫正正义。最后,我在13.6一节讨论法律、经济和信息,尤其会侧重于知识产权这一主题。

13.2 私法与私人生活

"私法"有狭义与广义之分。在狭义上,它只涉及私人生活中的关系,即婚姻、家庭制度以及类似的民事伴侣关系制度,配偶或伴侣彼此负有的义务,以及家长对孩子负有的义务。与此相关的是有关继承权的法律,以及有遗嘱继承和无遗嘱继承的相关制度。后者包括以下规则:在没有遗嘱的情况下,家庭成员对死者财产享有何种权利;或者在依遗嘱继承的情形中,在那些赋予儿童以不可剥夺的权利继承父母固定份额财产的法律体系里,家庭成员对死者财产享有何种权利。[1]

---

[1] 参见 N. MacCormick, "Discretion and Rights", *Law and Philosophy*, 1989(8): pp. 23-36。

它还涉及信托制度，人们可凭借它将财产服务于促进个人利益或公益目标的特定目的。这就需要“分离遗产”（split patrimony），即将受托人管理的财产与他（或她）的个人财产或地产加以区分。[2] 在英国，衡平法院与普通法法院的历史性分离，使这种划分相对容易，它促进了普通法上的所有权和衡平法上的所有权的区分，或者说，促进了作为不同于受益人所有权的普通法上的所有权出现。[3] 其他法律体系从未曾以英国这样的方式分离出普通法和衡平法，在这些法律体系中，人们发现很难使信托适应于现有概念框架，但在有些法律体系中，人们勉强实现了这一点。

私人关系需要私人空间，因此，人们需要拥有不动产所有权，或考虑到当代意义上的“家庭”已经延伸到包括各种建立在伙伴关系基础上的生活方式，因此，私人空间也可以指有合理保障的、可以由家庭占有的某种长期财产租用权。人们需要合同制度，以便能够通过取得所有权或通过租赁获得住房，合同是在具备充分行为能力的人们之间确立双方合意义务的手段。私法上的人是“自然人”，尽管在他们的私人活动中也可能加入各种自愿结成的社团或俱乐部。通常，这种俱乐部是以成员间的多边合同为基础而组织起来的，它可以通过信托方式持有共同财产。此类社团无须法人人格作为修饰。

然而，无论是大公司还是小公司形式的“法人”，对公民的个人生活（哪怕是其中最隐私的部分）都具有重大影响。它们生产、包装和销售他（或她）所需的食物。它们制造他（或她）生

---

〔2〕 参见 G. Gretton，“Trust without Equity”，*International and Comparative Law Quarterly*，2000（49）：pp. 599-620。

〔3〕 参见 A. Hudson，*Equity and Trusts*，London：Cavendish，4th edn.，2005，chs. 1-2。

病时需要服用的药物,他(或她)用来与家人及朋友联系的电话、电脑和软件,或他(或她)用来购物的汽车。它们提供保险,以便人们能够抵御财产遭受损失或毁坏的风险,帮助人们承担汽车或其他事故的赔偿责任,它们还以某种形式的养老金计划向人们提供人寿保险。它们提供就业,使他(或她)能够支付房租、抵押贷款和保险费,以及能购买衣服、食品和饮料。它们保管他(或她)的钱,或者提供消费贷款,或是提供支付账单的电子手段。他(或她)的部分积蓄必然会以保险、养老基金或公司股票等方式直接或者间接地被占用。在商业生活和私人生活发生关联之处,商业公司提供上述服务的能力在很大程度上取决于公司之间的关系。

13.3 私法与商业

因此,广义上的私法不仅包括在作为自然人的个人之间存在的私人关系,还包括在商业企业之间存在的相互联系的整体性商业关系,以及企业与作为雇员或消费者的公民、政府机构之间存在的全部关系的集合。这一广义上的私法涵盖有关私营部门的法律以及有关私人生活的法律。从这种广义上讲,“私法”包括有关私营经济部门的商法。私法是指除了公法与刑法之外的所有法律。人们有时会将“民法”作为私法的别称来使用,狭义私法、商法,也许还包括劳动法,皆被认为是相互独立但又彼此相关的民法部门。问题是:“公民的”(civil)一词与“平民的”(civilian)这一相关表述,不仅与历史上的罗马共和国市民法和后来的罗马帝国市民法有紧密联系,还与欧洲的法律体系以及其他由继承罗马市民法发展而来的法律体系有紧密联系。由于这一原因,这里使用的是广义上的"私法"概念。这种广义用法拥有一个令人尊敬的谱系,因为它最早可追溯到优士丁尼的《学说汇纂》(Justinian's *Digest*)。优士丁尼的《学说汇纂》引用了古典法学家乌尔比安(Ulpian)的话来对比公法与私法之间的差异:"公法涉及罗马政体的建立,而私法是关于个人利益的法律。"[4]现代意义上的商法显然被包含在后者的范畴之内。

对市民社会理念的反思,会使我们注意到私人和商业的二元性。在私人生活中,我们最重要的关系都是高度个人化的,在家庭和朋友关系中,许多人找到了激发他们生活的各种价值的核心。几乎每个人都在其中找到了他们价值观体系的重要组成部分。在没有国内和平与稳定的动荡时期,这些关系往往提供了一个范围,划定了朋友与敌人的分界线,卡尔·施密特(Carl Schmitt)将此视为政治上的典型的二元对立。[5]随着公民社会形成并获得稳固地位,不带有个人色彩的关系就会变得越来越重要,敌人以及那些意图从内部破坏和平的人都退到这些关系之外。不带有个人色彩的信任是广泛的商业关系的基础。至少对于所有那些被承认拥有自然人能够拥有的全部积极和消极能力的人来说,商业关系的广泛性可以大大促进私人生活和私人

---

〔4〕 参见 Justinian, *Digest* Ⅰ.1.2,此处援引乌尔比安的话说:"法律研究有两个分支:公法和私法。公法涉及的是罗马共和国的建立(*quod ad statum rei romanae spectat*),私法是涉及个人利益的法律(*quod ad sin-gulorum utilitatem spectat*)。"参见 *The Digest of Justinian*, Latin text, ed. by T. Mommsen with the aid of P. Krueger; English trans. ed. by A. Watson, Philadelphia, Pa: University of Pennsylvania Press, 1985, p. 2。优士丁尼在 *Institutes* Ⅰ.1.4 中用基本相似的术语重申了这一点。比较一下 Lord Rodger of Earlsferry, in *Davidson v Scottish Ministers* [2005] UKHL 74 at para. 77:"其核心思想是,私法规范了个人之间的关系。因此,我只把'私法'一词作为法律中这一部门的方便标签。"

〔5〕 C. Schmitt, *The Concept of the Political*, trans. by G. Schwab, Chicago: Chicago University Press, 1996, original German edition, 1932.

关系的繁荣。这些人还摆脱了以"主人和仆人"等古老概念框架为基础形成的义务枷锁,这种由身份本位法律所规定的概念框架与现代就业法是不相容的。

13.4 私法与经济

我们已经看到,若不存在立宪国家(18 世纪和 19 世纪,在各个王国实现的有限君主立宪制是其前身)的背景,公民社会的出现将是一件很难想象的事情。在此类国家中,政府权力的成功实施也伴随着对这种权力的适当限制,后者有利于保护重要的基本自由。事实上,在后来,这些限制还扩展到全面保护各种国际公约或契约所规定的人权,不同国家还通过各自的宪法巩固了这些限制。刑法在保障和平方面发挥的作用是至关重要的,同样重要的还有,刑法通过规定法定犯来支持基于正义和共同利益考量而确立的各种计划。公法和刑法制度因此构成公民社会的两大支柱。私法制度是第三支柱。即使没有这些制度,以基本交换制度和各种基于命令产生的劳动分工也能运作良好,例如在封建国家中就是这样的情况。但是若是没有这些制度,人们就无法想象一个正常运作的市场经济。

我们回到不带有个人色彩的信任这一问题上来。财产占有依赖于有保障的物权。刑法对此提供了部分保障;但更根本的保障在于私法上的所有权救济措施。[6] 这些措施使物的所有权人能主张恢复占有其被不法剥夺之物,或者使其在所有物遭

〔6〕 J. Harris, *Property and Justice*, Oxford: Clarendon Press, 1996, pp. 24-26. Harris 阐述了作为财产权之基础的广义"侵占规则"概念。

受由故意、疏忽或意外等原因所导致的不法损害的情况下,能够获得补偿性救济。如果在私法中缺乏有效的救济措施,财产就无法得到保障。如果财产无法得到保障,几乎就不会发生双方同意的物品转让——如果你能夺取一样东西,为什么还要买它呢?双方同意的转让——销售、交换、租赁或许可——只发生在有效的私法救济框架之下。通过具体执行商定条款,或执行因违反商定条款而应承担的损害赔偿责任(当这样更适合于具体情况时),这些救济措施维护了合意转让所包含的明示或默示协议。规定何时以及如何采用这些救济措施的更加精致的合同理论与规则的发展,为判断何种财产取得方式构成非法取得提供了基准。

一个迄今为止尚未被提及但必不可少的公法制度,即铸造或印刷货币的制度,立即出现在人们的视野中。若无可靠的货币制度,以交易为基础的经济就会陷入极大的困顿。迄今为止,一些国家或很多国家——理论上是所有的国家,但实践中不一定如此——已建立了便利贸易的可流通货币。自 2000 年起,欧盟根据 1992 年《马斯特里赫特条约》(*Treaty of Maastricht*)开始发展欧元,这给我们提出了这样一个问题:超国家或跨国公共机构能否在被扩大的市场经济中实现货币稳健。在 2006 年对此作出任何最终判断还为时尚早,尽管目前的迹象似乎支持对这一大胆的跨国货币实验持谨慎乐观态度。总之,对货币保持信任和对其他交易者保持信任,对于支持审慎的风险承担来说,是非常有必要的。在所有涉及为在将来与另一方进行协议交易而投入努力和资源的情况中,都涉及这种审慎的风险承担问题。在人们起初看到有充分的理由进入这种不带有个人色彩的交易之前,这种信任是必要的。[7]

为了实现不带有个人色彩的信任,有必要建立一个有效的、能得到可靠保障的、具有私法救济功能的司法机构,在信任崩溃时,它能被人们成功地调用。最好不要将这些救济措施视作强制执行良好行为的制裁措施,因为在正常运作的情况下,处于连续关系中的相互合作更能激励人。从这种意义上讲,私法远不是强制性的。[8] 救济措施能做到的事情就是提供一种背景性保证,即保证那些不诚信地进入该系统的人,或那些决定无视某项似乎已变得过于繁重的特定义务的人,将无法逃脱因单方不履行义务而应遭受的惩罚。

当对方不履行义务或有瑕疵地履行义务时,人们拥有执行救济的背景性的能力,这一事实使人们对预期的安全感是理性的。就此而论,许多商业实践与合同法理论所展示的东西并不完全一致,这一点儿也不令人感到惊讶。[9] 在签订合同时,尽管意识到长期有效的救济措施是普遍有效的、非个人色彩的信任的一个条件,但人们通常并不期望援用这些司法救济手段。财产权保护和对契约的信任是市场经济的两大基石。当然,它们明显不是经济活动的原因,而是其条件。亚当·斯密(Adam Smith)提请人们注意人类社会的独特之处,即基于劳动分工而

---

〔7〕 参见 C. Proctor, *Mann on the Legal Aspects of Money*, Oxford: Oxford University Press, 6th edn. ,2004。

〔8〕 MacCormick 论证了这一立场,参见 N. MacCormick, "Coercion and Law", in *Legal Right and Social Democracy*, Oxford: Clarendon Press, 1982, pp. 232-246; G. Lamond, "The Coerciveness of Law", *Oxford Journal of Legal Studies*, 2000(20): p. 39。MacCormick 在一个更宽泛但不那么令人信服的"胁迫"概念的基础上论证了一个不同立场。

〔9〕 参见 S. Macaulay, "Non-Contractual Relations in Business: A Preliminary Study", *American Sociological Review*, 1963(28): pp. 55-67; S. Macaulay, *Law and the balance of power: The Automobile Manufacturers and Their Dealers*, New York: Russell Sage Foundation, 1966。

变得越来越专业化。[10] 除此之外，他还推测，人类的普遍偏好是从事"买卖、以物易物、交换"。[11] 最近，人类遗传学的惊人进展揭示出，的确可以在人类基因组要素中找到对斯密的经验性归纳的更深层解释，人类基因组是极其精妙的密码本，它作为我们共同的人类本性的生物学基础，呈现在每个人身体的每个细胞中。[12] 当然，斯密并没有错误地认为"买卖、以物易物、交换"总是有着相同的形式。他用简单劳动分工和短暂的财产占有，来刻画狩猎和采集社会（斯密描绘的是"猎人和渔民的国家"），这不会产生精巧的市场结构或交易。这些社会和以后可能出现的田园或农业社会形式，与 18 世纪出现在欧洲各地的"商业社会"形成鲜明对比。全部人类社会中都存在贸易关系，但只有某些社会是以贸易、商业和市场关系为中心的。[13]

卡尔·马克思（Karl Marx）并不反对这些看法，但他认为，商业资本主义必然会在自身内在矛盾下崩溃，从而迎来社会主义的曙光，并消灭人压迫人的现象。从马克思主义的观点看，"买卖、以物易物、交换"并非人类的普遍倾向，而是重商主义和资本主义的产物。认为这些活动是普遍人性中的一个要

---

〔10〕 A. Smith, *An Inquiry into the Nature and Causes of the Wealth of Nations*, eds. by R. H. Campbell, A. S. Skinner and W. B. Todd, Oxford: Oxford University Press, 1976, Book 1, ch. 2.

〔11〕 "人类的情况，就完全两样了。他们彼此间，那怕是极不类似的才能也能交相为用。他们依着互通有无、物物交换和互相交易的一般倾向，好象把各种才能所生产的各种不同产物，结成一个共同的资源，各个人都可从这个资源随意购取自己需要的别人生产的物品。"中译本参见［英］亚当·斯密：《国富论》（上卷），郭大力、王亚南译，商务印书馆 1983 年版，第 16 页。

〔12〕 M. Ridley, *Nature Via Nurture: Genes, Experience and What Makes Us Human*, London: Fourth Estate, 2003, pp. 258-260.

〔13〕 关于所有这些讨论参见 N. MacCormick "Law and Economics: Adam Smith's Analysis", in N. MacCormick, *Legal Right and Social Democracy*, Oxford: Clarendon Press, 1982, pp. 93-125。

素,这一信念本身就是资本主义制度制造的错误意识中的一个要素。[14] 就目前而言,斯密和他的支持者们似乎在争论中占了上风,并且出人意料地获得了生命科学新发现的支持。但即使不是这样,只要建立在自由市场基础上的商业社会仍然存在,财产权、契约以及私法救济机构的持续存在就是其中的基本要素,这一点也是千真万确的。[15]之所以如此,是基于那个已被陈述过的理由,即这些基本要素是市场所需的非个人色彩的信任的一个条件。然而,经济活动的激励因素并非是法律,而是交易者所能获得的好处,这不仅有助于在使用现有资源方面进行更加彻底的专业分工,还带来了人们所需的更廉价和更大量的商品。

无论如何,有证据表明,通过将法律理解为经济形式(法律在其中运作)的单纯附属物或者反映,斯密和马克思所论述的法律与经济的关系仍有许多值得商榷。[16] 通过阅读尼可拉

---

〔14〕 K. Marx, *Capital*, trans. by E. and C. Paul, introduction G. D. H. Cole; addendum by M. Wolfson, London: Dent/Everyman's Library, 1972, pp. 47-58, ch. 1, last section; 一个实际使用了"错误意识"这个词的著作,参见《恩格斯致梅林的信》:"意识形态是一个由所谓的思想家实现的过程。我们可以正确地说这是一个有意识的过程,但这种意识是错误的。驱使他的真正动机对他来说仍然是未知的;否则,这就根本不是一个意识形态的过程。因此,他想象着虚假或表面上的动力。" F. Engels in D. Torr (trans. and ed.), *Karl Marx and Friedrich Engels, Correspondence* 1846-1895; *A Selection with Commentary and Notes*, an enlarged edition of the selection by V. V. Adoratsky, London: Martin Lawrence, 1934. 比较一下 R. Cotterell, *Law's Community*, Oxford: Clarendon Press, 1995, ch. 6 on "Law, Ideology, and Power: The Marxist Tradition", and H. Collins *Marxism and Law*, Oxford: Oxford University Press, 1982, pp. 35-40。

〔15〕 比较一下 R. Kinsey, "Karl Renner on Socialist Legality" in D. Sugarman (ed.), *Legality, Ideology and the State*, London: Academic Press, 1983, pp. 1-36, 此处讨论了 Renner 的著作, K. Renner *Institutions of Private Law and their Social Function*, ed. with introduction, O Kahn-Freund, London: Routledge and Kegan Paul, 1949。

〔16〕 参见 R. Kinsey, "Marxism and the Law: Preliminary Analyses", *British Journal of Law and Society*, 1978(5): pp. 202-27, at p. 207, 此处讨论了马克思思想中关于生产关系(经济关系)与法律之关系的所谓"基础/上层结构"模型。

斯·卢曼和贡塔·托依布纳的作品，第 10 章谈及的“系统理论”版本可以使我们从一个略微不同的角度看待问题。人类活动是在整个社会系统的子系统内进行的，这些子系统本身就是更专业的交流系统和相应的行动系统。每个系统都有自己的基本概念，这些概念使周围的世界变得可以为人所理解，并使人们能够对外来输入物作出反应，而且，在这些概念框架中，没有一个概念可被其他概念完美地替代。一种时常被认为是由马克思提出的理念是：法律属于社会的“上层建筑”，社会经济关系构成其“基础”，〔17〕然而，我们这里处理的是相互作用的系统，其中的每个系统都依赖其自身的概念性术语而自我维持（这就是所谓的“自我创生”），但每个系统都会通过所谓的“结构耦合”〔18〕与其他系统联系在一起。因此，它们虽然相互作用、相互影响，但并不存在隶属关系。

有鉴于此，理查德·波斯纳（Richard Posner）〔19〕和其他人提出的“法律经济分析”得出了如此有趣但同时也颇具有争议的结果就不奇怪了。特别是在诸如侵权和合同等私法领域，考虑适用哪些法律规则对有争议案件作出法律裁决才能产生经济考量上最有效的结果，这是一个重要的问题（或至少比现有的备选方案更有效）。对法律的某些部分提出经济上的批评是正确的，这些部分通过建立互动的经济活动框架，以及通过改正现有框架或处于其中的特定人的地位失调，拥有那种——或者一

---

〔17〕 参见 B. Z. Tamanaha, *A General Jurisprudence of Law and Society*, Oxford: Oxford University Press, 2001, pp. 40–43。

〔18〕 Luhmann, *Law as a Social System*, pp. 381–385.

〔19〕 参见 R. A. Posner, *Economic Analysis of Law*, Boston, Ma: Little, Brown & Co, 1972; A. Halpin, “The Methodology of Jurisprudence: Thirty Years off the Point”, *Canadian Journal of Law and Jurisprudence*, 2006(19): pp. 67–105, at pp. 72–73。

种——功能。在疑难案件的法律推理问题上,至少在那些可接受后果论推理证立结论的情况中,[20]关于经济上最令人满意的(高效的)论证显然是重要的。但在其他领域,如刑法领域,应用类似的推理就不那么令人信服了。

13.5 财产权与义务:制度上的分析

现在,我们有理由停下来,在已经确立的立场上对私法的主要制度进行一番理论反思。所有权与合同是我们所称的"制度性安排"(institution-arrangements)的例子。在所有权制度中,可授予个人以物上权利(物权)。这授予了他们占有、控制和使用正在讨论中的物的权力,一般包括以出售、交换或赠与等方式将自己拥有的物权转移给他人的权力,以及将该物出租或许可他人使用的权力。在产权制度中,得到最广泛承认的物权是所有权。

因此,财产权是一种制度,自然人或法人可以借助它享有物的价值,这包括使用价值和交换价值。正在讨论中的这些物可以是有体物,在没有法律规定的情况下它们也可以存在,但在制度上它被确定为动产或不动产;这些物也可以是无体物,即完全是基于法律规定而存在的"制度之物"(institution-things),这一点在前面关于知识产权的讨论中已作了强调(第8章)。

合同是这样一种法律制度,人们能借助它与他人进行具有

---

〔20〕 参见 N. MacCormick, *Rhetoric and the Rule of Law*, Oxford: Oxford University Press, 2005, ch. 6; R. A. Posner, *Frontiers of Legal Theory*, Cambridge, Mass: Harvard University Press, 2001。

法律效力的交易,从而在单边行为或指向他人并需要获得他人同意与接受的双边行为基础上,承担义务和/或转让权利。订立合同的权力被赋予拥有适当行为能力的人,他们可以做那些自己有着充分权力去做的事情,只要不存在诸如错误、不当影响、胁迫、欺诈等无效情形就可以。这需要人们得到另一方或其他当事人的同意,且在不存在无效情形的条件下,以适当的权利能力来行动。合同义务包括各方明示或默示同意的,或者是由法律规定或暗示的所有义务和相应的请求权,以及由法律规定或暗示的所有权力和相应的责任。合同条款应能够在当事人作为其交易记录而采用的任何文书中找得到,或者有其他方式能充分证明他们之间已达了什么样的协议。存在许多不同形式的受特定法律规章框架约束的专门合同,其中的许多合同形式源自国际协定或国家间的法律(特别是欧共体法)。合同是商业社会中普遍存在的一种制度,对于各种形式的商业贸易来说,合同都是必要的。合同法需要根据如此的学说而在局部上有所改变,诸如需要一定的"对价"或者"原因",或者符合"合同的相对性"(privity of contract)学说,这样才能使合同义务具有约束力,并在一定程度上使第三方的权利被承认为可实施的权利,或承认单方允诺具有法律约束力所需要的证据要求或其他要求。在所有的法律体系中还存在一些专门规定,它们以特别的法律制度,调整着特殊合同形式(如不动产买卖合同)、特定标的物合同(如货物销售、保险、陆路、海空货物运输合同)或有特殊当事人的合同(如消费者合同)。

这样说可能是不太正确的:如果没有合同,人们就不能互相依赖——那些不愿意依赖他人的人永远不会发明出合同制度。然而,事实是,在法律已经对合同的法律强制力作出规定的情况下，合同的法律强制力就成了促进信任和信赖的有力保障，即使在民事和商业社会中的不带有个人色彩的情形下也是如此。因此，合同是一种制度，通过这种制度，人们可以赋予事物以交换价值和使用价值。[21] 无论是经济学家、商人，还是商界人士，都没有必要成为法律专家。但是，如果缺乏基本的财产制度与合同制度，以及诸如信托、继承和破产等相关附属制度，他们也不可能作为专家而存在。

赔偿义务和返还义务也是私法中的基本义务。不同于合同义务，赔偿义务不是由旨在创造赔偿义务的行为所产生的。当人们故意或无意地伤害了他人身体、精神健康、名誉、财产或他（或她）所处的环境时，赔偿的义务就会产生。有关侵权行为、犯罪或（在某些法律体系中的）准侵权行为（*délit*，*quasi-délit*）的法律，会确定并规范那些引发义务的行为，以经济上或其他方面的赔偿措施来补偿这些行为带来的损害，甚至在某些情况下，除了补偿措施之外，还规定了加重的或惩罚性的损害赔偿。此处，因果关系概念非常重要。[22] 法律必须确定，在一个人遭受到的伤害与另一个人的作为或不作为——足以将损害归属于行为人，这个行为人要承担法律规定的、由作为或不作为而产生的后果——之间存在什么样的因果联系。

要证明存在法律上的赔偿义务，就要求一个人对另一个人造成了很大伤害，这一要求是通过以下原则证立的：人应享有免受人身和财产损害的一般权利，无论法律赋予他们以何种财产

---

〔21〕 马克思最为清晰地区分了物的使用价值和交换价值，Karl Marx，*Capital*，Vol. 1，Part 1，SS. 1-3。

〔22〕 H. L. A. Hart and T. Honoré，*Causation in the Law*，Oxford：Clarendon Press，2nd edn.，1985；A. Peczenik，*Causes and Damages*，Lund，Sweden：Juridiska Föreningen i Lund，1979.

权利,它们都不应当受到侵犯。[23] 对于每个人来说,这些权利在形式上和性质上都是相同的,尽管就内容方面来说,它们可以在量化指标上显示出相当大的不同。这种不同取决于人们拥有的财产和获得的报酬不同——精巧的合同网络,将市场经济和其中从事不同工作以及附属工作的人员紧密地结合在一起。人们用分配正义(它是许多公法机构的核心关切)来减少或纠正这种不平等现象。根据法律以及道德上(这一点具有争议性)最流行的原则,无论是不平等还是为支持分配正义而进行公法上的干预,都不能证明背离形式平等是正当的,此处的形式平等受到由侵权法所确立的法律上的矫正正义[24]机制的保护。然而,在公平地考虑了人们在议价能力和经济实力上的差异后,立法者将有关消费者的新法律规定引入私法之中,这确实能改进侵权行为法(以及合同法)。[25]立法者将一些新的要素引入调整业主和租客关系的法律之中,同样会改善此类法律,在私法的其他部门法也存在相关的例子。

如果有关避免损害的注意标准是主观的,例如,"每个人都要尽其所能地注意他(或她)能够注意到的事情",那么,由侵权法保护的、与过失有关的私法权利将缺乏有关形式平等的可欲特征。采用如下客观标准则是更为可取的做法,比如,考察一个理性的人(从前是理性的男人)为避免某种伤害行为而应当采

〔23〕 MacCormick, *Legal Right and Social Democracy*, Oxford: Clarendon Press, 1982, pp. 214-219.

〔24〕 E. Weinrib, *The Idea of Private Law*, Cambridge, Mass: Harvard University Press, 1995. Weinrib 讨论了作为私法之基础的矫正正义。参见 MacCormick, *Legal Right and Social Democracy*, ch. 11,此处讨论了"赔偿义务"。

〔25〕 参见 P. Cane, *Responsibility in Law and Morality*, Oxford: Hart Publishing, 2002, pp. 186-190。

取的注意。[26] 通过假定人们有义务采取合理注意以避免造成可预见的伤害,以及有义务对违背前一义务而造成的伤害提供充分赔偿,这种标准才易于操作。当然,这就是在当代苏格兰和英格兰法律中所适用的标准,那一传统之下的其他国家的普通法也广泛地采用了这一标准。这一标准的实施主要是通过损害赔偿这条路径实现的。量化的方法是单纯参照胜诉原告的相关可恢复损失,而不是(像惩罚那样)与被告的过错成比例,从道德的观点看,此处的过错很轻微或者根本不存在。法律鼓励通过第三方保险的方式来覆盖这种责任,在有些情况(比如汽车驾驶)下,第三方保险甚至是强制性的。[27] 相比之下,法律完全不赞成人们为抵御刑事惩罚风险而给自己上保险。如果法律允许人们这么做,就会使刑法失去我们先前讨论过的那种实现报应正义的功能。

有时,一些人倾向于主张或论证,那些制造伤害和遭受伤害的人(比如,司机和行人、生产者和消费者、开发商和居民)似乎来自不同阶层。这一主张被(错误地)陈述为:法律必须在这些不同阶层之间保持平衡。大多数人在不同的时间里参与扮演了上述成对角色的这一方或者那一方。我们有时开车,有时走路;每个人都会消费,并且,大多数人都会以某种方式积极参与(或至少在财务方面感兴趣)到商品生产和服务的某些方面中去,几乎所有的人都有时是居民,有时是游客。在一生当中,除非极其倒霉,否则我们既不会只是受害者,也不会只是单纯的实

---

〔26〕 关于合理性,参见 MacCormick, *Rhetoric and the Rule of Law*, ch. 9。

〔27〕 P. Cane, *Responsibility in Law and Morality*, pp. 225-250,关于"实现责任"的那一章。Cane 不但对理赔实践作出了现实的描述,而且对责任与责任保险的关系提出了很好的说明,并将侵权责任与刑事责任进行了对比(第 242~249 页)。再思考一下他对有关严格责任和替代责任的问题,以及对这些问题与因果关系原则的相互关系的扩展性探究。

际或潜在的加害者,我们两者兼是。人类既对他们作为理性的、有意志的主体所必需的自由感兴趣,同时,也对合理规避伤害的保障和对法律授予的财产权的严格尊重感兴趣。〔28〕 这些其实是一枚硬币的两面。因为自由的理性主体(正如康德完全承认的)需要有效的保护,使其免遭外界干扰,能够行动并参与公民社会。

法律上的矫正正义关心的是保持和确立平衡,但这并不主要是指在不同阶层的人们之间保持平衡。相反,无论是好的平衡还是坏的平衡,都是在平衡参与市民社会的公民的利益的不同方面。一个政治和经济体系不能对分配正义的问题提出合理要求的国家,实际上可能倾向于表现出一种不受欢迎的、令人感到压迫的阶级歧视,甚至在其矫正正义体系中亦是如此。然而,这是一种病态的情况,它并非是由民法和民事司法体系所维系的矫正主义理念所包含的固有内容。

权利的保护,尤其是财产权的保护,〔29〕是一种蕴含严格责任的计划,该计划仍可以根据平等保护这一理由来加以证立。各种各样的责任保障每一个人能对抗日益增加的、由工业和后工业经济中高度有组织的活动产生的损害的可能性,这些有组织的活动方式,包括通过劳动分工雇用许多人完成同一任务,或者将特点宽泛的经济活动整合为一个整体。这并非是任意地让人们为别人的过错而非自己的过错而带来的灾祸承担责任。为了确保给予那些处于被动地位而非主动地位中的人以持续合理的保护,它矫正了私法体系中基于分配上的理由而持有的个人

〔28〕 Cane, *Responsibility in Law and Morality*, pp. 94, 99–100.

〔29〕 Cane, *Responsibility in Law and Morality*, pp. 197–198; 参见第85~87页和第175~177页,讨论了严格责任和替代责任。

主义偏见。

赔偿的义务源自引起损害的行为。返还义务则源自这样的行为:某个人将某种利益给予另一个人,却没有伴随赠与的意图。由于在这种情况下,某个人可能会以他人损失为代价而意外获益,因此,要求返还利益是正当的,尽管只是在受惠人实际获益的范围内返还利益。此处的基本原则是:一个人不应该从另一个人的损失中获利,该原则强调了一种以交易为基础的市场价值——意外获益的交易并不享有合同法领域中根据双方合意而从事的交易所享有的那种保护。

13.6 法律、经济与信息

市场参与者们不间断地进行着交易,却没有人能够计划这些交易每时每刻的所有结果,从这个角度来说,市场是非理性的。但市场可以被视为信息系统,它尽可能快地提供着关于活动形式和投入配置——存在使被投入的努力得到回报的充分需求——的正负面反馈信息。因此,市场又是一个孕育理性决策的环境。〔30〕

在信息时代,信息因其用途而被看重,本身即是财产。而因其易于被包装并具体化而变成各种各样的"制度之物",即各种形式的"知识产权"(intellectual property),信息由此又获得了交换价值。对知识产权的反思有助于揭示私法与经济的交互关

〔30〕 F. A. Hayek, *Law Legislation and Liberty*, London: Routledge and Kegan Paul, 1993, Vol. Ⅱ, *The Mirage of Social Justice*, pp. 107-132,特别是第 115~120 页,讨论了作为信息系统的市场。

系。我们所讨论的规范的“财产属性”依赖于其包含促进可转让性的规范。这可以是财产项目在人们之间的可转让性（比如特定版权或特定专利本身），也可以是有关财产的某些事件的可转让性（比如授权复制文学作品或使用专利方法制造商品）。可转让性意味着合同，而合同又意味着全部或部分转让的报酬。这种专利权的物化，通过将专利权变为人与人之间可转让的实体，同时将著作和发明商业化，使它们最终成为可创造财富的有价物品。

此处存在一个对使用价值和交换价值正常关系的倒置。物质的东西和土地，无论其交换能力如何，对人类都具有使用价值；事实上，它们对于其他不懂交换价值或市场价值的动物来说也具有使用价值。这类物品在商业社会中因其最终的使用价值而获得交换价值。套用塞缪尔·约翰逊的《词典》（*Samuel Johnson's Dictionary*）（原文相当贬义）中的一个说法，如果没人想给苏格兰人提供食物或繁育马匹，就没有人会买卖燕麦。[31]人们所使用的东西是可供交换的，而合同与市场的意义正在于促进这种交换，从而将有用物品交到最需要的人手中。货币至少有助于达成这一目的；而硬币以及后来的纸币的发明，其主要用途就是促进交换。

从这个角度来说，和货币一样，知识产权项目也是通过被赋予交换价值而获得使用价值的。当然，它们与诸如书籍或专利药品一类有用的物品有关，但它们本身并不是被使用的对象，而是制造与使用物品的模式与模板。正如吉姆·哈里斯（Jim Harris）所观察到的，知识产权项目是捕捉和呈现想法的方法，而想

---

〔31〕 S. Johnson, *A Dictionary of the English Language*, London, 1755：“燕麦……一种谷物，在英格兰通常是提供给马的，但在苏格兰是供应给人的。”

法并非天然稀缺或具有排他性。因为任何人都能够拥有我的想法,且同时又不破坏它,或阻止我自己持有这些想法,或阻止我邀请他人持有这些想法。[32] 在将知识产权具体化的过程中,通过赋予所有方或者受让方开发相关的"制度之物"的专有特权,法律制造了一种人为的稀缺性。因此,由于存在对行使特权收益的需求,交换价值就变得可能。所有这些都非常清楚地表明,知识产权必然是国家法律的人为创造。那么知识产权所有人的权利有多广泛,他们能对什么事物行使权利呢?

根据目前的分析,对这些问题的回答几乎完全取决于特定法律制度。知识产权的范围完全取决于侵权规则的范围,以及例外或限制的数量与范围。例如,就版权而言,任何人未经许可不得复制版权作品或它的任何部分,但例外情况除外,其中之一是"合理使用"(fair dealing)。什么是合理使用?它包含哪些情况?这完全取决于你所采用的法律规则以及法院在适用规则时对它们所作的解释。

不是每个人都同意这一点。特别是那些将商业版权建立在作者的道德权利——作者的道德法(*le droit morale de l'auteur*)——基础上的传统中,有一种将版权和相关权利等同于自然权利的倾向。有人可能会争辩说,文学或艺术创作类似于作者心灵的表达,因此别人占有作品就相当于是在奴役这个心灵。但这种证明既不充分,也有些过度。说它不充分,是因为这并不能说明为什么任何人都应该能够享有出版物的独占权;说它过度,是因为这意味着只有表达性的文学作品才应该享有版权。当然,如果要采用或保留版权制度,作者的权利应当是首要权利,这具有正

〔32〕 Harris, *Property and Justice*, pp. 42-44.

义上的重要理由。你甚至可以提出一个特别条款,来保护像罗伯特·伯恩斯(Robert Burns)这样的贫困作者免受出版商的盘剥,伯恩斯廉价地卖掉了他对"基尔马诺克版"(Kilmarnock Edition)诗歌所享有的权利,这是一个日后非常著名的作品。但问题在于是否要保护版权,为什么要保护版权以及专利、商标、所有权、外观设计权以及所有其他类似的权利。

没有人比亚当·斯密更清楚地意识到这一点,因为他总体上不赞同独占权。他认为各种独占权利在性质上没有任何相似之处。[虽然他承认,一个猎手发现了一只鹿,追到几乎精疲力竭,而如果一个到目前为止无所事事的旁观者走进来捕杀鹿,并宣称鹿是他(或她)的而不是猎手的,猎手自然会感到愤慨。]他认为,独占权只应被视为实在法的产物。[33] 由于独占权贬损了自然的自由秩序,因此它们若要成立就必须具有特别的理由。对投资的激励似乎给他提供了一个可行的理由。

例如,在农业改良时期,可能需要投资兴建工厂,以帮助农民从自给自足转为能够供应市场。要鼓励老板建立磨坊,可能就需要保证他们的初始投资能够获得回报,斯密建议,使投资者在这方面享有一定时限的垄断权是合理的。时限是重要的,因为独占权的排他性应被视为对自然的自由秩序的减损,因此只能延伸至对之可以证立的地方。于是,其理由基本上是功利主义的。通过鼓励某些类型的投资可以产生公共利益,只有为最大利益所必需的最低限度的激励才可以被证立,或者说才应该

---

〔33〕 A. Smith, *Lectures on Jurisprudence*, eds. by R. L. Meek, D. D. Raphael and P. G. Stein, Oxford: Clarendon Press, 1978, pp. 81-82.

被实在法所接受。[34]

当然,我们不需要完全赞同斯密,或者只赞同斯密。但在当代争论中,许多主张都是基于公司利益的强烈驱动而被提出来的,找到合理根据来反对以主张知识产权的方式所提出的过分要求,这是非常重要的。为了达到这个目的,那些赞美斯密经济学的人最好也关注一下他的法学,这至少是一个有用的谬误论证。一个很好的例子是欧洲议会对"版权指令"(Copyright Directive)二读的激烈辩论,它于2000年得到定论;或者是关于允许就计算机软件项目申请专利的提案的辩论,该提案最终在2005年被抛弃。特别考虑到互联网出版或者是像CD一类的网络复制品,出版商,尤其是音乐出版商,主张需要严格限制像"合理使用"这样的对版权人权利的例外规定。这就轮到大学的图书馆管理者和其他的公共图书馆管理者去担心,那些被提议的限制会影响图书馆在承受因版权许可费所导致的大量新增成本(这部分成本不可避免地会传递给用户)的情况下向其用户持续提供合理服务的能力。有一些人主张,这件事情的性质实际上是对作者、艺术家、音乐家和出版商的盗窃。收费机构鼓吹作者应获得报酬的各种理由,很可能是及时地意识到了它们自己的损失。但当时盛行的论点是:在没有财产权的地方,或者财产权未延及之处,就没有盗窃这回事存在。

就软件专利而言,从事软件开发的小型企业家们主张,版权法已经提供了他们所需要的全部保护。他们还认为,由于软件在数据处理操作中具有"非技术"(non-technical)性质,专利在

---

〔34〕 Smith, *Lectures on Jurisprudence*, pp. 85-86;参见 H. L. MacQueen, *Copyright, Competition and Industrial Design*, Edinburgh: Edinburgh University Press/David Hume Institute, 2nd edn., 1995。

概念上并不适用于软件。专利制度的引入将使小型独立公司的软件开发陷入停滞，从而对像微软这样的大型垄断厂商有利。

在这种背景下，来自亚当·斯密的论点是富有启发性的。著作权领域中的财产权应仅延伸至在平衡公共利益后仍有足够价值的地方。保留公众或学术界对图书馆的合理使用权对公众有更大的好处。因此，应以适应互联网时代现实的形式将这一权利保留下来。

专利给人们带来了其他并非不相关的担忧。对于大型跨国公司来说，用新奇的术语来描述实际上很普通的程序并申请专利，从而使自己能够从穷人那里进一步压榨垄断利润，这难道不是太过于容易了吗？基因研究发展和人类基因组测绘所取得的巨大进展，提出了进一步的问题。一方面，我们似乎误入了一个领域，这个领域整体作为禁止流通物而应被置于知识产权制度以外，因为基于公共利益考虑，每个人所拥有的个性化代码均不能成为财产权的对象。[35] 另一方面，我们正好遭遇了将发现区分于过程的问题。在一个充分看重科学和学问的世界里，关于事实知识，甚至是关于刚刚被发现的知识的财产权观念，都是一种与探索精神相悖的罪恶。然而，如果在一个世界中，人们关心对探究和发展科学活动的成本给予公平补偿，并关心它们如何能够具有对人类有益的用处，正如斯密在乡村改良背景下为磨坊主的垄断辩护的那样，支持对新发明的制造过程享有有时限的独占权的论点在其在边界内仍然是正确的。

在目前的情况下，就适用于基因研究领域的知识产权限制问题提出任何具体的实践方案，是不合适的。但是，对概念框架

[35] 参见 J. Sulston and G. Ferry, *The Common Thread: A Story of Science, Politics, Ethics and the Human Genome*, London: Bantam, 2002。

的反思,至少可以帮助我们聚焦那些对于证立或限制扩展知识产权影响力至关重要的原则。当然,不应该武断地相信这样的言论,即"科学家必须总得借助一项知识产权所能创造的收入来帮助他们发现什么知识是可欲的(和有潜在利润的)"。这一论点所预设的前提——你所探究的知识应当是,或者可能是,在商业上具有价值的知识——必须得到证明。但是,追求知识还有其他方式和其他条件,在某些情况下,公共领域的公共投资可能更适当,并且也是同样有效的。[36]

13.7 结论

本章的目的不是以总结的形式复述那些围绕着物权法(包括知识产权法)、合同法、信托法、公司和合伙企业法、劳动法、消费者保护法、侵权行为法以及有关恢复原状和不当得利法律的大量学术论文。有关民事法庭及其程序的法律,以及它们对侵犯权利或不法伤害所能提供的救济措施,也仅是以最概括的形式获得了我们的注意。问题是:公民社会是而且可以是经济活动的一个舞台,特别是通过市场进行自由经济活动的舞台,或受市场强烈影响的自由经济活动的舞台,只有通过所有这些私法制度,才能建立起这样的框架性条件。因此,这些私法制度不是自由经济的原因,而是其存在的条件。只有按照恰当版本的经济理论,通过参考私法中特定的法律规定对经济效益的贡

---

〔36〕 Sulston and Ferry, *The Common Thread*, pp. 260 – 279. J. K. Mason and G. Laurie, *Mason & McCall Smith's Law and Medical Ethics* (with a chapter by M. Aziz), Oxford: Oxford University Press, 7th edn., 2005, pp. 206–252.

献,或者相反,参考它们对经济效益造成的障碍,才能合理地判断私法中特定的法律规定是否是妥当的。但我们必须记住,私法上的规定不只是经济活动的条件,对于一个所有公民都认可其公正性的一般性正义方案来说,其发挥的作用也是至关重要的。作为这样一种一般性正义方案,私法是公民社会保持文明状态的一个条件。我们不应认为,经济理论本身就能构成一种充分的正义理论。

第四部分　法律、道德与方法论

无论第三部分还证明了什么，它无疑不赞成这一观点，即法律或对它的教义性阐述可以在任何有趣的意义上是“价值无涉”(value-free)的。因此，不可避免的是，我们现在必须面对法律与道德的关系这一问题，因为法律一般(不仅是第12章所谈论过的刑法)所蕴含的价值是道德价值。它们可能对那些能够被称为法律的东西施加限制。此类问题很多年来一直是法律实证主义和自然法理论两大法理学进路的争议焦点。

有时，该争议基于这样一个明显的假定，即法律和合法性可能是成问题的，而道德和道德性在性质上是没有什么争议的。然而，相反的观点似乎更为可信。证明在一个特定问题上法律的要求是什么，比证明在这一问题上道德的要求是什么，是更为容易的。这正是因为法律拥有权威性规则和决策机构而具有制度性特征。道德与法律的首要不同即在于，它虽然具有规范性，但不具有制度性。根据一种思考路径，道德的重要特征是，珍视和依赖道德主体的自主性。这于是表明，即使道德与法律经常关注本质上类似的问题，但它们之间仍存在根本不同。第14章发展了这一论证。

然而，所确立的区别并不能证明如下推论是正确的，即法律可以有任何内容。尽管最深层次的道德问题都是有争议的，但毫无疑问的是，正如第3部分所证明的，对于正当地参与立法、司法立法以及法律适用活动来说，对正义和共同利益的某些追求是必不可少的。此外，理性人能够理性地就很多关于正义的问题发生分歧，但这一事实并不意味着，就什么东西能够被合理地描绘为正义，不存在外部界限。关于什么是正义战争的确切条件，以及在攻击正当军事目标时施加不可避免的“附带损害”与不正当攻击平民目标之间的界限，人们当前有很大分歧。然而,这并不意味着人们可以合理地主张,故意针对平民目标本身的暴力能够在何种情况下是正当的。在任何理性道德主体可以同意的合理稳固的道德立场上,都无法证立种族灭绝。因此,就"什么能够被接受为有效的法律"这一问题设定一个外部界限,这是非常可能的,也是合理的。无法参照合理道德论证得到证立的条款,不应当被认为是有效的法律。我在第 15 章陈述了这个论证。

最后,第 16 章考察并尝试驳斥了他人可能提出的反对意见,这些意见针对的是本书研究法律和法律概念所采用的方法,以及本书在将科学地位归于法律学术的可能性这一问题上所采取的路线。我将提出一个论证,以支持内在于当前版本的制度法律理论的解释性和分析性研究方法论。

第 14 章　实在法与道德自主

14.1　引言

当前对法律所作的制度主义说明，清楚地展示了在条约、宪法、法规、授权立法行为以及法院判决中所确定的法律规定所具有的“实在性”性质。在判例被视为法律渊源的地方，我们还可以将从证立这些决定的理由中推导出的规则和原则也包括进来。法律的“实在性”不过是指这样一种特点，即它是由旨在对人类行为加以规范的、有意识的人类行为所设定的。

在人们通常所说的“这个法律”或“这一国的法律”（在任何特定国家）的某种意义上，它仅仅意味着这种被制定的（或“被设定的”）法律规定的整个框架。也许更准确的看法是，将此理解为该国之内的整个既定体系或者对该国来说有效的整个既定体系。（它们基于某些标准对这一国家有效，这些标准本身内在于被视为整体的法律秩序之中。）立法机关、隶属于行政机构的被授权的规则创制者，以及司法机构人员，都承担着制定各种相关规范性条文的责任。当它们正确行使权力时，它们所做的一切都是在法律上有效的。凡是在法律上有效的，都必须获得受法律约束的人们（包括所有的公民和在该国境内居住的人）的尊重。否则，它们所做的要么是法律上的不法行为，要么（在所谓的行使法律权力的情形中）是法律上无效的行为。

国家、一国之内或如在欧盟这样的跨国联盟中拥有部分自治权的地区、国家或国际组织与机构，它们的法律在很大程度上是由实在规范所构成的，并在此意义上是“实在的”。这种具有实在性的规范存在于规范性文本中，并以电子形式或印刷书籍等类似的方法加以保存。就我们当前的任务而言，它们所具有的物理形式或电子形式并不是需要进一步解释的事情。它们有意义的内容是一系列规范——规则、原则或判决——这一事实是我们的兴趣所在，但本书对此已经作了较为详细的介绍。这是一种制度性的事实。

14.2 解释法律的实在性特征

有时可以用政治意志来解释实在性。法律具有实在性，是由于规则是通过政治上的优势者对政治上的劣势者的意志行为而制定出来的，并借助同一政治优势者的意志得以维持其存在，政治优势者既可能亲自发布命令或实施强制，也可能授权下属去做这些事。然而，无论是在历史上还是在当代，最接近这一图景的例子就是独裁政体,这种独裁要么来自魅力型政治人物,要么来自世袭的专制帝王或独裁者。由于独裁政体远不是法治国家、民主立宪国家、联邦或者邦联法律的核心情形与富于启发性的实例,因此,独裁政体展现的仅是一种法律上非常成问题的政府形式,而不是一种任意的政府形式。刑事程序被滥用于压制这一体制的敌人,公法要么已不复存在,要么由于存在非常模糊、空泛的自由裁量空间而无法在实践中得以兑现。私法可能侥幸存活,但只是以某种晦暗的形式存在,因为腐败和任意干预的存在,弱化了人们对合同义务和财产权的信心。

对这一反驳的可能回应是:独裁者的意志并不是唯一起作用的意志。一个民主国家的全体人民的意志又怎样呢?这一意志建立了宪法,并通过各种各样的、由宪法确立的机关来监督公权力的行使。或者,在议会中的议员承认他们必须尊重司法机构的独立性并对行政当局予以监督的情况中,议会中的这些民选代表的意志又如何呢?由于在行使公共权力的宪法性机构之间(制度机构)存在某种有效的行动协调,人们就可以合理地将一种内部协调的公共意志归属于国家本身,或者归属于作为一种法人实体的国民。因此,法律的实在性问题是法律被国家或人民所意愿的问题。

这个主张丝毫不会引发异议,但也没有解释上的价值。在个人独裁或紧密合作的寡头政治中,也许非常容易发现一种单一的支配性的意志,即一种真实的心理意愿。它可能是全部或大部分国家行动背后的真正推动力,并且从理论上讲,按照这一意志对法律进行说明是非常具有启发意义的。然而,在一个复杂的制度性秩序中,如在民主立宪国家中,根本不存在如此统一的真实心理意志。此种国家意志将是一个纯粹的归属问题,只有在那些存在一致政治行动以及由此而产生的、对法律的一致解读的情况中,归属才是有意义的。这取决于在某一制度中拥有职位的人是否引导自己尊重这些内部协调的规范;还取决于对拥有公职者进行批判性监督的人们,即那些在其他政府部门中的人,以及媒体和学术界人士,是否尊重相同的、内部协调的规范——宪法的规则和原则、宪法惯例以及诸如此类的东西。在已经清楚地将一个具体意志归属于国家这一条件得到实现之前,拥有公职者一定已经在尊重这些约束。但是,如果他们已经在尊重这些约束,那就是已经在尊重法律,因此,我们归属给国家的意志是法治国中法律存在的结果,而不是原因。

使用规范而不是制定规范是理解规范性秩序的关键。人天生是规范使用者。如果人不是规范使用者,他们就不能在不同的情况下进行沟通和协调行动,也不会有任何社会分工存在。相比于那些将"意志行为"假定为规范本身之基础,或者将之假定为制度性规范的实在性特征之基础,并由此而陷入困境的理论,在说明如此这般的、能够在法律体系中发现的复杂规则时,制度法理论可以给出更好的且更易于理解的说明。但这并不是说,立法中的意志行为,或者司法与行政中的意志行为,是不重要的。在说明法律的实在性特征时,它们非常重要,但它们无法在最深的层面上说明法律的规范性特征。

公法关注的是结合了分配正义的有效治理。刑法通过惩罚和威胁来维护某些与保障社会安宁有关的道德基础。私法维护那些对个人生活和各种社会的市场经济至关重要的事情。分配正义、报应正义、矫正正义处于法律各主要部分的核心。但是,所有这些都是具有高度争议的话题。从所有民主政府的党派斗争中可以得出如下明显的信息:人们非常关心正义,要求法律表达正义，但对于正义要求什么却存有分歧。在小规模的、面对面的社会中，这种分歧也许可以得到控制，因为人们可以在相对立的观点之间或多或少地妥协以保持和平相处。即使到了今天，也可以发现许多大家庭就属于此种情况，此种情况还可以见于较为传统的大学中的学院、系或者部门这样的工作场所中，或者是尚未扩张到工业规模的律师事务所或会计师事务所中的合伙关系中。但是，在大型的社会里，这类分歧通常不能依靠默默妥协来处理，它涉及我们已经特别考察过的、那种与大规模的市场经济相联系的、不带有个人色彩的信任与互动。[1] 那么，此类分歧如何能够得到处理呢？

我们已经知道答案了。就实际的或潜在的分歧作出决定的权力，被委托给了依据宪法而成立的政府机构。立法机关必须制定一般规则，可能同时还要说明其所颁布的规则所体现的一般原则（也可能使其停留在隐含的状态）。部长和行政机关必须在宪法或法律所赋予的自由裁量权范围内，行使包括制定规则和具体决策在内的权力。法院必须根据那些适用于主要法律领域（公法、刑法、私法与商法）的程序来裁决具体案件，在裁决时，还必须解释已颁布的规则，以便恰当而合理地适用它们。一个合理的裁决程序的合理性并不是（甚至在原则上也不是）制定规则的主题，因为它只不过是在一套已经确立的法律体系的背景下，将一般实践理性应用在制度性决策这一具体任务上。这种实践理性的应用体现在法官为自己的判决进行论证的理由中。[2] 甚至在特定案件中，法官提供的理由是勉强的或不令人

---

〔1〕 参见 J. Waldron, *Law and Disagreement*, Oxford: Oxford University Press, 1999, pp. 2-8。

〔2〕 关于从制度法理论角度对此所作的全面说明，参见 N. MacCormick, *Rhetoric and the Rule of Law*, Oxford: Oxford University Press, 2005，特别是第 12 章与第 13 章。

满意的,但这一判决本身仍然对双方有约束力。当然,如果案件被上诉,判决就很可能会被撤销,或者在其作为先例而被引用的随后的判决中被推翻。但与此同时,之前的判决仍是具有约束力的判决。

14.3 道德争议与法律决定

我们很容易举例说明此类通过法律解决争议的过程。在1994年3月,德国联邦宪法法院(*bundesverfassungsgericht*)作出一个判决,要求在联邦地区(*Länder*)统一实践,保证联邦不同地区的公诉人采纳同一标准,即中止对个人持有"少量"供自己使用大麻的情形提起公诉。该要求被提出来,是为了满足宪法上的比例原则,以及为了将该原则公正地适用于整个联邦。[3] 这一确保在德国共和国统一实践的尝试尚未完全成功,它并未直接以这一禁止性法规侵犯了受保障的宪法自由为根据而将此种占有合法化。尽管如此,这个决定还是备受争议。许多人批评说,从道德的观点看,这是过度放纵的并且是严重错误的,特别是因为年轻人往往可以通过吸食软毒品滑向硬毒品成瘾。其他人则批评这个决定在道德上是怯懦的,它未能以某种方式果断地处理宪法性自由这个棘手问题,也没有直截了当地说个人使用大麻属于公民的宪法性权利。

不管怎么说,在这个例子中,潜在的道德问题是那种可以存

〔3〕 Bverf G. E. 90, 145 at pp. 151–153. 另参见 L. Paoli and C. Schäfer, "Drug Consumption and Criminal Prosecution in Germany", in Max Planck Institute for Foreign and International Criminal Law, *Research Report*, Freiburg, 2005。

在争议的问题。对像大麻这样的软毒品或者酒精(如果它是“温和的”)来说,我们可能会想知道,人类使用这些物品是否恰当。这是否在道德上是可允许的,并且,如果它是可允许的话,一个人的放纵,至少在适当限度内的放纵,究竟是否属于好的生活方式?是否允许人们使用软毒品和酒精的问题,也可能受到如下问题的影响,即使用毒品和酒精的行为对年轻人和敏感人群会树立什么样的示范。或者在某种程度上受到如下因素的影响:一种特定文化是否发展出某种社会实践塑造了这一物品的使用方式。但是(基于后面将要讨论的一种假设),对于那些在生活中直面这一实践问题的道德主体来说,他(或她)必须自己作决定,这正是道德的特征。这就要求他们在作决定时进行推理与反思,与朋友们进行讨论,吸纳正确的建议,但是,最终他(或她)必须在是否允许使用毒品的问题上得出自己的结论。进一步来说,由于“国家是应该禁止还是应该允许持有毒品”这一问题存在,每个公民还面对如下问题,即允许使用毒品或禁止使用毒品并对之予以处罚的法律是否应在这一国家有效。还存在更进一步的问题:这是应当被作为一个宪法性权利问题,还是应被作为一个普通的立法问题来解决?(不用说,所有这些都是相互关联但有差别的问题,不同人会得出不同答案。)

我们可以通过反思生死问题进一步强化此种问题的戏剧性效果。考虑一下 Anthony Bland 的例子,他是一名英国 1989 年希尔斯堡足球场惨案的受害者,在多年持续的植物人状态后死于 1993 年。他因营养供给被终止而死亡,在此前一直靠管子输送营养维持生命。他的植物人状态持续了很久,并且由于脑组织退化,这种状态无法逆转。在这种情况下,根据可靠的医学意见,以持续的医学干预方式延长 Anthony Bland 的生命并不符合他的最佳利益。依据这两点理由，上议院认为，终止补养和抗生素治疗是合法的。[4] 上议院由此规定，今后类似案件应适用相同的检验标准，每个根据当时情况决定终止补养的案件，其合法性都需要得到最高法院的确认。上议院还特别指出，在这种情况下，不能使用如速效的（必要的）无痛注射这样的方法主动杀死病人。最多只有在通过微创供养等方式无法继续服务于病人的任何利益时，病人才能以被终止供养的方式死亡。

在法律很容易卷入其中的生死问题上，堕胎是一个更为常见的例子。在1938年的英国，外科医生 Alec Bourne 为一位遭受暴力强奸的15岁女孩实施流产，然后他向警方自首。Alec Bourne 被提起公诉，但是，法官指示陪审团就以下问题进行裁定：考虑到该女孩继续保持了理智与健康的生活，因此，王权是否不能确信无疑地证明，医生的做法并不是真的为了保护生命。根据法官的意见，法律对实施堕胎的明令禁止隐含此种例外。[5] Bourne 先生被无罪释放，在接下来的30年里，本案法官的裁决多少有些不稳定地被人们接受为对堕胎法的有力诠释。但是，那些在高级法院进行初审的先例，只能作为对法律的一种解释而具有说服性约束力。因此，对于医学界、女性以及其他相关公民来说，在 Bourne 一案中，法律发出的仅是一种含糊的声音。1967年，为了弥补这种清晰性上的缺陷，以提供更具终极权威性的法律许可与法律禁止，议会根据国会议员 David Steel[6] 的动议通过了《堕胎法案》。关于禁止堕胎和可准许的例外的确切条件，之前因为依赖于单一先例而导致的模糊性及

---

〔4〕 *Airedale NHS Trust* v. *Bland* [1993] AC 789; [1993] 1 All ER 821.

〔5〕 *R.* v. *Bourne* [1939] 1 KB 687; [1938] 3 All ER 615.

〔6〕 他后来成为 David Steel 男爵。

可废止性的问题得以解决,法律变得更加可靠、更加确定。议会在宪法上的至高地位,为其制定的明确规则奠定了更加坚实的基础。就至少具有法律上的相对明晰性而言,立法改革显然在1967 年以后就作为对可理解的法律规则的陈述发挥作用。然而,在英国以及其他工业化和后工业化国家,堕胎问题仍处于道德争议的前沿。因为一些人认为,当前的法律授权谋杀与堕胎,导致纳税人每年要为公立医院发生的大量杀人事件埋单,不管他们愿意与否,他们自己也因此成为谋杀的帮凶。而另一些人认为,堕胎问题涉及女性的道德自由("一个女人的选择权")问题,而法律仅仅是一个胆小的驿站,仍不合理地侵害着女性作为独立道德主体应享有的适当的自主性。然而,其他人或许认为,法律通过在各种重要的原则之间达成平衡,从而实现了道德上令人满意的妥协。在许多国家都发生了类似的争论,无论是在宪法禁止堕胎的爱尔兰,还是在规定较为缓和的德国,抑或是在拥有更宽松的立法或宪法解释的加拿大,以及在正进行宪法上辩论的美国。

我们讨论的案件是由于其属于法律场景而被选定的,但是,从性质上将这些问题当作道德问题而进行反思在此处是特别重要的。案件的争议性来自它们的道德特征,即使当法律决定在法律制度秩序的框架内解决问题时,这些案件仍然保持着同样的道德特征。为了指出这种对比,我们有必要在此反思与这一问题有关的道德考量的性质。那么,当这种考量是纯粹的道德考量时,这些考量和决定的性质是什么呢?

14.4 道德上的自主

我们回到先前已提到的对自主之性质的一个假定。在界定道德和在说明道德慎思和决定的特征时，自主，即每一个道德主体的自主性，在其中都具有一定的特殊地位。每一个道德行为人都是他（或她）自己的法律。更确切地说，每个道德行为人的道德法则都是：他（或她）作出合理的判断，以确定对他（或她）来说正确的事情。当然，这并不意味着这些法则仅仅对他（或她）才适用，因为被判定为正确的东西必须得到普遍认可。如果我喝酒是正当的，那么，任何人这样做都没有错；对我来说被允许的东西，必须是被普遍允许的。对我来说是强制性的（譬如，禁用毒品），也必须具有普遍的强制性。（但是我是以什么样的身份这样说呢？那是由于我是一个人，还是我作为一个成年人而被允许接触酒精？甚至对于作为一个成年人的我来说，硬毒品是应当被绝对禁止的，还是应当仅仅在它用于非医疗用途时被禁止？等等。）这里的重点不是要深入地讨论，对于正提及的或任何其他道德问题，我们能得出什么样的确切结论；而仅仅是要说明——基于关于道德和道德主体的这一观念——对于如此的道德思想和道德行动来说，什么是特别重要的。

此处，我们可以将那些有时被划分为好的生活的“伦理”问题，与什么是普遍许可的、有义务的或被禁止的这些道德问题区别开来。即使从道德上说人们可以自由地喝酒，也可沉溺于其他软毒品，但我认为它们在美好生活中占据何种地位，仍然是一个问题。此处，自主仍然存在，但普遍性降低了。对我来说，什么是好的生活，当然应由我自主地为自己塑造，这是我的责任。[7] 因此，每个道德主体都有他(或她)自己的人生故事，根据那种似乎对于我们来说是展开叙述的最佳模式，我们书写自己的生活故事。我们不必也不应该认为，有必要(或者甚至被允许)用自己关于好生活的看法来为任何其他人立法。然而，在孩子们和年轻人建构自己的道德律法框架的漫长过程中，父母、老师和其他人确实有义务帮助他们学习自主生活、定义自律以及追求善的艺术。[8] 在被长者监护和甚至适度强制的阶段，孩子仍然是他律的。只有在一个完全的道德行为人成长起来之后，自主才压倒他律。

这种将自主作为本质特征的道德观从康德的道德哲学中获益甚大。[9] 这种道德观本身在哲学上是有争议的。有些人并不将道德定位于自主判断之上(如果自主确实存在的话)，而是将之主要定位于一个社会的实践之中。另一些人则把道德定位于某种美德之上和一些特殊美德之上，也许这些美德在某一特定的传统中得到了传承。还有人将道德思想主要看作是一种解释性的思维方式，就像美学试图解释一种艺术传统并试图作出最佳理解一样，道德思想也试图对一种共同的世界观作出最佳理解。还有一些人会继续坚持实在论，声称道德判断涉及行为与对象的真实性质，这些性质独立于我们的慎思或意志。一个可能的附加说法是：当我们在生活的实践两难中遇到这些道德

---

〔7〕 关于"公共自主与私人自主"，参见 J. Habermas，"On the Internal Relation between the Rule of Law and Democracy"，*European Journal of Philosophy*，1995(3)：pp. 12–20，at pp. 17–18。

〔8〕 参见 J. Nedelsky，"Reconceiving Autonomy"，*Yale Journal of Law and Feminism*，1989(1)：pp. 7–36。

〔9〕 这一点在如下著作中得到特别清晰的说明，H. J. Paton，*The Moral Law：Kant's Groundwork of the Metaphysic of Morals*，London：Hutchinson，1981，pp. 36，86–88。

性质时,就能通过有时被人们称为“直觉”的那种能力将之识别出来。

实在论的思想路线可以给自主留下空间,但方式与康德哲学多少有些不同。因为所争议的问题仍是对自主的重新解读问题。按照康德式的思想,将道德主体理解为自主的,被认为是使作为实践理性的道德思想成为可能的一种(“超验的”)假定。实在论则不是将之作为前提,而是作为一种特殊的道德价值或美德,即愿意并能够对定义与追求好生活承担责任,以及在坚持自己的道德义务和权利信念时做到自律。[10] 然而,有良心地行动,这一义务本身是独立于我们意志的道德义务,我们对义务和权利的解释与理解,无论多么坚定地坚持,都有可能是错误的。[11]

就当前目的而言,有关自主的康德式说明与这个实在论版本之间的区别并不重要。根据前者的观点,关于自主的真理是一个元伦理学问题,甚至是道德形而上学问题;自主是由思想道德的可能性所预设的。根据后者的观点,道德主体的自主性不是所有道德思想的独立前提,它本身是一个基本的道德真理。我们可以而且应该自律,并必须根据我们自己对道德责任和道德权利的反思性理解来行动;而且,需要对我们自己关于美好生活的理念负责,并试图通过生活中的机遇和偶发事件来追求该理念。这本身就是一个真理。根据前一观点,自主是超验的;但根据后一观点,自主是道德的,是我们道德生活的基础。无论根据哪一种观点,自主都是成为一个(完全的)道德主体的核心。

---

〔10〕 J. Raz, *The Morality of Freedom*, Oxford: Clarendon Press, 1986, chs. 1-3.

〔11〕 参见 A. Donagan, *The Theory of Morality*, Chicago, Ill: University of Chicago Press, 1979。

让我们基于能够被提出的任一种理由而将该结论视为是正确的。无论在哪种情况下,这一结论都揭示了“自主”的真正核心理念。自主性是指人的一种素质,即有意识的行为主体根据外界和内部感官获得的信息,以及通过与他人讨论或阅读及反思所获得的信息,形成合理的判断与自己的意志。通过那一合理意志,人们建构出那些具有内在普遍性的关于义务和权利的结论,并根据它们来行动。

将“自主”一词适用在任何其他场景中,都涉及扩展该词语的含义,或者要求设计一个独特的概念,以便使这个词语可双关地适用其上(但在此处,为避免歧义,应该使用不同的术语)。被扩展的用法可以恰当地适用于集体性机构或法人团体,在这种情形中,把某种决策权和立法权归属于它们似乎是适宜的,这类似于那种有意识的理性行为人是一个生物上的人的情形。鉴于某些制度安排,我们可以将共同决策合理地归属于各种诸如俱乐部、工会、体育协会、商业企业、合伙、家庭、大学、教堂、国家等有组织的机构,〔12〕我们可以问这样的决策在多大程度上是自治的,在多大程度上隶属于外在的和来自上级的监管。

他律是通过简单的否定方式而加以界定的。在那些存在意志或者决定能力,但意志所服从的规则是由外来意志所决定的地方,他律都发挥着主要作用。在他人为一个人行动的正确性负责的地方(“好吧,如果你这么说,我在这个事情上也没有选择了”),这个表面上的主体是没有自主行动的,尽管另一方可能拥有自主权。如果我戒烟不是因为反思后决定这样做是正确的或者是好的,而是因为来自家庭和同辈群体的压力,或是因为

〔12〕 参见 R. Dworkin,“Constitititutionalism and Democracy”,*European Journal of Philosophy*,1995(3):pp. 2-11,at pp. 3-5,关于“集体行为的两个概念”。

烟草禁令以及在封闭公共场所禁烟令的压力，也许有人认为这种不情愿的状态（我不吸烟）比前一种情况要好些，但我仍然不会因此而受到道德上的赞许。

对道德的这个特征作一个总结就是：慎思和作为道德慎思的决定都是自主的。人们必须在自己的道德承诺和信仰的范围之内，根据其从所有证据中能够获得的最好观点，去得出结论。我们必须把这些东西整合成适合理性主体拥有的、一致且融贯的实践原则的集合。我们中没有哪个人能以一己之力做到这一点，事实上，我们每个人都有理由在形成结论时借鉴他人的观点。人们在这些问题上的道德观点会影响到他人，因此，应该听取他人的意见。最初，我们每个人的道德立场都是通过这样的方式形成的：为那些以他律方式获得的道德观念与道德传统承担个人责任，持续反思我们的道德原则的特性，并由此对继承来的道德传统进行批判性反思。这又一次给了我们理由，让我们与在同一或相似传统中成长起来的其他人共同反思，并与来自其他传统的人们共同对我们的传统进行批判性的反思。最重要的是，"人本身是自主的"这一洞见蕴含着对每一个同样自主的他人的认可，并由此承认所有的道德主体都是平等的。因此，对道德观点进行任何道德上的协调，只能通过达成共同但独立认可的结论来实现，这意味着愿意与他人进行完全公开的和非强制性的共同讨论。换言之，道德上的道德慎思应通过"对话"方式进行，而不应诉诸权力游戏、修辞技巧等非论证方式进行。〔13〕

因此，一种本质上的论辩性和自主性，对于道德思想和如此

〔13〕 参见 R. Alexy, *Theory of Legal Argumentation*, trans. by R. Adler and N. MacCormick, Oxford: Clarendon Press, 1988, pp. 114–135, 193–194。

的道德来说是至关重要的。道德慎思涉及平等对话，试图找到对同一问题的共同答案，然而，任何人都无法在坚持道德思想本质特点的同时，以绝对的权威为任何其他人确定答案。

这引出了道德思想的第三个特征，它几乎不可避免地伴随着其他两个特征而出现。即道德观点可能是有争议的。由于我们每个人都是作为自主道德主体而面对道德问题，没有谁的答案对他人来说是具有决定性的。鉴于现实生活的复杂性，也许是不断增加的复杂性，根本无法先验地保证所有人，甚至所有彼此接触较多的人们，可以在道德慎思上得出相同的结论。事实上，在日常生活中非常明显的是，具有良心和理性的人们对道德问题进行理性和合情合理的思考，却得出不同的、相互矛盾的有时甚至尖锐对立的结论。关于毒品、安乐死和堕胎的问题，只不过是关于这一事实的特别生动的例证而已。因此，关于道德，我们可以获得如下结论：道德在本质上是自主的；它因此也具有论辩性与争议性特征。

14.5　法律：制度性、权威性与他律性

现在，让我们回到最近被讨论得最多的问题上来，这些问题实际上产生于德国、英格兰和联合王国的真实法律判决。关于抗癌药的判决、关于持续性植物人状态病人的判决、关于堕胎的判决，都是由法律机构——宪法法院、最高审民事法院、第一审刑事法院以及议会——作出的判决。由此引出了另一个事实：这些由法律机构在其法律权限内所作的判决具有权威性与（在一定范围内）决定性。法律制度的要点恰恰在于，它们的存

在,是为了以一种权威的方式,为所有属于其管辖权或立法权限范围内的人解决有争议的实践问题。

之前对道德慎思特性的思考,揭示了一个由此可以从道德的观点看被归属于法律制度的积极价值,这些法律制度恰好被赋予了我们现在正考察的制度性和权威性特征。因为我们必须根据一些共同的公共标准来生活,这些标准对于我们所有人来说都是既定的和明确的,即使它们仍然极具争议性,或者至少在纯道德辩论的层面上总是向争论开放的。这里讨论的此类问题以及许多类似的问题,并不属于当代国家的公民之间具有道德共识的主题。然而,人们为了在复杂社会中追求社会生活,在这些问题上,似乎有必要制定明确的关于公共行动的共同规范。

在那些存在公共执业医生和公共许可证的地方,通常也存在公立医院,那么,就必然会涉及这样一些问题:在医疗活动中,什么是被要求的,以及什么是被许可的,特别是在医疗、允许死亡、导致死亡、积极的杀害之间的边界情形,会产生此类问题。如果存在一条反对剥夺人类生命的规则,就必然存在一条门槛性规则,它规定受保护的生命何时开始,以及会产生什么样的后果。

因此,存在道德争议这一事实,并没有要求排除任何共同规则。避免采用任何共同规则是一种答案,但只是对拥有何种规则这一问题的若干有争议的答案中的一个,即那种支持对问题采取宽容态度的答案。法律制度所能做的事情正是道德思考本身所不能实现的东西。法律制度可以用相对确定的词语设定一个共同规则,并在规则阐述不够清楚的地方,推理和解释一类的法律实践以进一步澄清与明确法律。至少对于个人而言,法律适用活动可以在个别规范层面上产生几乎无可置疑的清晰性。举个例子来说，在 Bland 案中，我们可以自信地说，法律向 Bland 先生的医护人员绝对清晰地宣告了他们有法律义务去做什么。如果后来他们因为某些行为而遭起诉（为了那一目的，曾经有过一次尝试），他们肯定会对我们所能想象的任何法律控诉有一个明确的答案。对于其他那些照顾遭受脑损伤并退化成不可逆的睡眠状态的病人的医生与护士来说，几乎可以同样这么说。

并非所有的司法认定（legal determinations）都必然如此具有确定性。联邦德国关于大麻的决定只是说，检察官在行使自由裁量权时，应避免起诉持有“少”量大麻者。这为所有州设定了一个共同规则，而在此前，不同的州存在相互冲突的习惯；但很明显，这仍然不具有完全的确定性。它属于那种有待在后续决定中、在适当层面上进一步具体化的规定。某些州确实花费了一些时间，以几个决定的形式在少量自用毒品与大规模的、被假定用于非法商业活动的毒品之间确立了界限（这一界限仍不是绝对清晰的）。无论多么确定，所有的判例法在一定程度上都是可废止的——最高法院可以经常（并且偶尔确实）复审和改变它们自己的先例。[14]（例如，在美国，联邦最高法院正在收回自己此前关于允许在妊娠早期堕胎的决定，而此时，一定程度的不确定性似乎占了上风。）除了此种审查之外，可能总会有新的立法改变以前的法律理解，并且，在进一步的司法过程中，召唤法律解释的新举措。

尽管如此，仍然可以说，法律拥有确立共同规则并使其逐步变得越来越明确的制度。正如凯尔森注意到的，当法庭针对某

---

〔14〕 关于可废止性，参见 MacCormick，*Rhetoric and the Rule of Law*，ch. 12。

个人、确定的团体或者一群人发布关于个别规范的决定，这种“规范的逐步具体化”（progressive concretization of norms）就达到了最大的确定性。[15] 在法律框架内，法庭的决定必然具有权威性，这正是法律制度的特点。在有些时候，一审法院的决定可能会被提起上诉，立法机构的决定可能遭受违宪审查，它们的权威只是暂时的，可被适当的挑战所废止。但是，对于任何给定的决定、审查和上诉来说，总有某一机构对特定的争议问题拥有最终的权威，这也是法律制度的特征。因此，在它自己的制度性活动范围内，虽然不是在法律科学或法律辩论与批评的层面上，除了那个已经给出的答案，法律不承认其他权威。无论是谁，只要这个人应当依法行事、希望依法行事或者别无选择地只能依法行事，都必须按照有关机构作出的决定行动，因为，关于什么是此时的法律，这些决定给出的意见是结论性的。

通常，有关机构的决定不只是在理论上具有决定性。国家是政治实体，也就是说，国家的制度性秩序是由权力关系所维系的，最终包括暴力强制性权力关系。国家组织良好，便能高效地配置权力。凡是国内法存在之处，它们就拥有国家权力的支持。（尽管也可以说，在一个国家是法治国的地方，国家通过作为规范性秩序的法律来使自己正当化，并由法律来限制自己对权力的使用；而且所有国家都怀有一个最低抱负，即希望在法治国家的伪装下变得可信。）还存在其他包含法律的场景，诸如超国家社团或联盟（特别是欧盟，以及联合国）、教会、国家与国际体会协会、商业与教育公司、工会。它们也处理各种形式的权力，包括心理上、社会上或经济上的权力，但通常只有在得到国家许可

---

〔15〕 Kelsen, *Pure Theory of Law*, p. 237："在这个过程中，法律可以说是在不断更新自己，从一般（抽象）到个别（具体）；这是一个不断提升个别化和具体化的过程。"

和支持的情况下，才有权利使用武力(如果有的话)。

因此，在通常情况下，法律决定不仅具有纯粹规范性意义上的制度性与权威性。它们还被某种形式的、与受那些法律决定影响的人的切身利益有重大影响的权力所支持，有两个重要结论随之而来。首先，法律所针对的每个对象通常都有某些遵守法律的理由；其次，每个人都知道，同样的情况也被假定适用于法律指向的其他绝大多数人，因此，每个人都可以对别人的行动产生合理的可靠预期。这是因为，日常社会经验使人们在各种各样的背景和场景中可以合理地认为存在如下一般可能性，即其他人会根据法律赋予他们的行动理由来行动。

此外，在既定情形中，人们很可能会普遍接受被确立的法律在总体上是合理的。这将导致法律得到习惯规范和实践的支持，按照这种规范和实践，一个人应该尊重法律的要求和处于其背后的宪法秩序。因此，对法律权力的任何反思，以及对普遍服从的任何预期，都附加了关于法律终极基础的规范性观念。该观念存在于这样一种流行态度之中，即支持一个社会已经建立起来的组织和运行方式。道德观点、强制力和共同预期的分量也在法律决定背后提供支持。难怪有这么多的人对正常情况下公开违反法律持有如此深刻的保留态度。遵守法律和秩序是日常道德的一个常规部分。

然而，法律作为社会行为共同规范的制度性建构，为获得其效用也需付出道德上的代价，这一点仍然是真的，即法律具有制度性和权威性，事实上，正是因为法律如此这般，它才是他律的。也就是说，法律以责任、义务和禁令的形式，对每一个道德主体提出明确的要求，而不考虑人们作为自主的道德存在物的理性意愿。法律对自主的行为人的要求旨在以他律方式约束个体。

法律(在这个意义上)是他律的,同时也是权威性的和制度性的;因此,法律在概念上与道德形成鲜明对比,后者是自主的、论辩性的、有争议性的。

按照此番理解,在道德与法律之间存在明确的概念上的区别。只有在一种特定道德观的基础上,这一区别才能得到明确,根据这一道德观,道德本质上保证了每个道德主体的自主性。这样的道德观可能建立在有关道德必要前提的元伦理命题上(或者,甚至建立在一种"道德形而上学"基础上),或建立在对自主的某种规范性道德说明的基础上,此种说明将自主本身视为一种可由道德直觉所知悉或者以某种方式建构的基本道德原则。

当然,还存在其他道德观念,它们不把自主视为自己的基础。一方面,我们可以考虑习惯式的道德,或者"实在的"道德。〔16〕 这种道德包括某些社会对有关诚实、性节制、相互尊重以及善意等我们通常理解的道德问题上普遍持有的一系列观念。这可能会把我们带回到我们刚开始的地方,例如,考虑有关排队的习俗。无论是谁,只要以不假思索与不加批判的方式服从习俗,在某种程度上,他都是在以他律方式行动。当怀疑产生或类似的传统规范出现竞争性的解释时,问题就来了。这激发人们要么去建立某种形式的制度性权威来解决问题,要么被迫进入自主性道德的反思模式,毕竟人们有责任对正在讨论的习俗给出自己的解释。

〔16〕 作为当前实际流行的道德准则的"实证的道德"(positive morality),是 John Austin 在《法理学的范围》中所使用的一个概念。John Austin, *The Province of Jurisprudence Determined*, ed. by W. E. Rumble, Cambridge: Cambridge University Press, 1995, ch. 2. 哈特发展了这一概念并将之同"批判的道德"(critical morality)对照使用。H. L. A. Hart, *Law, Liberty and Morality*, Oxford: Oxford University Press, 1963, pp. 17-24.

另一方面，就像有时可以在宗教道德观中找到的那种，人们可能持有一种建立在权威基础上的道德观。在权威是一个神圣文本的地方，如《古兰经》或《圣经》，甚至对于大多数原教旨主义信徒来说，有时仍需要就文本中的一个关键段落的正确解释获得一个结论。于是，人们要么依赖于自己的解释，要么依赖于导师的解释。其中，如在罗马天主教中，教皇在信仰与道德问题上的权威讲话被认为是绝对可靠的，在意见不同的教师之间不存在可能的竞争。但是，我们现在已超越了传统而进入了一种明显的制度性规范秩序之中，一种以神意和智慧为基础的实在法，是由神在世上的最高代表所宣布的。对于一个信徒来说，教皇在信仰与道德问题上的权威讲话就是神法的实在化展开。这样的法律必然在权威性和约束力上优于单纯的人类建立的制度性规范秩序。自主选择涉及的问题是：究竟是要接受还是要拒绝这种信念。它与国内法的差别，只在于其内容而非其形式。

14.6 缓和对立：法律的相对他律性

当前的论证面对一个来自康德自己的法律理论的反驳。康德考虑到这样一个事实：自主的道德主体可能会面对一种混乱的社会状况，即各种规范相互冲突。康德认为，对于这样的主体来说，理性自我立法的第一步，就是服从与他人共同达成的建立宪制国家的社会契约。由于那一国家由此获得了道德理性的授权，与“外在行为”相关的理性主体的自主意志必须心甘情愿地服从立宪过程中表达的立法者意志，基于已经提到的那些理由,那一宪法是道德主体应当服从的宪法。[17]

此种形式的论证远超出前一节提到的论点。我们曾主张,一个道德推理者应该承认,由法律秩序所构成的事实状况,是那种能给予他(或她)很强的道德理由、在很多情况下服从法律的状况。众所周知,康德在论述"自由律法"(laws of freedom)的过程中曾经主张,人们对于国家和法律所负有的义务具有绝对性,这超过了任何单纯的法律实证主义者曾经支持的程度。这是一个超验主义自然法理论受自身驱动所致的不幸结局。这一主张也是完全没有必要的。为了说明原因,我们需要区分现实的实证法律理论与理想的实证法律理论。

当代国家的实在法实际上产生于政治甚至是战争。这种实在法珍视并且在一定程度上假定了某些经济安排和经济权力结构,从自主的道德观点来看,很多人会发现不可能完全地或者无条件地支持这些经济安排与权力结构。并不是所有的、作为法律而得到强制执行的东西都能满足正义的基本要求。对于我们每个人来说,建构道德意义上的正义原则不过是一个与我们自主的判断有关的问题。有大量证据表明,这不仅意味着会有那些已经注意到的、发生争议的潜在可能性,而且还意味着,在大多数当代政治社会中,在正义问题上都存在大量根深蒂固的分歧。政党政治在民主国家的盛行只是它的表现之一。在20世纪,经常出现通过一党来加强共识的努力,尽管这种做法能够暂时掩盖分歧,但实际上总是加重了分歧。

在这种情况下,主张人们有进入政治共同体的显明绝对义务,并从一开始就自主地支持所有被作为法律而通过的要求

---

〔17〕 I. Kant, *The Metaphysical Elements of Justice*, trans. by John Ladd, Indianapolis: Bobbs-Merrill, 1965, p. 71, Part Ⅱ, Section 42.

(或为法律而通过的要求),这似乎超出了理性慎思或对话所能保证的范围。显然,我们有很强的原则性理由,支持自己碰巧拥有的法律—政治社会成员身份,这种身份可能是我们偶然获得的,也可能是我们主动寻求的。显然,我们有很强的原则性理由,至少在表面上尊重那一社会的宪法规范以及在民事和刑事实体法层面上的派生义务。但是,至少可以说,在一般的和特定的情境中,相互冲突的原则的性质和分量如何,是一个有争议的问题。在单纯的道德对话中,至少应该认真地倾听一下来自无政府主义立场的论证。[18]

因而,关于服从法律之义务的性质及其存在的问题,就成了每个道德主体都必须为其自主决定和负责的问题。我们必须根据不同国家和不同政治—法律秩序的具体情况,来判断此类表面义务的分量。道德形而上学不可能预先拥有解决这一问题的定理。我们中每个就这一争议的性质提出观点的人,都能在道德话语论辩场中确立一种立场。尽管这准许人们就问题的答案去寻找一个诚实的、充分反思过的并尽可能正确的立场,但每个人都必须承认,强迫他人在道德上赞同相互竞争的答案中的某一种是不正当的。这就是我们在承认权威颁布的法律规范对道德主体具有他律性特点时所提到的事实。

尽管事情的另一方面是:我们可以设想出某个立场,它是很多不同国家中善于反思的人们会持有的立场。这个立场就是:自主地致力于维护宪法和立宪程序,对其产生的法律义务至少给予有限支持。杰里米·边沁(Jeremy Bentham)的名言是:面

---

〔18〕 参见 Z. Bankowski, *Living Lawfully: Love in Law and Law in Love*, Dordrecht: Kluwer Academic, 2001, pp. 13-26。

对坏的法律,我们应该“严格地服从,自由地批判”[19],这并非与康德的立场截然不同。相比于暴力反抗或徒劳地拒绝服从,这一立场鼓励我们进行积极的法律批评和法律改革活动。持这种观点的人可能会将法律义务看作完整保留的相对自治权。因为他们承认,即使仅仅只是有限度地同意义务规定的内容,甚至完全不同意这一义务,也仍然存在服从法律的自主的道德理由。(想象一下某人是堕胎的良心反对者,但其愿意支持从民主立法决策中产生的义务,却又同时激烈反对将税收用于资助堕胎诊所。)这个人的立场也因此是相对他律的。当其深思熟虑的判断不足以使其支持他(或她)当前所在国家的决定时,法律所能提供的就是他律的动机。

除非能够在道德话语内建立一个实质性的争论来证明,即使在最弱的意义上支持法律和国家都是在理性上站不住脚的,否则我们就必须得承认,对于生活在法律之下的人们来说,最好的情况是相对他律,因此也是相对自主。这样做似乎是不可能的。但法律和道德之间仍然存在概念上的区别。

14.7 质疑对立:法律中的解释与论证

关于道德和法律之间的比较,可能还存在另一个疑问。我曾说过,法律的目标是达成共识,并通过全社会来决定一些从自主的道德观点看具有争议性的事项。法律是通过制定规则来实现这一目标的。但规则无法自动适用。因此,法律也拥有以警

---

〔19〕 J. Bentham, *A Comment on the Commentaries and A Fragment on Government*, eds. by J. H. Burns and H. L. A. Hart, London: Athlone Press, 1977, p. 399.

察、检察官、法官、陪审团等形式存在的法律适用机构。法律适用活动使公民能向法院提出主张，在那里，公民借助律师的协助，根据规则和先例对他们的主张作出解释，并对他们据以证立自己主张的规则和先例的解释作出说明。他们的对手，如刑事案件中的被告，也可以以事实不真实或无法证明为由，或以对规则或参考先例的解释错误为由，对主张与指控提出反驳。

对这些过程的探索越多，就越能证明法律经常缺乏完全确定的性质。至少在一般规则的层面上，以及在先例所确定的规则中（我们依赖先例提供较为具体但仍然具有一般性的规则），此种说法是成立的。在我们能想象的任何规则中，总是存在解释的"余地"。我们很难碰到那种清楚的在适用过程中不会出现任何解释问题的规则，对此，批判法学已经给出了大量有益的提醒，这是它近年来送给法理学的独特礼物。[20] 即便如此，法律与道德的对比仍然值得强调。自主的道德容许非权威性的文本；在某种意义上讲，法律是由一系列权威性的文本（法规、规则文本以及判例汇编或"先例文本"）构成的。这些文本通常被公认为有约束力的法律的权威性来源。虽然这些文本必须通过解释才能适用，但它们构成解释的固定起点。尽管我们必须承认这些文本缺乏完美的确定性，但与纯粹道德推理的根本不确定性相比，我们也必须承认其作为共同出发点具有相对确定性。

我们还应该回顾前面提及的法律程序的另一个特点。法律程序以发布"个别规范"的方式得出结论。通过听取主张或指

---

〔20〕 S. C. Levinson and S. Mailloux, *Interpreting Law and Literature*, Evanston, Ill: Northwestern University Press, 1988; D. Kennedy, *A Critique of Adjudication*, Cambridge, Ma: Harvard University Press, 1997; M. Kelman, *A Guide to Critical Legal Studies*, Cambridge, Ma: Harvard University Press, 1987.

控、支持事实主张的证据,以及对相关文本解释的辩论,法官宣布决定,并下达命令使其生效(或就特定事项上的特定权利作出宣告)。甚至这些个别化的法律规范本身有时也会引起解释问题,但在这种情况下,人们可以申请法院给出进一步的命令。最后,相对于实际目的来说,从法律程序中产生的具体法律权利可以说是完全确定的。相反,即使两个或更多的人完全同意适用于某一问题的所有道德原则,但就这些原则在当下案件的恰当权重,他们仍然可能得出截然不同的结论。[当然,这并不是说每一个道德主体没有为他(或她)自己得出一个相当确定的结论。每个人都能够而且应该这样做,并且实际上也是这样的。这并不是说这些结论是不确定的,而是说关于这个事情的对与错,人与人之间的结论是不确定的。]

反对意见可能认为,法律推理中的解释性因素取消了它与道德推理之间的区别。〔21〕 当然,法律中的解释推理(以及法律推理中的其他要素)确实构成了实践推理的一个特殊部分,因此,法律推理和道德推理之间存在许多共同之处。在法律论坛中实现正义的企图(当然该正义通常是指法律上的正义),显然必须受到某种正义观的指导,这种正义观经常是一种道德的或者是道德上可辩护的正义观念。就这一点而言,即使从法律推理者的角度来看,这种正义观也不一定被认为是完美的或理想的正义。因此,产生于解释过程的法律,向我们提出了"正确性

---

〔21〕 可以基于德沃金的论述提出对于这一点的论证,R. Dworkin, *Law's Empire*, Cambridge, Ma: Belknap Press, 1986。或者是基于麦考密克的论述提出论证,MacCormick, *Rhetoric and the Rule of Law*, Oxford: Oxford University Press, 2005。

主张”(claim of correctness)的要求,[22]它宣称其所坚持的法律义务和其他关系在实践上和道德上具有可证立性。因此,法律以充分尊重我们的自主的方式向我们提出主张。

法律推理是实践推理的一个亚类,因而它或者极其类似于道德推理,或者就是一种特殊形式的道德推理。法律的内在可争辩性是它的一个显著特征。[23] 前面讨论过的案例已经非常清楚地说明了这一点。决定是否允许持续性植物状态的病人死亡、实施堕胎,或起诉拥有少量大麻供自己使用的人,显然是在作出具有重大道德意义的决定。为某个人的决定所提出证立性的理由虽然包括了法律规范与先例,但这一过程也要求人们按照背景性的原则和价值对这些规范与先例进行解释,因此,解释性推理在一定程度上也是道德推理。在我提到的所有案件中,法官显然都在与那些和道德高度相关的问题进行斗争,最后给出的理由包括实质性的道德因素和技术上的法律因素。此外,作为一个令人满意的合理决定的最后表述,是由一个道德主体作出的,他(或她)必须被假定为对下面一点很满意,即他(或她)按照给定的理由而作出的决定在道德上是正当的。

所有这些看法都是非常重要的,也是对狭隘守法主义的必要纠正。然而,这并没有消解法律和道德之间的区别。如果说它起了任何作用的话,那么只是强化了这种区分。让我们坚持认为,法官或其他权威性的法律解释者本身就是道德主体,他们必须对其作出的解释性决定以及他们所支持的双方之间的具体

---

〔22〕 关于正确性主张,参见 R. Alexy, *Theory of Legal Argumentation*, pp. 214-220; R. Alexy, *The Argument from Injustice: A Reply to Legal Positivism*, trans. by B. Litschewski Paulson and S. Paulson, Oxford: Clarendon Press, 2002。将“正确性主张”论证用于支持与法律不相容的极端不正义命题。

〔23〕 MacCormick, *Rhetoric and the Rule of Law*, ch. 2.

决定承担道德责任。[24] 但从决定直接或间接指向的那些人的观点来看,我们越是坚持这一点,就越要强调这种分歧的风险。我们回到有良心的异议者的问题上。无论哪一个法院就持续性植物人状态患者的权利或特定情况下堕胎之合法性问题作出决定,那个决定都是作为法律权威向全体受众作出的,它对赞同者与异议者一样适用。因此,从一个可能的道德观点看,法律以纯粹他律的方式调整人的行为,对于现实人类社会的大多数人来说,这可能是一个现实的观点。

这种考虑事实上证明了,作出法律决定的方法应当带有较多而非较少的法律色彩。我们越是把法律决定看作较多利用公共资源的一种公共性事务,就越不容易迫使道德主体向特定法官和其他法律官员的道德决定屈服。在具体的案件中,相较于法律推理的过度道德化进路,这一进路更好地尊重了自主性。无论如何,自主的问题就是那个道德问题。由于法律是从外部向道德主体提出要求的,因此,它总是相对他律的。这就是为什么法律和道德在概念上是不同的。

---

〔24〕 M. J. Detmold, *The Unity of Law and Morality*, London: Routledge and Kegan Paul, 1984.

第15章　法律与正义

15.1　引言

法律与道德在概念上是截然不同的，然而，它们之间的相互影响最为密切。一方面，基于已经探究过的原因，至少在一个法治原则得到遵守并且从正义角度看是可接受的国家里，我们通常都有充分理由认为，做守法公民是一种道德上的美德。很多被道德主体自主接受的常见道德义务涉及尊重他人的安全与财产、在驾驶时遵守限速要求、诚实地申报纳税和按时缴税，以及其他一系列相当日常的“应当”之事。以自主接受这些道德义务的方式成为守法公民是件好事。另一方面，国内法根据其不同主题聚焦重大的道德关切，其中的重中之重是涉及政治道德的那些议题。

由于公法会通过对税收和支出的分配，保护环境价值等公共利益，保护工人、消费者，监管道路安全、海洋安全或者铁路安全,处理分配和再分配的问题,因此,它提出了关于分配正义与共同利益关切及有效管理如何相平衡的问题,所有这些都处于尊重法治这一背景之下。就刑法而言,由于它处理禁止自然犯(*mala in se*)的问题,因此,它处理很多具有重大道德意义的事项。当刑法处理由分配、再分配以及公法所确定的、对共同善的追求等计划而产生的肯定性或否定性的规定时,刑法所确定的法定犯(*mala prohibita*)也是涉及重大道德考量的事项。违法行为会招致惩罚,这种惩罚带有道德耻辱性质,并且是一种由国家机构故意施加的严厉惩罚。因此,更为迫切的问题是:需要有充分的道德理由证立对罪行的惩罚和定罪后的量刑。公平的起诉系统也是至关重要的,其包括关于证据与程序的合理规则以及被任命审理刑事指控的法院——法治又一次成为不变的议题。总之,刑法处理关于报应正义的重要问题。私法对人及其权利能力作了界定,并支持某种财产分配制度(包括财产继承制度)和一整套合同及相关的法律体系;通过规定赔偿和恢复原状的法律,私法提供了一种制度,即通过赔偿金或其他方式对遭受非法侵害的既定权利进行救济。通过假定某些可接受的分配正义得到了充分的实现,私法意图提供矫正正义,在公平的市场交换得以进行的情况下,修复那些对一般权利框架造成的破坏。

在如此总结第 10、12、13 章的发现之后,我们可以得出结论:法律必然与某些正义观的构想相适应,它考虑到了正义的分配、再分配以及矫正诸方面,所有这些都是法律所看重的,并且,对于国家的强制能力来说,这些东西都是必不可少的。当我们说法律“必然适应”正义时,我们是基于如下意义来讲的:在立法、行政或司法活动中,任何实施法律的人,只有在特定的条件下执行、修改或解释该制度规定才是正当的。也就是说，他们能够提供理由，主张相关规定满足了某些合理的正义观念，或是主张相关规定以与相关正义观念一致的方式，追求那些得到合理评估的公共利益的某些要素。在某个人能够声称自己积极维护和执行法律的做法具有正当性之前，他（或她）必须相信这种条件已得到了满足，并且必须宣称它得到了满足。当然，不排除存在这样的情况，即如此的主张是言不由衷的，其不过是在掩盖真相、掩盖残酷实施纯粹权力的意图，或者是掩盖对于法律适当用途和目标的扭曲与偏离。但是，整个事业的性质决定了其内在目的或“最终原因”，是根据一些合理的正义观念去实现正义和共同善。因此，如果没有对这些价值的严肃追求，你就不可能真诚地参与到这一事业之中，并且，如果你没有至少假装有这种追求，你就不可能合理地参与到该事业中。

15.2　公民自由与批判性道德

接受迄今为止已说的一切，绝不意味着我们可以自鸣得意地认为，在任何现实的国家和法律体系中都已经实现了这些价值。很多从事法律工作的人，甚至可能是其中的大多数人，都在努力地维护社会公正。然而，有些人可能并没有作出这种努力，而另一些人可能尝试努力但却失败了，或者说，对于正义的要求是什么，他们之间可能存在合理分歧，因此，正义的整个事业可能令人遗憾地缺乏融贯性。法律应当是公正的，应该为其管辖范围内的所有人的共同善服务。但是，法律常常不能做到它应当做的事。法律是什么与它应当是什么是两回事。尽管如此,在作为制度性规范秩序的法律的概念中,我们确实必须融入这样一种观念,即该秩序的恰当目的是实现正义和共同善,这会产生一些特定的后果。首先,这一观念证明了对现实的法律制度和国家制度持批判态度是正当的。这些制度可能存在这样或那样的不公,可能无法以某种容易实现的方式促进共同善。有思想的公民、公共事务评论家和公共事务活动家应该对法律和国家的制度与实践进行批判性的道德反思,这是一件很重要的事。哈特所称的"批判性道德"〔1〕是非常重要的。随着时间的推移,批判性道德能够产生重大影响,并可以通过政治系统转变为法律改革方案。法律有正当的、不正当的或不合理的用途。

我们是否能提供有助于法律批判的某种一般道德原则呢?自主的道德观明显会提出的一种要求是,不应该以损害或侵犯个人自主的方式使用法律。思想和判断的自由应该得到尊重。这意味着要警惕地戒备国家机构对自由的侵犯。显然,这一原则也不允许任何人以个人信仰和信念的名义实施出格的行为。法律,尤其是刑法,其主要任务就是尽可能维护国内和平,而私法的任务是维护现有产权制度,并执行基于合同法与侵权法形成的自愿与非自愿义务。出于良心而拒绝遵守法律的要求可能会受到尊重。但是,当这一拒绝会侵犯他人合法权利或法律明确规定的公共利益时,基于良心违反法律的人通常找不到法律上能认可的理由或借口。这充其量只会构成支持其减刑请求的好理由。

从这个意义上说,法律必然限制自由。但它是否也必然限制自主呢?曾经有一个传统的答案:鉴于法律只关注人的"外

---

〔1〕 H. L. A. Hart, *Law*, *Liberty and Morality*, Oxford: Oxford University Press, 1963, pp. 17-24.

部”行为，因此，它不能限制人的自主。我可以认为，以我喜欢的速度在某些路段行驶是合理的。但是，如果一个有相关权能的主管机关已经有效地制定了关于限速的规定，如规定每小时20 英里，若不遵守这一规定，那么，当遭到起诉并被罚款时，就没有什么可抱怨的。我的肉体自由可以被这一规定所限制，但我的心灵自由并没有。与此相对照，企图用法律来制造“思想犯罪”（thought crimes）是相当令人反感的，因为这样做确实侵犯了心灵自由。此外，诸如在刑罚过程中或在对犯罪嫌疑人的调查过程中，利用心理或身体压力进行洗脑的做法也是非常有争议性的。

如果我们将这一切背后的理由理解为所有形式的“外在”禁令都是原则上可接受的，同时，任何“内在”于心灵的东西都不属于法律管控的正当范围，这就过于简单化了。至少可以说，外在的/内在的隐喻本身是可疑的。不过更为重要的是，对人们在法律上可自由行事的范围进行过度的限制，以及对人的行动施加不合理的身体限制，剥夺了自主的主体在行动中自由地自我管理的机会。一个笼子里的人也许能保留思想自由，但很难说这也可以算是一种自主的生活模式。仅仅允许使用外部约束并不意味着所有外部约束都是可接受的。就“内在”而言，法律在界定犯罪时必然会考量诸如意图或鲁莽一类的心理状态，在减轻或加重处罚方面，也会考虑动机。在公法和私法中，心理状态也是重要的，例如，需要考虑某人是否基于误解而行动，或者在解释某种举动的时候，意图有可能是相关的。

关键点在于，恶意本身不具有可惩罚性，只有那种包括明确准备活动（企图和阴谋）在内的以公开行动所表达的恶意才具有可罚性。在对个人生活进行强制性公共干预时，恶意可能是一个必要的但并非充分的条件。小心留意这一界限是非常重要的，尤其当涉及要建立针对恐怖主义犯罪以及煽动恐怖主义犯罪的预防措施时。将"赞颂"恐怖主义活动认定为犯罪，以及将对宗教教义或实践的严厉批评视为煽动宗教仇恨或侮辱宗教，这些做法恰好是这种危险观点的实例。此处，必须回顾一下刑法在建构和平与文明环境的过程中起到的基础性作用。文明是人们相互信任以避免无端暴力的一种状态，在这种状态下，为挑衅行为提出的借口将受到严厉的审查。作为自主道德主体的人的自由是公民社会最大的成就之一。

在刑法之外的其他法律中，自由的难题也会出现。公法在履行其分配职能和实施保护健康或环境的计划中，可能变得过分具有侵略性。并非所有真正服务于善的事务——甚至是共同善——都需要被纳入国家的职能范围。因为辅助性的确是正义的一个重要因素。如果有些事务能够通过个人努力，或者在家庭之内，或者通过地方与地区政府或非政府机构得到有效处理（就像由中央政府来完成那样有效），就应把这些事务留给那些相关的"较低"层级的机构。这就相当于一条关于如何分配行动自由以及追求善的自由的原则。这一辅助性原则〔2〕不是分配正义的对立面，而是分配正义的一部分。

关于对法律制度深入个人的道德自主领域应设置何种限制，另一种回答方式是：将正义本身看作蕴含了一种限制性的条件。立法者和法官可能会长期受到实施此种道德义务的诱惑。

〔2〕 参见 K. Endo, "The Principle of Subsidiarity: From Johannes Althusius to Jacques Delors", *Hokkaido Law Review*, 1994(43): pp. 553-652; J. Finnis, *Natural Law and Natural Rights*, Oxford: Clarendon Press, 1980, pp. 146, 169, 194-197; N. MacCormick, *Who's Afraid of a European Constitution*?, Exeter: Imprint Academic, 2005, pp. 62-68, 此处讨论了欧洲宪章的辅助性。

对此,可以提出这样的要求:立法者和法官应将自己限制于监督正义义务的履行。作为个人美德的正义,既包括履行(无论出于何种动机)对他人负有的义务,也包括履行根据公法的合理规定向国家负有的义务。此处所涉及的义务必须是有关行动和活动的义务,而不能是其从事这些活动的精神方面的义务。在这一点上,坚守正义的义务与基于慈善、爱(慈善)或谦虚的义务不同。不能强迫人们履行那些基于爱或善行的义务,因为真正的善行与爱必须是自由的,并且是出于对他人完全自愿的承诺。法律不能强迫人们爱他们的邻居,因为强迫的"爱"根本就不是爱。[3] 但如果是基于人的种族、肤色、伦理、国籍或宗教信仰方面的因素,以外化的行动表达仇恨与蔑视,并且表达的方式会引起恐惧和可能的报复,这种情况就会受到法律的限制。国内和平的要求再度出现在人们的关切之中。

15.3 宗教、自由与法律

如果使用法律迫使人们爱他们的邻居是不恰当的,那么是否可以利用法律来使人们爱上帝呢?或者迫使人们按照向上帝表达崇拜和尊敬的正确方式来尊敬上帝呢?在21世纪初的宗教紧张局势中,这一古老问题以惊人的方式呈现出新的紧迫性。然而,如果对上帝的称赞是被强迫的,很难想象一个仁慈的、无所不能的、无所不知的神(真主、耶和华或三位一体的神)会受

〔3〕 N. MacCormick,"A Moralistic Case for A-Moralistic Law?", *Valparaiso University Law Review*, 1985(20): pp. 1-41; Z. Bankowski, *Living Lawfully: Love in Law and Law in Love*, Dordrecht: Kluwer Academic, 2001.

到欢迎。我们更无法想象这样一种神,其神圣的完整性会由于人类的怠慢或亵渎而被削弱。如果犯罪是有害的,则它只会对犯罪的人自己及其周围受其影响的社群有害。神的全能不会因此减少一丝一毫。

这些考虑表明,在宗教上,存在强有力的理由反对以强制的方式保障宗教信仰或敬拜方式。这一点仍然可以成立,即使人们普遍认可,关于宗教真理和适当宗教仪式的某个特定预言或启示是唯一正确的,除非与此完美真理相一致,否则都相形见绌。实际上,在这个世界上,根本不存在如此广泛的认同。无论他们如何相互尊敬,忠于伟大信仰的领袖们以及不同教派的领导人之间也必然相互对立。每个人都有一种心灵启示或洞察力,以独特的方式捕捉到他人以不那么完整与正确的方式所捕捉的东西。每个人都认为其他人最多只能透过玻璃模糊地窥视真相。

似乎很少有什么人类冲动,能让人感觉到会比由信仰和宗教忠诚要求所召唤的人类冲动更加强烈。十字军东征、圣战、宗教战争,以及在相互对立的信仰者之间、在本质上相同的信仰的不同派别之间发生的内战——这些东西在我们的历史书上随处可见,它们构成了人类彼此屠杀的野蛮战争的很大一部分。从自主的道德的角度来看,有确凿的理由反对使用强迫或洗脑的方式向任何人灌输任何特定宗教观,或任何特定的反宗教观。即使不考虑自主的道德,这么做也是极为轻率的,因为即使对抗的对象往往具有明显的压倒性优势,强制干预也会招致苦涩的抵抗。即使上帝确切地知道谁在信仰上和宗教仪式上是正确的,他也并不希望屠杀诚实的异教徒或对其真理有误解的信徒。因为这不可能是仁慈的神所期望的,他理解那些诚实的犯错者的诚实。正是这些人最倾向于为他们的真诚信念奋斗到底。

对不同的信仰、忏悔与实践的相互包容，由此不仅是自主的道德原则所要求的义务，而且，在任何宗教中，将普遍仁慈的特性赋予神，似乎是一项必然的宗教义务。甚至那些不相信神存在的人也承认，如果神存在，完美的仁慈将是神这种存在物的必要属性。而且，信徒都更加认可“神是无限神圣仁慈的”这一命题。因此，在宗教上，似乎不存在真诚的、合理的理由反对宗教宽容。所以，如果一个批判道德家要求法律维护宗教宽容，那么，这无法被指责为攻击了任何人的宗教信仰。

该结论的一个推论是：国家应尽可能地与宗教争议问题划清界限。与日俱增的世俗主义实际上是现代法治国家的一个特征。1787 年《美国宪法》禁止联邦当局支持任何宗教（并不是说，这在当时就阻止了在联邦各州盛行的不同宗教机构）。法国革命坚持“世俗主义”（*laïcité*），新共和国具有世俗性特征，当前的第五共和国宪法继续宣告了法国的这一特征。印度共和国建立在拒绝承认任何特定信仰具有特权地位的基础上，但同时，在人口大规模转移、隔离、严重流血和群体间暴力冲突的情况下，巴基斯坦成为一个伊斯兰国家。澳大利亚、新西兰和加拿大从殖民地演变为独立的联邦或没有单一宗教机构的国家。这使这些国家不可避免地需要平衡殖民人口中的圣公会徒、持不同政见者、长老会教徒、天主教徒、无信仰者之间的关系，更不用说还有原住民及其宗教传统的地位问题（这在新宪法被起草时通常被忽视或被边缘化）。英国本身建立在这样的基础上：英格兰和苏格兰不能接受单一形式的新教机构。因此，《联合法案》郑重承诺，未来英格兰将支持作为国教的圣公会及其信条，而在苏格兰，未来将保证长老会与苏格兰教会的信仰。罗马天主教的解放很久以后才得以实现，尤其是在爱尔兰，长期的拖延留下了惨痛的后遗症。同时，犹太人、穆斯林、锡克教徒、佛教徒、巴哈教徒，以及很多其他信仰和没有信仰的人之间的融合已历经数代，虽然一定的法律形式仍然存在，但两个国教这一代表性特征已经变得越来越可疑。

其他欧洲国家也表现出类似的历史性妥协，在很多时候，对主要形式的基督教赋予了各种宪法上的认可和国家支持，同时以各种不同方式尝试接受兴盛于新移民群体中的“新”宗教。即使在某种形式的国教仍然存在的地方，法治国家也不再强迫宗教信仰或（除少数例外）对不支持既有教会或宗教的人设置民事或政治障碍。这一直是以第 11 章追溯过的方式而兴起的人权文化的意涵之一。对于国际宣言、公约和协定所保障的所有其他权利之享有，不得基于宗教上的原因（或种族与民族上的原因）有所歧视。此外，良心自由和信仰自由的权利，以及宗教人物自由活动的权利，也出现在被宣告的权利清单之中。

关于这一政教分离或禁止设立国教的趋势，一直存在两种宪法思想流派。一种流派一直阻止国家有任何干预宗教的权力。该流派认为政教分离是一个屏障，能够保护真正的宗教或对宗教真理的追求免受世俗政治家和其他国家官员的干涉。另一种流派则持不同观点，他们认为，教会和教会人士极有可能企图对国家机构行使不正当的控制，并利用这些国家机构将其他宗教和教派置于不利地位。根据前一种观点，设立国教会使教会堕落；根据后一种观点，设立国教会扭曲国家的应有功能。[4]

---

〔4〕 M. De Wolfe Howe, *The Garden and the Wilderness*: *Religion and Government in American Constitutional History*, Chicago: University of Chicago Press, 1965, pp. 6-15. 此处对比了 Roger Williams 和 Thomas Jefferson 的观点，前者希望有一个安全的边界来保护教堂、抵御国家，后者想让牧师和部长们远离政府。这是不只在一个宪法性背景中会出现的常见对比。

即使坚持设立国教的欧洲国家(可以说是《威斯特伐利亚和约》的另一个遗产),也以十分缓和的方式削弱了世俗政府在宗教信仰和宗教职位升迁事宜上的权力。这些国家形式还排斥主教、神父和牧师施加不适当的政治影响。1929 年的《苏格兰教会法》是此种设有国教的极简主义典范,该法规定教会在精神上和纪律事宜上免受国家干预,但也极力鼓励教会承认国家在世俗领域的适当权威。

2002 年至 2005 年,在关于建立《欧洲宪法》的最后毫无结果的辩论中,一个备受争议的问题是:如何承认基督教在塑造欧洲价值观和文化(包括宪法和人权思想)上的历史价值(如果确实有价值的话)。那么,欧盟是否应该坚定地宣称欧洲一直是基督教占主导地位的大陆?或者它应当明确地根据基督教的神性观念将欧洲联盟奉献给上帝?欧盟是否有可能在同一份文件中既做到这一点,同时又能包含一个主张平等宗教自由和尊重所有宗教信仰者的《欧盟基本权利宪章》?最后,序言部分承认,信仰对立宪思想的发展做出了贡献。《欧盟基本权利宪章》保护所有宗教和信仰自由不受歧视,其中涉及"民主生活"的那一部分内容保证,教会和其他宗教或世俗协会有权利与公民社会的其他代表一起参与讨论和制定政策。欧盟是一个没有单一国教的联盟,未来也不可能有,根据以上提出的论点,这一《欧盟基本权利宪章》很值得欢迎。

根据本书所信奉的自主的道德,以及用来界定道德与法律差异的自主的道德,正义的国家要求政教分离、不设国教,或最多以极简形式保留历史上形成的国教。可以用类似的方式来说,正义的国家要求某种"道德政治分离"(moral disestablishment),或最低限度的"道德建设"(moral establishment)。[5]法律以我们所注意到的各种方式承载道德,它包含着对正义的内在追求。这一追求要求分配正义、报应正义、矫正正义,并将辅助性原则纳入正义之中。然而,支配公民道德意见或干涉公民的思想自由、信仰自由以及良心自由,并不属于法律或国家的职能范围。正义所要求的义务(根据一些合理的正义概念),可借助法律制裁的方式恰当地予以强制执行。如果超过了那一点,法律不可能不堕落并走向暴政。

15.4 法律、正义与人权的实证化

因为法律应当是正义的,我们对于自己实际拥有的法律,总是存在自满的危险。如果我们太无视批判道德的激励,就可能蒙蔽自己,或在法律还没有伤害到我们自己的时候,不能注意到法律如何失于公正。确实存在不公正的法律,这一事实令人担忧之处在于:这些法律都是完全真实的法律,是由国家强制力予以支持和执行的。"不公正的法律是腐败的法律"[6]——是的,但这是腐败了的真实的法律。但这种腐败可以达到什么程度?对此没有任何限制吗?

我们可以用城市供水作为类比来说明这一问题。供水可以

---

〔5〕 N. MacCormick, *Legal Right and Social Democracy*, Oxford: Clarendon Press, 1982, ch. 2, especially at pp. 36–38; "A Moralistic Case for A-Moralistic Law?", *Valparaiso University Law Review*, 1985(20): pp. 1–41, especially at pp. 11–18.

〔6〕 St. Thomas Aquinas, *Summa Theologiae* (a concise translation), ed. by T. McDermott, London: Eyre and Spottiswoode in association with Methuen, 1989, I–II, p. 95. 当前我给出的引用是不完整的。不久我们就会见到整句话:"因此,不公正的法律似乎不再是合法的,而是法律的腐败。"另参见 Finnis, *Natural Law and Natural Rights*, pp. 363–366。

服务于诸多目的,但核心目的是向被服务的全体居民提供安全的饮用水。所有的供应水都含有一些杂质,但这必须保持在与普通人的健康相适应的水平上(对于那些特别敏感或有特殊需要的人,由他们为自己确定杂质的水平)。然而,供应水可能会或多或少地受到污染。但被污染的水仍是真正的水——并且通过过滤和煮沸,虽然不是真正可口,但人们也可以安全地饮用。但是,是否有那样一个分界点,在超出这一点之后,污染将改变我们面前的这个东西的性质?假如在净化厂,有大量的氯被洒了进去,那么,我们面前的这个东西最好被称为盐酸,而不是水。尽管我们面前的混合物仍可以被分析出包含水的成分,但被污染的水掺入了如此多的杂质,以至于根本就不适合被称为水。无论如何,它不是我们用“供水”这一短语中所表达的那种意义上的水,因为这个短语部分上是由供水这个目的所界定的,即适于人类饮用。

如果这一类比成立,似乎就意味着,尽管很多法律实际上是不公正的或非常不公正的,但当玷污或腐败的程度极其严重时,人们就可以剥夺一项治理活动的“法律”称谓。我们(带着极度的恐惧)了解了纳粹死亡集中营的运作方式。我们可以承认,某种秩序仍然在其中得到了维持,事实上还是如此富有效率地得到维持,以至于可以允许通过工业手段、在一个至今仍令人难以置信的规模上进行大屠杀。但是,我们应如此拘泥地把这样一种统治手段称为“法律”吗?我们可以考察一下像伊迪·阿明(Idi Amin)统治下的乌干达那种混乱的专政状况。我们需要把这种统治模式称为“法律”吗?我们能称那个时期的不幸国家为“法治国”吗?一种秩序可以通过足够残酷的手段得以维持,但“法律和秩序”不复存在——这是一种法律崩溃后放弃任何合法性伪装的残存秩序。有时候,某些人会得意洋洋地宣布抛弃合法性,正如苏联早期布尔什维克党那样,他们将“法律”与“正义”视为资本主义的上层建筑元素,这些元素能制造出错误意识,即一种能够使受资本主义压迫的人们毫无怨言的错误意识。[7]

那么,我们如何才能确立这样一个分界点,(当超过这一点)对正义的任何伪装已然变成了彻底的放弃,以致法律堕落为非法律、失败的法律、单纯的专制或简单的无政府状态?回答这个问题存在一个明显的困难。按照前一章发展起来的道德理念,道德观点和道德判断具有内在的争议性和论辩性特征。哲学史和政治活动揭示了相当多的正义理论和观念。所有人可能都同意说,法律应该是正义的,甚至也许可以将法律定义为一种致力于正义的治理活动。更谨慎地说,我们至少可以认为,考虑到国家和国家联盟这一语境中的规范性秩序的特征,任何合理的道德都必须要求,法律的内容与实施必须具有正义性。然而,不管你用什么方式说,在这一点上,分歧就爆发了。什么是正义,什么是不正义?人们之间的资源分配多大程度的不平等(如果有的话)可以被接受为是正义的?在刑事程序方式上,正义提出了何种要求?在审前、预控告、拘留和询问犯罪嫌疑人等问题上,正义提出了何种要求?对某些种类的财产损失规定严格责任可以是正义的吗?允许雇主公司对雇员的错误承担替代责任是正义的吗?或者,这是一个让权宜压倒正义的例子吗?这样的问题几乎可以无限倍增,完全可以预期的是,对于这些问

〔7〕 E. B. Pashukanis, *Law and Marxism: A General Theory*, trans. by B. Einhorn; ed., with introduction, C. Arthur, London: Ink Links, 1978; 参见 R. Cotterrell, *Law's Community*, Oxford: Clarendon Press, 1995, pp. 121-126。

题，理性的人们会发现，他们可能会为所有问题提出不同的合理答案。要找到某种不正义的程度作为一个分界点（超出了那一点，腐败的法律根本不再是法律），这看起来像是一个无望的任务。无论如何，在现实世界里，当某个州的检察官或个人要求在某一案件中适用一个道德上有争议的规定时，这个分界点不会给人们——例如，法官——太多的指导，以区分这一受争议的规定是“法律”还是“非法律”。

然而，这里有一个重要的限定需要补充。无论是在一般还是特殊层面上，即使在那些审慎思考的理性人中间，关于什么是正义，也可以存在相互冲突的理论或判断。但是，这并不意味着，所有分歧都是合理的。正如本书第 14 章中已述及的，道德既是论辩性的，也是有争议的。健全的道德判断或原则，是那种可以在如下非强制性的讨论中得到同意的判断与原则：彼此承认平等地位的人们寻求以对话的方式获得应为所有人接受的结论。这些道德判断与原则应该是可接受的，因为在这个过程中，有关那一话题的每个人的利益和直觉都被考虑到了。然而，这是一个关于道德观念和道德原则产生于平等对话的纯理想化图景。现实生活从来就不会完全如此，或者甚至经常都没有接近这一图景。

然而，我们仍然可以探查出解决某一问题的某些途径与方法，我们无法想象，这些途径与方法能够在如此的对话中存活下来。〔8〕 我们可以将这些途径和方法界定为根本无法合理地被人们接受为合理的方法或解决方案。一个理性的人不可能认为，这些途径和方法可以被视为理性上可接受的观点。无论我

---

〔8〕 R. Alexy, *A Theory of Legal Argumentation*, trans. by R. Adler and N. MacCormick, Oxford: Clarendon Press, 1988, pp. 287-289.

们所说的“种族”究竟是什么意思,使一个种族的成员永久地从属于其他人,或使女性从属于男性,在我来看,都属于那种根本无法为自身合理性提出辩护的主张。在对人类遗传学无知的一些情况下,或许可以认为人们根本无法觉察到他们的观点是不合理的,但事实上,这些观点是并且一直是极端不合理的。

这使我们有可能在原则上说出一条界线,在那条界线之外,一国的政治安排不再能被恰当地归属为法律,或特定的规则将失去合法性特征。也就是说,如果某些做法无法根据任何可能的正义观(能够被愿意将其信念置于论证性审查的理性人可合理接受和支持的正义观)作出解释,那么这样以治理规则或实践方式所做的事情将不能被算作法律。[9]

即使这一点作为原则是十分清楚的,但它在实践中必然是模糊的。即使每个人都接受它作为一个原则,适用时也会出现很大的争议。当然,我们不能在这一原则中确定一个清晰的、无争议的界限来设置法律的范围。这使我们在第 11 章已经讨论过其发展状况的、有关许多当代国家都存在的关于基本权利的宪法规定,以及在像欧盟这样的跨国家联合体中的保卫基本人权的国际声明、盟约和公约变得特别重要。尽管在内容上并不完全相同,但所有这些文件都具有很强的共性。这些文件设法将原本具有争议性和不确切的道德(或“自然”)权利“实证化”。这些文件把法律所设置的道德上有争议的限制,变成了实证的、制度化的、权威性的法律限制。

像往常一样,这是需要付出代价的,它减损了某些决策者拥

---

〔9〕 参见 R. Alexy, *The Argument from Injustice: A Reply to Legal Positivism*, trans. by B. Litschewski Paulson and S. Paulson, Oxford: Clarendon Press, 2002。Alexy 在此处发展了 Gustav Radbruch 提出的一个论证。

有的自主性和国家拥有的绝对的、至高无上的自主性。民粹主义记者和政客会谴责，这种外来的、不可欲的“权利文化”将在反恐战争中束缚自己的手脚。然而，这一发展确实赢得了人们的极大尊重。在承认我们无法清楚地确立对法律设定明确界限的抽象原则之后，我们确实最好设法建立一套实在的界限，设立不处于任何国家框架内但却代表大多数人的、对此进行裁判的法院。欧洲人权法院就是此类法院的范例。如果某国的法律被此类法院判定为违反了公约（也可能是“盟约”“宪章”，甚至“宣言”）包含的基本人权，它们就不能作为法律而具有合法的约束力。只有那些愿意脱离欧洲委员会和欧洲联盟并放弃成员资格可以带来的便利的国家，才能逃避这一实证化的自然法体系。在主权——或后主权——的国家背景下，实现这一点既是文明上的宝贵进步，也是重新理解法律作为制度性规范秩序之性质的基础。

15.5　法律及其隐含的正义主张

是否有进一步的论据可以支持如下说法，即法律制度的运作必然包含对正义的主张？似乎是有的。此类论证使人们注意到某些隐含的主张或要求，这些主张看上去必然与国家的立法、司法和执法机构之间的互动表现有密切的关系。经复杂程序选举或任命的立法机构，可以通过复杂的、有一定步骤的审议活动，将规范上可理解的特定语句制定为“法律”。法院将适用这些法律，并必然会对它们作出解释，人们通常认为法院的决定作为先例具有重要性。政府机关和机构在法律赋予的自由裁量权范围内实施政策,并对立法机构负责。

此类机构实际上所做的,或者说它们可以做的,包括发布各种形式的语言表达——这有时被称为“言语行为”(speech acts)。[10] 一旦此类机构发布具有法律权威的、作为法律的一般规范,或作为一般或具体命令的更具体化的规范,对这些规范的实际落实就需要假他人之手。级别较低的民事、军事官员和机构负责使这些法律得到忠实的信守。作为根据宪法设立的机构,特别是根据宪法行使法律权力——颁布、实施或执行法律的权力——的机构,其言语行为必然具备一定特征,并涉及一定的背景性假设。这些背景性假设包括(语言哲学家)奥斯汀(J. L. Austin)所称的“适切条件”(felicity conditions)。[11]

只有当包含越位规则的游戏存在时,某个人吹口哨才可以被理解为(包括自我理解为)是在惩罚球员越位。以下也必然为真:吹口哨的这个人实际上是在作为裁判,对一场根据该游戏规则进行的游戏履行职权,并且此人认为有一位球员从越位的位置上插入了进来。因此,同样地,只有在法律制度背景下,一个可信地声称在这一制度中行使相关权力的人,其立法或声称要立法(或要审判,或声称要审判民事或刑事案件)的举动才具有意义。

这些反思揭示了,为什么某些借口或隐含主张,似乎必然内

---

〔10〕 J. Searle, *Speech Acts*, Cambridge: Cambridge University Press, 1969.

〔11〕 J. L. Austin, "Performative Utterances", in Austin's *Philosophical Papers*, eds. by J. O. Urmson and G. J. Warnock, Oxford: Clarendon Press, 1961, pp. 220 - 229. 参见 J. L. Austin, *How to Do Things with Words*, Oxford: Clarendon Press, 1962。

置于制定法律规范的法律制度性活动之中。[12] 任何表示自己有颁布和公布法律的权力的个人或组织,都必须被明确地记载在某一文本中,这些个人或组织在这样做时,必须声称自己拥有适合从事这一活动的宪法上的职位。就立法的前提条件而言,他们需要声称自己拥有宪法上的权威。就立法的产品而言,他们需要声称自己是在宪法赋予的立法权限内立法。他们同样声称会充分地注意到对权力行使有约束力的所有限制,诸如对宪法或国际公约所规定的基本权利给予必要的尊重。还有其他的吗?

根据本书逐步证明的观点,我们一定会注意到,就立法的内容而言,必然存在某些默示表述。一项立法毕竟被认为是法律,因此,它应该能被理解为包含禁止命令、肯定命令、授权等类似的可理解的东西。不仅如此,也许法律还必须以与立法者行为相适应的方式被创设,而立法者行为必须与立法的理念相适应。例如,法律通常有着"实施正义法案"这样的名称,但从来没有"实施不正义法案"这样的名称。有时,在一个国家会存在某些意见,认为新出台的法律是非常不公正的,例如,"乡村联盟"可能会谴责那些猎狐禁令是极其不公正的法律,他们认为,这种法律是由挑剔的城里人发起而制定的。然而,如果我们想寻找名为"关于使用猎狗狩猎的不公正禁令(2005)",那只能是徒劳。我们也找不到"关于攻击宗教的不公正的压制法案"。

---

〔12〕 关于在这一点上的一个评论,参见 Carsten Heidemann,"Law's Claim to Correctness",in S. Coyle and G. Pavlakos (eds.),*Jurisprudence or Legal Science*?,Oxford:Hart Publishing,2005,pp. 127-146。立法者宣称在法律上是正确的,Heidemann 也许低估了这种宣称与渴望正义(至少是声称渴望正义)之间的必然联系。参见 E. Melissaris,"The Limits of Institutionalised Legal Discourse",*Ratio Juris*,2005(18):pp. 464-483。

这也许只能说明，在立法中使用这样的标题在政治上是弄巧成拙的，因为这相当于要求人们在服从规范的同时，又表示该禁令是不正义、不公平、不公正的，因此缺乏道德合法性。然而，可辩驳的是：尽管这一点是真的，但问题要更复杂。这一点并不是说，立法能通过任何正义标准实现正义，而是说，立法应该表达一个融贯的正义观，即使这一正义观是有争议的。一种正义理论认为，对任何有知觉的生物施加不必要的痛苦是不正义的，正义要求阻止人类活动造成此类不必要的痛苦。另一种观点在衡量正义的标尺上将人类的自由置于动物的痛苦之上，尤其是在害虫控制和维持生态环境平衡的情形中。立法者只有相信前一观点并拒绝后一观点，才能真诚地参与到制定禁止用猎狗狩猎的法律的活动中。在颁布法律时，称它为不公正的法律，不仅在政治上是愚蠢的，在概念使用上也是笨拙和自相矛盾的。

这可能与法律适用活动的某些要点有关。在一些传统中，法院被称为“courts of justice”或者“of justiciary”，而法官也被称为“Justices”。“*La justice*”和“*die Justiz*”被用来指示法律适用体系和机构等。法官和法院的任务不仅仅是适用立法机关颁布的规则，更一般地说，是“依法伸张正义”。“根据正义而行动”这一法官的义务，有时可能与“服从立法机关制定的法律”这一宪法义务相冲突，因为立法可能表达了一种法官所厌恶的正义观，或者，它们可能根本就没有表达任何令人满意的正义观，而是彻底坏的法律。

一个可靠的法律推理理论包括法律适用与证明适用法律决定的理由，这个理论能表明，什么样的理由好到了足以单独或者结合起来真正证成一个决定。[13] 法律要发挥其在合理决定过程中应有的作用,就必须具有某些特质。法律必须能被解释为致力于为法治之下的人民以及受其影响的其他人的共同利益服务。对特殊利益的追求必须受到一些合理的正义观念的制约。

由于这一原因,在法治国背景下,每一个立法行为都必然宣示某些对正义的主张,即宣称追求实现正义(即使这只是党派或邪恶意图的面具)。在这里,由于立法审议是以公共方式进行的,向新闻工作者、评论员、学术界人士和所有公民开放,特别是向政治上活跃的公民的批判性审议开放。立法行为是这样一些行为:它隐含地宣称要在合理正义观的约束下不断地推进共同善的某些方面,或推动这种正义观的某些方面成为共同善的组成部分。

从这个角度思考如下问题是非常有益的,即坚持就立法建议进行公开和公共的论证,以及对这些提案的修正进行彻底辩论,这到底重不重要。公众审议营造了这样一种环境:某一措施的支持者必须说明为了共同善而将该措施纳入法律的理由。举个例子,我们可以想象一下,一名纳粹官员在1942年发表公开声明,主张将犹太人重新安置在德国之外,并对此作了一番论证。他提议将这些人驱逐出境,不只是为了单纯的重新安置,而且是为了用毒气系统地攻击并焚化这些人,这一提议在任何公共论坛上都是难以想象的。即使在这些事情实际发生的那个可怕的年代,即使是出自国内不可挑战的独裁政党的命令,对灭绝计划的公共辩护和承认也从来没有出现过。这是人类可能会做但却似乎无法承认的事。人们当然也不能以法律的名义和形式

---

〔13〕 近来根据法律制度理论对此所作的一个说明,参见 N. MacCormick, *Rhetoric and the Rule of Law*, Oxford: Oxford University Press, 2005。

承认他们的这一作为。

所有这些都进一步强化了如下结论,即尽管制度性法律与自主的道德之间存在概念上的区别,但任何可以被承认为法律的东西都必须满足道德上最低限度的要求。关于这一点的精确检验标准必须被实证化,例如,通过稳固的并可用于法庭裁判的人权立法这一手段。如果没有这样一个实证化的检验标准,最低限度就会是个一直有争议的问题,但当法官以及其他生活于腐败的法律制度下的人在面对道德两难时,以上在原则上所建立的限制仍然可以产生重要的实践后果。〔14〕

15.6 对"实证主义"与"自然法"的一些评论

关于立法机关颁布的一般法律规范,以及由执法机构和司法机构在实施法律时在其适当的权限内作出的具体的或个别化的决定,我已经评论过它们所具有的"被认为假定的"或"实证的"性质。制度性规范秩序的制度性特征一直是本书连续的主题,法律的"实证性"特征只是这一主题的另一种表达方式。确实可能存在某种道德准则或生活方式,它们有种类似的实在性或制度性特质,并且对于此类准则来说,"实在的道德"(positive morality)可能是恰当的名称。例如,一些形式的宗教仪式可能包括了一些这样的准则,但如果说宗教必然或者在大多数情况下都具有此种特征,则就是一种有误导性的说法。本书提出的自主的道德观与实在道德、实在法截然不同。如此理解的道德

〔14〕 参见 D. Dyzenhaus, *Hard Cases in Wicked Legal Systems*, Oxford: Clarendon Press, 1991。

必然不同于制度性法律。

但自主的道德向法律提出了某些要求,并赞成将“法律”这一称谓区别于那些绝对地违反任何合理的正义观的实在法。关于这一立场的论证已在本章的前两节中作了说明。根据这一分析,法律不必然是公正的,或在其他方面是善的。法律可能建立在对共同善的严重误解的基础上,但却完全满足法律自身对法律效力的内部测试。但也有一些道德上的最低限度的要求,如不满足这些要求,法律就会变成非法的。“不再是合法的,而是一种腐败了的法律。”此时,正派的人的责任就是尽可能地逃避、不服从甚至抵制它。在这种情况下,“严格地服从,自由地批判”这两部分都是错误的——人们根本不可能获得自由批判(“审查”)政府活动的机会,自愿服从的基础亦不存在。

被人们称为“法律实证主义”(legal positivism)的思想流派,至少其较强硬和严格的版本,[15]绝对地排除了这样的可能性,即法律的存在必须满足最低限度的道德要求。法律的实在性特征就是法律的全部。相反,服从法律的道德价值问题总是一个开放性问题。根据法律实证主义的这一观点,当前版本的制度理论是非实证的,或者如果你愿意的话,也可以说是“后实证主义”(post-positivist)的。[16] 反之,如果人类的思想领域必

---

〔15〕 关于“可分离性命题”(separability thesis)的讨论,参见 L. Greene,“General Jurisprudence:A Twenty-Fifth Anniversary Essay”,*Oxford Journal of Legal Studies*, 2005(25) : pp. 565-580, at pp. 570-573; 另参见 M. Kramer, *Law without Trimmings*, Oxford: Clarendon Press, 1994; W. J. Waluchow, *Inclusive Legal Positivism*, Oxford: Clarendon Press, 1999; 以及 J. Coleman, *The Practice of Principle*, Oxford: Clarendon Press, 1999。

〔16〕 关于“后实证主义”(post-positivism),参见 V. Villa,“A Definition of Legal Positivism”, in M. Pavcnik and G. Zanetti (eds.), *Challenges to Law at the End of the 20th Century: Legal Systems and Legal Science* (ARSP-Beiheft 70, Vol. IV), Stuttgart: Franz Steiner Verlag, 1997, pp. 22-29; V. Villa,“Legal Theory and Value Judgments”, *Law and Philosophy*, 1997(16): pp. 447-477。

须被划分为两个相互排斥的阵营,以至于任何人若是承认法律的存在必然要求某种最低限度的道德,则就属于实证阵营之外而在其对手阵营之内,那么,制度理论就属于其竞争对手阵营。这种对法理学领域进行二分的信徒,将任何不满足实证主义严格判准的理论都归入"自然法"范畴。他们会把当前的工作描述为"自然法"的一种版本。

事实上,这种二分法几乎无法揭示任何重要真理。本书的许多分析和论证源自我对哈特和凯尔森著作智识遗产的思考,他们两人的智识遗产被人们尤其视为法律实证主义的典范。在这些智识遗产中,特别是在国家法的实在性、制度性特征与道德的自主性特征之间的对比上,本书与哈特和凯尔森的著作的传统相同,并且,我希望本书构成对前人成果的一种推进。另外,这个时代的不同学者已经非常有说服力地证明,需要对哈特和凯尔森的实证主义的某些信条进行改进和修正。诸如约翰·菲尼斯(John Finnis)[17]、大卫·戴岑豪斯(David Dyzenhaus)[18]、德里克·贝尔维尔德(Derek Beyleveld)、罗杰·布朗斯沃德(Roger Brownsword)[19]和罗伯特·阿列克西(Robert Alexy)[20]等思想家,以各种各样的方式将他们自己的理论刻画为归属某个或另一个"自然法"学派。据我所知,罗纳德·德沃金(Ronald Dworkin)拒绝被归入自然法学派,但他在对实证主义的批判中提出了极其重要的观点。而且,托马斯主义自然法的

---

〔17〕 Finnis, *Natural Law and Natural Rights*, pp. 363–366.

〔18〕 Dyzenhaus, *Hard Cases in Wicked Legal Systems*.

〔19〕 D. Beyleveld and R. Brownsword, *Law as a Moral Judgment*, London: Sweet and Maxwell, 1986.

〔20〕 R. Alexy, *The Argument from Injustice: A Reply to Legal Positivism*, trans. by B. Litschewski Paulson and S. Paulson, Oxford: Clarendon Press, 2002.

伟大经典与17世纪和18世纪法学家关于自然法和自然法则的一些著作,[21]就法律和道德的性质问题提出了诸多洞见,这些是任何明智的人都不能忽视的。与其为回答“你是实证主义者,还是自然法学家”这一问题而纠结,不如直接拒绝以上源于对法律思想史误导性描述的二分法。“人的本性”或“事物的本性”在何种意义上能够支持有关良好道德原则或健全法律基础的争论,这一问题是我们在本书中不必深究的。制度性规范秩序的“自然”性质不是此处关注的问题,尽管至少从制度性规范秩序既非奇迹也并非不寻常的这一意义上看,它当然是“自然的”。

或许最明智的说法是,本书提出了一种制度法理论,并且,这一理论的灵感既来自先前自称“法律实证主义者”的一些思想,也来自“自然法”理论。如果说这一理论不是反实证主义的,那么,我们可以说它是后实证主义的。

---

〔21〕 可参见,例如 K. Haakonssen, *Natural Law and Moral Philosophy*: *From Grotius to the Scottish Enlightenment*, Cambridge: Cambridge University Press, 1996。

第16章　法律与价值：反思与方法

16.1　引言

本书开头章节简短地概述了它所涉及的领域，并简要描述了探究方式。它的结论是：

> 我目前从事的这种阐释性—分析性研究是否有任何价值，是一个值得商榷的问题。然而，与其在此坐而论道，明智的做法或许是：首先，按照制度法理论对法律进行阐释；然后，让那些带着各种目的阅读本研究的读者自己去评判这一研究是否具有启发性意义。

当时曾承诺，将在最后一章讨论本书关于方法的假定——实际上是关于方法论的假定，这构成本书主要命题的基础。现在是兑现这一承诺的时候了。

对这些假设的讨论有六个主要部分。第一部分处理的问题是:以定义开始讨论是否恰当,这是否蕴含了一种探究法律理论的强惯习主义(conventionalist)路径,如果这样,我们是否必然沦为“语义学之刺”(semantic sting)的牺牲品。第二部分试图说明,分析如何有助于实现解释性定义的解释目标,并处理这样一个问题,即此处的理论是否以某种不合时宜的方式反对多元化。第三部分提出了关于法律知识作为制度性事实知识之有效性的说明。第四部分提出了制度性事实也是解释性事实这一命题,并且借鉴核心意义理论和建构性解释理论提出了一种关于解释的说明。第五部分回到了理想的法律和社会现实之间的缝隙问题,并提出需要注意与法律制度相关的经验社会科学发现。第六部分驳斥了一种可能存在的质疑,即指责本章前五部分所提倡的方法是一种折中主义(eclecticism)或融合主义(syncretism)。因此,这样就可以清楚地得出最终结论——然后,再将关于法律学者的持续自我怀疑的讨论作为结尾。

16.2　定义、惯习主义与“语义学之刺”

本书的起点源自这样一个“解释性定义”:法律是制度性规范秩序。有人可能会说,以这种方式开始就是从一个严重的错误开始。例如,哈特曾多次警告不要把定义作为法律理论的起点或终点。在其就职演讲《法理学中的定义和理论》[1]中,他批

[1] H. L. A. Hart, “Definition and Theory in Jurisprudence”, *Law Quarterly Review*, 1954(70): pp. 37-58; 重印于 H. L. A. Hart, *Essays in Jurisprudence and Philosophy*, Oxford: Clarendon Press, 1983, pp. 21-48; 哈特认为:“尽管理论是受人欢迎的,但基于定义的理论增长却不是受欢迎的。”(第 25 页)

评了“传统的”属加种差(*per genus et differentiam*)定义法,这种方法将待定义词语归入一个更一般的属概念之下,然后,通过描述它的具体特征,将其与同一属概念之下的其他成员区别开来。哈特认为,对于那些自身就处于最高范畴的概念(拉丁语中的 *summa genera*),以及法律用语中典型的规范性术语来说,这种方法行不通。但可能存在阐明这些术语的其他方法,如边沁式的“释义”(paraphrasis)方法,即通过解说一个术语而不是直接对之下定义,来说明使用它的方法或路径。在《法律的概念》中,哈特以一种略微不同的方式回顾了同一主题。他认为,人们应当对我们称为“法律”的大多数情形或核心情形中出现的一些重要特点作出说明,并且用这些说明来澄清而不是严格地定义这一概念,同时容许如“法律”这样的术语不可避免地存在模糊性和开放性结构,并且还存在诸如国际法、原始法、习惯法这样的“边界情形”(borderline cases)。〔2〕除了一个值得注意的例外,〔3〕在过去的50年里,对定义的此种哈特式的批判已经建立了一个在英美法理学家中广为接受的方法论实践。然而,它也仍然面临挑战。

“规范性秩序”这一属概念〔4〕显然是一个比“法律”更一般

〔2〕 Hart, *Concept of Law*, pp. 12-15. William Twining 分享了这一观点,并证明了卡尔·卢埃林在这一方面领先于哈特。参见 W. Twining, *Globalisation and Legal Theory*, London: Butterworths, 2000, pp. 79-80。

〔3〕 参见 R. Moles, *Definition and Rule in Legal Theory: A Reassessment of H. L. A. Hart and the Positivist Tradition*, Oxford: Basil Blackwell, 1987。在一种不同的传统中, Robert Alexy 用一个(总结性)定义作为结论。Robert Alexy, *The Argument from Injustice*, trans. by S. Paulson and B. Litschewski Paulson, New York, NY: Oxford University Press, 2002, pp. 127-130.

〔4〕 Hans Kelsen 也使用了规范性秩序这一概念(我确实受惠于他)——参见,例如 Hans Kelsen, *General Theory of Norms*, trans. by M. Hartney, Oxford: Clarendon Press, 1991, pp. 214-215,这是众多例子中的一个。

的范畴,因此,将法律界定为一种特殊类型的规范性秩序,是明显具有可能性的。如果“制度性”这一区别性特征有可能得到令人满意的解释,那么我们前进的道路似乎是非常清楚的。当然,解释“规范”、“规范性秩序”和“制度性”的方法可能是晦涩的,或者是循环的,或在一定程度上让人感到困惑或混乱的。如果是这样,那将是解释性定义旨在追求的解释在执行过程中出现的缺陷,却不能证明它作为一种方法是不适合的。不管怎样,本书的第 1 章和第 2 章似乎没有任何这方面的缺陷。

边界情形的存在也很难构成一个异议,因为就像“法律”可能存在边缘情形一样,这些情形也可能是制度性规范性秩序的边缘情形。开放结构既是待解释术语的一个特征,也是解释性术语的一个特征。而且,由于解释性定义在一定程度上具有规定性[5]——选择待定义术语的某一特定含义,并仅对此加以解释——很容易说明与这一词语规定意义相关但在此意义之外的其他意义。如导言部分提到的和第 14 章所论证过的,“道德法则”意义上的“法”涉及规范性秩序,但不是制度性规范性秩序。科学法则意义上的“法”涉及的是自然界中某些可辨明的因果顺序,而不是一种规范性秩序。一个好的说明性定义可能会以此种方式帮助而非阻碍我们更敏感地理解这一词语的其他相关

〔5〕 确实存在所谓的“道德规定”,参见 Andrew Halpin,“Concepts, Terms, and fields of Enquiry”, *Legal Theory*, 1998(4): pp. 187, 195-198。参见 Richard Robinson, *Definition*, Oxford: Clarendon Press, 1964。Robinson 使大家注意到一种他认为最好被描述为“分析”的“真正定义”(第 171~180 页)。后来,他又补充说,这可能导致综合,并且导向提升概念的尝试,“就像分析概念,概念的提升经常是一件十分困难的事……概念的每一次改进,都伴随着重新定义表达概念的词语的规定”(第 187 页)。这里提出的“解释性定义”就是本着这种精神提出的。Brian Bix 对“概念定义的(各种)目的”的描述似乎也与目前的方法兼容,甚至可能是支持了当前的方法,参见 B. Bix, *Jurisprudence: Theory and Context*, London: Sweet & Maxwell, 4th edn., 2006, pp. 19-25。

但不相同的意义。这种定义会承认,在像英语这样的自然语言中,存在关于像"法"这类概念性术语的意义与用法的不固定惯习,但定义并不受限于此惯习。

秩序井然意义上的"秩序"作为解释中的一个要素,并不存在什么特别的麻烦。当我们回到规范或规范性概念上来时,就找到了一个可以被熟悉它的人们所能够理解的基础,并且,这个基础会被人们用某种类似于实指定义(ostensive definition)的东西挑选出来,但这并不会使它成为更高层次上的说明性定义的主题。我们将在后文的16.3再回到这一点上。

同时,让我们观察说明性定义与"什么是××"这一问题之间的关系。"什么是法律?"——"它是制度性规范秩序,现在,我要向你解释这些术语的意思。"在这两句话中,前者是一个明白易懂的问题,而后者是一个可理解的、相关的以及可能具有启发性的答案。如果解释工作开展得顺利,提问者将会获得关于法律体系组成要素的洞见。他(或她)将获得一种新的或得到提升的能力,以挑选和理解法律与法律体系的特征——那是许多国家的法律和法律制度的共同之处,尽管也存在许多地方性差异。他们还将能够理解,这些要素对于许多不是国家的组织来说也是通用的,这些组织可能以不同的方式类似于国家。这不是一个非常了不起的能力,但如果这种解释具有丰富的结构,它就可能产生很多新的洞见和智慧。[6]

我们可以对比一下另一种"法律是什么"的问题。"Vo夫

---

〔6〕 难道这就是Brian Tamanaha在《一般法理学》第135~145页所描述和驳斥的"本质主义"主张吗?这并不是说要在传统上所讲的法律中发现一个单一的本质。但它确实依赖于对价值的看法,通过在国家和其他部分国家形式的组织中对规范性秩序加以制度化,从而实现这些价值,这很重要。我认为,法律的本质在于应当去实现这些价值,而不在于其他什么地方。这就是下文16.6中要讨论的"焦点意义"问题。

人因他人的过失与疏忽而终止妊娠,她基于她所失去的孩子的生命权利而寻求救济——在这个问题上,法律是什么?”[7]此处,提问者试图在一个被假定的管辖范围内寻找一个具体法律问题上的答案。发问者只能从了解或是可找到相关公约、律例、先例、原则等之类的规定的人那里获得令人满意的答案,他们能针对与这一实际或假想案例有关的问题,提供令人信服的或至少具有合理说服力的解释,并把它作为这个问题的答案。罗纳德·德沃金曾论证说,“什么是法律”这个问题,根本就没有什么意思,也很无趣,它至多是乔装打扮的第二种实践问题。[8]这肯定是一种误解。一旦我清楚了制度性规范秩序是什么,我就能知道其中所包含的规范如何影响具体实践问题。事实上,我能够继续提出和回答这些实践问题。但这些实践问题的理论背景不同,一个理论问题的好答案,并不蕴含着法律生活中可以被提出来的、无穷的实践问题的好答案,而实践问题的好答案也并不蕴含着理论问题的好答案。[9]

强调当前路径和惯习主义路径之间的区别非常重要。这样

---

〔7〕 参见 Vo v. France ECHR no 53924/00, § §41,62-64,70,84。根据欧洲人权法院大法庭的意见,作为欧洲人权法的一个问题,在这种情况下没有任何补救办法——见前文第 5 章注释。

〔8〕 R. Dworkin,“Hart's Postscript and the Character of Political Philosophy”, *Oxford Journal of Legal Studies*,2004(24):pp. 1-37,at pp. 3-5,19-22.

〔9〕 Halpin 也主张,法律理论家一直错误地以这种方式分离理论和实践问题,将太多的精力放在前一个问题上:“法律理论的适当角色是什么?首要的任务是澄清法律表达和解决争议。由此而来的进一步角色是,在持续的法律实践中阐明该决议可能采取的潜在方向……”参见 Halpin,“The Methodology of Jurisprudence: Thirty Years off the Point”,*Canadian Journal of Law and Jurisprudence*,2006(19):pp. 67-105,at pp. 91-92。后一个任务当然是一个紧迫的任务,我在 *Rhetoric and the Rule of Law* (Oxford:Oxford University Press,2005)一书中也论述了这一点,但在我看来,这似乎是预先假定了在本书中尝试的那种理论,而不是使它变得多余。

做也将使我们避免堕入“语义学之刺”(semantic sting)。[10] 显然,任何定义都是与词义有关的,都是关于待定义的词语指涉什么的。当定义问题作为一种传统的语义学问题(“词典式定义”[11]问题)被提出来时,就具有了终止谈话的性质。“你为什么说天空是蓝色的?”“这正是蓝色的意思——存在一个颜色的范围,在英语中可以正确地称为‘blue’,白天无云的天空就是蓝色之一例。”论证结束。只要我们像字典编纂者那样参与或尝试记录并准确地报告语言运用的习惯,这种终止谈话的性质就得到了适用。就给定词语而言,如果它们是正确的,那么,这就是这个词的意义(或意义之一),没有更多可再讨论的了。我们可能想研究一个术语在习惯上指涉的现象,并尝试对这些现象进行更好的理解。但是,习惯上的(或“词典式”)定义不可能对理解现象做出任何贡献,而这种现象可以称为“法律”的原因已经被给出——这就是这个词在英语中的意思。

重申一遍,说明性定义并不是那种意义上的惯习主义。[12]“法律是制度性规范秩序”作为说明性定义,并不打算依赖传统语义学,也没有打算报告一些有关普通英语使用者或甚至是了解法律的普通英语使用者语言用法的发现。说明性定义绝不终

---

〔10〕 这是 Dworkin 所提出的术语,用来指代当前段落中所考察的那种停止对话的定义策略。See *Law's Empire*, p. 45:“对于‘争议是什么样子’与‘争议何时可能发生’,怀有特定图像的人们,都是语义学之刺的受害者。这些人认为,我们彼此之间,在下述条件下始能存在有意义的争论,即若且只若我们所有人在决定我们的主张何时有效时,都接受与遵从相同的标准。”(中译本参见德沃金:《法律帝国》,李冠宜译,时英出版社 2002 年版,第 48 页。——译者注)我个人认为,讨论这些标准并解释采用这些标准的原因是有价值的;但这并不是说事先就它们达成协议是必要的,也不是说与拒绝它们的人们对话是不必要的。

〔11〕 R. Robinson, *Definition*, Oxford: Clarendon Press, 1964, pp. 35-58.

〔12〕 因此,当前的进路拒绝了 Tamanaha 所提出的惯习主义。Tamanaha, *General Jurisprudence*, pp. 166-170.

止对话。它们的成败取决于为它们提供支持的解释的质量。提出这样的定义，就是要从该主题中获得最好、最吸引人、最具启发性的叙述，并据此说明，为了正在进行的理论探究，这个术语应该以何种方式被使用。听众理解和评价这一说明的能力依赖于其成员已经对所定义的术语有了某些建立在约定基础上的前理解（pre-understanding）。或许对于任何特定的人来说，这种前理解存在或多或少的特殊性。对于这些人来说，问题在于：这一说明性定义和支撑性说明确实提供了丰富的理解，或许是某种相较于他（或她）的出发点或前理解而言的不同理解。这种增强版的理解与在法律领域回答实际问题所需的洞察力、技巧和说服力不一样，尽管我们不太可能证明理解和技巧是完全相互独立的。

16.3　分析性说明与法律多元主义

本书所使用的说明方法一直是分析性方法。由于法律应该被视为一种"规范性秩序"，我们对它的说明必须首先解释规范性秩序的要素有哪些。这些要素是规范，它们（在一定程度上）得到遵守，就会使人际行为在一定程度上变得井然有序。其次，必须对制度和制度化进行解释，从而构建"制度性规范性秩序"的概念。如果背后的"规范"与"规范性秩序"的观念不够清楚明白，那么所有这些解释都会失败。此处的"规范"是非常成问题的术语，并非作为与"混乱"相对应的"秩序"。我们确实会遇到那些被用于解释的东西，其本身却不能用同样的方法来解释。第1章通过邀请读者反思他（或她）在日常生活的这种或那种场景中所熟悉的活动,从而处理了这一难题。这个活动就是在某个服务点排队,等待以"先到先得"为原则而提供的服务。这是一个相互协作的问题,即在一个相对狭窄的范围内,使相互协作比其他情况下更有秩序、更少危险,或更少陷入混乱状况。

人类是彻头彻尾的规范使用者,能够通过一起遵守共同的规范,实现他们之间的某种自愿形成的秩序。他们也能理解这一点,并反思他们这样做的方式。我们能提供的最好的说明,是使读者或听众了解到某个足够生动的例子,以使他们能从自己的经验中证实普遍的人类经验的这一特殊方面。任何阅读本书至此的人,一定至少能有意识地读一本书并对其论证进行评估。这样的人就像排队情形中的人一样,能够反思建构语言的那些规范,或批判性地解读文本。

众所周知,大卫·休谟将"是"与"应当"的区分引入哲学讨论,解释的困难之处在于说明这个区分是什么。[13] 托马斯·里德(Thomas Reid)承认这一点,但他明确地表示,任何懂英语的人都不需要有关如何使用"应该"或者"是"这两个词的解释。对于我们来说,这是一个十分明显的区分。[14] 当然,当我们考虑的是像排队或者说话这样的实际例子时,这一点尤为明显。一个人可以将一些提示汇聚起来,希望它们使其他人能够注意

---

〔13〕 D. Hume, *A Treatise of Human Nature*, ed. by L. A. Selby-Bigge, revised P. H. Nidditch, Oxford: Clarendon Press, 2nd edn., 1978, pp. 469-470, Book Ⅲ, Part I, s. 1, last three paras..

〔14〕 T. Reid, *Essays on the Active Powers of the Human Mind* (with introduction by B. Brody), Cambridge Mass and London: MIT Press, 1969, pp. 470-471, Essay V, ch. 7. 他回应了休谟的要求——"应该与不应该需要被解释",Reid 说,"作为一个懂英语的人,肯定没有比这更不需要解释的词了。难道人们不是从小就受到教导,要求他们不应该说谎、偷窃或者发假誓?"

到他(或她)已经意识到这一区分,但对于那一区分是什么又不是很清晰。就规范而言,对于那些仍存困惑的读者,我给的建议只能是:比之前更加聚精会神地进一步阅读本书的第1章。

那么,什么是制度化?根据第2章的建议,每当我们遇到两个或多个层次上的规范性活动时,就会发生这种情况:那里存在的不仅是一个队列,而且还存在一个管理队列的系统(例如,带有编号的滚动条),还有队列管理员,他们根据队列管理规则,确保客户在轮到他们的排号时能得到服务。作为以权威性方式发布的规则,规范正是依赖于这种分层次的实践而存在的,因此在这一场景中,我们既可以找到规范提供者也可以找到规范使用者。尽管如此,对规范的最基本的理解应该是从规范使用者的角度进行的,因为我们可以设想许多使用规范的场景,在这些场景中,并不存在任何制定规范的权威,但相反的情形,即只存在规范制定者却并不存在规范使用者的情形,却是不可想象的。汉斯·凯尔森在英勇地解决了"应当"这个"大谜团"之后,〔15〕逐渐背离他最初形成的洞见,并在后来的著作中尝试将规范作为命令来解释,〔16〕寻求重新打开一个实践哲学史上——更具体地说——是法哲学历史上的死胡同。哈特在其著作中处理了受规则支配行为的"内在方面",即从使用者的角度出发理解规范,在此方面,他做出了巨大的贡献。也许在他后来的《断然性理由》(*Peremptory Reasons*)这篇文章中,〔17〕也表现

〔15〕 参见如下著作中的参考文献,MacCormick, *Questioning Sovereignty: Law, State, and Nation in the European Commonwealth*, Oxford University Press, 1999。另参见 Kelsen, *Hauptprobleme der Staatsrechtslehre*, Tübingen: J. C. Mohr, 1911, p. 441。

〔16〕 H. Kelsen, *General Theory of Norms*, trans. by M. Hartney, Oxford: Clarendon Press, 1991, pp. 1-3.

〔17〕 H. L. A. Hart, *Essays on Bentham*, Oxford: Clarendon Press, 1982, pp. 253-255.

出偏离了自己最好的见解,但其偏离的程度从来没有达到凯尔森那种程度。

不管怎样,既可以从小范围上来看制度化,也可以从大范围上来看,例如,一个国家的宪法,或一个超大的国际组织或超国家组织的创始性条约和宪章。这里没有必要重复第3章所涉及的细节。然而,值得强调的是宪法所占据的核心地位,宪法被采纳为(或在像英国那样的少数情形中)或是逐步发展为,[18]界定、授权各种制度性国家机构的框架性规范,并为这些机构可以行使的权力划定界限。这不是一条"承认规则",尽管被宪法赋予权力的每一个法院都可能被视为按照某些标准来运作,这些标准确定了它们应当适用哪些规则和原则。宪法是一套通常以明确规则形式出现的创制和授权的简明连锁规范,它由那些总是富有争议性的意识形态基础所支持,这一意识形态的基础是由法官和法学家以"宪法原则"或"宪法的基本价值"的形式加以阐明的。

为什么有些正式采用的宪法实际上是功能性的?当宪法确实发挥作用时,是什么使其发挥作用?显然,是那些认同宪法的人们的意志使其发挥作用的,当这种人足够多,并就意识形态基础达成了充分共识(尽管从来没有达成完全一致),宪法就发挥作用了。然而,无论是通过明确表达的方式,还是通过默示的方式,这些人赞同的是这样一种共同规范,即他们都应尊重宪法,而且任何人必须根据宪法准许的条款行使公权力。有意识地分享这一规范(不一定是明确表达的,或使用所有参与者相同的术语表达),相当于存在一个惯习(类似于第一章考察的未

〔18〕 E. Wicks, *The Evolution of a Constitution: Eight Key Moments in British Constitutional History*, Oxford: Hart Publishing, 2006.

清楚阐明的排队规范)。这种惯习可以用一些这样的术语来表述:“根据既定的原则,每个S国的人都应按照宪法C来保证国家发挥其职能。”人们可以非常恰当地称为一条基础规范。凯尔森在用“意志行动”(act of will)解释规范时陷入了困境。他争辩说,只有惯习得到了某种规范的授权,它本身才能创造规范。[19] 采用规范使用者的视角来说明规范和规范性的现实情况,可以修正这一错误。这样做还使下面一点变得清楚起来:尽管在任何宪法正常运转的情形中都预设了基础规范,但基础规范不只是一种预设,它还是活着的惯习的内容,是一条可以被阐释为明确规范的惯习。

对于宪法和基础规范的这些反思,可能会招致一种新的批评。即如此提出的理论可能被定性为反对多元主义,它过于狭隘地聚焦于作者自己所处其中的国内法或亚国家的法律,并将其他国家的类似的法律形式归并于“西方”法律传统中。[20] 这是否是威廉·特文宁所斥责的那种“国家与西方”的法理学进路?在公认的法律和经济活动全球化的时代,难道不应有更广阔的视野吗?我们是否应继续将国家视为法律人自然关注和必须关注的焦点,而忽视当今世界上存在的许多其他形式的规范性秩序?如果这一批评被认为是公正的,那将是令人痛心的,因为目前的著作属于“法律、国家和实践理性”系列,其旨在(除了其他方面)促进确认法律秩序能在何种程度上“超出主权国家”

---

〔19〕 Kelsen, *Pure Theory*, pp. 225-226;一个截然不同的,但更为可取的观点,参见 J. Bjarup, “Social Action: the Foundation of Customary Law”, in P. Ørebech, F. Bosselman, J. Bjarup et al. (eds.), *The Role of Customary Law in Sustainable Development*, Cambridge: Cambridge University Press, 2005, pp. 89-157, especially at pp. 135-151。

〔20〕 W. Twining, “Comparative Law and Legal Theory: The Country and Western Tradition”, in I. Edge (ed.), *Comparative Law in Global Perspective*, Ardsley, NY: Transnational Publishers Inc., 2000, pp. 21-76.

之外。以此种方式,本著作旨在促进支持法律多元的当代思潮,而不是阻挠它。[21] 在这本书中反复提到的一点是:我们能在国家之外的很多场景中发现作为制度性规范秩序的法律。之所以如此,既是因为国际组织和跨国组织发展出了超越国家边界的法律,又是因为许多活跃于民间社会的组织拥有自己的内部制度安排。国家确实会主张相对于这些组织(如教堂、国际体育组织)的优势地位,但是,这些组织不需要(有时也不会)反过来承认国家主张的这一优势地位。国家代表第 3 章讨论的那种典型的制度性规范秩序的一种形式。古代和现代的帝国、封建王国、绝对君主制和部落社会,它们没有相同的制度性框架,但这并不意味着,它们没有制度性框架和制度性规范秩序。对于当代神权国家来说,情况也是如此。

法律作为制度性规范秩序,在形式和内容上有多种变化。此外,正如我一再说过的那样,这里不提倡在非制度性秩序的语境中,或事实上的(在科学法则的例子中)非规范性秩序中,放弃使用"法"一词。一部法理学著作的作者不能、也不应该试图对某种流动的和不断进化的自然语言(如英语)的丰富性和创造性歧义加以禁止。在日常用语和更具科技性的文献中,既存在有趣的类比,也存在不同类型的"法"之间的差异。

然而,在我们目前居住的世界中,国家在公共权力的表达和管理方面发挥着非常突出的作用,这一点仍然是真的。因此,可实施的法律和据此可实施的权利,往往就是被国家法庭和机构承认和接受的那些法律与权利。这意味着,对许多人来说,国内法仍然非常重要,并且对于大多数从事法律职业实践的人来

---

〔21〕 关于多元主义,参见 Twining, *Globalisation and Legal Theory*, pp. 224 - 233; Tamanaha, *General Jurisprudence of Law and Society*, pp. 192-200。

说,国内法自然是中心关注点。这就证明了这里采用的方法是正确的,它并不是没来由地把“法律”或法律的概念局限于一个国家或所有国家,而是提出一个理论,借此可以看到国内法的相对实践重要性。

16.4 法律知识与制度性事实

本书有几处认可了尼克拉斯·卢曼系统论命题的力量,即任何交往和交往性活动系统都基于某些根本的二元区分而运作。这里提出的制度理论建议了正确与错误之间的区分,更严格地说,是在不法与合法之间的区分,将之作为规范性秩序中最基本的区分。当然,在成熟的法律体系中,可以进一步区分可罚的刑事不法行为和会导致民事救济的各种民事不法行为。此外,对于包含两层或两层以上层次的制度性秩序来说,除了存在合法和不法这一区分外,还存在权力。这将有效/无效这一对立作为一个独特的规范性判断维度引入进来。

我们能借助“不法”界定“义务”,义务包括避免实施任何不法行为之义务,以及去做那些若不做即为不法之事的义务。处于特定情境下的一个人应向另一个人担负的义务,可以被理解为:如该人违反这一义务,则为不法,这使我们能够理解什么是“消极权利”(passive rights)。既然一个人可以去做并非不法之事,那么,积极权利或自由的观念就可以简单地通过对“义务”的否定来表达。这一切的前提是,我们可以确定权利和义务的承担者,以及权力的潜在执行者。法律给这些人穿上了“人格权”这一衣服,根据人的不同类型与条件赋予其各种不同的权利能力。法律也可以根据其目的来定义什么是“物”,并广泛地规定对物的权利、物上的权利和内在于物的权利。从这一点出发,我们构建了财产与所有权的概念,以及与之相关的概念。

但是我们真的“有”权利、义务或者权力吗?当我们把责任、权利、自由、豁免、权力等归属于人时,会发生什么?将这些地位或关系(或关系属性)归属于人,表达了对事实——本书开头定义的“制度性事实”——的判断。每一个“人”是单个的或集合性的实体,我们认为其满足了法律规定的、作为某种相关地位的人应具备的条件。每当我们把法律地位、与他人的法律关系(如一项义务),或某种同时包含人与“物”的复杂财产关系归属于人时,我们就是在解释和应用相关规范。我们还依赖于对事实情况的理解,这种理解是以我们对规范的解释为基础的。

因此,我们回答了本书提出的一个基本问题,即法律知识是否是可能的,法学院是否真的有权利在学术和科学机构中享有一席之地。对于这两个问题,答案皆为“是”。法律知识源于对作为概念性范畴的法律的解释性探究,以及对法律的不同部门和子部门的解释性探究。法律包括公法(包括欧洲的制度性法律、国家宪法、区域宪法、地方政府法规和行政法)、刑法(包括总则部分和针对特定种类犯罪的法律,以及刑事证据和程序相关法律)、私法(包括人法、继承法,关于义务的法律——基于侵权、合同和赔偿——财产法、信托法、公司法和商法,以及民事证据和程序相关法律)。第 10 章至第 13 章已经在一个抽象和一般理论层面上,说明了从这些领域发展出来的知识的特点。

德沃金在 2001 年的哈特讲座中,对分析法学提出了挑战——“如果这是描述性的,它是对什么的描述,是以何种方式进行的描述?"[22]关于制度性法律的陈述,或者对司法、法律建议或法教义产生的法律的陈述,描绘了某个特定地方的国家及其制度,或者某些其他非国家制度性实体。对法国法律的描述,如果准确的话,可以告诉我们,就我们正讨论的主题而言,法国当前的状况是怎样的。对苏格兰法(苏格兰作为一个次国家政体)的描述,和对欧盟法(欧盟作为一个跨国家政体或联邦)的描述,除了在细节上有所不同之外,大体上也同样如此;或对罗马天主教教会法的描述(教会作为非国家宗教组织)也是一样。

这既不等于也不依赖于一种关于法语、英语、教会拉丁语或其他语言的语用学理论。制度法理论展示了如何在相关国家或其他政体或组织的背景下,准确或令人信服地描述制度性事实。如果没有关于此类制度旨在实现的价值的严肃评估,这一理论就无法被提出来。这实际上就必然要考察在假定场景中,这些价值的最佳实现方式是什么。但这里的"法律"不是唯一存在问题的解释性概念。对于那些作出法律判决或辩护的人来说,法律是最高实践范畴。而对于那些从事法教义或法哲学研究的人,以及那些对法律的认识论基础作出说明的人来说,学术(或在某些文化中的"科学")是最高实践范畴。[23] 法律中隐含的价值对法官和律师有必要的和适当的激励和说服力,而对学术或科学研究某一分支学科的主题加以客观的理解,这一理想是对好的学术研究的最高指导和辩护。法官的天职是在具体案

〔22〕 R. Dworkin, "Hart's Postscript and the Character of Political Philosophy", *Oxford Journal of Legal Studies*, 2004(24): pp. 1-37, at pp. 9-12; 对德沃金的回击,参见 A. Halpin, "The Methodology of Jurisprudence: Thirty Years off the Point", *Canadian Journal of Law and Jurisprudence*, 2006(19): pp. 67-105, at pp. 76-77。

〔23〕 参见 J. Dickson, *Evaluation and Legal Theory*, Oxford: Hart Publishing, 2001。

件中追求正义,学者的天职是去理解。

对像法律这样的实践范畴的理解,是承载着价值的,其原因尚待彻底研究。要建构或理性地重构对处于某些司法管辖权内的某些法律部门的说明,人们当然必须阐明那个对法律体系来说必不可少的价值要素,而且必须指明,为进一步发展这些价值而开发新论证的可能性是什么。人们必须坦率地面对其不足之处,并且了解改进或修正的可能性。随机举几个小例子,对于有关恢复原状、行政行为的司法审查,或公司刑事责任的法律来说,仅靠列出法律报告或法规汇编的索引以及复述相关文本,是无法揭示这些法律的真相的。人们必须以与本书第三部分所指出的方法相同但更为细致的方式阐明基本概念。人们必须考察法规和准备性材料——委员会或议会委员会的报告、政府部门的解释性备忘录,甚至是立法辩论文本。人们还必须考虑司法判决,以及详细阐述法官认为在为他们的决定进行证立时必不可少的原则和价值观。人们必须,或者至少可以,为迄今为止在这一领域发展起来的法律材料提供更加协调或全面的理由。人们当然可以注意来自其他法律体系的比较材料,这些材料表达了或可能更好地表达了关于所涉问题之深层合理性的有说服力的观点。相关的教训也可以从法律史中学习到。鉴于这些材料的范围非常丰富,根据处于其背后的原则和价值,对之进行理性的重构,就可以得出对其中发挥作用的规则的批判性说明。〔24〕这可能预示,未来的法律解释会纠正当前理解上的异常,包括当前司法实践上的异常。这一工作就要求我们运用创造性智

---

〔24〕 参见 R. Alexy, *A Theory of Constitutional Rights*, trans. by J. Rivers, Oxford: Oxford University Press, 2002, pp. 6-10。阿列克西根据他对法教义概念的理解,讨论了它的“分析性、经验性和规范性”要素。

慧,为特定法律分支中使用的概念提供有说服力的理论,然而,这仍然要求一定程度的超然态度。

因此,法律学术研究成果是关于法律规范(规章、原则等)和法律关系的知识,以及与有关它们一般追求或特别追求的价值的知识。这种知识总是与某个国家、政体或组织相关联。像所有种类的规范一样,法律规范是奥塔·魏因伯格(Ota Weinberger)所概括的"思想对象"(thought-objects),[25]而不是宇宙中的实体。它们属于卡尔·波普尔(Karl Popper)所称的"第三世界"(World Ⅲ)。[26]也就是说,尽管法律规范不是物质世界的一部分,但它们真实存在,我们通过诸如物理、化学、生理学等自然科学来理解物质世界。法律规范作为通过解释可被人类所理解的主体间意义的要素而存在。它们不是任何人在任何特定时间的精神状态的一部分。它们也不是用来储存解释对象的物理载体。莎士比亚的戏剧《哈姆雷特》、牛顿的《自然哲学的数学原理》、爱因斯坦的《相对论》并不等同于被印刷出来的任何一本具体的书。无论在某个给定的时刻是否有人正在阅读或思考这些著作,或正在将之呈现于舞台,或者正在用实验以证实理论,它们都以同样的方式存在(作为戏剧或者作为对物理原理的科学阐述)。这同样适用于1953年《金融法案》,或者是1977年上诉案件法律报告第37页上所记载的理由。法规和法律报告并不等同于对它们加以记载的任何文本,并且,无论是否有人

---

〔25〕 O. Weinberger, in N. MacCormick and O. Weinberger, *An Institutional Theory of Law*, Dordrecht: D. Reidel & Co., 1986, pp. 32-38. 此处讨论了作为"思想对象"的规范。

〔26〕 K. Popper, *Objective Knowledge*, Oxford: Clarendon Press, 1973, ch. 4; 参见 Ota Weinberger, "Facts and Fact-Descriptions", in MacCormick and Weinberger, *An Institutional Theory of Law* ch. 4; 另参见 P. Morton, *An Institutional Theory of Law*, Oxford: Clarendon Press, 1998, pp. 3, 12, 58。

想到了法规和法律报告或按照它们的要求或授权行事,也无论是否有人在当前案件中运用那个先例,它们都存在着。法规和法律报告不占据任何空间,但它们在时间中持续存在,或者对于已被废除的法令或已被否决的先例来说,是曾经如此地存在过。

这样的虚构如何能被看作真实的?部分答案在于:去思考一下物理世界中发生的变化,即那些真实发生的事件,那些只有基于某些事件才能得到说明的插曲,在这些事件中,一个人的行动能被理解为遵守规范、表演戏剧或者进行一个实验以验证一个理论。如果不参照"第三世界"的对象,将完全无法理解在"第一世界"中发生的事件的原因,无法理解发生的事件的性质。

隐含在以上论述中的是如下重要真理:制度性事实也是解释性事实。[27] 有关它们在个别情况和一般情况下的论断可以是有争议的,并且,争议的解决需要对法律规范——法律规则和原则——给出具体形式的潜在的价值作出判断。因此我们得到的结论是:当我们寻求理解事实和事件的法律意义时,必须关注那种最为重要的解释,即参照作为"制度性事实"的法律形成的解释。

16.5 法律、国家与公民社会——"核心意义"与"建构性解释"

在本书的第一部分和第二部分做了分析性工作之后,本书

---

〔27〕 德沃金将"解释性事实"视为与"制度性事实"相对应的范畴,参见 Dworkin, "On Gaps in the Law", in P. Amselek and N. MacCormick (eds.), *Controversies about Law's Ontology*, Edinburgh: Edinburgh University Press, 1991, pp. 84-90, at p. 85。基于本书所解释的理由,这一观点是正确的。

的第三部分代表了综合的时刻。我在那里讨论法、国家和公民社会时曾建议说,必须借助其背后的价值来说明法律,特别是像公法、刑法和私法这样的部门法。如果一个国家的官员从共同善而非他们的私人利益出发而行动,那么,这个国家才真正具有价值。这样的国家中,在那些行使公权力的人中间存在制衡,这能够确保法治作为人类自由的一种条件。

只有从这一视角出发才能理解公法。为了实现具有这种或那种优点的合理的正义理念,对制度化的人权的尊重,是在人与人之间实现正义的条件,尽管这不是实现人与人之间正义要求的所有东西。只有从这个角度出发,才能完全理解以宪法或其他方式对基本权利所做的保护。对于保护构成公民社会文明条件的共同预期的相对安全来说,一个有效和恰当运作的刑法和刑事司法制度是必不可少的。只有从这个角度来看,刑法才是完全可理解的。私法既保证了私人生活和家庭生活的基础,又使以交易为基础的市场经济成为可能。只有从这个角度来看,私法才能完全被理解。公法体系旨在通过税收以及建立规定禁止行为的监管机制来实现分配正义,它决定了在何种程度上一个市场经济可以被描述为"社会市场经济"。许多政治辩论与冲突涉及社会正义或分配正义问题,还涉及这样的问题:政府在公民自由地通过合同所确定的义务上强加某些适用条件,此种做法在何种程度上是适当的或明智的。正如罗杰·科特威尔(Lord Stair)在一篇令人印象深刻的、关于早期现代法律制度的论文中主张的,从广义上讲,"实在法的三个原则(是)社会,财产和商业",这可能是正确的。[28] 但我们需要注意,在如

---

〔28〕 James, Viscount Stair, *Institutions of the Law of Scotland*, D. M. Walker (ed.), from the second edition of 1693, Edinburgh: Edinburgh University Press, 1981, I. i. 18, p. 91.

何平衡社会需求(社会团结)与商业需求(商业自由)的问题上,一直存在争议,因而,由此产生的产权制度打上了这种平衡的色彩——对于法律义务来说,同样如此。所有的市场经济都具有社会性特点,但它们具有这一特点的程度并不完全相同。

如果所有这些都是正确的,那么,要对法律性质以及任何现代法律制度的性质给出融贯的叙述,就必须认真对待法律事业固有的非常一般的价值。然而,这似乎在质疑法律学者或法哲学家是否有能力发展客观的知识体系。据称,客观知识必须是价值中立的,因为所有的价值都是人的主观性的表达。由于任何法学家的价值观念都是主观的,他(或她)对于法律的说明都会导向某些价值,因此,必然会击败任何宣称法学家的观点具有客观性的主张。

我们需要正面应对这一挑战,因为它适用于对法律之内或法律之外的任何人类活动或制度的研究。经济学只有在如下假设基础上才有意义,即人们对价值的追求是理性的。因此,理性是一个价值,即使经济学家会满足于用理性人碰巧拥有的偏好来表示他们所追求的其他价值。艺术不能简单地被理解为那些偶然被收集到我们称为美术馆的这一机构中的物品,艺术家也不能简单地被理解为那些只关心如何生产此类物品的人。艺术是一种审美价值的表达,只有通过反思什么能被理性地表达为审美价值,才能明白艺术的本旨。教育不仅仅是碰巧发生在“学校”或“大学”中的训练和教授课程的体系,它主要是关于如何发展与传播有关人类与自然界的知识与理解,如此的知识和理解对人类有价值。好的教育能成功地传授这些知识与理解,糟糕的教学却无法做到这一点。除非借助我们的研究对象中卓越的与运转良好的实例,否则我们不能知道什么是汽车、绘画或地理课。如果"智慧设计论"(intelligent design)是一种站得住脚的科学立场,能为理解生命科学提供一种严肃的进路,那么,它就可以被恰当地纳入学校的科学学科教学大纲之中。但如果它是一门伪科学,把教条的神学包装成达尔文进化论的有力竞争对手,那么,智慧设计论可能只是思想史上的一类主题,而不能被恰当地包括在一个受人尊敬的学校或大学的科学教学大纲中。如果我们不能进行价值判断,并为之提供理由,我们就不能决定它是什么。[29]对于这些理由的分量,即使是善意的人们也可能会持有不同意见,但那并不意味着,在这些理由之中没有什么好选择的。

对人类社会领域中的说明和理解活动特征的这种表达,在很大程度上要归功于约翰·菲尼斯的工作,而他自己承认是曾受益于马克斯·韦伯的工作。[30] 对概念性术语的说明,必须建立在菲尼斯所称的"核心含义"(focal meaning)基础上。所有的人类活动或者事业都表现在各种各样的形式和实例中。有些实例似乎比其他的实例更像是这一活动或者事业的更清晰、更核心、更"焦点"的实例。这是因为这些实例更好地体现了人们认为的、这一事业致力于实现的价值。我们至少可以在德沃金提

〔29〕 参见 John E. Jones 法官最近作出的决定,Ⅲ in Kitzmiller v. Dover Area School District (2005) WL 578974 (MD Pa 2005),此处质疑了智能设计论的科学性。

〔30〕 J. Finnis, *Natural Law and Natural Rights*, Oxford: Clarendon Press, 1980, pp. 12–18. Finnis 引用了 M. Weber 的 *the Methodology of the Social Sciences*, trans. and eds. by E. Shils and H. A. Finch, New York, NY: Glencoe Free Press, 1964, pp. 58, 76–82; 以及 J. Freund, *The Sociology of Max Weber*, trans. by M. Ilford, London: Allen Lane, Penguin Press, 1968, pp. 51–61。B. Leiter, "The End of Empire: Dworkin and Jurisprudence in the 21st Century", *Rutgers Law Journal*, 2005(35): pp. 165–181, Leiter 将法学方法论争论背后的"主要的智慧力量"归于 Finnis。

出的“解释性概念”(interpretive concepts)中找到与之类似的概念。[31] 此类概念是这样的,即除非援引一些价值,这些价值使我们能够用它们来阐释或理解我们社会和政治世界的某些特征,否则,这些概念无法被付诸实施。因此,根据德沃金的理论,只有当一种理论能对真正的价值提供最令人满意或有吸引力的整体说明时,才能使我们最终获得关于社会世界的真正知识。[32] 客观性依赖于这些价值以及对这些价值进行的最佳和最连贯的叙述。阐明价值并不是客观性的对立面,而是它的前提。事实上,只有在追求理解与真理的语境中,客观性本身才作为价值具有重要性。

为本书所采用的说明方法辩护,就需要接受德沃金和菲尼斯共同接受的立场,尽管他们的理论方法在其他方面存在很多差异。此处提供的这种解释方法论必然是解释性的或诠释性的。也就是说,参与者必须参考那些使人类的制度和实践成为可理解的与有价值的东西,至少总体上是有价值的东西,从而理解人类的实践与制度。[33] 这并不意味着,社会科学家或者(在目前的例子中)法学家不应追求与人的制度和实践保持一定程

---

〔31〕 参见 R. Dworkin, *Law's Empire*, Cambridge, Ma: Harvard University Press, 1986, pp. 48-68。此处讨论了“解释性概念”(interpretive concepts)。参见 Stephen Perry, “Interpretation and Methodology in Legal Theory”, in A. Marmor (ed.), *Law and Interpretation: Essays in Legal Philosophy*, Oxford: Clarendon Press, 1995, pp. 137-154。

〔32〕 R. Dworkin, “Hart's Postscript and the Character of Political Philosophy”, *Oxford Journal of Legal Studies*, 2004(24): pp. 1-37, at p. 35.

〔33〕 参见 P. M. S. Hacker, “Hart's Philosophy of Law”, in Hacker and J. Raz (eds.), *Law, Morality, and Society: Essays in Honour of H. L. A. Hart*, Oxford: Clarendon Press, 1977, pp. 1-25, at pp. 12-18。此处讨论了“诠释学与社会义务的概念”,并比较 MacCormick, *H. L. A. Hart*, London: Edward Arnold, 1981。我认为是 Hacker 首先在英语法理学中使用了“诠释”(hermeneutics)的观念。

度的疏离。[34] 要理解法律，不仅仅意味着要密切而深入地研究在一个国家和传统中存在什么样的法律。承认那一国家（并且不仅仅是国家）通常拥有法律，这使不同的国家社会能相互理解。这相当于发现或简单地意识到，这些国家社会都在一定程度上通过法律制度的支持和监督以不同方式实现了规范性秩序，法律制度构成了国家的最高统治机构。正在讨论的这类国家属于同一类法治国，尽管它们可能拥有非常不同的机构组织模式，并且，它们的法律规则和原则的规范性内容也存在（当然是在细节上的）差异。法国法当然不同于英国法，也不同于美国法；瑞典法也不同于德国法，如此等等。法国法以一种非常独特的方式将公法与私法分离，其结果是：历史性地导致那些来自其他传统的评论者怀疑“行政法”（*droit administratif*）是否是名副其实的“法律”[35]——但它显然是法律，并且可以被恰当地翻译为“行政法”。法国和意大利的权力分立观念的支持者们认为，主张法官可以通过判例有效地制定法律的观点是不可接受的，并且不能将立法机关授予的行政机构的规则制定权视为恰当所称的“立法”。然而，说我们所提及的各个国家并非在相同的意义上拥有法律，就相当于在说，英语、意大利语、瑞典语、法语由于存在词汇、词形变化、语法等方面的不同，因而不构成相

---

〔34〕 比较一下 J. Dickson, *Evaluation and Legal Theory*, Oxford: Hart Publishing, 2001。其认为理论家必须基于那些对参与者重要的价值判断来思考法律，但为了追求理论事业上的成功，他（或她）本人不需要承诺于那些激励实践参与者的价值。

〔35〕 对于行政法（*droit administratif*），A. V. Dicey 提出了一个著名的，但是最终并不成功的批判，参见 A. V. Dicey, *Introduction to the Study of the Law of the Constitution*, ed. by E. C. S. Wade, London: Macmillan, 10th edn., 1964, ch. 12, pp. 328–405。

同意义上的语言一样，这都是具有误导性的说法。[36]

这就是为什么我们至少应该怀疑德沃金从对“解释性”概念之特征的解释中得出的一个结论。德沃金主张，在解释法律（或解释莎士比亚的戏剧）时，我们的任务是使它成为其能够成为的最佳形态。[37]当我看到，法国的法律确实很有趣，并且或许可以和苏格兰、美国或英国的法律相媲美时，我肯定不需要思考如何使法国的法律成为可能的最佳。人们可以分享戴雪对行政法的批判态度，但不必同时得出这样的结论，即这根本不是一种“法律”，也不是法兰西共和国法律的重要组成部分。法律被用来作为一种比较工具，以了解不同国家之间的共同要素，法律确实只能用借助于那些为了和平、正义和相关价值而从事法律工作的人的志向，才能得到理解，尽管这些价值经常无法实现，有时还会带来很不受欢迎的副作用。但是，为了实现这一目的，不能而且也不应该进行这样的假定，即认为我们的义务就是尽可能以最佳方式描述任何特定法律秩序，证明它如何能以最少的糟糕副作用实现正义。

这一假定确实是处于那个系统中的、实际的法律适用活动的一个重要因素，但它不是法律概念本身的一部分。因为法律蕴含着某种价值，因此，它在一定方向上指引了法律规则的实际适用以及为适用而进行的解释。但那是从“法律”一词的含义中引申出来的，而不是其含义的组成部分。作为制度性规范秩

〔36〕 参见 Halpin，“The Methodology of Jurisprudence：Thirty Years off the Point”，*Canadian Journal of Law and Jurisprudence*，2006（19）：pp. 67－105，at pp. 87－88。Halpin 在此处指出，“在为所有市政法律体系寻求法律的一般定义的努力中，存在着一个丐题困难”。如果一个目前意义上的解释性定义具有任何价值，它必须帮助我们理解法治国家的共同之处，即使它们有许多不同之处。如果这导致不是所有的国家都是法治国，可能更有启发性，因为那是一个被常识所证实过的命题。

〔37〕 参见 *Law's Empire* 第 52～56 页对“建构性解释”的说明。

序，法律是国家、亚国家、超国家和国家间的政治体的必然特征。我们必须根据法律趋向特定价值这一功能来理解它。然而，这不得不直面某种冷酷的现实主义，即失败的可能性总是存在的。并且，从构成制度性规范秩序之最终原因的价值追求的角度来看，任何真实的系统都可能存在严重缺陷。〔38〕为了以一种无情而明确的方式展示当前法律体系中的不连贯和不公正，并引起对缺陷的认识和改革的政治压力，可以推进一些法律解释方面的工作。〔39〕

而且，大多数从事法律工作的人都是雇佣人员。律师、法官、警察和监狱官员为了报酬而工作——法学教授也是一样。与法律打交道，就是与包含这里描述的、那种具有一种内置的价值取向的法律打交道。但我们并非仅仅为了实现这些价值而这样做。如果一个如此被雇佣的人以牺牲正义、和平等价值为代价而追求个人利益，那就是对法律职业的扭曲，有别于通过忠实地扮演好他（或她）在实施和研究法律活动中的角色，从而获得适当的报酬。毋庸置疑，在法律被实施、执行和研究的任何地方，都在某种程度上存在这种扭曲。甚至当律师在认为对方的辩护理由实际上更有力时，律师也应从最佳的角度将自己当事人的立场呈现出来——因为进行判决是法官的任务，而非律师的责任。

---

〔38〕对“建构性解释”过度扩展的主张提出的一个批评，参见 W. Twining, *Law in Context: Enlarging a Discipline*, Oxford: Clarendon Press, 1997, pp. 174 - 177; Twining and D. Miers, *How to Do Things with Rules*, London: Butterworth, 4th edn., 1999, pp. 377 - 379; Twining, *The Great Juristic Bazaar*, Aldershot: Ashgate/Dartmouth, 2002, pp. 34-37, 472-473。

〔39〕这甚至可以延伸到讽刺性的小说中，这些小说突出强调了某些领域的法律是如何走向错误的。A. P. Herbert 的讽刺作品 *Holy Deadlock*（London: Methuen, 1934）表达了对20世纪30年代英国离婚法律和实践的批判性解读，在使离婚法律改革成为可能的政治气候的发展中，它无疑发挥了重要作用。

16.6 “小心台阶间的缝隙”！——再次提醒

可以预见的是,本书的某些读者会认为,对作为制度性规范秩序的法律的说明,建立在一套天真的和过于乐观的价值观基础上。这些与法律所处现实世界中的国家和真实的社会环境形成了鲜明的反差。(在现实世界,人们会看到)悲惨而痛苦的监狱生活,甚至在一些富裕国家的当代城市生活中也存在触目惊心的不平等现象,很多官员表现出玩世不恭与麻木不仁,许多热衷于酗酒或吸毒的年轻人对文明价值观表现出野蛮的漠视,每当面对这些,人们怎敢说“刑法保护公民社会的彬彬有礼”这样的陈词滥调？鉴于在资本主义的精英和其他人之间,在富国与穷国之间,存在收入与财富上巨大的不平等,并且,这种不平等还在持续扩大之中,我们为什么还要继续把法律视为追求正义(无论是通过公法追求分配正义,还是通过私法追求矫正正义)的一种体系呢？正如罗杰·科特威尔(Roger Cotterrell)曾主张的,法哲学家需要偶尔起身离开他们的扶手椅,去看看当代社会中真实的法律制度实际运作情况。〔40〕 至少,他们需要更严肃地对待那些以此种方式进行经验性的法律社会学研究的学者们的发现。正如真实的痛苦和不公会影响法律体系和法律实践一样,法律制度和法律实践也可能是造成真正痛苦和不公的原因。如果真实的法律经常缺乏正义,为什么还要将正义视为法律的特殊美德呢？

---

〔40〕 R. Cotterrell, *The Politics of Jurisprudence: A Critical Introduction to Legal Philosophy*, London: Butterworth, 1989.

另一个类比可能有助于我们找到答案。很明显,在现代社会中,驾驶汽车是造成死亡和受伤的一个主要原因。纵使事故率在不同的国家之间存在富有意味的变化,但没有哪个国家能完全消除车祸给人们带来的痛苦。许多专业人员,从处理事故的交通警察到急救外科医生,都在设法应对这种威胁。但是,如果我们提出一种与汽车有关的理论,将汽车视为谋杀和致人残疾的有效工具,并由此颂扬其对警察和医生等职业的繁荣做出了贡献,则显然有悖常理。与坦克不同,尽管汽车确实可能对生命造成伤害,但人们高度评价它,不是由于其致命的潜能。汽车是高效、舒适、快捷、安全的个人交通工具——毫无疑问,它也是"身份标志"的一个要素。制造业的发展使汽车至少对驾乘人员来说变得更加安全,它因此而受到人们的称赞,广告大力宣传这些特性。立法者和被授权执行规则的官员们制定了一系列规章制度和标准,这些制度与标准有时在严格责任制度下得到了强制执行,以确保汽车使用产生的危险与我们注意到的其他价值相平衡。尽管伴随着危险这一副作用,但汽车仍是令人满意的个人交通工具,而非附带有令人满意的载人副作用的致命性武器。在当代社会,这是有关汽车的客观事实。这一客观事实反映在驾驶者、行人、制造商、汽车经销商、法律制定者以及其他人的态度和偏好中。这不是关于这些态度的事实,而是依赖于这些态度的事实。这一事实并不与如下的情况相冲突:汽车有时被用来造成故意的致命伤害,有时也被用作实施抢劫等犯罪活动后逃跑的交通工具。你不必是一个天才,就有能力区分滥用和正确使用,即使滥用的可能性是建立在促进其正确使用的那些特征上。

以类似但更复杂的方式,我们可以将法律及其执行、实施带来的弊端和不公正影响，与法律制度内在的对文明、正义的追求区别开来。伤害与不公是不受欢迎的（虽然在某种程度上是不可避免的）副作用，但这些制度的正当目的（或最终动因）是在正义的环境中确保和平与文明，从而使公平和自由市场发挥作用。如果将此话倒过来说，不能得到严肃维护的主张是：法律体系运行良好，以致有利于暴政和剥削，尽管有时也会产生正义和文明的副作用。同样地，人们可能会指出，只有那些会讲某种语言的人才能通过说谎而欺骗他人。但是，如果我们认为，欺骗是人类语言交流的功能，而不是一种通常不受欢迎的副作用，我们就是在提出某种不能被严肃对待的主张。正如托马斯·里德（Thomas Reid）早就指出的，那样的话，就没有人会学习语言，通过撒谎来骗人也将变得不可能。[41]

"注意台阶间的缝隙！"就是这个故事到目前为止的寓意。几乎毫无争议的是，从概念上对法律进行令人满意的理解，必须着眼于它的核心意义，并承认，若要认识像法律这样的解释性概念的性质，就必须充分考虑法律活动本质上的价值取向。但这也使人们迫切关注从概念上把握的法律与在现实社会中实施并造成影响的法律之间的差距。因此，探究律师、法官和执法人员实际上在做什么，是一个重要的问题。对法律职业的社会学研究、犯罪学研究或应用经济学的研究，致力于对这一问题以及类似的问题提供系统的说明，这些研究应当得到关心法律者的严肃关注。那些从事法哲学研究和发展法律理论与学术的人尤其应当予以关注。因为在如下两者之间必须保持某种反思性平

---

〔41〕 参见 T. Reid, *Essays on the Active Powers of the Human Mind*, with introduction by B. Brody, Cambridge, Mass and London: MIT Press, 1969, p. 443, Essay V, ch. 6。此处讨论了欺骗所具有的那种难以置信的自我挫败性："没有忠诚和信任，就没有人类社会。"

衡:一是从概念上理解如“法律”这样的范畴,二是从方法论上对人们从事的各种旨追求法律的活动进行大量的经验性说明。[42] 一些理论家对法律的性质和价值取向所作的假定,可能与最有说服力的经验性研究的实质部分不相符。这并不等于否定了当前正讨论的这一概念说明方法,而是会使那些更符合经验性研究结果的概念说明更有说服力。当前关于作为制度性规范秩序的法律理论,似乎比大多数竞争对手更符合关于法律活动的经验性研究,同时,我们前面一直讨论的那些价值取向,也揭示了法律在何种意义上是人类实践生活的一种范畴。如果这些论述为真,它们就真正构成了支持该理论的一个理由。

作为概念范畴的法律不能简单地等同于法律人的所作所为,对于那些仍对这一观点持怀疑态度的人们,我们来看另一个关于健康和卫生专业人员的类比。“健康”明显是一种价值,体现在所有那些处于良好状态的生物体上。精神和身体健康是人类极为关切的问题,无论是公共的还是私营的卫生服务组织,抑或是公私混合的卫生服务组织,都属于人们多年来一直关切和热烈争论的事务。对各种从业人员的管理和许可是一个令人关注的问题,并且,当代所有国家都确立了公共机构和法律来处理这一问题,并声称这是公共利益。我们可以建构一种可称为“医学现实主义”(medical realism)的理论,它主张,医学不过是行医者和相关健康专业人士实践的集合体,这些人被政府认证有能力从事此类实践。在这一点上,似乎有某种直截了当的真理。

---

〔42〕 参见 Cotterrell, *Law's Community*, pp. 222-234; Tamanaha, *General Jurisprudence of Law and Society*, pp. 77-107。

医学就是医生实际上做的那些事情，并没有更多的矫揉造作之词。[43]

但是，如果医生做的事确实伤害了病人又将怎样呢？该如何看待所谓的“医源性”疾病？在我年轻时，医疗人员建议我们，在温暖的天气里应远离游泳池，因为小儿麻痹症显然是一种水传播的疾病——难道因为医生当时是这样说的，它就是医学上正确的吗？我还记得，有一段时间，医生还告诉女性，吸烟对控制神经紊乱有益。还有这样的例子，医院在尝试医治其他疾病时曾让一些人因感染了耐甲氧西林金黄色葡萄球菌而致病。

这个故事的寓意是：医学是有关促进健康和预防疾病的学问，但人类在追求这些目标时可能会犯错误。流行病学和其他有关卫生专业工作方式的经验性研究具有重要的意义，可以通过各种方式对医疗实践的批评与改革做出贡献。但是，这种经验性研究不会取代“健康”和“疾病”等价值概念在说明医学概念时的核心地位。只要加上必要的变通，同样的道理也适用于法律。而且，尽管“健康”是一个解释性概念，但这一事实并不能证立我们的这一结论，即医学研究总是寻求尽力以最好的方式呈现健康。我们必须坦率地面对失败和成功。那些人带着最大的善意开发和使用沙利度胺药物，他们的初衷是减少疼痛和减少怀孕初期的不适。但这却是一场断送了许多生命的灾难。在这一例子中，出于良好的意图（但也以营利为目的）追求健康，却导致了畸形，伤害了儿童，给父母带去了痛苦和折磨。对于孕妇来说，沙利度胺在任何一种可能的意义上都是糟糕的药

---

〔43〕 Oliver Wendell Holmes, Jr：“所谓法律，只是对法院实际将要做什么的预测，而不是更多矫饰浮夸之词。”参见 Oliver Wendell Holmes，“The Path of the Law”，in *Collected Legal Papers*，London：Constable & Co，1920，pp. 167-202，at p. 173。

物。但“医学”这一概念同样适用于这一场合,就像它适用于那些发现青霉素、率先进行肾移植或体外受精等取得辉煌成就的场合一样。

当然,以行医者的角度来看,即从一个真正致力于治疗技艺的人的角度看,医学的目标是人类的身体健康和精神健康,这是一个激励人心的理念。了解某些形式的癌症、精神分裂症或抑郁症,找到致病原因和可能的治疗方法,同时尽可能地缓解不治之症的痛苦,这些努力的目标,是为这个病人或那些受折磨的人带来目前所能实现的最佳健康状况。解释性概念确实以此种方式内在于特定实践所包含的动机之中。这就解释了,为什么在比解释性概念更超然的描述性用法中,它们仍保持着价值导向。

这并没有破坏超然的描述工程,并且事实上,它就是法律科学和法学理论所实际采用并应当采用的那种超然描述模式。好的研究追求的客观性不同于好的裁判在承诺实现正义时追求的那种无偏倚性。换言之,学术的客观性虽然充分考虑了当我们跨过法学或法律理论进入律师、法官,法律改革者或立法者的角色时的动机性承诺,但又与之不同。[44] 这并非声称,我们已经发现了那个外在的、可能超越于实践活动的“阿基米德”点,如果我们从那个点俯瞰实践,就会发现它并没有表达真实的东

〔44〕 Dickson在*Evaluation and Legal Theory*(Oxford:Hart Publishing,2001)一书中阐述了学者在保持价值关注的同时采取相对独立的立场。关于对一种更具有参与性和规范性立场的辩护,参见F. Schauer,“The Social Construction of the Concept of Law:A Reply to Julie Dickson”,*Oxford Journal of Legal Studies*,2005(25):pp. 493-501。在一般层面上对近期方法论争议所做的卓越批判性研究,参见A. Halpin,“The Methodology of Jurisprudence:Thirty Years off the Point”,*Canadian Journal of Law and Jurisprudence*,2006(19):pp. 67-105。

西。[45] 相反，正如卢曼指出的，追求学术客观性涉及从内部对法律系统进行自我观察，但这一观察并不直接意图解决产生于其中的当下的具体实际难题。[46]

16.7 轻率的折中主义？

本书第三部分的重要内容是关于法律、政治和经济作为当代社会生活整体的要素之间的相互作用。公民生活的彬彬有礼就表现于此种互动之中，并依赖此种互动。卢曼的系统理论对此提供了一个规模宏大的社会学说明，把法律、政治、经济（连同其他要素）作为整个社会系统的主要子系统加以描绘。每个系统都有它自己的、带有整体性特点的自我观念，并且，每一系统只能通过接收与该系统相适应的编码来解释其他系统的输入物。这是一个相互理解不充分的交往世界，每个系统都在不断地适应来自其他系统的输入物，而这些输入物也在不断地进行类似的自我调整。

本书提出的法律制度理论不是从社会学系统理论中衍生出来的，也并非源自系统论所涉及的任何主要理论。然而，这两种方法惊人地相互兼容，尤其是在（正如刚才提到的）与系统内部自我观察相关的角色系统理论方面。此处，我再重复一下引言

---

〔45〕 Dworkin 批评了 Hart 和其他人的"阿基米德"方法论，他们声称要追求的知识理论外在于它打算要解释的知识。参见 Dworkin，"Hart's Postscript"，*Oxford Journal of Legal Studies*，2004(24)：pp. 1-37。

〔46〕 根据 Luhmann 的解释，这里所辩护的方法论并不打算成为此种意义上的"阿基米德"方法。参见 Luhmann，*Law as a Social System*，Oxford：Oxford University Press，2004，pp. 58-59，305-307。

部分中提出的论点：

> 法律（活动）不仅包括创制法律、判决、辩护、提供法律意见、起草法律文书以及实施法律等“一线活动”，而且包括在实践中从整体上对上述活动进行观察、评价等“二线活动”。位居二线的行为人主要是法学学者与学生，关心的是如何对法律进行法理或学理上的阐释。一方面，与一线的行为人相比，这些二线的行为人显得比较超然；另一方面，与纯粹的外在观察者相比，他们与法律之间的关系更加密切。（例如，）这些纯粹的外在观察者会将整个法律实践——包括法律学者与理论家们的成果——作为研究对象，从社会学或人类学的角度对之进行考察，或者从政治学、经济学的视角对之进行研究。[47]

因此，法律与政治（或法律与经济）之间既存在相当重要的重叠，也存在差异。没有什么重要的法律问题不具有政治含义，反之亦然。没有人会持有与其深思熟虑的政治哲学立场不相符的法律哲学。但这并不意味着我们要把两者归并。如果我们接受卢曼对这一问题的论述，就必然拒绝德沃金的论述，后者提出了本质上具有一元性特征的法律哲学和政治哲学。

然而，我们同样不需要完全赞同卢曼，因为他认为，每个人都是作为“心灵系统”（psychic systems）而进入社会系统的，并与周围的其他系统发生相互作用。这种观点与坚持道德自主性是完全矛盾的，第 14 章和第 15 章对道德和法律独特性的说明正是围绕于此而建立起来的。这些章节都要感谢罗伯特 · 阿列克

---

〔47〕 参见本书引言部分第 8~9 页。

西以及尤尔根·哈贝马斯的"商谈理论"(discourse theory),还有康德的理论。一个众所周知的事实是:在知识领域,卢曼和哈贝马斯是相互敌对的。

因此,很容易预见,在这一点上,评论家们会批评当前的这一作品是轻率的折中主义(eclecticism)或方法论融合主义(methodological syncretism)。他们可能会说,这不过是法学家以浮光掠影的方式混合彼此不相容理论的一个例子,法学家选择不同理论中具有吸引力的部分,把它们结合在一起,全然不顾它们在深层上的不相容。然而,这种批评是站不住脚的。过于看重这一指责就会陷入罗杰·科特威尔(Roger Cotterrell)严厉批评的那种理论孤立主义(theoretical isolationism)。在我看来,从道德自主性开始论证,这一根本前提是第一位的。人类社会是由有能力在生活中实现道德自主的人组成的社会。这可以发生在公民社会的条件下(也许同样会发生在其他社会条件下,但是,在公民社会中肯定会发生),在这一社会中,人与人之间进行民事交往是可能的。民间社会需要某种形式的法律,而立宪国家或法治国的法律秩序无疑是保证彬彬有礼的关键因素。但其他关键因素还包括经济关系和政治。基于对这些相互作用的元素的揭示而接受系统理论,并不要求人们放弃批判理论中那些不太有说服力的部分。这对于我在本书和同系列的其他书中勾画的思想体系来说,同样如此。

16.8 最后的结论

关于法律和法律知识,本书已确立的东西可以概括如下:

1. 规范性秩序是可能确立的,因为人类是规范的使用者。他们可以通过参照共享的和共同的标准在任何地方协调他们的活动,即使他们没有明确提出这些标准,也没有以任何方式将它们正规化。这种协调能力反过来又使制定规范、适用规范和执行规范的机构的正规化与制度化成为可能。立宪国家就是一个很好的例子。但归根结底,这种正规化的规范建立在非正式的、习惯的基础之上。

2. 通过判决并借助法律科学的发展,制度性规范秩序使立法规则的明确制定和背景性原则的清晰发展成为可能。作为制度性规范秩序的法律由此成为一个复杂而系统的整体。其中,人被定义,并能拥有各式各样、不断变化的法律地位和关系。了解了这些,就是拥有了关于制度性事实的知识。这种知识、依赖于我们根据制度性或非制度性的规范及背景性价值,解释已发生、将发生或可能发生的事实和事件。这种知识具有潜在的激励作用,尽管在许多情况下,这种解释可以被推进,但没有人真正推进或考虑到它。

3. 只有在对法律治理事业的内在目的作出了假定之后,法律的制度性特征才是可理解的:这个目的就是按照关于正义和共同善的合理观念来实现它们。

4. 通过考虑将法律素材的整个主题细分为公法(包括人权法的一些当代分支)、刑法、私法或有关这些法律的更进一步的子范畴,就可以更好地观察法律的体系性。为了使这些子范畴成为完全可理解的东西,人们必须考虑这些法律领域隐含的不同但又互补的价值:有序政府与分配正义;国内和平与报应正义;以矫正正义补救措施为基础的私人生活和市场经济。

5. 法律制度化意味着,国家的法律具有实证性("被人为假定的")特征。因此,法律与自治的道德之间存在根本的差异,尽管人类构想和追求自主的道德准则的能力很可能需要国家法律提供文明的环境。法律与道德的区别绝不意味着,法律本身或对其进行的明智研究可以是价值无涉的。事实上,健全的法律理论能够而且应该确认,作为法律的任何制度性规范的存在都必须在最低程度上满足正义的基本要求。在当今世界上,正义要求本身是通过人权公约、宪章等方式而制度化的。

16.9 尾声

最后,有必要再次面对那个长期存在于法律思想家心中的忧虑。只要人们承认,无论是对法律一般性质的阐述,还是对某地实际有效的法律体系的说明,例如,法国的合同法、挪威的行政法,或欧洲共同体的竞争法,都需要诉诸价值,那个忧虑就会再度浮现。

这个担忧就是:如此地提及价值,就会剥去法律理论和法学(法律学说、法教义学、法律科学、学术法)覆盖在法律之上的科学品格的任何伪装。如果这是真的,只要法学院不像商学院那样仅仅教授应对工作难题的技术和技巧,它就会成为意识形态的布道者,而不是知识和学问的传播者。如果这是真的,法学就会实际上成为(或许它一直都是)对现实国家及其统治模式正当化的工具。如果这是真的,法学教授将不过是既有秩序的辩护者,他们会从最具吸引力的角度诠释法律。那些在良心上无法承担这一角色的人除了成为学院内的圣像破坏者之外,就没有别的角色可以承担,他们丢弃既有学说,提出不同版本的理论,以期系统地将正统理论所提出的价值观和承载价值的主张颠倒过来。诚然,这种工作并不是科学的,但也不比其他对法律予以说明的传统方法更不科学。当然,这种工作可能是意识形态——但它是诚实的和开放的意识形态,而不是伪装成某种客观法律科学的合理化意识形态。[48]

这一问题的答案重申了这一要点:我们必须从功能的角度理解人工制品和发明(包括人们试图服从的规则,或者让他人服从的规则)。它们的本旨是什么?它们要实现的最终目的是什么?在能以最小副作用追求这些实质性目标的范围内,它们或运行顺畅,或出现故障;或状况良好,或状态不好。我们应该将哪些职能归属于一般法律、特定法律或任何其他人类造物呢?这毫无疑问具有争议。如果不能公开地正视和解释所涉及的价值,并辩护自己提出的关于"价值是什么"的建议,就可能使法律工作比实行适当的公开更具有表面上的客观性。但正是这种对价值取向的隐藏,而不是公开承认,在一种负面的意义上是意识形态的。对所预设的价值保持开放,并且对于其系统性失败保持警惕,这种诚实的解释是包括法理学在内的人文学科所能获得的最佳客观性。

---

〔48〕 J. Balkin, *Cultural Software: A Theory of Ideology*, New Haven, Conn: Yale University Press, 2003; 参见 W. Lucy, "What is Wrong with Ideology?", *Oxford Journal of Legal Studies*, 2000(20): pp. 283-300, 回顾了 D. Kennedy, *A Critique of Adjudication: Fin de Siècle*, Cambridge, Ma and London: Harvard University Press, 1997。

参考文献

1. A. Donagan, *The Theory of Morality*, Chicago, Ill: University of Chicago Press, 1979.

2. A. E. Dick Howard, *The United States Constitution: Roots, Rights and Responsibilities*, Washington, D. C. and London: Smithsonian Inst Press, 1992.

3. A. Ferguson, *An Essay on the History of Civil Society*, Edinburgh: Edinburgh University Press, 1966.

4. A. Halpin, *Rights and Law: Analysis and Theory*, Oxford: Hart Publishing, 1997.

5. A. Hudson, *Equity and Trusts*, London: Cavendish, 2005.

6. A. J. M. Milne, *Human Rights and Human Diversity: An Essay in the Philosophy of Human Rights*, London: Macmillan, 1986.

7. A. M. Honoré, "Rights of Exclusion and

Immunities Against Divesting", *Tulane Law Review*, 1959 - 1960 (14): p. 453.

8. A. Lamassoure, *Histoire Secrète de la Constitution Européenne*, Paris, Editions Albin Michel S. A. for Fondation Robert Schuman, 2004.

9. A. Smith, *Lectures on Jurisprudence*, eds. by R. L. Meek, D. D. Raphael and P. G. Stein, Oxford: Clarendon Press, 1978.

10. A. R. White, *Rights*, Oxford, Clarendon Press, 1984.

11. Aristotle, *A Treatise on Government*, trans. by W. Ellis, London: J. M. Dent, 1912.

12. A. Tomkins, *Our Republican Constitution*, Oxford: Hart Publishing, 2005.

13. A. V. Dicey, *An Introduction to the Study of the Law of the Constitution*, London: Macmillan, 1964.

14. A. Watson, *Legal Transplants: An Approach to Comparative Law*, Athens, Ga: University of Georgia Press, 1993.

15. B. Bix, Law, *Language, and Legal Determinacy*, Oxford: Oxford University Press, 1993.

16. B. S. Jackson, *Semiotics and Legal Theory*, London: Routledge & Kegan Paul, 1985.

17. B. Z. Tamanaha, *Realistic Socio - Legal Theory*, Oxford: Clarendon Press, 1997.

18. B. Z. Tamanaha, *A General Jurisprudence of Law and Society*, Oxford: Oxford University Press, 2001.

19. Charles de Secondat, Baron de Montesquieu, *The Spirit of the Laws*, trans. and eds. by A. M. Cohler, B. C. Fabre, *Whose Body*

is it Anyway? Justice and the Integrity of the Person, Oxford: Oxford University Press, 2006.

20. C. K. Allen, *Legal Duties and Other Essays in Jurisprudence*, Oxford: Clarendon Press, 1931.

21. C. Miller, *H. S. Stone*, Cambridge: Cambridge University Press, 1989.

22. C. Schmitt, *Political Theology: Four Chapters on the Concept of Sovereignty*, trans. by G. Schwab, Cambridge, Ma: MIT Press, 1988.

23. C. Schmitt, *The Concept of the Political*, trans. by G. Schwab, Chicago: Chicago University Press, 1996.

24. C. Stone, "Should Trees have Standing: Towards Legal Rights for Natural Objects", *Southern California Law Review*, 1985 (59): pp. 1–37.

25. C. Wellman, *A Theory of Rights*, Totowa, NJ: Rowman & Allanheld, 1985.

26. C. Wellman, *Medical Law and Moral Rights*, Dordrecht: Springer, 2005.

27. D. Dyzenhaus, *Legality and Legitimacy: Carl Schmitt, Hans Kelsen and Hermann Heller in Weimar*, Oxford: Clarendon Press, 1997.

28. D. Garland, *The Culture of Control*, Oxford: Oxford University Press, 2001.

29. D. Hume, "Of the Original Contract", in *Essays Moral, Political and Literary*, Oxford: Oxford University Press, 1963.

30. D. Lewis, *Convention: A Philosophical Study*, Oxford: Bas-

il Blackwell, 1986.

31. D. M. Armstrong, *Universals: An Opinionated Introduction*, Boulder, Colorado: Westview Press, 1989.

32. D. M. Walker, *The Law of Delict in Scotland*, Edinburgh: W Green & Son, 1981.

33. D. Nelken, "The 'Gap Problem' in the Sociology of Law: A Theoretical Review", *Windsor Yearbook of Access to Justice*, 1981 (1): pp. 35-61.

34. D. Parfit, *Reasons and Persons*, Oxford: Oxford University Press, 1984.

35. D. Sugarman, *Legality, Ideology and the State*, London: Academic Press, 1983.

36. D. Vanderveken, *Foundations of Illocutionary Logic*, Cambridge: Cambridge University Press, 1985.

37. D. W. P. Ruiter, *Institutional Legal Facts*, Dordrecht: Kluwer Academic Publishers, 1993.

38. D. W. P. Ruiter, *Legal Institutions*, Dordrecht: Kluwer Academic Publishers, 2001.

39. E. de Vattel, *The Law of Nations or Principles of the Law of Nature Applied to the Conduct and Affairs of Nations and Sovereigns*, ed. by J. Chitty, Philadelphia Pa: T. & J. W. Johnson & Co., 1883.

40. E. Denza, *Diplomatic Law: A Commentary on the Vienna Convention on Diplomatic Relations*, Oxford: Clarendon Press, 1998.

41. E. Durkheim, *The Division of Labor in Society*, trans. by

G. Simpson, Glencoe, Ill: Free Press, 1933.

42. Eira Ruben, "John Austin's Political Pamphlets 1824 – 1859", in E. Attwooll (ed.), *Perspectives in Jurisprudence*, Glasgow: Glasgow University Press, 1977.

43. E. Lagerspetz, *The Opposite Mirrors*, Dordrecht: Kluwer Academic Publishers, 1995.

44. E. Weinrib, *The Idea of Private Law*, Cambridge, Mass: Harvard University Press, 1995.

45. E. Wicks, *The Evolution of a Constitution: Eight Key Moments in British Constitutional History*, Oxford: Hart Publishing, 2006.

46. F. A. Hayek, *Law, Legislation and Liberty: A New Statement of the Liberal Principles of Justice and Political Economy*, London: Routledge & Kegan Paul, 1982.

47. F. Atria, *On Law and Legal Reasoning*, Oxford: Hart Publishing, 2002.

48. F. de Zulueta, *The Institutes of Gaius*, Oxford: Clarendon Press, Vol. Ⅰ, 1945; Vol. Ⅱ, 1953.

49. F. H. Bradley, *Ethical Studies with Additional Notes by the Author*, Oxford: Clarendon Press, 1927.

50. F. Schauer, *Playing by the Rules: A Philosophical Examination of Rule-based Decision-Making in Law and Life*, Oxford: Clarendon Press, 1991.

51. F. W. Maitland, *Selected Essays*, edited by H. D. Hazeltine, G. Lapsley and P. H. Winfield, Cambridge: Cambridge University Press, 1936.

52. G. E. M. Anscombe, "On Brute Facts", *Analysis*, 1958 (18): pp. 69-72.

53. Geoffrey Robertson, *Crimes against Humanity in International Criminal Law: The Struggle for Global Justice*, London: Allen Lane, 1999.

54. G. J. Bell, *Principles of the Law of Scotland*, Edinburgh: Butterworths and Law Society of Scotland, 1989.

55. G. Lamond, "The Coerciveness of Law", *Oxford Journal of Legal Studies*, 2000(20): pp. 39-62.

56. G. Lamond, "Coercion and the Nature of Law", *Legal Theory*, 2001(7): pp. 35-57.

57. G. Lamond, "Coercion and Law", in N. MacCormick, *Legal Right and Social Democracy*, Oxford: Clarendon Press, 1982.

58. G. Marshall, *Constitutional Theory*, Oxford: Clarendon Press, 1971.

59. G. Marshall, *Constitutional Conventions: The Rules and Forms of Political Accountability*, Oxford: Clarendon Press, 1984.

60. G. M. Fraser, *The Steel Bonnets: The Story of the Anglo-Scottish Border Reivers*, London: Barrie and Jenkins, 1971.

61. G. Postema, "Co-ordination and Convention at the Foundations of Law", *Journal of Legal Studies*, 1982(11): pp. 165-189.

62. G. Robertson, *Crimes against Humanity in International Criminal Law: The Struggle for Global Justice*, London: Allen Lane, 1999.

63. G. Teubner, *Law as an Autopoietic System*, trans. by A. Bankowska and R. Adler, ed. Z. Bankowski, Oxford: Blackwell,

1993.

64. G. W. Anderson, *Rights and Democracy: Essays in UK-Canadian Constitutionalism*, London: Blackstone Press, 1999.

65. G. W. Paton, (ed. by D. P. Derham), *A Text Book of Jurisprudence*, Oxford: Clarendon Press, 1964.

66. G. W. Rainbolt, *The Concept of Rights*, Dordrecht: Springer, 2006.

67. H. Kelsen, *The Pure Theory of Law*, trans. by M. Knight, Berkeley and Los Angeles: University of California Press, 1967.

68. Hans Kelsen, *Introduction to the Problems of Legal Theory*, trans. by B. L. Paulson and S. L. Paulson, Oxford: Clarendon Press, 1992.

69. H. L. A. Hart, *Punishment and Responsibility*, Oxford: Clarendon Press, 1968.

70. H. L. A. Hart, *Essays in Jurisprudence and Philosophy*, Oxford: Clarendon Press, 1983.

71. H. L. A. Hart, *Concept of Law*, Oxford: Clarendon Press, 1994.

72. H. L. A. Hart and T. Honoré, *Causation in the Law*, Oxford: Clarendon Press, 1985.

73. H. Lindahl, "Sovereignty and Representation in the European Union", in N. Walker (ed.), *Sovereignty in Transition*, Oxford: Hart Publishing, 2004.

74. H. L. MacQueen, *Copyright, Competition and Industrial Design*, Edinburgh: Edinburgh University Press/David Hume Institute, 1995.

75. H. Ross, *Law as a Social Institution*, Oxford: Hart Publishing, 2001.

76. H. S. Maine, *Ancient Law: Its Connection with the Early History of Society and Its Relation to Modern Ideas*, London: World's Classics, 1931.

77. I. Ward, *Kantianism, Postmodernism and Critical Legal Thought*, Dordrecht: Kluwer, 1997.

78. J. Austin, *The Province of Jurisprudence Determined*, ed. by W. E. Rumble, Cambridge: Cambridge University Press, 1995.

79. J. A. G. Griffith, *The Politics of the Judiciary*, London: Fontana Press, 1997.

80. J. Bentham, *An Introduction to the Principles of Morals and Legislation*, eds. by J. H. Burns and H. L. A. Hart, London: Athlone Press, 1970.

81. J. Bengoetxea, *The Legal Reasoning of the European Court of Justice*, Oxford: Clarendon Press, 1993.

82. J. Bjarup, "Social Action: The Foundation of Customary Law", in P. Ørebech, F. Bosselman, J. Bjarup et al., *The Role of Customary Law in Sustainable Development*, Cambridge: Cambridge University Press, 2005.

83. J. B. Moyle (ed.), *Imperatoris Iustiniani Institutiones: Libri Quattuor*, Oxford: Clarendon Press, 5th edn., 1912.

84. J. Bryce, *Studies in History and Jurisprudence*, Oxford: Clarendon Press, 1901.

85. J. C. Gray, *The Nature and Sources of the Law*, Ala: Legal Classics Library, 1985.

86. J. Cairns, "The Moveable Text of Mackenzie: Bibliographical Problems for the Scottish Concept of Institutional Writing", in J. W. Cairns and O. F. Robinson (eds.), *Critical Studies in Ancient Law, Comparative Law and Legal History*, Oxford: Hart Publishing, 2001.

87. J. Carruthers, *The Transfer of Property in the Conflict of Laws*, Oxford: Oxford University Press, 2005.

88. J. Dancy, *Ethics without Principles*, Oxford: Clarendon Press, 2004.

89. J. Derrida, "The Force of Law" in *Deconstruction and the Possibility of Justice*, ed. by D. Cornell et al., New York: Routledge, 1992.

90. J. Erskine, *An Institute of the Law of Scotland*, Edinburgh: Butterworths and Law Society of Scotland, 8th edn., 1989.

91. J. Finnis, *Natural Law and Natural Rights*, Oxford: Clarendon Press, 1980.

92. J Habermas, *Between Facts and Norms: Contributions to a Discourse Theory of Law and Democracy*, trans. by William Rehg, Cambridge: Polity Press, 1995.

93. J. Harris, *Property and Justice*, Oxford: Clarendon Press, 1996.

94. J. Hogg, *Confessions of a Justified Sinner*, London: David Campbell Publishers, 1992.

95. J. Ladd (trans.), *Kant: The Metaphysical Elements of Justice*, Indianapolis, Ind: Bobbs-Merrill, 1965.

96. J-J. Rousseau, *The Social Contract in Rousseau, Collected*

Writings, eds. by R. D. Masters and C Kelly, Vol. 4, trans. by J. R. Bush, R. D. Masters, and C. Kelly, Hanover, NH: University of New England Press, 1994.

97. J. K. Mason, *Human Life and Medical Practice*, Edinburgh: Edinburgh University Press, 1988.

98. J. K. Mason and G. Laurie, *Mason & McCall Smith's Law and Medical Ethics*, Oxford University Press, 7th edn., 2005.

99. John Locke, *The Second Treatise of Civil Government*, ed. by J. Gough, Oxford: Basil Blackwell, 1966.

100. J. Rawls, *A Theory of Justice*, Oxford: Oxford University Press, 1999.

101. J. Raz, *Law, Morality and Society*, Oxford: Clarendon Press, 1977.

102. J. Raz, *Practical Reason and Norms*, Princeton, NJ: Princeton University Press, 1990.

103. J. R. Searle, *The Construction of Social Reality*, Harmondsworth: Allen Lane, 1995.

104. J. R. Searle, *Expression and Meaning: Studies in the Theory of Speech Acts*, Cambridge: Cambridge University Press, 1979.

105. J. R. Searle, *Speech Acts*, Cambridge: Cambridge University Press, 1969.

106. J. Shaw, "Europe's Constitutional Future", *Public Law*, 2005.

107. J. V. Stair, *Institutions of the Law of Scotland*, ed. by D. M. Walker, Edinburgh: Edinburgh University Press, 1980.

108. J. Sulston and G. Ferry, *The Common Thread: A Story of*

Science, Politics, Ethics and the Human Genome, London: Bantam, 2002.

109. J. Waldron, *Theories of Rights*, Oxford: Oxford University Press, 1985.

110. J. Waldron, *Law and Disagreement*, Oxford: Clarendon Press, 1999.

111. K. Greenawalt, "Hart's Rule of Recognition and the United States", *Ratio Juris*, 1988(1): pp. 40-57.

112. K. Haakonssen, *Natural Law and Moral Philosophy: From Grotius to the Scottish Enlightenment*, Cambridge: Cambridge University Press, 1996.

113. K. Luig, "The Institutes of National Law", *Juridical Review* (NS), 1972, pp. 193-226.

114. K. N. Llewellyn, "The Normative, the Legal and the Law-Jobs", *Yale Law Journal*, 1940(49): pp. 1355-1400.

115. K. N. Llewellyn, *The Bramble Bush*, New York: Oceana, 1951.

116. K. Popper, *Objective Knowledge*, Oxford: Clarendon Press, 1973.

117. L. Claus, "Montesquieu's Mistakes and the True Meaning of Separation", *Oxford Journal of Legal Studies*, 2005 (25): pp. 419-452.

118. L. L. Fuller, *Legal Fictions*, Stanford, Ca: Stanford University Press, 1967.

119. M. Bayles, *Hart's Legal Philosophy*, Dordrecht: Kluwer, 1992.

120. M. Foucault, *The History of Sexuality*, Vol. I, trans. by R. Hurley, London: Allen Lane, 1979.

121. M. H. Kramer, N. E. Simmonds, and H. Steiner, *A Debate over Rights*, Oxford: Clarendon Press, 1998.

122. M. J. C. Vile, *Constitutionalism and the Separation of Powers*, Oxford: Clarendon Press, 1967.

123. M. J. Detmold, *The Unity of Law and Morality*, London: Routledge and Kegan Paul, 1984.

124. M. Krygier, "The Concept of Law and Social Theory", *Oxford Journal of Legal Studies*, 1982(2): pp. 155-180.

125. M. La Torre, *Norme, Istituzioni, Valore: Per una Teoria Istituzionalistica del Diritto*, Rome: Laterza, 1999.

126. M. Loughlin, "Ten Tenets of Sovereignty", in N. Walker (ed.), *Sovereignty in Transition*, Oxford: Hart Publishing, 2003.

127. M. Rheinstein, *Max Weber on Law in Economy and Society*, trans. by E. Shils and M. Rheinstein, New York: Simon and Schuster, 1967.

128. M. Scanlon, *What We Owe to Each Other*, Cambridge, Mass and London: Belknap Press of Harvard University Press, 1998.

129. M. Stepanians, *Rights as Relational Properties—In Defense of Right/Duty-Correlativity*, Habilitation thesis, University of the Saarland, 2005.

130. M. Warnock (ed.), *A Question of Life: The Warnock Report on Human Fertilisation and Embryology*, Oxford: Blackwell, 1985.

131. N. Lacey, *A Life of H. L. A. Hart: The Nightmare and the Noble Dream*, Oxford: Oxford University Press, 2004.

132. N. Luhmann, *A Sociological Theory of Law*, trans. by E. King, ed. by M. Albrow, London: Routledge and Kegan Paul, 1985.

133. N. Luhmann, *Law as a Social System*, trans. by K. A. Ziegert, Oxford: Oxford University Press, 2004.

134. N. MacCormick, *Legal Reasoning and Legal Theory*, Oxford: Clarendon Press, 1978.

135. N. MacCormick, *H. L. A. Hart*, London: Edward Arnold, 1981.

136. N. MacCormick, "Institutions, Arrangements, and Practical Information", *Ratio Juris*, 1988(1): pp. 73-82.

137. Neil MacCormick: *Questioning Sovereignty: State and Nation in the European Commonwealth*, Oxford University Press, 1999.

138. N. MacCormick, *Rhetoric and the Rule of Law*, Oxford: Oxford University Press, 2005.

139. N. MacCormick, *Who's Afraid of a European Constitution?*, Exeter: Imprint Academic, 2005.

140. N. MacCormick and R. S. Summers (eds.), *Interpreting Precedents: A Comparative Study*, Aldershot: Dartmouth, 1997.

141. N. MacCormick and O. Weinberger, *Grundlagen des Institutionalistischen Rechtspositivismus*, Schriften zur Rechtstheorie, Heft 113, Berlin: Duncker und Humblot, 1985.

142. N. MacCormick and O. Weinberger, *An Institutional Theory of Law*, Dordrecht: D Reidel, 1986.

143. N. MacCormick and O. Weinberger, *Il Diritto Come Istituzione*, trans. by M. La Torre, Milan: Dott A Giuffré, 1990. N. MacCormick and O. Weinberger, *Pour une Theorie Institutionelle du droit*, trans. by O. Not and P. Coppens, Brussels: Story Scientia LGDG, 1992.

144. N. Walker, *Crime and Insanity in England*, Vol. 1, *Historical Perspective*, Edinburgh: Edinburgh University Press, 1968.

145. O. Gierke, *Political Theories of the Middle Ages*, Cambridge: Cambridge University Press, 1900.

146. O. O' Neill, *Towards Justice and Virtue*, Cambridge: Cambridge University Press, 1996.

147. O. Weinberger, *Law, Institution, and Legal Politics: Fundamental Problems of Legal and Social Philosophy*, Dordrecht: Kluwer Academic Publishers, 1991.

148. P. Allott, *The Health of Nations: Society and Law Beyond the State*, Cambridge: Cambridge University Press, 2002.

149. P. Birks and G. McLeod, *Justinian's Institutes*, London: Duckworth, 1987.

150. P. Bourdieu, *Outline of a Theory of Practice*, trans. by R. Nice, Cambridge: Cambridge University Press, 1977.

151. P. Craig, *Public Law and Democracy in the United Kingdom and the United States of America*, Oxford: Clarendon Press, 1990.

152. P. Devlin, *The Enforcement of Morals*, London: Oxford University Press, 1965.

153. P. Hemphill, " The Personality of Partnerships in

Scotland", *Juridical Review*, 1984.

154. P. M. North, *The Modern Law of Animals*, London: Butterworths, 1972.

155. P. Norman, *The Accidental Constitution: The Story of the European Constitutional Convention*, Brussels: EuroComment, 2003.

156. P. Selznick, *The Moral Commonwealth*, Berkeley/Los Angeles/London: University of California Press, 1992.

157. R. Alexy, *A Theory of Constitutional Rights*, trans. by J. Rivers, Oxford: Oxford University Press, 2002.

158. R. Alexy, *The Argument from Injustice: A Reply to Legal Positivism*, trans. by B. Litschewski Paulson and S. Paulson, Oxford: Clarendon Press, 2002.

159. R. Cotterrell, *Emile Durkheim: Law in a Moral Domain*, Edinburgh: Edinburgh University Press, 1999.

160. R. C. van Caenegem, *An Historical Introduction to Western Constitutional Law*, Cambridge: Cambridge University Press, 1995.

161. R. Dworkin, *Law's Empire*, Cambridge, Ma: Harvard University Press, 1986.

162. R. Dworkin, *Taking Rights Seriously*, London: Duckworth, 1977.

163. R. Farson, *Birthrights*, Harmondsworth: Penguin Books, 1978.

164. R. N. Moles, *Definition and Rule in Legal Theory: A Reassessment of H. L. A. Hart and the Positivist Tradition*, Oxford: Basil Blackwell, 1987.

165. R. Nozick, *Anarchy, State and Utopia*, Oxford: Basil Blackwell, 1974.

166. R. L. Stevenson, *The Strange Case of Dr. Jekyll and Mr. Hyde, and Other Tales*, Oxford: Oxford University Press, 2006.

167. R. S. Summers, *Essays in Legal Philosophy*, Oxford: Blackwell, 1968.

168. R. White and I. Willock, *The Legal System of Scotland*, London & Edinburgh: LexisNexis/Reed Elsevier, 2003.

169. R. Zimmermann, *The Law of Obligations: Roman Foundations of the Civilian Tradition*, Cape Town: Juta & Co, 1990.

170. Scottish Law Commission, *Liability for Antenatal Injury*, Scot Law Com., No. 30: Cmnd 5371, 1973.

171. Scottish Law Commission, *Report of the Royal Commission on Civil Liability for Personal Injury*, Cmnd 7054-I, 1978.

172. S. Douglas-Scott, *Constitutional Law of the European Union*, Harlow: Longman, 2002.

173. S. Soosay, "Is the Law an Affair of Rules?", in Australian Legal Philosophy Students Association, 2005 *Annual Publication*, Brisbane, 2005.

174. S. Soosay, *Skills, Habits and Expertise in the Life of the Law*, Edinburgh: Edinburgh University PhD Thesis, 2005.

175. Svein Eng, *Analysis of Dis/Agreement with Particular Reference to Law and Legal Theory*, Dordrecht: Kluwer, 2003.

176. T. B. Smith, "Authors and Authority", *Journal of the Society of Public Teachers of Law* (NS), 1972-1973(12): pp. 3-21.

177. T. B. Smith, *A Short Commentary on the Law of*

Scotland, Edinburgh: W. Green & Son, 1962.

178. T. B. Smith and R. Black (eds.), *The Laws of Scotland: Stair Memorial Encyclopaedia*, Vol. 18, Edinburgh: Law Society of Scotland and Butterworths, 1993.

179. T. D. Campbell, *The Legal Theory of Ethical Positivism*, Aldershot: Dartmouth, 1996.

180. T. Hobbes, "Leviathan", in Sir W. Molesworth (ed.), *The Collected English Works of Thomas Hobbes*, London: Routledge/Thoemmes, 1997.

181. Tom Campbell, *Rights: A Critical Introduction*, Abingdon, Oxon: Routledge, 2006.

182. T. Paine, *The Rights of Man*, with introduction by E. Foner, notes by H. Collins, New York/London: Penguin, 1985.

183. T. Seung, *Intuition and Construction: The Foundation of Normative Theory*, New Haven, Conn: Yale University Press, 1993.

184. V. Hope, *Philosophers of the Scottish Enlightenment*, Edinburgh: Edinburgh University Press, 1984.

185. W. L. Morison, *John Austin*, London: Edward Arnold, 1982.

186. W. N. Hohfeld, *Fundamental Legal Conceptions*, New Haven, Conn: Yale University Press, 1919.

187. W. Twining, "Is Your Textbook Really Necessary?", *Journal of the Society of Public Teachers of Law* (NS), 1970(11): pp. 81-89.

188. W. Twining, "Treatises and Textbooks: A Reply to T. B. Smith", *Journal of the Society of Public Teachers of Law*

(NS), 1972-1973(12): pp. 267-274.

189. W. Twining, *Karl Llewellyn American Realist Movement*, London: Weidenfeld and Nicolson, 1973.

190. W. Twining and D. Miers, *How to Do Things with Rules*, London: Butterworths, 1999.

191. Z. Bankowski, *Living Lawfully: Law in Love and Love in Law*, Dordrecht: Kluwer, 2001.

天 Borderless 下

图书在版编目(CIP)数据

法律制度：对法律理论的一种解说 / (英) 尼尔·麦考密克著；陈锐，王琳译. ——北京：法律出版社，2019

书名原文：Institutions of Law: An Essay in Legal Theory

ISBN 978-7-5197-3281-3

Ⅰ. ①法… Ⅱ. ①尼… ②陈… ③王 Ⅲ. ①法哲学 Ⅳ. ①D903

中国版本图书馆CIP数据核字(2019)第050616号

法律制度——对法律理论的一种解说
FALÜ ZHIDU—DUI FALÜ LILUN DE YIZHONG JIESHUO
［英］尼尔·麦考密克 著
陈锐 王琳 译

责任编辑 高 山 邓颖君
装帧设计 贾丹丹

开本 A5
版本 2019年6月第1版
出版 法律出版社
总发行 中国法律图书有限公司
印刷 固安华明印业有限公司
印张 15.5 **字数** 326千
印次 2019年6月第1次印刷
编辑统筹 学术·对外出版分社
经销 新华书店
责任印制 陶 松

法律出版社/北京市丰台区莲花池西里7号(100073)
网址/www.lawpress.com.cn
投稿邮箱/info@lawpress.com.cn
举报维权邮箱/jbwq@lawpress.com.cn
销售热线/010-83938336
咨询电话/010-63939796

中国法律图书有限公司/北京市丰台区莲花池西里7号(100073)
全国各地中法图分、子公司销售电话：
统一销售客服/400-660-6393
第一法律书店/010-83938334/8335 西安分公司/029-85330678 重庆分公司/023-67453036
上海分公司/021-62071639/1636 深圳分公司/0755-83072995

书号： ISBN 978-7-5197-3281-3 **定价：** 78.00元
(如有缺页或倒装，中国法律图书有限公司负责退换)